# 公文写作与处理

（第三版）

夏海波 著

北京大学出版社
PEKING UNIVERSITY PRESS

## 内 容 简 介

这是《公文写作与处理》的第三版。本书第一版于2010年8月出版。第一版面世不到两年，适逢中共中央办公厅、国务院办公厅2012年4月16日联合印发《党政机关公文处理工作条例》，自2012年7月1日起施行。

为了适应公文处理相关规范的变化，本书于2013年9月推出全新修订版，即第二版。

本书第三版仍然依据《党政机关公文处理工作条例》，同时考虑近几年机关公文写作与处理的实际，全面梳理了公文写作与处理过程中的文种辨析、公文的整体构思与表达技巧、行文规则、公文格式、文稿交拟与领导人的意图、法定及常用公文的撰写、收发文处理规范、立卷归档等各个环节，调整了部分正反实例和练习材料，使本书的实用性更强，科学性和示范性更突出。

本书既可以作为各级各类公务员、秘书、文员的必读书，也可以作为高校秘书学（文秘）、中文、工商管理、行政管理、档案、新闻、商贸、会计、金融和法律等专业的必修课教材或主要参考书。

**图书在版编目（CIP）数据**

公文写作与处理/夏海波著. —3版. —北京：北京大学出版社，2018.2
ISBN 978-7-301-29236-5

Ⅰ. ①公… Ⅱ. ①夏… Ⅲ. ①公文—写作—教材 Ⅳ. ①H152.3

中国版本图书馆CIP数据核字（2018）第027675号

| | |
|---|---|
| 书　　　名 | 公文写作与处理（第三版） |
| 著作责任者 | 夏海波　著 |
| 策 划 编 辑 | 周　伟 |
| 责 任 编 辑 | 周　伟 |
| 标 准 书 号 | ISBN 978-7-301-29236-5 |
| 出 版 发 行 | 北京大学出版社 |
| 地　　　址 | 北京市海淀区成府路205号　100871 |
| 网　　　址 | http://www.pup.cn　　新浪微博：@北京大学出版社 |
| 电 子 信 箱 | zyjy@pup.cn |
| 电　　　话 | 邮购部 010-62752015　发行部 010-62750672　编辑部 010-62754934 |
| 印 刷 者 | 河北滦县鑫华书刊印刷厂 |
| 经 销 者 | 新华书店 |
| | 787毫米×1092毫米　16开本　21.25印张　571千字 |
| | 2010年8月第1版　2013年9月第2版 |
| | 2018年2月第3版　2022年5月第7次印刷（总第17次印刷） |
| 定　　　价 | 48.00元 |

未经许可，不得以任何方式复制或抄袭本书之部分或全部内容。
**版权所有，侵权必究**
举报电话：010-62752024　电子信箱：fd@pup.pku.edu.cn
图书如有印装质量问题，请与出版部联系，电话：010-62756370

# 第三版前言

公文是各级各类机关单位在处理公共事务、行使管理职能过程中不可缺少的重要工具之一，是上情下达、下情上报的信息载体之一，是据以办事和开展工作的依据和凭证之一。刘勰在《文心雕龙·书记》中称公文是"政事之先务"，这是非常准确的。各类招录招聘考试都把公文写作与处理作为必考科目之一，也是有道理的。

为适应大学毕业生求职应聘的需要，几乎所有的高校都把"公文写作与处理"作为"通识课"（有的叫"共修课"，有的叫"素质教育课"等）开出，也是选修人数最多的课程之一。

我曾长期在大学从事公文写作与处理的教学与科研工作，因工作需要，也曾多次去不同层次和不同类型的党政机关和企业事业单位进行公文写作与处理方面的专题调研，从中学到了很多鲜活的办文经验，也发现了不少困扰公文处理人员的疑难问题。通过对这些经验和疑难问题的梳理归类、分析综合，我拟定了十个研究专题，它们是：

一、机关文字材料组合技巧；

二、常用文种使用范围辨析；

三、文稿撰写与准确领会领导人的意图；

四、最新公文格式规范；

五、隶属关系与行文规则规范化；

六、通用文种的撰写规范；

七、文稿审核的方法与技巧；

八、公文运行规范；

九、解析公文处理相关法规在实施过程中的若干疑难问题；

十、解答公文写作与处理工作中的其他疑难问题。

这十个专题也是本书的基本框架和重点。

这些专题已于 2010 年 3 月入选中共河南省委组织部组织的全省首批干部自主选学课程菜单。

三十多年来，我已就这十个专题在一百多个不同类型、不同层次的机关或部门举办过讲座并征求意见，不少从事公文处理实际工作的同人提出过很多好的意见和建议，这对修订和完善本书是大有帮助的，我在此表示衷心感谢。

从公文写作与处理实践中来，到公文写作与处理实践中去，为公文写作与处理实践服务，这是本书作者不变的信念，也是本书的出发点和落脚点。至于本书能否经受得住公文写作与处理实践的检验，能否对公文写作与处理实践发挥预期的作用，那就要听听专家、读者和本书使用单位的意见了，我期待着。

夏海波

2017 年 9 月 29 日于郑州大学

# 目 录

## 第一章 公文写作与处理总论 (1)
### 第一节 公文 (1)
一、公文的定义 (1)
二、公文的分类 (3)
三、公文的特点 (5)
四、公文的作用 (6)
### 第二节 公文处理 (7)
一、公文处理的三大环节 (7)
二、公文处理的四大原则 (9)

## 第二章 公文的整体构思与表达技巧 (12)
### 第一节 分类——选择 (12)
一、写作素材的分类 (12)
二、写作素材的选择 (15)
### 第二节 先论——后说 (16)
一、先论后说的好处 (16)
二、应该这样"先论后说" (17)
三、不能这样"先论后说" (18)

## 第三章 公文格式 (21)
### 第一节 公文用纸及印装格式 (21)
一、公文用纸幅面 (21)
二、公文用纸的技术指标 (22)
三、公文的印装规范 (22)
### 第二节 公文版头格式 (23)
一、发文机关标志 (23)
二、公文份号(印刷顺序号) (24)
三、发文字号 (24)
四、签发(会签)人 (27)
五、秘密等级和保密期限 (28)
六、紧急程度 (29)
七、版头中的分隔线 (29)

八、公文版头常见失误例析 ………………………………………（29）
 第三节　公文主体格式 ……………………………………………（31）
　　一、公文标题 ………………………………………………………（31）
　　二、主送机关 ………………………………………………………（36）
　　三、公文的主体（正文）……………………………………………（39）
　　四、附件及附件说明 ………………………………………………（40）
　　五、印章和发文机关名称 …………………………………………（41）
　　六、签署 ……………………………………………………………（43）
　　七、成文日期 ………………………………………………………（44）
　　八、附注 ……………………………………………………………（45）
　　九、公文主体常见失误例析 ………………………………………（46）
 第四节　版记（文尾）格式 ………………………………………（48）
　　一、版记中的分隔线 ………………………………………………（48）
　　二、抄送机关 ………………………………………………………（49）
　　三、印发机关和印发日期 …………………………………………（50）
　　四、版记的位置 ……………………………………………………（50）
　　五、公文版记常见失误例析 ………………………………………（51）
 第五节　公文的特定格式 …………………………………………（52）
　　一、信函格式 ………………………………………………………（52）
　　二、命令（令）格式 ………………………………………………（53）
　　三、纪要格式 ………………………………………………………（55）
 第六节　表格及页码格式 …………………………………………（55）
　　一、表格的置放格式 ………………………………………………（55）
　　二、页码格式 ………………………………………………………（56）

第四章　公文文种 ……………………………………………………（58）
 第一节　行政公文文种的演变 ……………………………………（59）
　　一、20世纪50年代的七类十二种 ………………………………（59）
　　二、20世纪80年代早期的九类十五种 …………………………（61）
　　三、20世纪80年代后期的十类十五种 …………………………（62）
　　四、20世纪90年代的十二类十三种 ……………………………（63）
　　五、面向21世纪的十三类十三种 ………………………………（64）
　　六、2012年的十五类十五种 ……………………………………（65）
 第二节　文种变化特点与规律 ……………………………………（66）
　　一、文种变化的特点和局限 ………………………………………（66）
　　二、文种变化规律与展望 …………………………………………（68）
 第三节　文种的选用 ………………………………………………（69）
　　一、文种的作用 ……………………………………………………（69）
　　二、文种的选用标准 ………………………………………………（70）

|　　第四节　现行文种辨析 | (71) |
|---|---|
|　　　　一、命令（令）的适用范围 | (71) |
|　　　　二、议案的适用范围 | (72) |
|　　　　三、决定与决议的联系和区别 | (72) |
|　　　　四、会议纪要与会议决议的联系和区别 | (73) |
|　　　　五、公报与公告的联系和区别 | (73) |
|　　　　六、公告与通告的联系和区别 | (74) |
|　　　　七、通告与通知的联系和区别 | (74) |
|　　　　八、通知与通报的联系和区别 | (74) |
|　　　　九、批复的适用范围 | (75) |
|　　　　十、报告与请示的联系和区别 | (75) |
|　　　　十一、意见的适用范围 | (77) |
|　　　　十二、报告与简报的联系和区别 | (78) |
| **第五章　行文规则和稿本** | (81) |
|　　第一节　行文规则 | (81) |
|　　　　一、严格按照隶属关系和职权范围行文 | (81) |
|　　　　二、行文方式要根据工作需要灵活掌握 | (81) |
|　　　　三、越权行文无效 | (82) |
|　　　　四、会商、会签与联合行文的原则性和灵活性 | (82) |
|　　　　五、公文文种、形式要与内容、行文方向相一致 | (85) |
|　　　　六、尽量减少行文层次 | (85) |
|　　　　七、公文一般不得报送领导人个人 | (85) |
|　　　　八、分清主送与抄送（禁用抄报） | (86) |
|　　　　九、经发文机关批准，公文可以公开发布 | (86) |
|　　第二节　公文稿本 | (87) |
|　　　　一、草稿 | (87) |
|　　　　二、定稿 | (87) |
|　　　　三、正本 | (87) |
|　　　　四、副本 | (88) |
|　　　　五、存本 | (88) |
|　　　　六、试行本 | (88) |
|　　　　七、暂行本 | (88) |
|　　　　八、不同文字的文本 | (88) |
| **第六章　公文制发程序** | (90) |
|　　第一节　文稿交拟与领导人意图 | (90) |
|　　　　一、领导人交拟的三种方式 | (90) |
|　　　　二、弄清发文意图 | (91) |
|　　　　三、准确把握领导人的真实意图 | (92) |
|　　　　四、把握领导人意图中的几个技术性问题 | (93) |

第二节　文稿审核 …………………………………………………………… (94)
　　　一、文稿审核的作用 ……………………………………………………… (95)
　　　二、审核人及其组织形式 ………………………………………………… (95)
　　　三、审核的重点 …………………………………………………………… (96)
　　　四、审核的步骤与方法 …………………………………………………… (102)
　　　五、审核过程中的六个技术性问题 ……………………………………… (103)
　　第三节　签发　发文登记　版面设计　复核 ……………………………… (106)
　　　一、签发 …………………………………………………………………… (106)
　　　二、发文登记 ……………………………………………………………… (108)
　　　三、版面设计 ……………………………………………………………… (108)
　　　四、复核 …………………………………………………………………… (109)

第七章　法定公文的撰写 ………………………………………………………… (113)
　　第一节　命令（令）、决定、决议 …………………………………………… (113)
　　　一、命令（令） …………………………………………………………… (113)
　　　二、决定 …………………………………………………………………… (117)
　　　三、决议 …………………………………………………………………… (125)
　　第二节　通告、公告 ………………………………………………………… (128)
　　　一、通告 …………………………………………………………………… (128)
　　　二、公告 …………………………………………………………………… (130)
　　第三节　通知、通报 ………………………………………………………… (134)
　　　一、通知 …………………………………………………………………… (134)
　　　二、通报 …………………………………………………………………… (154)
　　第四节　报告、请示 ………………………………………………………… (161)
　　　一、报告 …………………………………………………………………… (161)
　　　二、请示 …………………………………………………………………… (168)
　　第五节　批复、意见 ………………………………………………………… (171)
　　　一、批复 …………………………………………………………………… (171)
　　　二、意见 …………………………………………………………………… (174)
　　第六节　议案、纪要、函 …………………………………………………… (190)
　　　一、议案 …………………………………………………………………… (190)
　　　二、纪要 …………………………………………………………………… (194)
　　　三、函 ……………………………………………………………………… (200)

第八章　常用公文的撰写 ………………………………………………………… (207)
　　第一节　工作计划 …………………………………………………………… (207)
　　　一、工作计划的概念 ……………………………………………………… (207)
　　　二、工作计划的作用 ……………………………………………………… (207)
　　　三、工作计划的种类 ……………………………………………………… (207)
　　　四、工作计划的拟写步骤 ………………………………………………… (208)
　　　五、工作计划应该这样写 ………………………………………………… (208)

六、工作计划不能这样写 …………………………………………………（213）
第二节　信息（简报）的写作 ……………………………………………（215）
　　一、信息工作的渊源 ………………………………………………………（215）
　　二、信息（简报）的格式 …………………………………………………（216）
　　三、信息（简报）应该这样写 ……………………………………………（218）
　　四、信息（简报）不能这样写 ……………………………………………（220）
第三节　工作总结 …………………………………………………………（221）
　　一、总结与调查报告的区别 ………………………………………………（221）
　　二、总结的分类 ……………………………………………………………（222）
　　三、总结的写作格式 ………………………………………………………（223）
　　四、总结应该这样写 ………………………………………………………（225）
　　五、总结不能这样写 ………………………………………………………（226）
第四节　述职报告 …………………………………………………………（238）
　　一、述职报告的作用 ………………………………………………………（238）
　　二、述职报告应该这样写 …………………………………………………（239）
　　三、述职报告不能这样写 …………………………………………………（240）
第五节　规章制度 …………………………………………………………（242）
　　一、规章的概念 ……………………………………………………………（242）
　　二、规章的种类 ……………………………………………………………（242）
　　三、规章应该这样写 ………………………………………………………（259）
　　四、规章不能这样写 ………………………………………………………（262）

# 第九章　收文办理程序 …………………………………………………（271）
第一节　签收与登记 ………………………………………………………（271）
　　一、收文的范围 ……………………………………………………………（271）
　　二、签收 ……………………………………………………………………（272）
　　三、拆封 ……………………………………………………………………（272）
　　四、收文登记 ………………………………………………………………（273）
第二节　收文分发 …………………………………………………………（274）
　　一、阅文 ……………………………………………………………………（274）
　　二、填写收文处理笺 ………………………………………………………（275）
　　三、分发 ……………………………………………………………………（275）
第三节　收文初审　拟办　批办　分送 …………………………………（277）
　　一、收文初审 ………………………………………………………………（277）
　　二、拟办 ……………………………………………………………………（277）
　　三、批办 ……………………………………………………………………（279）
　　四、分送 ……………………………………………………………………（280）
第四节　传阅　承办　催办　查办　答复　注复 ………………………（280）
　　一、传阅 ……………………………………………………………………（280）
　　二、承办 ……………………………………………………………………（282）

三、催办 ……………………………………………………………………（283）
　　四、查办 ……………………………………………………………………（284）
　　五、答复 ……………………………………………………………………（285）
　　六、注复 ……………………………………………………………………（285）
第十章　公文归档 …………………………………………………………………（287）
　第一节　立卷准备 ………………………………………………………………（287）
　　一、编制立卷类目表 ………………………………………………………（287）
　　二、平时归卷 ………………………………………………………………（290）
　　三、归档范围 ………………………………………………………………（290）
　　四、不归档文件材料的范围 ………………………………………………（292）
　第二节　案卷归档的步骤与方法 ………………………………………………（293）
　　一、组合案卷 ………………………………………………………………（293）
　　二、编目定卷 ………………………………………………………………（296）
　　三、填写案卷卷皮（盒） …………………………………………………（300）
　　四、案卷归档 ………………………………………………………………（302）
　第三节　按"件"归档的步骤与方法 …………………………………………（303）
　　一、"件"的含义 …………………………………………………………（303）
　　二、按"件"归档的整理原则和质量要求 ………………………………（303）
　　三、按"件"归档的方法 …………………………………………………（303）

附录一　中共中央关于各级领导干部要亲自动手起草重要文件，
　　　　不要一切由秘书代劳的指示（1981） ……………………………（308）
附录二　党政机关公文处理工作条例（2012） …………………………………（311）
附录三　国家行政机关公文处理办法（2000） …………………………………（317）
附录四　公文处理暂行办法（1951） ……………………………………………（323）

# 第一章 公文写作与处理总论

## 第一节 公 文

### 一、公文的定义

关于什么是公文，自古以来定义甚多，众说纷纭，见仁见智。取其共识，公文乃公务活动的产物和处理公务的工具，是公府所作之文，是公事所用之文。换言之，公文是各级各类国家机构、社会团体和企业事业单位在处理公务活动中有着特定的效能和广泛用途的文书，它能够超越时空的限制，为管理提供所需的信息。上海辞书出版社 1999 年版《辞海》对公文的解释是："国家机关、公共组织在履行法定职责中形成的具有规范体式的文书。"既然称"公文"，肯定与公共事务有关。因此，也有人把公文解释为"公务文书的简称"。

与"公文"同时并称的还有"文书""文件"等。

当然，不同性质的机关公文，其含意又不尽相同。比如，一个私营企业发布的用于企业内部管理的规章制度算不算公共事务，能否称之为"公文"？只要这个私营企业经过合法登记，并依法经营，其在管理活动中所形成和使用的文书就应该算是合法的企业公文。

公文是一种古老的文体，我国历史上称之为"官文书"。在一个官本位思想很浓的国度里，社会各界对官方文书的关注程度是可想而知的。刘勰在《文心雕龙·书记》中称公文是"政事之先务"，这在古代乃至现代应当说都是非常准确的。

在我国党政机关，按照中共中央办公厅、国务院办公厅 2012 年 4 月 16 日联合印发、自 2012 年 7 月 1 日起施行的《党政机关公文处理工作条例》（以下简称《12·条例》）对公文的定义是："党政机关公文是党政机关实施领导、履行职能、处理公务的具有特定效力和规范体式的文书，是传达贯彻党和国家方针政策，公布法规和规章，指导、布置和商洽工作，请示和答复问题，报告、通报和交流情况等的重要工具。"

#### （一）公文的制发者必须是法定的机关、组织及其负责人

公文的制发者只能是合法存在的机关或组织。在特定情况下，机关领导人也以个人名义制发公文，那是代表领导人所在机构行使职权，仍是公事。

公文的写作不同于一般的写作，公文的具体撰稿人只是法定作者的代笔人，撰稿人不仅要受法定作者权限的制约，而且还要根据法定作者的具体意图来撰写文稿。

除了公文的法定作者以外，任何单位和个人都无权假冒机关或组织的名义擅自制发公

文。对于伪造公文者，要依法治罪。鉴于公文的这种法定性，《中华人民共和国刑法》第二百八十条第一款规定："伪造、变造、买卖或者盗窃、抢夺、毁灭国家机关的公文、证件、印章的，处三年以下有期徒刑、拘役、管制或者剥夺政治权利；情节严重的，处三年以上十年以下有期徒刑。"

### （二）公文必须是在公务活动中形成并使用的文字材料

公共管理涉及的范围很广，凡是处理公共事务或集体事务，都属于公共管理活动。公文只有在管理活动中才能产生并使用，没有公共的或集体的管理活动也就不会产生和使用公文。也只有在公共的或集体的管理活动中形成并使用的公文才具有法定效力。

公文的法定效力会随着时间的推移、管理活动的终结而失去现行效用。失去现行效用的公文会作为档案保存起来，以便在今后的管理活动中起到查考利用的作用。

### （三）公文必须是按统一的体式、经过一定的处理程序形成的具有规范体式的信息载体

公文必须具备国家规定的统一的规范体式。公文既然是行使管理职能的，那么就需要对其进行统一的规范。如果一个地区、一个部门、一个单位都有自行规定的公文体式，那么必然影响公文的严肃性和业务处理的效率。

公文的规范体式即国家公文的法定格式，它是由国家以法规或规章的形式公布，并要求所有的机关和社会组织都要"照此执行"。公文的体式包括公文的文体、结构、格式和语言。体式既包括文体的规定性，又包括格式的规定性。

如果一个单位的公文不遵守规定的格式，自行其是，就会影响公文的执行效力，甚至根本就没有法定效力。

公文的书面格式是指公文的数据项目在公文文面上所处的位置和书写的样式。不同门类、不同目的的公务活动，其公文的格式是不同的。政府机关之间、军事机关之间，由于公务活动的门类不同，其公文的格式是有区别的。上下级之间、不相隶属单位之间，由于行文目的不同，在使用公文的格式上也是有差异的。

公文的制发还必须经过一系列规定的运转程序，要由很多人参与拟稿、审稿、核稿、参与校对、缮印等许多程序，一环紧扣一环。任何一个环节出了问题都会影响公文的最终效用。因此，公文的每个处理程序都要规范、准确。如不履行法定的程序，就不可能产生具有法定效力的公文。比如，先有发文意图（即发文目的），然后才有文稿的起草，接着是核稿，再下去是签发或会议通过，最后才是缮印、校对和盖印等。各个程序之间的先后次序是固定的，不能颠倒或错乱。

随着科学技术的发展，公文的信息载体已由纸介质向电子介质过渡。无论载体如何变化，都要遵循规范的处理程序和统一的体式。

### （四）公文是各级各类机关和组织依法行政和开展公务活动的一种重要工具

公文是单位对外表达意图的一种重要工具，也是从外界获取有关信息的一种手段。公文质量是机关工作质量和效率的综合反映，也是一个单位的门面和外在形象。

公文只是处理公务的一种工具，而不是唯一的工具。处理公共事务除了公文以外，还可以通过电话联系、开会讨论、当面接洽、深入基层现场解决问题等。如果一个单位凡事

都依靠制发公文来解决，势必造成公文泛滥成灾，使管理工作陷入文牍主义。

## 二、公文的分类

公文的种类很多，不同种类的公文，其性能、作用和适用范围都不相同，在公文格式、文稿撰写及办理上也有不同的要求。公文的分类标准很多，常见的有以下七种。

### （一）按公文的使用范围分类

按公文的使用范围分类，公文可以分为专用公文和通用公文。

1. 专用公文

专用公文，是指在专业领域内使用的公文。如外交、司法这类具有专门职能的部门在其专业范围内使用的国书、备忘录、起诉书和合同之类。专用公文有特定的使用范围和专门的格式，带有很强的专业性。

2. 通用公文

通用公文，是指在各级各类机关、组织之间通用的公文。如请示、报告、通知、会议纪要、批复和意见等，这类公文不仅行政机关、行政组织要用，而且那些具有专门职能的外交、司法部门（包括企业事业单位）也同样使用。

广义的公文是指包括专用公文和通用公文在内的一切公文，狭义的公文单指通用公文。本书的重点在通用公文，兼及其他。

### （二）按行文方向分类

按行文方向分类，公文可以分为上行文、平行文和下行文。

1. 上行文

上行文，是指下级机关向所属上级机关发送的公文。上行文是下级机关用来向上级机关请求指示和批准，或是请求上级机关批转，或是向上级机关汇报工作，或是反映情况。如请示、报告、上行的意见等属此类。

2. 平行文

平行文，是指不相隶属的机关之间相互来往的公文。平行文主要用于不相隶属机关之间相互商洽工作，询问和答复问题，请求批准和答复审批事项。如函即属此类。

3. 下行文

下行文是指上级机关对下级机关的发文。下行文是用来交代工作意图、布置工作任务、发布规章制度的。如命令（令）、决定、通知、通报、批复等都属此类。

### （三）按公文的来源分类

按公文的来源分类，公文可以分为收文、发文和内部公文。

1. 收文

无论是上级机关发来的通知、决定、批复等，还是下级机关送来的请示、报告，都是本机关的收文。

2. 发文

凡是本机关对外发出的公文，包括发给上级机关、不相隶属机关、下级机关的公文，都称为外发文，又称发文。

3. 内部公文

由本机关写成，在本机关内部使用的公文，如各种规章制度、奖惩细则等，都是内部公文。有些内部公文也需报送上级领导机关，使之了解或备案。如一份内部使用的年度工作计划有时也要上报给主管部门，以便上级主管部门了解自己的工作打算和具体安排。由此可见，内部公文有时也可以变成对外发文。

（四）按公文作者的性质分类

按公文作者的性质分类，公文可以分为党政公文和部门公文。

1. 党政公文

党政公文，是指党委公文和行政公文。在中共中央、国务院及全国各级党委和政府机关形成的公文属此类。

2. 部门公文

部门公文，是指在各级党委和国家各级政府及其所属的业务主管部门和直属机构形成的公文。如在中共中央的各个部门、国务院的各个部委、省政府的各个厅局、县政府的各个局委形成的公文。

（五）按公文的处理要求分类

按公文的处理要求分类，公文可以分为参阅性公文和承办性公文。

1. 参阅性公文

参阅性公文又称参阅件，是指不需要本机关办理，但有必要了解公文内容，具有参考价值的公文。如外地的典型经验、上级机关的人事变动等都是具有参阅性的公文。

2. 承办性公文

承办性公文又称承办件，是指需要本机关直接办理的公文。不仅上级机关给下级机关的通知、批复等属承办性公文，不相隶属机关的函件，有的也属承办性公文。下级机关给上级机关的请示，对上级机关来说也属承办性公文。同一份公文，对有些单位是承办性公文，而对另外一些单位则属参阅性公文。

（六）按公文的紧急程度分类

按公文的紧急程度分类，公文可以分为特急公文、急办公文和常规公文。

1. 特急公文

特急公文，是指要求在最短的时间内以最快的速度进行处理的公文。如灾情报告、战争情报等属此类。

2. 急办公文

急办公文，是指对于有关事项的办理有明确时间界限的公文。如有拖延，就会坐失良机，使工作受到损害，产生不良后果。

3．常规公文

常规公文，是指那些没有注明时间要求的公文。

**（七）按公文的机密程度分类**

按公文的机密程度分类，公文可以分为绝密公文、机密公文、秘密公文、内部公文和公开性公文。

1．绝密公文

绝密公文，是指那些包含着国家或组织最重要秘密的公文。这类公文的内容一旦泄露会使国家或组织的安全和利益遭受特别严重的损害。

2．机密公文

机密公文，是指那些包含国家或组织重要秘密的公文。这类公文的内容一旦泄露会使国家或组织的安全和利益遭受严重的损害。

3．秘密公文

秘密公文，是指那些包含国家或组织一般秘密的公文。这类公文的内容如有泄露也会使国家或组织的安全和利益遭受损害。

4．内部公文

内部公文，是指仅在一定范围内（如某个机关内或某个系统内）运转和使用的公文。内部公文一般是不对外公布的。

5．公开性公文

公开性公文，是指对广大人民群众或向国内外公开发布的公文。公开的方式通常是通过广播、电视、报纸和网络等媒介进行传播，或是通过专门的出版物（如公报、政报、公告等）予以公开。

除了上述分类标准以外，还有按写作特点分类、按形成方式分类、按传递渠道分类和按载体分类等，本书就不一一介绍了。

## 三、公文的特点

公文与其他的文字材料相比，其特点主要表现在以下五个方面。

**（一）权威性**

任何合法的机关制发的公文在其职权范围内都有权威性。不光是上级领导机关制发的下行文，下级机关必须遵照执行；下级机关制发的上行文，也有要求上级领导机关批示、答复和阅知的权力。公文的制作不像写小说、编剧本那样谁都可以写，也没有哪家报刊敢随便发表不是合法机关制作的公文。

**（二）实用性**

公文直接服务于社会生活的各个方面，具有实用价值。这是公文与那些间接反映社会生活、具有审美价值的文艺作品的区别。当然，具有实用价值的文体不限于公文一种，但最能体现实用性的却是公文。

### （三）定向性

定向性又称针对性。公文都是由特定的机关写给特定的单位、阶层和个人阅知的。同样的内容，读者不同，其写法也不应相同。有些文体（如儿童文学、妇女文学、科技论文等）虽然也有定向性，但都没有公文的定向性具体、明确。

### （四）时效性

任何公文都是应现实工作的需要而形成的，是解决现实问题的一种工具。随着时间的推移、客观情况的变化、现实问题的解决或消失，与现实有关的公文也就完成了它的历史使命，失去了现实效用。如果说这些已失去现实效用的公文还有参考价值的话，那也不是作为公文的现实效用，而是作为历史档案的效用了。当然，就一些具体的公文来说，其时效的长短也是有差别的。如一份十年远景规划与一份年度工作计划，其时效是不一样的。

### （五）程序性

程序性，是指公文在形成过程上和形式上的特点。公文在形成过程上的显著特点就是程序性强，如必须先拟稿，后审核，再签发，这些程序是不容错乱的。公文在形式上的显著特点就是格式要求严格，如公文用纸幅面有统一的规定，书写格式有固定的模式，公文的结构、标记和用语等都有一定的要求和限制。

## 四、公文的作用

公文的作用主要体现在以下五个方面。

### （一）记录与传达工作意图的作用

一个机关要开展一项工作就会有工作设想、具体安排、工作报告和工作总结等，就有记录上述意图和工作活动的意见、报告、简报和总结等公文。否则，这些工作就难以开展和完成。当然，其他的文献也可以记录与传达工作意图，但唯独公文只记录与传达上述特定的内容。

### （二）强制执行的规范作用

任何机关要进行有效的管理就必须有相应的管理办法，即法规和规章，如各种章程、条例、办法和规定等。这些法规和规章也必须以公文的形式来发布，并要求所属单位和有关人员严格遵守、认真执行。

### （三）工作依据的作用

上级机关依据下属单位上报的有关公文进行决策，决策后再通过公文来传达决策意图；下级机关依据上级机关的公文精神，再结合本单位、本地区的实际情况加以贯彻执行，并把执行中遇到的问题再用报告、请示、信息等公文形式反馈给上级机关，作为上级机关了解情况和完善决策的依据，如此循环往复，使各项工作逐步展开。

### （四）联系和知照的作用

当用公文商洽工作、通知事项、介绍身份时，其联系和知照的作用就十分明显了。如公函、通知、通报和通告等都是联系和知照作用比较明显的文种。

**（五）宣传教育作用**

公文虽然有强制执行的作用，但如果宣传教育跟不上，再好的政策条文也会在执行过程中打折扣。利用公文进行宣传教育是比较有效的宣传教育方式之一。

公文的作用不是单一的，同一份公文，读者对象不同，其作用也不尽相同。如一位员工犯了错误，所在单位发了一份处分决定，这份决定对犯错误的当事人来说有强制执行的作用，他必须接受处分；但也有教育他、挽救他的作用，敦促他认识错误、改正错误；对他所在的科室来说有执行的作用，或调动其工作，或降职、降薪等，都必须按决定的内容执行；对他所在单位的其他人来说又有警示的作用，大家可以从中吸取教训或得到启示，避免犯类似的错误。

## 第二节 公文处理

围绕公文的发出、收进、运转和日常管理需要进行一系列相互衔接的工作，这些工作统称为公文处理工作。如收到外机关送来的公文要送给领导人阅批或交有关业务主管部门阅办。其中，有的收文要在本机关传达贯彻，有的收文需要向所属单位转发，有的收文需要直接办理，办完后还要将结果告诉来文机关，这叫收文办理。

本机关对外发出的公文，首先要拟稿，文稿写好后要送文秘部门负责人审核，然后报请有关领导人签发，签发后送印，印制好以后才能发出，这叫发文办理。

无论是收文还是发文，办完以后都要随时归入相应的卷宗保存备查，每年的全部公文还要按照规定立成案卷后归档，这叫公文管理，又称立卷归档。

收文办理、发文办理和公文管理这三大环节统称公文处理工作。

### 一、公文处理的三大环节

机关公文处理工作包括发文办理、收文办理和公文管理三大环节，每个大环节内又包含许多的工作程序，是一个内容复杂的系统。

**（一）发文办理**

发文办理主要包括以下九个工作程序。

1. 拟稿

拟稿，是指把领导人或机关的发文意图条理化、显物化，是发文处理的关键程序之一。

2. 审核

审核，是指由办公厅（室）的负责人或机关领导人对拟好的文稿进行审查、核对、修改，为签发做好准备。

3. 签发

签发，是指由机关领导人签写发文具体意见，对文稿的内容和法定效力负责。

4. 复核

公文正式印制前，办公厅（室）的工作人员应当对其进行复核。复核的重点是看审批、签发手续是否完备，附件是否齐全，格式是否统一、规范等。

5. 发文登记

发文登记，是指为待发文稿注册、编注发文字号、设计版面格式等。

6. 缮印

缮印，是指按已签发的文稿进行缮写或打印，并由相关人员负责校对。

7. 用印

用印，是指由办公厅（室）对已缮印好的公文盖印或现场监印。

8. 分发

分发，是指由办公厅（室）把用过印并已登记过的公文通过适当的方式（如邮寄、传真、电报、电子邮件、专人递送等）传递给收文单位。

9. 注发

注发，是指由经办人对发文办理结果予以注明。如经谁手，发了一份什么文件，经由什么渠道发出，发给哪些机构等。

## （二）收文办理

收文办理主要包括以下九个程序。

1. 签收

签收，是指收件人在对方的公文投递单或送文簿上签字，表示收到。

2. 收文登记

收文登记，是指对收进的公文进行注册、编写收文号等。

3. 审核

收到下级机关上报的需要办理的公文，办公厅（室）应当进行审核。审核的重点是：是否应由本机关办理；是否符合行文规则；内容是否符合国家法律法规及其他有关规定；涉及其他部门和地区职权的事项是否已协商会签；文种使用、公文格式是否规范。

4. 拟办

经审核，符合公文处理相关规范规定的公文，办公厅（室）应及时提出办理意见和建议，送请领导人批示后交有关部门办理。

对不符合公文处理相关规范规定的公文，经办公厅（室）的负责人批准后，可以退回呈报单位并说明理由。

5. 批办

批办，是指领导人对收文的办理写出指示性意见。

6. 承办

承办，是指按领导人的批办意见，由相关的业务主管部门或负责人具体承担收文的办理。

7. 催办

催办，是指根据领导人的批办意见，由办公厅（室）或专门的催（查）办机构督促承办部门尽快上报办理结果。

8. 查办

查办，是指对本机关领导人和上级机关交办的重要公文或重要事项进行检查督促，并上报结果。

9. 办复

办复，是指由办公厅（室）把收文办理结果告诉来文单位。

### （三）公文管理（立卷归档）

无论是收文还是发文，都有一个科学管理的问题。已发出的公文，要把定稿、存本管理好，以备查考或归档；收进办结的公文，也要妥善保管，以备随时调用。

公文管理主要包括以下六个程序。

1. 制定立卷类目表

对本单位的公文如何管理，首先要有一个通盘考虑，要有一个计划。立卷类目表实际上就是一个单位公文管理的实施方案。

2. 归卷

按立卷类目表上规定的项目准备卷夹或橱柜，并随时把已办完的公文归到相应的卷夹或橱柜里面去。

电子文件也应按相关规定把已办完的公文归到相应的文件夹或类目里面去。

3. 调用

对已经归卷的任何一份公文要能随时调出，以便为机关工作服务。

4. 立卷

按公文立卷的有关规定把已归入卷夹的公文立成合乎规范的公文案卷。

5. 归档

把已经立好且经过验收的案卷向档案部门移交。

6. 销毁

把一些没有保存价值的公文按照规定程序进行销毁。

## 二、公文处理的四大原则

公文处理必须遵循一定的原则才能更好地发挥公文的作用，提高公文处理的工作效率。

公文处理工作的原则可以概括为八个字，即准确、及时、安全和统一。

### （一）公文处理必须坚持准确的原则

1. 文意要准确

能准确地反映客观情况，准确地表达发文机关的真实意图，不能让人误解、曲解。写入公文中的每个字、每个概念都要反复推敲、认真琢磨。

2. 文种使用要准确

准确使用文种的目的仍是为了准确地表达发文意图。如果把请示写成报告，把公告写成通告，把通知写成通报，就会让人误解或误读，甚至造成严重后果。

3. 公文传递要准确

不要错投、错送、错传公文，以免造成不必要的损失。

### （二）公文处理必须坚持及时的原则

1. 公文的形成要及时

当反映或解决某个问题的时机成熟时，要能及时地形成并发出相应的公文，以求得工作上的主动。

2. 公文的传递要及时

公文传递除了邮寄、专人递送以外，还可以根据工作需要采用电话、电报、电传和电子邮件等方式来传递。

随着办公自动化的逐步普及以及网络技术的发展，通过网络传递的电子公文将会越来越多，公文处理的时效将更为快捷。

3. 公文的办理要及时

对收到的公文，要根据内容的轻重缓急及时处理，不积压，不拖延。一般收文不过夜，急件随到随办。

### （三）公文处理必须坚持安全的原则

1. 要保证公文物质上的安全

在公文处理的过程中要保护好公文，使公文不受损坏。不乱堆、乱放、乱折叠，发现破损，及时补救。在接触公文时，吸烟、喝茶都要特别小心，不要使公文受潮或被火烫。杜绝用铅笔或不合档案规定的圆珠笔批阅公文。今天的公文将会转化为明天的档案，如果书写材料不合要求，时间一长就会褪色，甚至成为一张白纸。

2. 要保证公文政治上的安全

在公文处理过程中要确保公文不丢失、不被盗、不失密、不泄密。机密公文要有专人处理，并要有严格的保密制度。

### （四）公文处理必须坚持统一的原则

1. 收发公文的渠道要统一

为了提高机关工作效率，加快公文的运转，公文处理必须由专门的公文处理机构（秘书处、办公室等）统一收发和处理。一般情况下，领导人不要私自受理下级机关送来的公文，下属单位也要主动按照规定渠道投送公文。

公文、电报（用于公务的电报也是公文）要统一立卷。

2. 公文的格式、纸形要统一

公文的格式要按照规定执行，不能别出心裁、标新立异。公文纸形规格目前一般要求采用国际标准 A4 型（长 297 mm，宽 210 mm）。

3. 公文的书写材料要符合规定

印制公文所使用的油墨要符合档案部门的有关规定：黑色油墨应达到色谱所标 BL100%，红色油墨应达到色谱所标 Y80%，M80%；印品着墨实、均匀；字面不花、不白、无断划。

签批公文时，须用毛笔或钢笔书写，不能用铅笔或圆珠笔。

### 练 习

1. 公文的定义是什么？
2. 简述公文的分类标准。
3. 找一份新近制发的公文，说明它有哪些特点和作用。
4. 概述机关公文处理的三大环节。
5. 追踪某份公文的处理情况，并写出调研报告。

# 第二章　公文的整体构思与表达技巧

要想把公文写好，整体构思是第一位的。公文写作的技巧就是构思的技巧。有的人写公文从头到尾都是记流水账，思路混乱，观点不明，一团乱麻。究其原因，就是不善于整体构思。

公文的整体构思与表达技巧可以用八个字来概括，即分类——选择，先论——后说。

## 第一节　分类——选择

### 一、写作素材的分类

善于分类是写好任何文章的关键，公文写作尤甚。一般来说，公文写作不用临时去收集、发掘素材。如要写会议纪要，会议记录、会议简报等就是素材，只要把相关的素材按写作目的和恰当的方法综合到一起即可。但是，如果方法不对，综合到一起后仍是头绪纷繁、一团乱麻，而且总有"剪不断，理还乱"的感觉。因此，治"乱"是第一位的。如何治"乱"？要靠对素材进行科学的分类，即把原始素材同类相聚、归堆。

要想正确分类，就涉及分类标准即分类依据的问题。

**（一）应该这样分类**

从宏观上来说，对写作素材的分类有两个分类标准。

1. 按时间先后分类

按时间先后分类是把写作素材按时间顺序分成几个阶段或几个步骤，以事物发展的转折点或工作推进过程中的不同阶段作为分类标准。如某单位针对工作中的关键环节或薄弱环节决定在某个时期内集中精力开展某项工作，领导班子为此多次开会研究，并召开不同层次的座谈会，广泛征求意见。现在要把这方方面面的意见综合起来起草一份具体的工作方案。这时面对的素材就非常庞杂，有领导办公会记录、座谈会记录、领导人的讲话稿、与此相关的各类统计报表和声像类素材、社会各界对开展这项工作的呼声和期待等。这么多乱七八糟的素材猛一看上去确实令人头大，但可以按时间先后把这些原始素材分成以下四类：

> 一、宣传发动
> 二、组织实施
> 三、检查验收
> 四、总结评比

如此一归类，这份活动方案的大体思路和层次已经显露出来，其基本框架也初具雏形。把相关的素材归到相应的类里面去，治"乱"的目的就可达到。

按时间先后对原始素材进行分类是最方便、最省力、最容易显示出文章条理性的一种方法。这种方法不仅可以体现出事物发展变化的时间顺序，而且同时还可以揭示事物发展的规律和趋势，是公文写作整体构思时最常用的一种方法。

2. 按空间分布分类

有些工作不是分阶段进行的，而是齐头并进、同步发展的。反映这类工作状况和工作经验的公文就无法再按时间先后分类，而应按空间分布分类。如某单位进行综合性改革，各种改革措施同时出台、同步实施，效果很好。事后写工作报告时面对的素材很多，头绪很乱，因此可以按空间分布把原始素材分成以下三类：

一、改革人事制度
二、改革工资制度
三、改革管理制度

把相关的素材归到相应的类里面去，这篇文章的思路和大体框架也就出来了。

由上述两类还可以派生出第三类，即把时间先后与空间分布结合起来——时空结合分类。如果工作头绪太多，仅用某种分类方法难以奏效时可以用此法。时空结合分类又分为先时间后空间、先空间后时间两种。

先时间后空间，是指第一个层次按时间先后分类，第二个层次按空间分布分类。如第一个层次按时间先后分为三大类：

一、存在的问题
二、采取的措施
三、改变了面貌（或取得的成绩）

在"存在的问题"这一类下有许多的问题，且问题与问题之间呈空间分布的关系，即可以把这些问题按空间分布的方法予以二次分类，即所谓"先时间后空间"。至于先空间后时间，与此相反罢了。

（二）不能这样分类

交叉、重复是分类的大忌，对写作素材进行分类时必须避免。

先来看一个案例：某县交通局承担了一段总投资为1.3亿元的公路建设任务，工程竣工后写了一份总结材料，把在施工过程中采取的措施分成以下五类，即有五个小标题：

一、管理上突出一个"强"字
二、工作上突出一个"细"字
三、环境上突出一个"好"字
四、行动上突出一个"早"字
五、督查上突出一个"实"字

这五个小标题在形式上字数一样、语法结构一致，这是值得肯定的。但"管理""工作""环境""行动""督查"这些概念之间实际上是交叉的，也是重复的。"管理"难道不是一项"工作"，反之一样；"督查"也是一项"工作"，"环境"的管理也是一种"管理"，且任何"工作"都要采取"行动"。

再看"强""细""好""早""实"这些概念之间同样是交叉、重复的。

1. 在同一层次内分类标准必须统一

分类标准不统一是思路不清的具体表现。在同一层次内，要么按时间先后分类，要么按空间分布分类，二者只能选其一，不能兼顾。如要介绍一个地区企业发展的情况，可以按空间分布把企业的情况分为：

> 一、国有企业
> 二、集体企业
> 三、乡镇企业
> 四、私营企业

以上是按空间分布分类，但如果再来一个：

> 五、今后的打算

这就麻烦了。因为"今后的打算"中"今后"是相对于"以前"而言的，明显是按时间先后分类。其结果是第五类与前四类之间交叉、重复，给读者的印象就是思路不清。

2. 同一问题不要重复设类

同一问题重复设类当然会出现重复、交叉。最常见的是：第一类说如何如何是"基础"；第二类说如何如何是"根本"；第三类说如何如何是"关键"等。这"基础""根本""关键"之中均是你中有我、我中有你，互相包容，怎么会不重复、不交叉呢？

请看下例：

> 一是充分认识到档案工作是各项事业发展的一个重要基础
> 二是充分认识到档案工作是人民法院工作的重要组成部分
> 三是充分认识到档案工作与审判工作密不可分，是审判工作的延续和终结环节
> 四是充分认识到档案工作是审判监督程序顺利进行的重要条件
> 五是充分认识到档案工作在服务法制建设中所发挥的积极作用

上例把认识分成五类，乍一看层次很清楚，细读却不了然。问题便出在类与类之间交叉、重复上。如"重要基础"与"重要组成部分"之间交叉、重复，"延续和终结环节"与"重要组成部分"之间也互有交叉。这样的分类与不分类实无差别。

又如，有篇文稿说档案工作要做好五项优质服务：

> 一是为领导决策服务
> 二是为机关工作服务
> 三是为办案工作服务
> 四是为调查研究服务
> 五是为编志工作服务

此五项服务之间也交叉得很厉害。"为领导决策服务"与"为机关工作服务"形成交叉，机关工作又何尝不是为领导决策服务呢？"为办案工作服务"与"为领导决策服务""为调查研究服务"形成交叉，办案也需要决策，决策、办案都包括调研。

### （三）分类注意事项

1. 分类方法须适应写作目的的需要

有些文稿的写作素材，其分类标准的选择是唯一的，要么按时间先后，要么按空间分布。而有些是可以选择的，既可以按时间先后分类，又可以按空间分布分类。到底按什么标准分类要视写作目的而定。如果写作目的是向读者介绍开展某项工作的全过程，应按时间先后分类；如果写作目的是向读者介绍事物内部各部分之间的比较和联系，则应按空间分布分类。

2. 分类的层次应与写作目的相适应

如果写作目的是介绍某个事物的全貌，即广度，分类次数就不宜过多，有一个层次即可。如果写作目的是介绍某个事物的内部规律，即深度，分类次数相对要多，至少要有二个或三个层次。当然，还要考虑可供利用的原始素材的多少，灵活掌握。

## 二、写作素材的选择

在分类的同时要对写作素材进行必要的筛选。分类是第一位的、关键的环节。没有分类，就没有层次。而层次清晰是对各类文章的起码要求。但分类后得到的各类素材不一定都要写进公文里面去，要有选择、有取舍、有详略。如果没有选择，把所有的素材都毫无遗漏地写进公文里去，那必然是拉杂臃肿、面面俱到、浮光掠影。

### （一）应该这样选择

就公文写作的材料选择而言，大体上有以下四个原则。

1. 选择那些感受最深的材料或工作环节

面对大量角度各异、载体不同的写作素材，要选择其中自己感受最深，不但知其然，而且知其所以然的材料，这是把公文稿件写出个性的重要条件之一。

2. 选择那些能说明观点的材料

每份公文都应有一个集中鲜明的主旨，文稿中的每个层次还应该有一个具体的观点。凡能印证或说明主旨与观点的素材要保留，其他的素材只有割爱或另派用场。俄国著名的短篇小说家契诃夫说过："要知道，在大理石上刻出人脸来，无非是把这块石头上不是脸的部分剔掉罢了。"这"大理石"就是我们所说的可供利用的所有素材，这里的"人脸"

就是我们所说的"主旨或观点"。只有把"大理石"（素材）中不是"人脸"（主旨或观点）所需要的那部分去掉，"人脸"（主旨或观点）才能显露出来，否则，就仍然是"大理石"（素材）。

3. 选择那些典型的、有代表性的材料

写作素材经分类后，由于同类相聚的缘故，在某类名下同类型、同角度的素材可能有很多，如果把同样的材料都写进去，不但会导致繁杂冗长，而且还会造成主次不分，冲淡重点。

4. 选择那些有新意的或最近发生的素材

公文有很强的时间性，所选择的素材应该是最新的。特别是各类数据时刻都在变化，一定要认真核对，及时更新。

（二）不能这样选择

选择的关键是处理好取与舍、详与略的问题。即在一篇公文文稿中写什么，不写什么，什么多写，什么少写，必须通盘考虑，恰如其分。如果把所有的素材都不加选择地堆砌到公文文稿里面必然是面面俱到，却没有重点。如有一篇1300个字左右的公文文稿，写了以下四个问题：

> 一、领导高度重视，把档案工作摆到应有的位置
> 二、建立健全各项制度，抓好档案软件建设
> 三、注重硬件建设，为档案工作创造良好的工作环境
> 四、开发档案信息资源，服务工商业务

虽然篇幅不长，但却把档案工作从"软件"到"硬件"，再到"开发档案信息资源"都涉及了。但每一类都是点到为止，一个问题也没有说透。从分类的角度来看并没有错，属于按时间先后分类，且类与类之间既不交叉，又不重复。问题是平均使用力量，没有重点，没有个性。没有个性就失去了借鉴意义。其实，这四个问题里面的任何一个问题都可以写一篇大文章、好文章。

# 第二节 先论——后说

先论后说是对公文在表达上的一种要求。实用性较强的文体都有类似的表达技巧。

先论是指结论（观点）在前，后说是指材料（说明）在后。这种表达方法又叫撮要，即古人所谓"立片言以居要，乃一篇之警策"。[①]

## 一、先论后说的好处

公文之所以要采取先论后说的表达方式，目的有以下两个。

---

① 西晋陆机《文赋》。

### （一）可以引起读者的阅读兴趣

因观点在前，可以唤起读者的注意，使读者在脑海里先有一个总的印象，不得不继续看下去。在设计版面时，为了醒目、惹眼，可以把先论的文字设计成黑体字，以便引起读者的关注。

### （二）有利于读者有选择性地阅读

读者在阅读公文时不一定是一字不漏地从头读到尾，大多是看过总标题（即总观点）后，先浏览文内的小标题（即分观点）。如对某个小标题（先论）感兴趣，再详细看其后的说明。如果读者对其他的小标题不感兴趣，就略看或干脆不看。

## 二、应该这样"先论后说"

要把先论后说处置得当，必须做到以下三个方面。

### （一）总观点与分观点之间要协调

就大多数公文而言，总观点多体现在总标题中，分观点则体现在小标题中。二者应是类别与类属的关系。如果总观点与分观点不协调，就像是小个子的人戴个大帽子或成年人戴个儿童帽，让人觉得别扭。有一篇介绍工作经验的文章，其标题叫《加强组织领导，落实档案规划》。《辞海》对"规划"的解释为"指较全面或长远的计划"。而此文的五个小标题却是：

> 一、提高认识，加强领导，坚持把档案工作纳入目标管理责任制
> 二、狠抓基础设施，注重基础业务，深入开展档案达标升级工作
> 三、健全档案制度，强化监督指导，实行规范化管理
> 四、增加档案门类，注重开发利用，积极主动为机关各项工作提供优质服务
> 五、加强教育培训，提高队伍素质，建设一支高素质的档案队伍

这里的五个小标题（分观点）与总标题（总观点）"落实档案规划"无论如何也协调不起来。既然是要"落实档案规划"，照理应有一个时间跨度为3~5年的"规划"在前，"落实"在后。而通读全文却看不出是否存在这么个"规划"，至于"规划"的内容更是看不出来，看到的是一个时期内档案工作的汇报和总结。

### （二）观点与材料应泾渭分明

文学作品总是把观点融于材料之中，且观点越隐蔽越好。正像水乳交融一样，分不清哪是水（材料），哪是乳（观点）。文学作品是供欣赏的，不同的读者可以从相同的作品中得出不同的结论，这是正常的。公文属实用文体，管用、实用、好用是第一位的。因此，公文必须开宗明义，先摆观点，后摆材料。且观点一定要鲜明，含义要单一，不能有歧义。观点与材料的关系应是油与水的关系，浮在上面的是油（观点），沉在下面的是水（材料），二者泾渭分明。读者毫不费劲地就可以知道作者写的是什么，可以在极短的时间内达到沟通与交流的目的。

### （三）观点与材料要一致

任何文章都应该做到观点与材料相统一，对采用先论后说这种表达方式的公文而言，这一点显得更为重要。有一份介绍计划生育工作的公文有三个小标题：

> 一、领导高度重视
> 二、工作深入细致
> 三、效果普遍较好

这三个小标题虽然生动性不够，但从分类来看彼此并不交叉、重复。但是，在第二个观点"工作深入细致"后却有"领导亲自深入到户做工作"的材料，这就与第一个观点"领导高度重视"形成交叉。第三个观点"效果普遍较好"后又有"深化人们对计划生育重要性的认识问题"的材料，这与观点就不一致了，且又与第二个观点形成交叉。

有一份公文的一个观点是"完善制度，加强领导"，后面列举了5条材料。其中，第四条材料是"加大投入力度，每年平均拨款3万元，以保证档案管理正常的费用开支，并使所需经费呈逐年递增趋势"。这条材料本应另立观点，因为"完善制度，加强领导"这个观点根本就统辖不了它。

## 三、不能这样"先论后说"

先论后说的常见问题包括以下三个方面。

### （一）仅有"先论"（观点），没有"后说"（材料）

人们常说要"言之有理"，这"理"就是观点。但要想言之有理就必须"言之有物"，这"物"就是材料。正如盖房子需要砖瓦、水泥，做饭需要柴米油盐一样。一份公文如果满篇都是观点，却没有具体的内容，文章就会显得空洞无物，观点再好、再新，也不能让读者信服。

有的公文乍一看似乎既有观点又有材料，但仔细琢磨却又不尽然，如下例：

> 优质服务观念。提供档案信息是档案馆的基本目标，为社会有效地服务是档案馆的根本任务。在市场经济条件下社会对档案馆提出了更多更高的要求，为满足社会对档案信息的要求，档案馆必须适应形势，转变作风，牢固树立起优质服务的观念。

这一段的观点是说档案馆的工作人员应树立"优质服务的观念"，可紧随其后的并没有能够印证或说明此观点的具体材料，有的只是对观点的一再重复。这样给读者的感觉就像吃肉包子，但吃到最后也没吃到肉馅（材料）。

### （二）只有"后说"（材料），没有"先论"（观点）

观点是骨架，材料是血肉。一份公文如果只是摆了一大堆材料，没有鲜明的观点来统帅，给人的感觉就是一本流水账。从作者的角度来看，说明不了任何问题；从读者的角度来看，当然也就不知道作者想说明什么问题。

### （三）"先论"（观点）与"后说"（材料）不统一

观点与材料一致是写任何文章都必须遵守的一条准则，公文更不例外。但是，不少单位的公文都比较容易在这个环节上出问题。如有一篇反映企业员工培训的公文文稿里面有这样一段话：

> 员工培训工作中存在的主要问题是员工听课的出勤率不高。有的员工强调本职工作忙，离不开；有的员工虽然也来听课了，但注意力不集中，人到心不到。

这段话的"先论"（观点）是"员工听课的出勤率不高"，"后说"（材料）有两条。前一条材料与观点是一致的，不一致的是后一条材料。这种部分材料与观点一致、部分材料与观点不一致的情况在不少单位的公文中时有发生。

## 练　习

1. 简述写作素材分类的原则和注意事项。
2. 为什么要采取"先论——后说"的表达方式？
3. 请你到某机关找一份公文，把"分类——选择""先论——后说"作为评价标准，写一篇 800 字左右的公文评论。
4. 请你按"分类——选择""先论——后说"的结构原则，改写下面这份通知。

---

×××××× 医院文件

院字〔20××〕20 号

签发人：××

---

★

×××××× 医院关于加强公文稿件<br>印发复印费管理的通知

全院各科室：

　　行政机关的公文，是行政机关在行政管理过程中形成的具有法定效力和规范体式的文书，是依法行政和进行公务活动的重要工具。为了加强公文稿件的管理，维护公文的严肃性和发文机关的形象，规范公文稿件多头自行复印、多门印制的随意性。为了树立良好的文风，严格控制行政办公费用，降低医疗成本，坚持勤俭办院的方针。特制定以下规定，请实施。

　　一、科室（部门）根据工作需要，确需复印有关文稿文件资料者，由科室（部门）填写复印申请单，经科室（部门）负责人签署意见后，按照归口管理的原则，党务系统由党办审批，行政系统由院办审批，经两办同意批准复印制作的文稿方可复印。

　　二、科室（部门）拟发的文稿，必须由医院文印室印制，因特殊情况确需在院外印制者，须经党办院办批准，否则，按违犯公文处理规范给予处罚。

　　三、经两办批准印发复印的公文稿件复印费，由经办科室（部门）持申请复印批准单，每月结算报销一次，报销时须经两办对口核对申请批准单数量、金额后，履行报销凭单签字制，承办科室（部门）方可呈主管财务院长签报。

四、凡一次印制复印费在 50 元以上者，须经主管财务院长批准后，方可印制复印，否则，发生费用不予报销。

五、进行成本核算科室，印制复印费将纳入科室全部成本核算，扣除科室成本消耗。如因特殊情况，须报请院长批准。

六、未经两办批准印发复印的公文稿件复印制作费，财务科不得报销。

此规定自发文之日起实施。

附件：公文稿件复印申请单

×××××医院（章）<br>20××年 8 月 14 日

主题词：加强　公文稿件　印发复印　管理　通知

5. 下面是某商场的一份事迹材料（摘录），请根据"分类——选择，先论——后说"的结构原则予以评改。

优秀源自何处

文化商场照测部系经营照相器材、感光材料、暗房设备、测绘仪器的专业部组。近三年来，年均收表扬信 200 多封，表扬意见 240 多条，人均受顾客表扬 15 次。销售额、利润率连年递增，位居同行业前茅成绩。人们不禁要问：优秀来自何处呢？他们是如何做的呢？

第一，他们积极开拓商品，严把进货关。（略）

第二，"酒香也怕巷子深"，他们积极开展营销。（略）

第三，买后无忧，他们有完善的售后维修服务。（略）

第四，买时满意，来自他们可贵的学习精神。（略）

第五，追求平凡中的不平凡，提供顾客满意的服务。（略）

第六，他们有优秀的干部，他们是先进的集体。（略）

# 第三章 公文格式

公文区别于其他文体的标志之一就是有统一的格式要求，任何单位和个人都不能标新立异。

按中华人民共和国国家质量监督检验检疫局、中国国家标准化管理委员会 2012 年 6 月 29 日发布的中华人民共和国国家标准《党政机关公文格式》（自 2012 年 7 月 1 日起施行，以下简称《格式》），把"公文格式各要素划分为版头、主体、版记三部分。公文首页红色分隔线以上的部分称为版头；公文首页红色分隔线（不含）以下、公文末页首条分隔线（不含）以上的部分称为主体；公文末页首条分隔线以下、末条分隔线以上的部分称为版记"。

公文版头的格式包括公文份号、秘级和保密期限、紧急程度、发文机关标志、发文字号、签发人、版头中的分隔线。

公文主体的格式包括公文标题、主送机关、正文、附件说明、发文机关署名、成文日期和印章、特殊情况说明、附注、附件。

公文版记的格式包括版记中的分隔线、抄送机关、印发机关和印发日期。

《格式》还就公文的一些特定格式做出规定，主要包括信函格式、命令（令）格式、纪要格式。

《12·条例》中关于公文格式的规定是这样："公文一般由份号、密级和保密期限、紧急程度、发文机关标志、发文字号、签发人、标题、主送机关、正文、附件说明、发文机关署名、成文日期、印章、附注、附件、抄送机关、印发机关和印发日期、页码等组成。"

## 第一节 公文用纸及印装格式

### 一、公文用纸幅面

按《格式》的要求，公文用纸为 A4 型，其成品幅面尺寸为 210 mm×297 mm。

推行国际标准 A4 型公文用纸，与国际标准接轨是非常必要的。国际标准化组织 ISO（是一个由各个 ISO 成员国标准化组织组成的世界性联合体）早在 1975 年就制定了书写纸的规格标准，即 ISO 262:1975，其主要内容就是规定了书写用纸的规格为 A4 型（210 mm×297 mm）。此后，在各国际组织中散发的公文和会议文件，各国政府间相互交换的政府公文无一不采用 A4 型纸。各单位目前使用的各种办公自动化设备如计算机、打印机、复印机等基本上都是以 A4 型纸作为默认纸型。

我国过去一直没有强制推行 A4 型纸，主要原因是怕印刷、装订设备跟不上。从目前的情况来看，旧设备已被淘汰，完全可以印制、保存 A4 型公文。

公文用纸天头（上白边）为 37 mm±1 mm。

公文用纸订口（左白边）为 28 mm±1 mm。

版心尺寸为 156 mm×225 mm（不含页码）。

### 二、公文用纸的技术指标

公文是机关的外在形象，必须庄重、严肃。如果公文用纸的厚度即克数不够，纸的质量较差，就会让人感觉很不庄重。公文又是处理公共事务的工具，在工作中要频繁使用，用过之后还要作为重要档案长期保存。如果公文用纸的耐折度不高，使用中就容易破损。《格式》专门就公文用纸的主要技术指标做出规定："公文用纸一般使用纸张定量为 $60\,g/m^2 \sim 80\,g/m^2$ 的胶版印刷纸或复印纸。纸张白度为 85%～90%，横向耐折度≥15 次，不透明度≥85%，pH 值为 7.5～9.5。"

把公文用纸的质量定在"$60\,g/m^2 \sim 80\,g/m^2$ 的胶版印刷纸或复印纸"的范围内，既考虑了机关公文作为官方文书的特殊地位，又兼顾了不同经济条件的机关和单位都有可能执行的可行性和可选择性。就是说，$60\,g/m^2$ 是下限，$80\,g/m^2$ 是上限，只要是在这个范围内都是符合国家标准要求的。

公文用纸的白度标准是 85%～90%。如白度较低，纸张较黑，显得很不庄重，与公文作者的身份不符；如白度较高，反光大，看上去晃眼，对视力也不好。

横向耐折度≥15 次的规定主要是要求公文用纸不能太脆，要有一定的韧性。公文要经过签收、登记、审核、拟办、批办、承办、催办等一系列处理程序，如果纸张过脆，就很容易发生断裂和破损，既影响公文现实效用的发挥，又不能满足存档的要求。

如果把透明度过高的纸张用于印制公文，正反两面（按《格式》的要求，公文必须双面印刷）的文字就会相互洇透，看上去文字花乱，影响阅读。"不透明度≥85%"就是专为解决这类问题而设定的技术指标。

公文用纸的 pH 值是针对有的公文用纸因 pH 值过低，保存时间不长便开始泛黄，不利于公文将作为档案长期保存和使用的需要。pH 值定为 7.5～9.5 是根据国家档案局制定的行业标准 DA/T11—1994《文件用纸耐久性测试法》中的相关规定确定的。

### 三、公文的印装规范

公文的正文用 3 号仿宋字，文中如有小标题可以用 3 号小标宋体字或黑体字。

公文一般每面排 22 行，每行排 28 个字，并撑满版心。特定情况可以作适当调整。

公文要求版面干净无底灰，字迹清楚无断划，尺寸标准，版心不斜，误差不超过 1 mm。

公文要双面印刷，页码套正，两面误差不得超过 2 mm。黑色油墨应达到色谱所标 BL100%，红色油墨应达到色谱所标 Y80%、M80%。印品着墨实、均匀；字面不花、不白、无断划。

公文文字从左至右横写、横排。在民族自治地方，可以并用汉字和通用的少数民族文字（按其习惯书写、排版）。

公文应当左侧装订，不掉页，两页页码之间误差不超过4mm，裁切后的成品尺寸允许误差±2mm，四角成90°，无毛茬或缺损。

骑马订或平订的公文应当：

（1）订位为两钉外订眼距版面上下边缘各70mm处，允许误差±4mm；

（2）无坏钉、漏钉、重钉，钉脚平伏牢固；

（3）骑马订钉锯均订在折缝线上，平订钉锯与书脊间的距离为3～5mm。

包本装订公文的封皮（封面、书脊、封底）与书芯应吻合、包紧、包平、不脱落。

## 第二节　公文版头格式

公文版头又叫文头，也称公文眉首。它由发文机关标志、公文份号（印刷顺序号）、发文字号、签发（会签）人、秘密等级和保密期限、紧急程度、版头中的分隔线等要素组成。

### 一、发文机关标志

发文机关标志也称公文红头，位于公文版头的上部，居中排列。发文机关标志由发文机关全称或规范化简称后面加"文件"组成，如《××省人民政府文件》，特定公文可以只标识发文机关全称或规范化简称。

《12·条例》第九条规定："发文机关标志。由发文机关全称或者规范化简称加'文件'二字组成，也可以使用发文机关全称或者规范化简称。联合行文时，发文机关标志可以并用联合发文机关名称，也可以单独用主办机关名称。"

《格式》7.2.4规定，发文机关标志"由发文机关全称或者规范化简称加'文件'二字组成，也可以使用发文机关全称或者规范化简称。

发文机关标志居中排布，上边缘至版心上边缘为35mm，推荐使用小标宋体字，颜色为红色，以醒目、美观、庄重为原则。

联合行文时，如需同时标注联署发文机关名称，一般应当将主办机关名称排列在前；如有'文件'二字，应当置于发文机关名称右侧，以联署发文机关名称为准上下居中排布"。

在同一机关可有不同规格的发文机关标志。如既有以《×××（机关名称）文件》命名的发文机关标志，又有以《×××（机关名称）》命名的。不同的发文机关标志有不同的适用对象和行文方向，也有不同的格式要求。在国务院的发文机关标志中就有《国务院文件》《中华人民共和国国务院》等多种。

联合发文的发文机关标志应把参与发文的机关都排上，并把主办单位排在首位，如：

```
××省民政厅
××省统计局
××省计划经济委员会        文件
××省卫生厅
××省教育委员会
××省公安厅
××省财政厅
××省人口普查领导小组
××省残疾人福利基金会
××省盲人聋哑人协会
```

×民〔20××〕3号

排在最上面的"××省民政厅"是本文的主办单位。

## 二、公文份号（印刷顺序号）

公文份号，是指依据同一文稿印制若干份时每份在总印数中的顺序编号。

《12·条例》第九条规定："份号。公文印制份数的顺序号。涉密公文应当标注份号。"

《格式》7.2.1规定："如需标注份号，一般用6位3号阿拉伯数字，顶格编排在版心左上角第一行。"

过去也曾规定用7位阿拉伯数字标注，或根据公文的总印数来决定用几位阿拉伯数字标注。按现在的规定，假如一份文件的总印数是1000份，可以按顺序从000001号编到001000号。

使用公文份号的目的是为了便于文件的统计、处理、回收等。凡编了公文份数序号的文件，这个份号就可以同时成为某个收文机关的固定号。也就是说，以后就可以把每种文件的相同份号固定发给某个收文机关，这就给收退文件创造了极为便利的条件。

公文若不涉密，则无须标注份号。

## 三、发文字号

《12·条例》第九条规定："发文字号。由发文机关代字、年份、发文顺序号组成。联合行文时，使用主办机关的发文字号。"

《格式》7.2.5规定，发文字号"编排在发文机关标志下空二行位置，居中排布。年份、发文顺序号用阿拉伯数字标注；年份应标全称，用六角括号'〔 〕'括入；发文顺序号不加'第'字，不编虚位（即1不编为01），在阿拉伯数字后加'号'字。

上行文的发文字号居左空一字编排，与最后一个签发人姓名处在同一行"。

发文字号是公文的特殊标志，就像一个人有名又有字、有号一样，是姓名的补充。有了发文字号，就便于对收文和发文分类登记和分送，也便于查找引用，还便于收文机关与发文机关直接联系。因此，正确地编写发文字号对于迅速准确地处理公文是有实际意义的。

**(一) 发文字号三要素**

发文字号由发文机关代字、发文年份和该年的发文顺序号组成。如国务院的"国发〔2017〕1号"，"国"是国务院的代字，"〔2017〕"是发文年份，"1号"是国务院2017年的发文顺序号，即表明这一文件是该年度国务院发出的第一号文件。

1. 发文机关代字

在选用机关代字时，要选用能够反映本机关本质属性的代字，避免与相近机关混淆。如有工业局，又有工商行政管理局，都选"工"作为机关代字就容易混淆，可以分别用"工""工商"以示区别。

同类机关的发文机关代字可以有不同的设计思路。如就全国各省、自治区、直辖市政府的机关代字而言，设计思路主要有以下两种。

一是"×政"。如"豫政"是河南省人民政府公文的机关代字，"云政"是云南省人民政府公文的代字。

二是"×府"。如"粤府""渝府"则分别是广东省政府和重庆市政府公文的机关代字。

发文机关代字不要过于复杂，只用一两个字把发文机关表示出来即可，最多不要超过5个字。有的除了注明发文机关的代字以外，还要注明主办部门的代字，那是为了便于工作联系和公文的分类管理，如"豫教计"，"豫"是河南，"教"是教育厅，"计"是计财处，一看这个机关代字就知道这份公文是由河南省教育厅计财处主办的。如果收文机关对公文中的有关问题弄不明白，就可以直接与计财处联系。

有的机关代字还缀以公文用途，如"豫政任"，"任"表明这是河南省人民政府任免干部的公文。

2. 发文年份

发文年份要用阿拉伯数字，要写完全，如"2017"不要写成"17"。年份要用六角括号"〔 〕"括入，不允许用圆括号或方括号。因为一旦用了圆括号或方括号就会给公文引用带来不便。

3. 发文顺序号

发文顺序号也用阿拉伯数字书写，不编虚位（即1不编为001），不加"第"字。

**(二) 发文字号的种类**

1. 规范型的发文字号

规范型的发文字号即机关代字＋发文年份＋发文顺序号。如上例"国发〔2017〕1号"即是，这是比较规范的一种。

2. 由发文机关灵活酌定型的发文字号

由发文机关灵活酌定型的发文字号即只有发文顺序号。如命令（令）、会议纪要、工作信息、简报等文种，其发文字号没有统一的规定，可以由发文机关酌定。

从公文处理的实际情况来看，其灵活性表现在以下三个方面。

（1）构成要素灵活。规范型的发文字号是"机关代字＋发文年份＋发文顺序号"三个要素。酌定型的往往只有一个或两个要素，如：

**中华人民共和国国务院令**

第 673 号

《企业投资项目核准和备案管理条例》已经 2016 年 10 月 8 日国务院第 149 次常务会议通过，现予公布，自 2017 年 2 月 1 日起施行。

总理　李克强<br>2016 年 11 月 30 日

企业投资项目核准和备案管理条例（略）

（引自《国务院公报》2017 年第 1 号）

本例发文字号只有发文顺序号"第 673 号"一个要素。而下面这份命令则又有所不同。

**中华人民共和国交通运输部令**

2016 年第 63 号

《交通运输部关于修改〈出租汽车驾驶员从业资格管理规定〉的决定》已于 2016 年 7 月 26 日经第 17 次部务会议通过，现予公布，自 2016 年 10 月 1 日起施行。

部长　杨传堂<br>2016 年 8 月 26 日

交通运输部关于修改《出租汽车驾驶员从业资格管理规定》的决定（略）

（引自《国务院公报》2016 年第 33 号）

本例的发文字号由年份"2016 年"和发文顺序号"第 63 号"共两个要素组成。

（2）数码使用灵活。按照规定，规范型的发文字号的"年份、序号用阿拉伯数字标注"，灵活型的发文字号则不受此限，如：

**中华人民共和国主席令**

第六十二号

根据中华人民共和国第十二届全国人民代表大会常务委员会第二十五次会议于 2016 年 12 月 25 日的决定：

任命杨晓渡为监察部部长。

中华人民共和国主席　习近平<br>2016 年 12 月 25 日

前两例的发文顺序号用的都是阿拉伯数字，本例的发文顺序号"第六十二号"用的却是汉字。

（3）发文顺序号连贯与否比较灵活。国务院令的发文顺序号是连贯的，不因年度更新、政府换届、领导人的更替而中断，是一直编下去的。但中华人民共和国主席令的发文顺序号却并非如此，是因应着换届而重新排号。交通部的令号又有不同，是按年度编号，随着年度的更新而更新。

### （三）发文字号的位置

发文字号的位置按照规定有以下三种标注样式。

1. 下行文的发文字号在发文机关标志正下方

下行文的发文字号标在发文机关标志正下方空二行处，用3号仿宋字，居中排列。这是最常见的一种标注方式。

2. 上行文的发文字号与签发人左右对称

上行文需注明签发人姓名时，把发文字号由居中移至左侧，签发人姓名放在右侧，二者对称。

3. 平行文的发文字号在红色双线右下方

平行文的发文机关标志是《×××（机关名称）》，由于红色双线（上粗下细）紧挨着发文机关标志，发文字号可以标在红色双线（武文线）的右下方。

### （四）联合发文时只标注主办机关发文字号

联合发文时，只写公文主办单位的发文字号。如××省民政厅、公安厅等10个单位联合发文，其中民政厅是主办单位，其余9个单位都是协办单位，只标注民政厅的发文字号即可。用联合编号或将各联合发文机关的发文字号一一列出是不对的。

## 四、签发（会签）人

《12·条例》第九条规定："签发人。上行文应当标注签发人姓名。"

《格式》7.2.6规定："由'签发人'三字加全角冒号和签发人姓名组成，居右空一字，编排在发文机关标志下空二行位置。'签发人'三字用3号仿宋体字，签发人姓名用3号楷体字。

如有多个签发人，签发人姓名按照发文机关的排列顺序从左到右、自上而下依次均匀编排，一般每行排两个姓名，回行时与上一行第一个签发人姓名对齐。"

为了表明对公文的内容负责，防止弄虚作假，便于查明责任，按照规定，下级机关上报给上级机关的公文，业务主管部门上报给领导机关的公文，都应注明签发（会签）人，以示负责。

### （一）签发（会签）人的书写位置

签发（会签）人的位置按照规定应这样处理，即把位于发文机关标志正下方的发文字号向左移，让出右边的位置标注签发（会签）人姓名，使发文字号与签发（会签）人在版头中的分隔线上左右对称，如：

××市卫生局文件

×卫〔2017〕×号　　　　　　　　　　　　　　签发人：王××

## （二）需要注意的问题

### 1. 上行文必须注明签发（会签）人

上行文必须注明签发（会签）人，平行文和下行文则无须注明签发（会签）人。

### 2. 签发人的位置

签发人的书写位置必须在版头中的分隔线右上方，不能在版头中的分隔线以下。

### 3. 签发（会签）人的标识

签发（会签）人用3号仿宋体字，后标全角冒号；冒号后用3号楷体字标识签发人姓名。签发人居右空一字，编排在发文机关标志下空二行的位置。

## 五、秘密等级和保密期限

《12·条例》第九条规定，涉密公文应当根据涉密程度分别标注"绝密""机密""秘密"和保密期限。

《12·格式》7.2.2规定："如需标注密级和保密期限，一般用3号黑体字，顶格编排在版心左上角第二行；保密期限中的数字用阿拉伯数字标注。"

秘密等级简称密级，分为绝密、机密和秘密三种，由发文机关根据公文的内容涉及国家和组织机密的程度划定。绝密公文在印刷、传递、保管时都有严格的规定，只限于必须接触的人才能接触。对秘密以上的公文，要设专人或专门机构统一收发和保管，如机要秘书、机要室等。特别重要的绝密公文，除了在封套上标明"绝密"字样以外，有时还写明"××领导人'亲启'"，其他人不得擅自拆封。凡属密件，外发时由机要交通传递。

秘密等级的划分要本着实事求是的原则，按公文的内容和有关规定办事，该加密的一定要加密，不该加密的也不要故弄玄虚。

根据《国家秘密保密期限的规定》，国家秘密的保密期限，除了有特殊规定以外，绝密级事项不超过30年，机密级事项不超过20年，秘密级事项不超过10年。

保密期限在一年及一年以上的，以年计；保密期限在一年以内的，以月计。

国家秘密的保密期限，自标明的制发日起算；不能标明制发日的国家秘密，自通知密级和保密期限之日起算。

保密期限的具体标志方式分为以下四种。

### （一）保密期限在一年及一年以上的

保密期限在一年及一年以上的，采用的标志方式为"机密★5年"。表示此件为机密级国家秘密，自密件产生之日起满5年后解密。

### （二）保密期限在一年以内的

保密期限在一年及一年以内的，采用的标志方式为"机密★6个月"。表示此件为机密级国家秘密，自产生密件之日起满6个月后解密。

### （三）保密期限为长期的

保密期限为长期的，采用的标志方式为"绝密★长期"。表示此件为绝密级国家秘密，保密期限为长期，只有有关中央国家机关或者其授权的机关才能决定解密。

**(四) 保密期限不作标志的**

保密期限不作标志的，采用的标志方式为"机密★"。表示此件为机密级国家秘密，各有关机关、单位对此件的保密期限可按 20 年认定。

## 六、紧急程度

《12·条例》第九条规定，紧急程度是"公文送达和办理的时限要求。根据紧急程度，紧急公文应当分别标注'特急''加急'，电报应当分别标注'特提''特急''加急''平急'。"

《格式》7.2.3 规定："如需标注紧急程度，一般用 3 号黑体字，顶格编排在版心左上角；如需同时标注份号、密级和保密期限、紧急程度，按照份号、密级和保密期限、紧急程度的顺序自上而下分行排列。"

标明紧急程度是为了引起收文机关的特别注意，以保证公文的时效，确保紧急工作的及时处理。但在考虑紧急程度时也应根据情况，实事求是，不但要考虑公文印刷、传递所需的时间，而且还要给收文机关的收阅留下余地。

值得注意的是，不能随意提高公文的紧急程度。试想，如果所有的公文都注明是"特急件"，收文机关对这些数量众多的特急件还是要一件一件地处理，反而会把真正的特急件耽误了。所以，对公文紧急程度的标注必须严格掌握，不可随意提高或降低。

有的紧急公文不仅要标明紧急程度，而且还在标题的文种前加以限定，如《关于××的紧急通知》《关于××问题的紧急请示》等。

凡紧急公文，都要在封套上加盖"紧急"字样的戳记，以利经手人员识别，并优先处理。限时送达的公文要在封套上加盖"务于××日××时前送达"的条戳。

## 七、版头中的分隔线

《格式》7.2.7 规定："发文字号之下 4 mm 处居中印一条与版心等宽的红色分隔线。"红色分隔线的作用在于把版头部分和主体部分隔开，一般放在发文字号之下。

## 八、公文版头常见失误例析

**(一) 首尾不一致**

如某市档案局的一份红头文件，版头是"××市档案局文件"，落款处盖的却是"××市档案局××处"的印章。

如某市卫生局的一份红头文件，版头是"××市卫生局文件"，正文结尾处盖的却是"中国共产党××市卫生局委员会"的印章；有时又反过来，党委机关版头加盖行政机关印章。

首尾一致是公文格式最起码的要求。版头上的发文机关标志（即发文机关名称）与印章上的发文机关名称必须一致（临时机构由挂靠单位代章时要特别注明"代章"字样）。既然用的是"××市档案局文件"的版头，就应由"××市档案局"盖章。由"××市档案局××处"代替上级领导机关盖章或审批下达应当由上级领导机关审批下达的事项,是行文规则所不允许的。

### (二)发文字号不规范

以下某市档案局的一份通知,其发文字号是:

×档字(2015)第 009 号

按新的发文字号规范,该发文字号错误有三:一是"字""第"不应再用,应去掉;二是圆括号"( )"应改为六角括号"〔 〕";三是序号"009"不应有虚位,即去掉"00"。

### (三)签发人不当

如某市政府林业局局长出差在外,由常务副局长在机关主持日常工作。恰在这期间要向市政府上报一份请示,这份请示在经拟稿、审核后要由主持工作的常务副局长代为签发。于是,这位常务副局长就认为:既然文稿是由我签发的,那么在公文版头签发人位置上署名的理应是我。

按规范,在公文版头签发人位置上署名的应当是这位常务副局长,还是出差在外的局长呢?

关于上行文的签发人能否由副职领导人署名的问题,在《12·条例》和《格式》里面均没有明文规定,但它却是公文处理实践中亟待解决也应该解决的问题。

《12·条例》第二十二条关于公文签发的规定对我们把握这个问题是有启发的:

> 公文应当经本机关负责人审批签发。重要公文和上行文由机关主要负责人签发。党委、政府的办公厅(室)根据党委、政府授权制发的公文,由受权机关主要负责人签发或者按照有关规定签发。……联合发文由所有联署机关的负责人会签。

据此,我们可以初步得出结论:机关上行文里面作为格式出现的签发人不能由副职领导人署名,只能依照公文签发的规定,由主要负责人签发。这里的"主要负责人"当然是指正职(即一把手)。

也就是说,在任何情况下机关上行文的签发人署名只能是行政机关的一把手或者事实上的一把手。之所以得出这样的结论是有法律依据的。《中华人民共和国宪法》(以下简称《宪法》)第八十六条和第一百零五条规定:

"国务院实行总理负责制。各部、各委员会实行部长、主任负责制。"

"地方各级人民政府实行省长、市长、县长、区长、乡长、镇长负责制。"

《中华人民共和国国务院组织法》(以下简称《国务院组织法》)第二条和第八条规定:

"国务院实行总理负责制。总理领导国务院的工作。副总理、国务委员协助总理工作。"

国务院"各部设部长一人,副部长二至四人。各委员会设主任一人,副主任二至四人,委员五至十人。各部、各委员会实行部长、主任负责制。各部部长、各委员会主任领导本部门的工作,召集和主持部务会议或者委员会会议、委务会议,签署上报国务院的重要请示、报告和下达的命令、指示。副部长、副主任协助部长、主任工作"。

《中华人民共和国地方各级人民代表大会和地方各级人民政府组织法》（以下简称《地方各级人民代表大会和地方各级人民政府组织法》）第六十二条规定：

"地方各级人民政府分别实行省长、自治区主席、市长、州长、县长、区长、乡长、镇长负责制。"

"省长、自治区主席、市长、州长、县长、区长、乡长、镇长分别主持地方各级人民政府的工作。"

在我国内地的所有行政机关按《宪法》和有关法律的规定都实行的是首长负责制，即一把手负全责。上行文设置签发人格式的目的就是为了表明对公文的内容负责。而能对公文的内容负全部责任的，在行政机关只有主要负责人一人。因此，上行文的签发人署名只能是行政机关的一把手。

所以，即使在局长出差期间，在签发人格式上署名的仍为出差在外的局长。因为这位在家主持工作的常务副局长并不是事实上的一把手，对这份请示承担责任的仍是出差在外的局长。至于在公文制发过程中常务副局长代局长签发文件只是局长的一种授权行为。因此，在上行文公文眉首签发人处仍要署上局长的姓名。

党的领导机关副职领导人能否在公文格式的签发人处署名应不同于行政机关。因为党的机关按《中国共产党章程》的有关规定，实行的是民主集中制。

与行政机关的首长负责制相比，党的机关"实行集体领导和个人分工负责相结合的制度"。也就是说，行政机关是一把手负全责，党委机关是集体负责。行政机关的最后决断权在一把手，而党委机关的最后决断权是"必须执行少数服从多数的原则"，党委书记与其他的领导成员一样也只有一票。党委机关因为是集体负责，上行文的签发人署名就不宜套用只限于机关一把手的定式。

## 第三节　公文主体格式

公文主体格式包括公文标题、主送机关、公文的主体（正文）、附件说明、发文机关署名、成文日期和印章、附注、附件等。

### 一、公文标题

《12·条例》第九条规定："标题。由发文机关名称、事由和文种组成。"

《格式》7.3.1规定，标题"一般用2号小标宋体字，编排于红色分隔线下空二行位置，分一行或多行居中排布；回行时，要做到词意完整，排列对称，长短适宜，间距恰当，标题排列应当使用梯形或菱形"。

公文标题是公文不可缺少的组成部分，是公文格式的首要内容。

（一）标题的作用

1. 节约办文时间，提高工作效率

标题的主要目的之一就是标意，即用简短、概括的语句把一份公文的主要内容准确、完整地表现出来，使人一看便知是一份关于什么问题的公文。如果公文没有标题，密密麻麻的一大篇，就会给公文处理带来困难，影响机关工作的效率。

2. 避免淹没大事、要事、急事

公文有轻重缓急之分，一般可以从标题反映出来，如果公文无标题，就会耽误一些急办公文的处理。

3. 有利于公文的管理

公文在处理过程中需登记、传递、编立案卷、汇编和检索，有了标题就方便许多。没有标题，就难以及时、准确地查找到有关公文。

（二）标题的演变过程

标题这一公文格式在明代以前是没有的，我们今天见到的许多古代的公文，其标题都是后人添加的。如李斯的《谏逐客书》、刘邦的《入关告谕》等当时都没有标题。

现在的标题是由古代的公文"贴黄"制度逐渐演化而来的。"贴黄"一词源于唐代，当时皇帝颁发的制、敕等公文都是用黄纸书写，如有需要更改的地方，就再用黄纸贴上重写，称为"贴黄"。到了宋代，臣属呈给皇帝的奏章、札子等公文都用白纸书写，但要择其要点另写在黄纸上，把它附在公文的后面，所以也称"贴黄"，放在前面的叫"引黄"。皇帝只看"贴黄"，不看全文。朱元璋等封建统治者为了提高行政效率曾屡次下诏禁繁文、减案牍，使章奏贴黄成为公文撰写的一种制度，并为清朝所沿用。据《二十五史·明史》记载：

> 茹太素，泽州人。洪武三年乡举，上书称旨，授监察御史。六年擢四川按察使，以平允称。七年五月召为刑部侍郎。……明年，坐累降刑部主事，陈时务累万言，太祖令中书郎王敏诵而听之。……帝怒，召太素面诘，杖于朝。次夕，复于宫中令人诵之，得其可行者四事，慨然曰："为君难，为臣不易。朕所以求直言，欲其切于情事。文词太多，便至荧听。太素所陈，五百余言可尽耳。"因令中书定奏对式，俾陈得失者无繁文。摘太素疏中可行者下所司，帝自序其首，颁示中外。

一份500个字就可以说明白的公文，茹太素竟写了1万多个字。朱元璋因此命令中书省订立上书陈事格式，繁文违式者要治罪，并亲自为上书陈事格式写了序言。到崇祯时，他命令内阁制作贴黄的式样，由题奏本官自己撰写，全文不得超过100个字，贴附牍尾，以减轻皇帝总阅全文的负担。清代顺治初年也规定：凡题奏本章，不得超过300个字，贴黄不得超过100个字。雍正后来又不限贴黄字数。清代左宗棠的一份奏折"贴黄"即为"厘定闽省进公款项请停革摊捐陋规另筹公费折"。"贴黄"在后来的公文中逐步演化为"摘由""事由"，即在公文前面用极简短的一句话或几句话对公文的内容进行提示。在现代的发文专用稿纸中仍有列"摘由""事由"栏目的。

辛亥革命后至中华人民共和国成立前的旧式公文一般都没有标题，而是用"为×××事""为×××由"作为公文的起首用语，置于正文之前，称为"事由"。目的也是为了说明发文原因、公文类别、主要内容等，如：

> 为呈请拨款修建学生宿舍由

1951年9月29日，中央人民政府政务院颁布的《公文处理暂行办法》（以下简称《51·办法》）第五条规定公文用纸第一页须包括文种、发文字号、事由、附件、主送机关、拟办、批示等栏，仍把"事由"作为公文的起首用语。

1981年2月27日，国务院办公厅发布的《国家行政机关公文处理暂行办法》正式规定公文必须有标题，并对标题的拟写提出了要求："公文的标题应当准确、简要地概括公文的主要内容，并标明发文机关名称和公文种类。"

1993年11月21日修订后发布的《国家行政机关公文处理办法》对标题的拟写作了更详细的规定："公文标题，应当准确简要地概括公文的主要内容，一般应当标明发文机关，并准确标明公文种类。标题中除法规、规章名称加书名号外，一般不用标点符号。"

由上可知，标题这一格式经历了从贴黄—摘由（事由）—标题的漫长演变过程。演变的目的只有一个，那就是更好地突出公文标题的"标意"和"告知"的功能，给读者以极大的方便和明确的印象。不少人不大了解公文标题的功用，因而也不重视公文标题的写作，致使标题冗赘不堪、不得要领，这是应当避免的。

**（三）标题三要素**

完整的标题包括发文机关名称、公文事由和文种三个部分，简称标题三要素。

1. 发文机关名称

发文机关名称必须是法定的全称或通用的简称。有固定发文机关标志（红头）的公文，可以省去标题中的发文机关名称；某些内容十分简单的公文，也可以省去发文机关名称。几个机关联合发文的标题，如果把发文机关名称都写上势必很长，可以采取简称和省略的办法。

2. 公文事由

公文标题的事由是对公文的内容的高度浓缩和概括，是标题拟写中技术性最强的环节之一。过去在秘书界有句俗话，叫作"公文写到老，摘由总难好"，可见其难度之大。

事由的拟写应当严格遵循逻辑思维的原则，必须具有确定、真实、严谨的概念，不允许有任何可以任人想象和不确定的含义。严禁使用夸张、比喻、象征等文学手法来拟写事由。在表达方式上要求合乎逻辑，防止歧义，避免重复，力戒冗长。坚持准确、简明、规范的原则。

3. 文种

有关文种的内容将在第四章"公文文种"中做专章讲述，这里从略。

**（四）公文标题的四种书写格式**

1. 发文机关名称＋事由（公文的内容）＋文种

如《中共中央办公厅、国务院办公厅关于印发〈党政机关公文处理工作条例〉的通知》，其中"中共中央办公厅、国务院办公厅"是发文机关名称，"印发〈党政机关公文处理工作条例〉"是事由（公文内容），"通知"为文种。这种标题是一种比较完整、全面的写法。公文的作者、公文的主要内容、公文的性质和作用、公文的种类都在标题中得到了准确的反映。

2. 事由（公文的内容）＋文种

印有固定红头或是作为发布、转发对象的公文的标题可以采取这种写法。如20××年3月5日《国务院批转劳动保障部等部门关于辽宁省完善城镇社会保障体系试点情况报告的通知》（国发〔20××〕6号），批转对象的标题是《关于辽宁省完善城镇社会保障体系试点情况的报告》。这里的"关于辽宁省完善城镇社会保障体系试点情况"是事由，"报告"是文种。写此报告的即发文机关并非辽宁省政府，而是劳动保障部、国家经贸委、民政部、财政部、国家税务总局、国务院体改办、全国总工会等部门。

3. 发文机关＋文种

如《中华人民共和国主席令》《全国人民代表大会公告》，这种标题读者只有阅读全文才能知道公文的内容。

4. 只有文种

如通知、通告等多用于内容比较简单的公文。

从上述标题的四种写法我们可以看出，标题三要素中的发文机关、公文事由在特定情况下均可省略，但文种是万不可少的。所以，如何选择合适的文种在标题拟写中就显得十分重要了。

**（五）标题文字的排列**

标题文字的安排是否得当不仅关系公文版面是否协调、大方，最主要的是关系能否突出地表达公文的内容、能否为标题的标意和告知功能服务。

标题的文字安排一般有以下两种方法。

一是选用与正文不同的字体字号。当公文有好几层标题时，应按原稿的层次关系，采取由大到小（如从2号字到3号字）、由重到轻（如从黑体到宋体）的原则，使标题的地位突出，让人一目了然。

二是用不规则的长短行排列标题。在把标题与正文拉开适当距离的同时，采用不规则的长短行，从而使标题突出、醒目。

标题的排列常见的有以下三种类型。

1. 单行排列

12个字以内的标题，居中排一行即可。

2. 双行排列

标题字数满20个字或20个字以上，排一行不醒目，可以排成两行，又有上短下长、上长下短、上下等长等几种排法，只要设计合理都是可以的，但应避免下面三种排法。

（1）左齐右不齐：

××××××××××××
××××××××

（2）阶梯式：

××××××××
××××××××××

(3) 拆词式（即把一个词分拆在两行）：

××县人民政府关于发

布《××××××××》的通知

3. 三行排列

在公文处理实践中，标题以排两行为最多，标题字数多到 3 行的情况应尽量避免。如实在避免不了，确需排 3 行的，常见的有以下两种排法。

（1）梯形：

×××××××
×××××××××
×××××××××××××

（2）菱形：

××××××
×××××××××××××
××××××

排 3 行时，最好避免以下两种排法。

（1）3 行等长：

×××××××××
×××××××××
×××××××××

这种排法的主要问题是显得沉闷、呆板、不活泼。

（2）倒梯形（或称倒金字塔形）：

××××××××××××
×××××××××
×××××

这种排法的主要问题是显得头重脚轻，给人以滑稽、轻浮、不严肃的感觉。

### （六）标题拟写的其他注意事项

1. 一定要有标题

过去有人好用"如文"代替标题，那是应该杜绝的。

2. 引用其他公文标题时，相关要素要全

标题中引用其他公文标题时，所引标题中没有发文机关名称的要补充完整。

3. 确定标题应在文稿完成以后

开始拟稿时，拟稿人可以先拟个草题，也可以把标题暂时空下，还可以先把标题三要素中的发文机关名称、文种先写出来，把事由（公文内容）空着。因为在拟稿的过程中，拟稿人员对公文主题的理解在不断深化，认识也会有所提高和发展。文稿写完后再确定或产生标题能比较准确地揭示发文目的，较好地概括公文的主要内容。如果急于先拟定标题，不但费时费力，而且效果也不一定好，常常不是来回涂改，就是文不对题。

4. 要准确运用标题中的标点符号

除了发布法规或规章类公文以外,标题一般不加书名号。

## 二、主送机关

《12·条例》第九条规定:"主送机关。公文的主要受理机关,应当使用机关全称、规范化简称或者同类型机关统称。"

《格式》7.3.2规定,主送机关"编排于标题下空一行位置,居左顶格,回行时仍顶格,最后一个机关名称后标全角冒号。如主送机关名称过多导致公文首页不能显示正文时,应当将主送机关名称移至版记"。

主送机关,即公文的发往机关,又称公文抬头、上款、收文机关等。其书写位置在标题左下、正文之上。但也有例外,如简报、总结等公文材料,主送机关不在主体部分,而在版记部分的抄送机关前面。或因前面主送机关太多等原因,为了在首页显示正文,也可以把主送机关移到后面的版记部分。

### (一)主送机关与行文规则

1. 所有的上行文都必须有主送机关

上行文的主送机关一般只能有一个,这样便于公文的办理。主送上级领导机关的请示、报告,需要另一个同级的上级机关知道的,一般不同时主送,只根据解决问题的需要主送其中一个,另一个可以在版记处"抄送"。受双重领导的单位向上级机关的请示应根据内容,一般主送其中负责答复问题的上级机关,另一个在版记处"抄送"。

2. 下行文的主送机关要因文而异

下行文的主送机关要因文而异,一般有以下两种情况。

(1)针对性强的下行文,都应当有主送机关。

批复、指示性通知、下行的意见等这类针对性强的下行文,主送机关可以是一个,也可以是多个或所有的下属单位。如果下行文的主送机关是一个受双重领导的单位时,应当在版记处抄送另一个上级领导机关。

(2)凡收文对象无法限定或无须限定时,可以省去主送机关。

凡公文的内容需要在较大范围内告知,收文对象无法限定也无须限定时,如公告、通告等须公开张贴的公文,可以省去主送机关。章程、条例等规范性文件,因其不能单独行文,也没有主送机关。

3. 平行文一般都有主送机关

平行文的主送机关可以是一个,也可以是多个。

### (二)主送机关一定要选准

主送机关是行文的主要对象,是负责解决公文中的问题或予以贯彻执行的机关。公文中提出的问题能否得到尽快解决,选准主送机关是非常关键的一环。

在选择主送机关时要注意克服以下三种偏向。

1. 请求审批的公文不要多头主送

请求增加编制，就应主送编制委员会或人事主管部门；请求减免税收，就应主送税务局。如果多头主送就会误时误事，反而不利于问题的解决。

请求审批的公文如需要同时送其他的领导机关或主管部门，应用抄送的形式。

另外，除了领导人直接交办的事项以外，请求审批的公文不要直接送领导人个人，尤其不能同时主送两个及两个以上的领导人个人，以防因批示不一致而引发领导人之间的矛盾，延误公文的及时办理。

2. 复文应主送问文单位

在考虑复文主送机关时，除了越级问文以外，应坚持有问有答的原则，不能答非所问。

3. 业务问题应主动主送业务归口部门

有些公文是有关要钱、要物等纯业务性的问题，但有些发文机关却不愿主送业务归口部门。所以，有的领导机关就规定：凡是应当主送业务归口部门而不送的，退回！以此促使各部门之间发生横向联系。

### （三）主送机关的名称应当具体、明确

主送机关单一时，应写主送机关的全称或规范化简称。主送机关较多时，可以使用约定俗成的统称。如中共中央普发的下行文，主送机关多写成"各省、自治区、直辖市党委，各大军区、省军区、野战军党委，中央各部委，国家机关各部委党组，军委各总部，各军兵种党委，各人民团体党组"，用的都是统称，但却很明确，不会发生误解。不能写成"各工业部门""各财经机关""各教育部门"等，这样会使公文处理人员无法掌握，辗转询问，并容易搞错。

如主送机关较多，一行写不完时，可以另起一行，直至写完为止。

除了领导人特别交办的事项以外，公文一般不主送领导人个人。

### （四）妥善处置下行文主送机关之间的排列顺序

有些普发的下行文主送机关不止一个，就有一个排列顺序的问题，可以按以下原则进行排列。

1. 按主送机关与公文内容的密切程度排列

按主送机关与公文内容的密切程度排列，关系密切的排在前面，关系一般的排在后面。

2. 按系统和级别高低排列

当各主送机关与公文内容的密切程度相等时，级别高的排在前面，级别低的排在后面。系统之间按党、政、军、群的顺序排列。

3. 比照有关法规和具体规定进行排列

同一系统内平级机关之间的排列次序，如主送机关中关于省一级行政机关的排列，就应按《宪法》中的书写顺序进行排列，一律写成"各省、自治区、直辖市"，而不能写成"各省、市、自治区"。

### （五）主送机关的位置和书写格式要规范

主送机关应顶格书写。这种格式源于竖写竖排的抬头规范，是为了表示礼仪，也是主送机关必须遵守的规范之一。

如主送机关名称过多而使公文首页不能显示正文时，应将主送机关名称移至文尾版记中的抄送之上。

主送机关较多，一行写不完时，回行时仍要顶格书写。主送机关写完后要用冒号，以领起下文。

### （六）正确处置主送机关之间的标点符号

有些单位制发的下行文，主送机关有几个甚至几十个，如果错用主送机关之间的标点符号，就可能产生理解上的混乱。如有一份公文叫《关于加强水泥纸袋押金管理的通知》，其主送机关是：

> 各省、自治区、直辖市、财政局、税务局、建委、建材局：

由于点号错误，造成指代不明，就会给公文的传递和处理带来诸多不便。上例公文的原意是指各省、自治区、直辖市的财政局、税务局等单位，造成误会的原因就是不应在"财政局"前加一个顿号。

如果在不同级层、不同系统的主送机关之间都用顿号，且一顿到底，也容易出现点号误用的问题。如某市委制发的一份通知，其主送机关是：

> 各县委、区委、市委各部委办各群团组织，市直各单位党委（党组）：

前面有一个"各"字，但由于一顿到底，把"各"与后面的有些主送机关一结合，问题就出来了。如"各……市委各部委办"就不合乎逻辑了。

当主送机关过多，且分别属于不同系统、不同级层时，应按主送机关的级层或所在系统分别使用不同的标点符号。一个系统内部的同级单位之间用顿号，以表联合词组并列之间的稍停。如《中共中央国务院印发〈关于深化行政管理体制改革的意见〉的通知》，其主送机关是：

> 各省、自治区、直辖市党委和人民政府，中央和国家机关各部委，军委总政治部，各人民团体：

3个逗号隔开的是5个系统，系统内部用顿号隔开者为同级单位。系统之间如不用逗号，可以按系统分别顶格书写，末尾可以用分号，最后一个系统后用冒号。但一个系统内的同级单位之间一定要用顿号隔开。

### （七）联合发文的主送机关要体现主办与协办的关系

两个及两个以上机关联合发文，发文机关的排列次序一是体现在版头的发文机关标志上，二是体现在落款的印章上。如《中共中央办公厅、国务院办公厅关于向党中央和国务院报送文件的通知》，这是党政两个部门联合发文，发文机关的排列次序是中共中央办公厅在前，国务院办公厅在后。与此相对应，在考虑这份通知的主送机关时也必须按先党的系统、后政府系统排列。原文的主送机关也正是这样处理的。

如果协办机关过多（在 5 个以上），机关名称又各异，既有"厅、局"，又有"办、委、组"时，为了书写上的简便，其主送机关的排列次序可以作适当的调整。尽量把名称相同的协办机关调到一起，但第一个主送机关即主办机关的位置不能后调。

假如，国家人力资源和社会保障部、民政部、财政部、国家统计局这四个部门要联合下发一个通知，其主送机关应如何设计？

按照惯例应是这样：

> 各省、自治区、直辖市人力资源和社会保障、民政、财政、统计厅（局）：

这样设计就有一个问题，即"统计厅"的问题。全国都称"统计局"，压根就没有称"统计厅"的。

解决的办法是将统计系统前移：

> 各省、自治区、直辖市人力资源和社会保障、民政、统计、财政厅（局）：

## 三、公文的主体（正文）

主送机关下面是公文的内容陈述的开始，是公文的核心部分，评价一份公文的质量如何，主体的写作是主要的标准。

关于正文的拟写规范，按照《12·条例》第十九条规定，草拟公文应当做到以下七个方面。

> （1）符合国家法律法规和党的路线方针政策，完整准确体现发文机关意图，并同现行有关公文相衔接。
> （2）一切从实际出发，分析问题实事求是，所提政策措施和办法切实可行。
> （3）内容简洁，主题突出，观点鲜明，结构严谨，表述准确，文字精炼。
> （4）文种正确，格式规范。
> （5）深入调查研究，充分进行论证，广泛听取意见。
> （6）公文涉及其他地区或者部门职权范围内的事项，起草单位必须征求相关地区或者部门意见，力求达成一致。
> （7）机关负责人应当主持、指导重要公文起草工作。

《格式》7.3.3 规定："公文首页必须显示正文。一般用 3 号仿宋体字，编排于主送机关名称下一行，每个自然段左空二字，回行顶格。文中结构层次序数依次可以用'一、''（一）''1.''（1）'标注；一般第一层用黑体字、第二层用楷体字、第三层和第四层用仿宋体字标注。"

除了综合性内容的公文主体以外，一般公文要求一文一事，以便于分送和处理。

要注意的是，为了堵塞变造公文的漏洞，《格式》取消了执行多年的"此页无正文"格式。《格式》7.3.5.5 的具体规定是："当公文排版后所剩空白处不能容下印章或签发人签名章、成文日期时，可以采取调整行距、字距的措施解决。"

### 四、附件及附件说明

附件，是指那些用来说明、补充、佐证正件的图表、统计数字、情况说明以及其他文字材料。

附件说明，是指用于说明公文正件所附材料的名称及件数的专用格式。

《12·条例》第九条规定："附件。公文正文的说明、补充或者参考资料。"

《格式》7.3.4 规定，公文"如有附件，在正文下空一行左空二字编排'附件'二字，后标全角冒号和附件名称。如有多个附件，使用阿拉伯数字标注附件顺序号（如'附件：1.××××××'）；附件名称后不加标点符号。附件名称较长需回行时，应当与上一行附件名称的首字对齐"。

附件虽非正文，但却是某些公文的重要组成部分，不可忽视，有的公文如果去掉了附件就显得毫无意义。附件之所以作为附件处理，是为了阅读上的方便。如果把诸如图表、名单等材料穿插在正文中间，往往隔断公文前后意思的联系，造成阅读上的困难。为了使正件更简练、更明确，就需要将有些内容从正文中抽出作为附件单独表述。

公文的附件与正文一样具有同等效力，不存在谁主要、谁附属的问题。为了保证这一点，需要在公文正文之后、盖章之前标注附件的序号和名称。然后在附件首页同样标识附件的序号和名称，以显示附件与正文是一种不可分割的关系。

附件说明应逐件写明标题和序号，不要笼统地写"附件如文"或"附×××等×件"。正文之后附件说明中的附件序号和名称与附件本身的序号和名称必须一致，如不一致，从法律意义上来讲可以不承认该附件是正文的附件，附件就失去了本应有的与正文同等的法定效力。

《格式》7.3.7 规定："附件应当另面编排，并在版记之前，与公文正文一起装订。'附件'二字及附件顺序号用 3 号黑体字顶格编排在版心左上角第一行。附件标题居中编排在版心第三行。附件顺序号和附件标题应当与附件说明的表述一致。附件格式要求同正文。

如附件与正文不能一起装订，应当在附件左上角第一行顶格编排公文的发文字号并在其后标注'附件'二字及附件顺序号。"

公文如有附件，应做到以下五个方面。

#### （一）附件说明及附件的位置要正确

附件说明"在正文下一行"，即正文后的附件标识要与正文空一行，左空二字；附件本身的"附件"标识在该附件首页版心左上角顶格第一行。

#### （二）正文之后的附件说明应与该附件本身的标识前后一致

有的机关公文正文之后有附件说明，而在附件中却未标识"附件"字样；有的正文之后的附件说明序号用阿拉伯数字，附件上却又用汉字；有的附件名称前后文字相互错漏等，这样都是不规范的。

### (三) 标点符号要正确

附件序号（包括附件本身的序号和正文之后附件说明的序号）用阿拉伯数字，附件名称不加书名号，附件名称后不加标点符号。

### (四) 附件应与正文一起装订

如果附件与正文不能一起装订，一定要在附件首页版心左上角第一行顶格标识公文的发文字号，并在其后标识附件名称（或带序号，如"附件1""附件2"等）。

### (五) 不能把载体型通知的运载对象当作附件处理

一些批转、转发、印发类的通知，从形式上来看也有附件。这类被批转或被转发的公文实际上并非本来意义上的附件，无须附件说明。如《国务院关于发布〈国家行政机关公文处理办法〉的通知》，正文是："现发布《国家行政机关公文处理办法》，自2001年1月1日起施行。1993年11月21日国务院办公厅发布，1994年1月1日起施行的《国家行政机关公文处理办法》同时废止。"不能在其后写上"附件：《国家行政机关公文处理办法》"。这类被批转或被发布的公文与前面的通知不能分开装订，且页码要连贯。

## 五、印章和发文机关名称

### (一) 印章的作用

印章的作用有三点：一是证实公文的效力；二是证实公文的信用；三是表示负责。

《12·条例》第九条规定："印章。公文中有发文机关署名的，应当加盖发文机关印章，并与署名机关相符。有特定发文机关标志的普发性公文和电报可以不加盖印章。"

### (二) 印章的刻制

《国务院关于国家行政机关和企业事业单位社会团体印章管理的规定》（国发〔1999〕25号）对印章的样式、尺寸、质地、文字排布等均有详尽的规定。印章的刻制均由公安部门指定的刻字营业单位承担，由公安部门负责登记和监制。对于伪造印章和使用伪造印章者，应当依法严惩。

印章所刻名称，应为本机关的法定名称，行政公署的印章，冠省（自治区）的名称，以下类推。印章所刻名称字数过多，不易刻制清晰时，可以采用通用的简称。

### (三) 盖印的位置和规范

《格式》的规定很具体，印章用红色，不得出现空白印章。

印章是公文生效的标志。一般情况下除了会议纪要以外，公文都应加盖印章。印章也是鉴定公文真伪最重要的标志。为了保证印章的真实性，提高印章的防伪性，对公文印章的格式规范进行详尽的规定是必要的。

1. 单一机关发文印章的位置

单一机关行文时，一般在成文日期之上、以成文日期为准居中编排发文机关署名，印章端正、居中下压发文机关署名和成文日期，使发文机关署名和成文日期居印章中心偏下位置，印章顶端应当上距正文（或附件说明）一行之内。只需盖一个印章的单一机关发文，落款处（即成文日期之上）既要署发文机关名称，又要标识成文日期。这样要求是为了防止变造公文，如果空白过大，就容易被人私自加入其他的内容。

盖印要端正、居中（即居发文机关名称和成文日期之中）。国家行政机关的印章大多都带有国徽，如把国徽盖歪了是极不负责也是极不严肃的。

考虑有的机关印章有国徽，有的印章没国徽；有的印章下弧有文字，有的印章下弧没文字，印章在实际操作中有下套和中套两种盖印的方式。

下套的方式适用于带有国徽（或图案）、下弧没有文字的印章。仅以下弧压在成文日期上，既可以完整地显示国徽（或图案），显示印章的庄重性和严肃性，又可以防止因国徽（图案）或文字压住成文日期而让人难以辨认，使成文日期清晰易辨。

中套的方式适用于下弧有文字的业务主管部门的印章。中套的要求是把印章的中心线压在成文日期上，避免因印章下弧的文字与成文日期重合而造成辨识不清。

2. 联合行文印章的位置

联合行文的印章，《格式》7.3.5.1规定："联合行文时，一般将各发文机关署名按照发文机关顺序整齐排列在相应位置，并将印章一一对应、端正、居中下压发文机关署名，最后一个印章端正、居中下压发文机关署名和成文日期，印章之间排列整齐、互不相交或相切，每排印章两端不得超出版心，首排印章顶端应当上距正文（或附件说明）一行之内。"

联合发文时，一般情况下，主办机关的印章要排在最前面，协办机关按与公文内容的密切程度依次排列。如果是一个单位的党政机关联合发文，党的机关应排在前面。如果是各个系统联合发文，应按党、政、军、群的顺序排列。

3. 公文盖章的注意事项

（1）杜绝空白印章。

现在印刷公文大多采用现代化的印刷设备，套印印章是最基本的做法。套印印章的方法就是将一个印在纸上的空白印章作为印模直接制版。如果公文中出现空白印章（即印章没有压盖任何文字），就等于把本单位的印模送给了所有的收文对象，极易给伪造印章者提供可乘之机。

为了防止联合行文时出现空白印章，在格式上必须采取以下措施。

① 两个单位联合行文，成文日期的标识位置不变。两个印章排成一行。前面的印章仅压盖发文机关名称，后面的印章既压盖发文机关名称，又压盖成文日期。主办单位印章在前。

② 3个或3个以上单位联合行文，成文日期的位置不变。所有参与联合行文的单位都要署单位名称，印章压在单位名称上。但最后一个发文机关的印章必须既压盖机关名称，又要压盖成文日期。

（2）联合行文时印章排布要科学。

为了防止印章边缘超出版心，每排印章最多排3个，应使主办机关的印章在前，协办机关的印章按照发文机关的顺序依次排布。要保证印章之间既不相交，又不相切。

（3）盖印的方式要统一。

联合行文时为了保证印章排列整齐，只能采取一种加盖方式。即不管个别印章适合哪种加盖方式，要下套都下套，要中套都中套，要统一起来，以保证印章排列庄重、整齐、匀称、美观。

### （四）印章与正文必须同处一面

为了堵塞变造公文的漏洞，《格式》早就取消了执行多年的"此页无正文"格式。

《格式》7.3.5.5规定："当公文排版后所剩空白处不能容下印章或签发人签名章、成文日期时，可以采取调整行距、字距的措施解决。"

过去，不少机关的公文常出现"此页无正文"的格式。每当正文之下的空白容不下印章的位置时，就必须将印章加盖在下一个空白页。过去的规定是：在该空白页第一行顶格位置标识"此页无正文"字样，外加圆括号。这样做的本意是要防止别有用心的人在空白页上私加文字，实践证明也是有效的。但正文之后的（即无正文页的前一页后面，虽然容不下印章，但仍有空白）空白却留下了缺口，仍有私加文字的可能性，且不易发现。为了堵上这个缺口，《格式》早在2000年就规定，取消"此页无正文"的格式。解决的办法是：调整行距或字距，即要么加大字距或行距，要么缩小字距或行距，进而达到避免在空白页用印的目的。这是特殊情况可不受每面22行、每行28字的限制。

### （五）代为盖章时应注明"代章"字样

以谁的名义行文就盖谁的章，这是必须坚持的一个原则。在特殊情况下，由别的机关代章，但要有相应的注释。一些临时性的机构，如版头是"××市抗洪抢险指挥部"，因为是临时机构，没有机关印章，文后可以加盖挂靠单位"××市人民政府"或"××市水利局"的印章，但一定要加括号注明"代章"字样。

## 六、签署

签署，是指以机关领导人名义发文时，由机关领导人在公文落款处签写姓名或加盖签名章，代表公文的作者，证实公文的执行效用，并将签署的公文向外发出。

### （一）签署的适用范围

按照《格式》7.3.5.3的规定，以政府领导人名义发布的命令（令）不用加盖单位印章，而要由领导机关负责人签署，即在单一机关制发的公文加盖签发人签名章时，在正文（或附件说明）下空二行右空四字加盖签发人签名章，签名章左空二字标注签发人职务，以签名章为准上下居中排布。在签发人签名章下空一行右空四字编排成文日期。

联合行文时，应当先编排主办机关签发人职务、签名章，其余机关签发人职务、签名章依次向下编排，与主办机关签发人职务、签名章上下对齐；每行只编排一个机关的签发人职务、签名章；签发人职务应当标注全称。

签名章一般用红色。

除了各级行政机关发布的命令（令）需要发文机关的首长签署以外，各级国家行政机关向同级国家权力机关提出的议案，也应当由机关首长签署。

### （二）签署的权限

公文签署，只限机关首长一人，副首长不必签署。首长因故离职时，可以由首长指定的代行职务的副首长代为签署。但是，这种办法只适用于在国家行政机关之间相互往来的公文，不适用于公开发布的公文。公开发布的公文，仍然应该由正职首长署名。

代理首长的签署应该不同于代行首长职务的签署，因为代理首长是在首长缺位或者已被免职以后经过正式任命的职务，可以用"代理"的名义签署，如"代理省长：×××"。

### （三）签署的位置

《格式》7.3.5.3规定，加盖签发人签名章的公文，"单一机关制发的公文加盖签发人签名章时，在正文（或附件说明）下空二行右空四字加盖签发人签名章，签名章左空二字标注签发人职务，以签名章为准上下居中排布。在签发人签名章下空一行右空四字编排成文日期。

联合行文时，应当先编排主办机关签发人职务、签名章，其余机关签发人职务、签名章依次向下编排，与主办机关签发人职务、签名章上下对齐；每行只编排一个机关的签发人职务、签名章；签发人职务应当标注全称。

签名章一般用红色"。

由此可知，需加盖签发人签名章的公文，要在"正文（或附件说明）下空二行右空四字"处加盖签发人签名章。签发人职务在"签名章左空二字"处标注。签发人职务应当标注全称。在签发人签名章下空一行右空四字编排成文日期。

签署可以加盖签署人的签名章，也可以亲手签署。如亲手签署，姓名一定要写全，且要用符合档案管理相关法规要求的书写工具，禁用铅笔或不合档案要求的圆珠笔。

### （四）签署与签发的区别

签署与签发是不同的。签署是在向外发出的正本上签字，而签发则是机关负责人最后审定文稿时签在发文稿纸上。签发的定稿并不向外发出，只保存在本机关。

## 七、成文日期

《12·条例》第九条规定："成文日期。署会议通过或者发文机关负责人签发的日期。联合行文时，署最后签发机关负责人签发的日期。"

《格式》7.3.5.4规定，成文日期一般右空四字编排。

成文日期中的数字"用阿拉伯数字将年、月、日标全，年份应标全称，月、日不编虚位（即1不编为01）"。

作为公文格式，成文日期要特别慎重，因为它的作用很大。成文日期可以反映出公文内容的时代背景。如果没有成文日期或成文日期有误，轻则会给公文办理带来困难，重则会带来严重后果，还会给公文的整理归档带来困难。

### （一）确定成文日期的原则

（1）重要的命令（令）、决定、通告、通知等，以领导人签发日期为准。

（2）两个以上机关联合发文，以最后签发（或签署）的日期为准。

（3）会议通过的公文，以通过的日期为准。

（4）一般性的公文，可以实际印发的日期为准。

（5）电报，以发出日期为准。

### (二)成文日期的书写位置

成文日期的书写位置通常有两种情况：一是文尾标注；二是题下标注。

1. 文尾标注

公文大都采用文尾标注的方法。其书写位置因是否加盖印章而略有不同。按照《格式》的规定，加盖印章的公文"成文日期一般右空四字编排"。

不加盖印章的公文，"单一机关行文时，在正文（或附件说明）下空一行右空二字编排发文机关署名，在发文机关署名下一行编排成文日期，首字比发文机关署名首字右移二字，如成文日期长于发文机关署名，应当使成文日期右空二字编排，并相应增加发文机关署名右空字数"。

2. 题下标注

题下标注是指那些经会议通过的公文，如决议、章程、条例、细则以及规定、办法等规章类公文，其成文日期一般都放在标题之下、正文之上，并加括号，通常写成"（××××年××月××日）"或"（××××年××月××日发布）"。如是会议通过的公文，应写明会议名称和通过日期。

### (三)注意事项

1. 成文日期不同于生效日期

成文日期是指公文制成的日期，生效日期是指公文的内容开始发生效用的日期。

有些公文，除了成文日期以外，还有会议通过的日期、批准日期或明确规定的生效日期。成文日期与公文生效日期有时并不一致。凡公文中规定了生效日期的，成文日期仍以制发日期为准。成文日期的书写位置在文尾或题下，但生效日期均在正文结尾部分。如"本规定自××××年××月××日起施行"。但禁用"文到之日起执行"字样。

凡会议通过的公文，其生效日期应以会议通过的日期为准，而不应以拟写或印发日期为准。

2. 成文日期的数字使用要按照规定执行

《格式》7.3.5.4 规定，成文日期中的数字"用阿拉伯数字将年、月、日标全，年份应标全称，月、日不编虚位（即1不编为01）"。

此前，在成文日期的数字使用上，行政机关长期用汉字标注，党委机关用阿拉伯数字标注。今后应都用阿拉伯数字标注。

## 八、附注

《12·条例》第九条规定："附注。公文印发传达范围等需要说明的事项。"

《格式》7.3.6 规定："如有附注，居左空二字加圆括号编排在成文日期下一行。"

这一格式过去叫"阅读（传达）范围"，一般是对公文的发放范围、使用时需注意的事项加以说明，如"（此件发至县团级）""（此件传达至群众）""（此件传达至基层支部）"等。

## （一）附注的标识位置

附注的标识位置在成文日期下一行，左空二字，用圆括号括入。

## （二）附注标识的注意事项

（1）不要把附注理解为是对公文内容的解释或注释。对公文某些概念的解释或注释应放在正文之内，采用句内括号或句外括号的方式解决。

（2）"请示"应当在附注处注明联系人的姓名和电话。

# 九、公文主体常见失误例析

## （一）题文不相符

题文一致是对任何文章的基本要求。在公文写作中，题文不相符的具体表现有以下两种。

（1）题小文大。即如单看题目，涉及的事项很少，但细读正文才知道正文涉及的事项很多，现有的题目根本就容纳不了正文的事项。

（2）题大文小。与题小文大正好相反。有一份公文的标题是《××医科大学第二附属医院关于增设骨科（包括手外科）专业申请购置专业设备的请示》。从标题来看，好像这份请示要办两件事：一是"增设骨科（包括手外科）专业"；二是"申请购置专业设备"。但从正文来看，本文只有一件事，即"申请购置专业设备"。因为正文中提到该院的骨科（包括手外科）专业早在一年前已增设过了。

## （二）思路混乱

思路清晰、条理清楚是对所有文章的共同要求，但要做到这一点并非易事，有这样一个案例：

---

**关于在全区进行思想政治工作调查研究的通知**

各乡（镇）、办、区直各有关单位：

根据市委《关于在全市进行思想政治工作调查研究的通知》精神，经区委研究，决定在全区开展思想政治工作调查研究，现将有关问题通知如下：

一、指导思想（略）

二、调研内容

（一）当前干部群众的思想状况。（略）

（二）当前思想政治工作状况。（略）

三、组织领导

这次调查研究工作的组织领导采取层层负责的办法，区委成立思想政治工作调查领导小组。

组　长（略）

副组长（略）

成　员（略）

四、工作措施和目的

（一）调查对象。（略）

（二）工作方法。这次调查研究主要采取抽样调查的方法。

1. 区委各部委要明确一位副职，负责本口的调查研究工作。（略）

2. 区委确定的6个重点单位党委要成立由一名主管政工的副书记参加的三至五人调查小组，完成本系统的调查任务。（略）

（三）时间安排。（略）

（四）调查目的。（略）

**五、有关要求（略）**

区委办公室<br>××××年6月16日

这是一份要在全区安排一项专题性调研工作的指示型通知。全文分了五大类：

一、指导思想
二、调研内容
三、组织领导
四、工作措施和目的
五、有关要求

这种分类无论是从时间先后还是空间分布的角度来看都是说不通的，原因有以下三个。

（1）分类逻辑混乱。从时间顺序看，"四、工作措施和目的"中的"工作目的"无论如何应该放在前面，而现在却放到第四类。第五类的"有关要求"从概念的内涵上来看与前面的"调研内容""组织领导"和"工作措施和目的"也有所交叉，难道"有关要求"就不包括"调研内容""组织领导"和"工作措施和目的"吗？

（2）材料散乱。本来专门有一类叫"组织领导"，就应把与此相关的材料都归并到"组织领导"的名下。但本例却把有关组织领导的材料分散在各不相同的类别里。如在"工作措施和目的"名下仍有"区委各部委要明确一位副职，负责本口的调查研究工作""区委确定的6个重点单位党委要成立由一名主管政工的副书记参加的三至五人调查小组"等内容。由于材料散乱，就失去了分类的意义。

（3）上位概念与下位概念之间没有隶属关系。如"四、工作措施和目的"，下面又有四个小标题：

（一）调查对象
（二）工作方法
（三）时间安排
（四）调查目的

上位概念中的"工作措施"与下面的"工作方法"内涵趋同，没有包含与被包含的关系。"调查对象""时间安排"与"工作措施"之间也不具有内在的对应关系。

**（三）附件处置不规范**

下面有一份带附件的通知，请看一下它的附件格式是否规范。

>  ××经济技术开发区管理委员会
>  关于××××年第二季度"四比"活动安排的通知
>
> 各局、办、各单位：
> 　　为巩固第一季度"四比"活动成果，进一步保证"四比"活动卓有成效的开展，现将第二季度"四比"活动安排如下：
> 　　一、指导思想（略）
> 　　二、主要内容（略）
> 　　三、活动要求（略）
> 　　四、活动组织形式（略）
> 　　五、时间安排（略）
> 　　六、检查评比。活动期间办公室将对活动情况，尤其是政治学习情况（包括学习内容、出席人数、讨论情况、记录情况、学习效果等）进行抽查，第二季度结束后，办公室负责组织"四比"活动的上半年总结工作，管委会将根据活动情况给予有关单位及人员进行奖惩。
> 　　**附：第二季度政治学习主要内容安排**
> 　　1. 四月份一、二周学习内容（略）
> 　　　　　　三、四周学习内容（略）
> 　　2. 五月份一、二周学习内容（略）
> 　　　　　　三、四周学习内容（略）
> 　　3. 六月份一、二周学习内容（略）
> 　　　　　　三、四周学习内容（略）
>
> 　　　　　　　　　　　　　　　　　××经济技术开发区管委会（章）
> 　　　　　　　　　　　　　　　　　××××年三月二十六日

这份通知的附件格式存在以下两个失误。

（1）把附件和附件说明混为一谈。本例是把整个附件都放在正文之后、盖章之前，这是不对的。此处仅需标注附件说明即可。附件本身应在正件后另起页码，不应放在盖章之前。

（2）把"附"等同于"附件"，即现在的"附"应改为"附件"。

本例在主送机关、正文的结构安排等方面也还有失误，这里从略。

# 第四节　版记（文尾）格式

## 一、版记中的分隔线

《格式》7.4.1规定："版记中的分隔线与版心等宽，首条分隔线和末条分隔线用粗线（推荐高度为0.35 mm），中间的分隔线用细线（推荐高度为0.25 mm）。

首条分隔线位于版记中第一个要素之上，末条分隔线与公文最后一面的版心下边缘重合。"

在版记的各要素之间加一条与版心等宽的分隔线，一是为了显示各要素之间的区别，二是也显得美观好看。

需要特别注意的是，最后一个要素之下要有一条分隔线。

### 二、抄送机关

《12·条例》第九条规定："抄送机关。除主送机关外需要执行或者知晓公文内容的其他机关，应当使用机关全称、规范化简称或者同类型机关统称。"

《格式》7.4.2规定："如有抄送机关，一般用4号仿宋体字，在印发机关和印发日期之上一行、左右各空一字编排。'抄送'二字后加全角冒号和抄送机关名称，回行时与冒号后的首字对齐，最后一个抄送机关名称后标句号。

如需把主送机关移至版记，除将'抄送'二字改为'主送'外，编排方法同抄送机关。既有主送机关又有抄送机关时，应当将主送机关置于抄送机关之上一行，之间不加分隔线。"

#### （一）抄送的范围

抄送机关，是指除了主送机关以外需要知晓公文的内容或配合执行的有关上级机关、平级机关或下级机关，以及那些不相隶属的机关。

公文无论是抄送给谁都只限于有关的机关。所谓其他机关，主要是指双重领导机关相互之间因涉及职权，行文前必须征得其同意，或行文后必须取得其协助的机关；特殊情况越级行文时，其直接上级机关或直接下级机关；批复某个机关而要求依照办理的另一机关或所有下级机关。如果抄送机关不是那些"需要执行或者知晓公文内容的其他机关"，而是不负责任地乱抄滥送，不但增加公文印数，造成人力、财力上的浪费，而且会严重影响其他机关的工作效率，是造成"文山会海"的一大原因。

公文只抄送给有关的机关，有的单位把公文抄送给领导人个人，这是不规范的。

#### （二）抄送原则

（1）本机关的重要下行文可以抄送直接上级机关。

向下属单位下达全局性的工作部署，应同时抄送给上级机关。这既是为了尊重上级机关的职权，也便于让上级机关掌握下级机关的重要活动情况，有利于工作上的相互配合。

但是，本机关向上级机关的请示不要同时抄送平级机关和下级机关。因为请示是要等上级机关批准后才能办理的问题，如果同时抄送平级机关和下级机关，不但无端增加公文印数，而且还会造成不应有的麻烦。如一份增加或合并机构的请示，如果同时抄送下级机关，势必引起不必要的波动甚至混乱。

（2）双重领导的机关要处理好主送与抄送的关系。

受双重领导的机关，在向其中一个领导机关行文时，应根据公文的内容抄送另一领导机关。上级机关在向双重领导的下级机关行文时，应同时抄送另一个上级机关。

（3）因特殊情况，必须越级行文时，应抄送越过的机关。

#### （三）抄送机关的标识

抄送机关左右各空一字编排，一般用4号仿宋体字标识，这与主送机关需顶格标识不同。抄送机关回行时与上一行的抄送机关（"抄送"后的冒号）对齐，这与主送机关回行时仍顶格也不同。同一层次的抄送机关之间用顿号隔开，不同级层的抄送机关之间用逗号或分号隔开。为了防止在抄送机关之后有人私自加入其他的抄送机关，防止变造公文，抄送机关的最后要标注句号。

如因主送机关过多而使公文首页不能显示正文或是"会议纪要"文种，就需在抄送机关之上标识主送机关。如需在公文版记中标识主送机关，其标识方法与抄送机关的标识方法相同。

抄送机关都是需要了解、协助或依照办理的机关，它们与公文内容的密切程度是相等的。因此，在考虑抄送机关的排列顺序时应按系统和级别高低排列，即系统之间按党、政、军、群的顺序排列，有时还要加上人大、政协、法院、检察院等，系统内按级别高低排列。

如果一份公文同时既要抄送下级机关或平级机关，又要抄送上级机关，应分段书写，上级机关在上，平级机关和下级机关依次在下。

### 三、印发机关和印发日期

《12·条例》第九条规定："印发机关和印发日期。公文的送印机关和送印日期。"

《格式》7.4.3 规定："印发机关和印发日期一般用 4 号仿宋体字，编排在末条分隔线之上，印发机关左空一字，印发日期右空一字，用阿拉伯数字将年、月、日标全，年份应标全称，月、日不编虚位（即 1 不编为 01），后加'印发'二字。

版记中如有其他要素，应当将其与印发机关和印发日期用一条细分隔线隔开。"

印发机关，是指具体承办公文印制和发出的部门。印发机关通常都是机关的办公部门或办公部门下属的文秘部门。如凡以国务院或国务院办公厅名义发文时，其印发机关均为"国务院办公厅秘书局"。中下层机关多署"××办公厅""××办公室"等。

印发日期，是指办公部门接到定稿后的起印日期，以公文付印的日期为准，如写成"2017 年 4 月 6 日"。

标识印发日期是为了准确地反映公文的制发时效，所以应严格界定成文日期、生效日期和印发日期的区别。

印发机关和印发日期的位置在抄送栏下面，共占一行。如印发机关字数太多，一行容不下，可以用简称。

经批准翻印的公文，除了注明原文的印发机关名称和印发日期以外，还应注明翻印机关名称和翻印日期。

在印发机关和印发日期之下加注印数，如"（共印 100 份）"，是不规范的。从理论上来说，如是机密公文，版头部分已有公文份数序号的格式，此处再注总印数，实际意义不大。如是无须保密的公文，此处加注印数就更没必要了。

不少单位把打印人、校对人、存档人等都放在版记部分，就更不合适了。之所以这样做，其本意是为了明确责任。殊不知在发文处理稿纸上已经有相关人员的签名，无须再在此处署名。

### 四、版记的位置

《格式》7.4.1 规定，版记的"末条分隔线与公文最后一面的版心下边缘重合"。

版记应置于最后一面（封四），版记的最后一个要素应置于最后一行（公文必须双面印刷）即最后一页的最下面的位置，这样就可以保证公文的完整性。公文的开始部分是印有红字的版头，而结束部分就是最后的版记。版头与版记之间的所有部分都是公文不可缺少的组成部分，这样就可以准确认定一份公文是否完整。

### （一）带附件的公文如何设计版记

如果正文或附件后面的空白能够容下版记，而该页又正是4的倍数，版记可以而且也应该放在正文或附件下面，不必另起一页。如果是被转发的公文，该公文后面也有版记，被转发公文的版记不能替代转发公文的版记，转发公文还应标识自己的版记。

### （二）公文主体之后的空白容不下版记怎么办

这种情况的解决办法是另起一面。但要注意的是，版记必须放在最后一面（即封四）。这样处理可能会出现版记前一面完全空白的情况，那也没有关系，按照《格式》的规定，遇到这种情况即"公文的版记页前有空白页的，空白页和版记页均不编排页码"。

### （三）公文的篇幅在一个折页以上时版记如何处理

公文的篇幅如果在一个折页以上，即有四面以上时，公文的页数一般应是4的倍数，版记也一定要放在最后一面，而不管前面的空白有多少（三面空白是极限）。

## 五、公文版记常见失误例析

### 版记实例1

```
报：××市委政法委
送：××市人民检察院  ××市中级人民法院  ××市司法局
发：各分、县（市）局、局直各单位
                                              （共印300份）
```

版记实例1的失误有以下四处。

（1）"报""送""发"抄送方式不妥。"抄报"早被取消，"抄发"更没道理。应统一称"抄送"，也不能仅称"送"。

（2）标点符号运用不当。在检察院与中级人民法院、司法局之间应有逗号或顿号，最后应有句号。但本例却什么标点都没有。

（3）抄送机关之间的排列顺序有误。"××市中级人民法院"应在"××市人民检察院"的前面。正确的排列顺序是法院、检察院、司法局。

（4）统称不明白。"各分、县（市）局、局直各单位"让人不好理解，其本意是"各公安分局，各县（市）公安局，市公安局直属各单位"。如把"各"与后面的单位名称连起来，"各……局直各单位"，这"各局"就说不通。

### 版记实例 2

(引者注：第 1 页)

××市经济贸易委员会关于印发《××市经济贸易委员会<br>关于××市第五届运动会期间工作预案》的通知

委各处（室、局）、委属各企业事业单位、各驻企业联络组：

　　根据市委、市政府关于开好××市第五届运动会的要求，为进一步做好经贸系统运动会期间的各项工作，确保运动会的顺利召开，现将经贸委运动会期间的工作预案下发给你们，望遵照执行。

××市经济贸易委员会（章）<br>××××年××月××日

(引者注：第 2 页)

抄送：市委第四秘书处，市政府第二秘书处，市信访局，市委王秘书长，市政府×××
　　　副市长，市委×××副秘书长，市政府×××副秘书长。

××市经济贸易委员会办公室　　　　　　　　　　××××年××月××日印发

××市经济贸易委员会关于××市第五届运动会期间工作预案（略）

---

版记实例 2 的失误有以下两处。

（1）版记位置不对。"版记应置于公文最后一面，版记的最后一个要素置于最后一行"。本例把版记放在第二页，即放在印发通知与被印发的预案之间，版记后的预案还有十余页的篇幅，显然不是"最后一面"，也没有把"版记的最后一个要素置于最后一行"。

（2）不应抄送给个人。抄送栏里有"市委王秘书长，市政府×××副市长，市委×××副秘书长，市政府×××副秘书长"，这是不必要的。如果确有必要，直接抄送给这些领导人的所在单位市委办公厅、市政府办公厅即可。

## 第五节　公文的特定格式

《格式》规定的特定格式有三种，即信函式格式、命令（令）格式、纪要格式。

### 一、信函格式

信函格式的公文主要用于处理日常事务的平行文，但又不限于平行文。

《格式》10.1 规定："发文机关标志使用发文机关全称或者规范化简称，居中排布，上边缘至上页边为 30 mm，推荐使用红色小标宋体字。联合行文时，使用主办机关标志。

发文机关标志下 4 mm 处印一条红色双线（上粗下细），距下页边 20 mm 处印一条红色双线（上细下粗），线长均为 170 mm，居中排布。

如需标注份号、密级和保密期限、紧急程度，应当顶格居版心左边缘编排在第一条红色双线下，按照份号、密级和保密期限、紧急程度的顺序自上而下分行排列，第一个要素与该线的距离为 3 号汉字高度的 7/8。

发文字号顶格居版心右边缘编排在第一条红色双线下，与该线的距离为 3 号汉字高度的 7/8。

标题居中编排，与其上最后一个要素相距二行。

第二条红色双线上一行如有文字，与该线的距离为 3 号汉字高度的 7/8。

首页不显示页码。

版记不加印发机关和印发日期、分隔线，位于公文最后一面版心内最下方。"

与"文件式"公文相比，信函式公文主要具有以下特点。

### （一）发文机关标志不同

信函式公文的发文机关标志只标发文机关名称，不缀"文件"字样。由于不加"文件"二字，发文机关名称用全称不用简称。如国务院的文件式公文叫"国务院文件"，而信函式公文叫"中华人民共和国国务院"。

### （二）不标识签发人格式

按照规定，上行文才要求标识签发人的格式。信函式公文主要用于平行文，因此没有签发人格式。

### （三）上白边留得较少

信函式公文发文机关名称上边缘距上页边只有 30 mm，打破了文件式公文上白边为 37 mm 的界限。

### （四）间隔线不一样

在发文机关标志下 4 mm 处印一条红色双线（上粗下细），距下页边 20 mm 处印一条红色双线（上细下粗），线长均为 170 mm，居中排布。

### （五）份数序号、密级、紧急程度、发文字号等都在红色双线之下

其中，份数序号、密级、紧急程度在红色双线左下角顶格，发文字号在红色双线右下角顶格，如：

```
          × ×  市  人  民  政  府
━━━━━━━━━━━━━━━━━━━━━━━━━━━━━━━━
━━━━━━━━━━━━━━━━━━━━━━━━━━━━━━━━
 000001                      ×政函〔2017〕9 号
 紧  急
 秘  密
```

## 二、命令（令）格式

《格式》10.2 规定："发文机关标志由发文机关全称加'命令'或'令'字组成，居中排布，上边缘至版心上边缘为 20 mm，推荐使用红色小标宋体字。

发文机关标志下空二行居中编排令号，令号下空二行编排正文。"

命令（令）格式的公文有关签发人职务、签名章和成文日期的编排格式，按照规定："单一机关制发的公文加盖签发人签名章时，在正文（或附件说明）下空二行右空四字加盖签发人签名章，签名章左空二字标注签发人职务，以签名章为准上下居中排布。在签发人签名章下空一行右空四字编排成文日期。

联合行文时，应当先编排主办机关签发人职务、签名章，其余机关签发人职务、签名章依次向下编排，与主办机关签发人职务、签名章上下对齐；每行只编排一个机关的签发人职务、签名章；签发人职务应当标注全称。

签名章一般用红色。"

命令（令）是国家行政机关发文的最高级形式。按照《12·条例》的规定，命令（令）"适用于公布行政法规和规章、宣布施行重大强制性措施、批准授予和晋升衔级、嘉奖有关单位和人员"。从命令（令）的适用范围我们可以看出其重要性和权威性。为了维护国家政令的权威性和统一性，命令（令）的格式要全国统一，而且要严格执行。

### （一）发文机关标志＝发文机关名称＋文种

发文机关名称要用全称，不能用简称或规范化简称。文种也是发文机关标志的一部分。如国务院令的发文机关标志就是"中华人民共和国国务院令"，河南省政府令的发文机关标志就是"河南省人民政府令"。发文机关名称后加"命令（令）"即构成发文机关标志。命令（令）用红色小标宋体字，字号由发文机关酌定，但不能超过上级同类型公文的版头字号，可以相等。

### （二）首页上白边为 57mm

按照《格式》5.2.1 的规定 "公文用纸天头（上白边）为 37mm±1mm……版心尺寸为 156mm×225mm（不含页码）"，命令标志 "上边缘至版心上边缘为 20mm"。命令（令）发文机关标志的上白边应这样计算：37mm＋20mm＝57mm。

即使是联合发文，排在首位的主办机关也应在此处标识，协办机关下移，文种 "命令" 或 "令" 字样置于发文机关名称右侧，上下居中。

### （三）发文字号的顺序号可以不受年度限制

在发文机关标志之下空二行标注令号，居中排列。与文件式公文发文字号不同的是，令号前要加 "第" 字，如 "第 9 号"。需要注意的是：文件式公文的顺序号是以年度为限，每年从 1 月 1 日起重新编号。而同一个发文机关的令号可以依次编下去，可以不受年度限制，也可以不因领导班子的更替而中断。

### （四）命令（令）版头与正文之间没有红色间隔线

令号之下空二行即是正文。与文件式公文不同线的是：正文与版头之间没有红色间隔线。命令（令）正文的格式与文件式公文相同。

### （五）命令（令）无须加盖机关印章而要由机关负责人签署

签署是指机关领导人在公文落款处签写姓名或加盖签名章，代表公文的作者，证实公文的执行效用，并将签署的公文向外发出。

签署的位置在正文之下空二行，签名章用红色，右空四字。签名章左空二字标识签发人职务，命令（令）的签发人应是发文机关的最高领导人即一把手，副职不能联署，也不能代署。

签名章之下空一行标识成文日期，成文日期右空四字。

### （六）没有主送、抄送，可用"分送"

命令（令）正文之前没有主送机关，版记处也没有抄送机关。如何分发呢？在版记处可以设"分送"栏，分送机关的标识与抄送机关的标识相同。

## 三、纪要格式

纪要标志由"×××××纪要"组成，居中排布，上边缘至版心上边缘为35 mm，推荐使用红色小标宋体字。

标注出席人员名单，一般用3号黑体字，在正文或附件说明下空一行左空二字编排"出席"二字，后标全角冒号，冒号后用3号仿宋体字标注出席人单位、姓名，回行时与冒号后的首字对齐。

标注请假和列席人员名单，除了依次另起一行并将"出席"二字改为"请假"或"列席"以外，编排方法同出席人员名单。

纪要格式可以根据实际制定。如是会议纪要，则不用加盖印章。

这里说的会议纪要是指各级各类机关的办公会会议纪要（即简报式会议纪要）。这种会议纪要的显著特点如下。

### （一）发文机关标志由"发文机关名称（或发文机关领导人职衔）＋会议名称＋文种（会议纪要）"组成

因与常用的简报报头非常相似，因此又称简报式会议纪要。机关的办公会议是本机关的最高决策机构，议定事项多是本机关的重要决策事项，有必要以固定格式的会议纪要印发。如：

**××县人民政府县长办公会会议纪要**

第 1 期

××县政府办公室 　　　　　　　　　　　二〇一七年一月一日编发

### （二）会议纪要不加盖印章

因为这种会议纪要的正文之前没有主送机关，成文日期又不在正文之后，无法盖章。

## 第六节　表格及页码格式

### 一、表格的置放格式

《格式》对公文所附表格的置放作了明确的规定：A4纸型的表格横排时，页码位置与公文其他页码保持一致，单页码表头在订口一边，双页码表头在切口一边。

### （一）横排 A4 纸型表格的页码如何标识

横排 A4 纸型表格的页码应放在横表的左侧。单页码放在表的左下角，双页码放在表的左上角。

### （二）横表表头如何置放

为了保证连续编排的表格可以依次顺序往下看，必须做到：单页码横表表头放在订口一边；双页码横表表头放在切口一边。如果把单双页表头全部放在订口一边或全部放在切口一边，阅读时就要颠来倒去，给公文的使用带来很多的不便。

### （三）A3 纸型表格在最后一页时怎么办

公文如需附 A3 纸型表格，而且 A3 纸型表格又是公文的最后一页，为了避免表格脱落，应将表格放在封三之前的位置，封三、封四（不放页码）就为空白页。不能将表格贴在封四上。

## 二、页码格式

《格式》7.5 规定，页码"一般用 4 号半角宋体阿拉伯数字，编排在公文版心下边缘之下，数字左右各放一条一字线；一字线上距版心下边缘 7 mm。单页码居右空一字，双页码居左空一字。公文的版记页前有空白页的，空白页和版记页均不编排页码。公文的附件与正文一起装订时，页码应当连续编排"。

页码的标识需要注意以下三个方面。

### （一）版记页前有空白页的，空白页和版记页均不编排页码

规定版记页前有空白页的，空白页和版记页均不编排页码，主要是为了防止有人利用空白页私加文字。就是说，页码只标识到公文主体部分结束的那一页。如有人想在公文主体之后私加文字，冒充公文主体，就需要在该页标识页码，假公文在页码上就会露出马脚。

### （二）版记页是否标识页码视具体情况而定

按照"版记页前有空白页的，空白页和版记页均不编排页码"的规定，印有版记的那一页是否标识页码要看有没有公文主体。有主体则标识页码，无主体则不标识页码。

### （三）双面印刷，双面均标识页码

页码用 4 号半角宋体阿拉伯数字标识，置于版心下边缘之下一行，数码左右各放一条 4 号一字线，一字线距离版心下边缘 7mm。单页码居右空一字，双页码居左空一字。

## 练 习

1. 请你指出下列标题的正误，并说明原因。

(1) 关于发布《上市公司股东大会规范意见》的通知
(2) 关于印发《关于加强公路客运交通安全管理的通告》的通知
(3) 豫办〔1987〕12 号文件在浚县已得到落实
(4) 关于×××问题的函告
(5) 关于批复《……》刊物继续出版的通知

2. 下列发文字号的格式是否规范，为什么，试加以修改。

(1) ×政法字（2017）57 号
(2) ×非典防办［2017］25 号
(3) ×化办〔2017〕字第 10 号
(4) ×档字（2017）第 008 号
(5) (17)×税计字第 24 号
(6) ×水〔2017〕二号

3. 下面这些公文的主送机关存在哪些问题？试加以修改，并说明理由。

(1) 各主管局、工会，各县（区）劳动局、工会、财政局，市财政局各直属单位：
（引自《A 市总工会与 A 市财政局关于组织劳模到黄山休养期间有关费用如何报销的联合通知》）
(2) 各县（市、区）烟草公司、分公司机关各科室：
（引自《××省烟草公司东方烟草分公司关于成立东方烟草分公司资金管理中心的通知》）
(3) ××省、东方市新闻出版局：
（引自《东方市烟草专卖局关于创办〈东方烟草〉连续性内部资料的申请》）

4. 下面这两份公文的版记存在什么问题？试加以修改，并说明理由。

**版记 1**

| 抄报：省局（公司） | |
| --- | --- |
| 抄送：市建行，市农行 | |
| 东方烟草分公司办公室 | 2017 年 1 月 20 日印发 |

（共印 35 份）

**版记 2**

| 东方烟草分公司办公室 | | 2017 年 3 月 13 日印发 |
| --- | --- | --- |
| 打字：李×× | 校对：王×× | （共印 8 份） |

# 第四章 公文文种

文种是公文种类的简称,是公文标题三要素中不可缺少的组成部分。同一名称的所有公文即构成一个文种,如通知、通报、请示等都各是一个文种。不同的文种具有不同的性能和用途,如请示是用来向上级机关请求指示和批准的,批复是用来答复下级机关请示事项的。正确认识不同种类公文的性质、作用和适用范围是公文写作与处理工作的关键环节之一。

公文文种随着社会的发展变化而发展变化。不同的社会、不同的历史时期具有各不相同的文种体系。正确选用文种是公文处理中一个十分重要的问题,也是在动笔撰文时必须首先明确的一个问题。文种选用得正确,可以确保公文的规范化和严肃性,更好地发挥公文的权威作用和约束作用,提高机关办事效率。如果错用文种,不但直接影响公文的质量,而且还会妨碍发文目的的实现。

按照《12·条例》第八条的规定,党政机关的公文主要有十五类十五种:

（1）决议；

（2）决定；

（3）命令（令）；

（4）公报；

（5）公告；

（6）通告；

（7）意见；

（8）通知；

（9）通报；

（10）报告；

（11）请示；

（12）批复；

（13）议案；

（14）函；

（15）纪要。

在实际工作中常用的文种还有许多,如章程、办法、规划、计划、总结等。只是因为章程、办法这类文种没有单独行文的资格,必须借助有独立行文资格的如命令（令）、通知等文种作为载体,所以在主要文种里面没有把它们列进去。

## 第一节　行政公文文种的演变

从 1951 年 9 月 29 日中央人民政府政务院的《公文处理暂行办法》，到 2012 年 4 月 16 日中共中央办公厅、国务院办公厅联合发布《党政机关公文处理工作条例》，前后六十多年过去了。在这六十多年里，我国行政机关公文文种体系有六次大的变化与调整（参见表 4-1）。

表 4-1　中华人民共和国成立后行政机关公文文种变化一览表

| 时间 | 规章名称 | 发布单位 | 文种 | 备注 |
| --- | --- | --- | --- | --- |
| 1951 年 9 月 29 日 | 公文处理暂行办法 | 中央人民政府政务院 | 1. 报告、签报；2. 命令；3. 指示；4. 批复；5. 通报、通知；6. 布告、公告、通告；7. 公函、便函（共七类十二种） | "签报"为报告的另一形式 |
| 1981 年 2 月 21 日 | 国家行政机关公文处理暂行办法 | 国务院办公厅 | 1. 命令、令、指令；2. 决定、决议；3. 指示；4. 布告、公告、通告；5. 通知；6. 通报；7. 报告、请示；8. 批复；9. 函（共九类十五种） | 自发布之日起施行 |
| 1987 年 2 月 18 日 | 国家行政机关公文处理办法 | 国务院办公厅 | 1. 命令（令）、指令；2. 决定、决议；3. 指示；4. 布告、公告、通告；5. 通知；6. 通报；7. 报告、请示；8. 批复；9. 函；10. 会议纪要（共十类十五种） | 自发布之日起施行 |
| 1993 年 11 月 21 日 | 国家行政机关公文处理办法 | 国务院办公厅 | 1. 命令（令）；2. 议案；3. 决定；4. 指示；5. 公告、通告；6. 通知；7. 通报；8. 报告；9. 请示；10. 批复；11. 函；12. 会议纪要（共十二类十三种） | 1994 年 1 月 1 日起施行 |
| 2000 年 8 月 24 日 | 国家行政机关公文处理办法 | 国务院 | 1. 命令（令）；2. 决定；3. 公告；4. 通告；5. 通知；6. 通报；7. 议案；8. 报告；9. 请示；10. 批复；11. 意见；12. 函；13. 会议纪要（共十三类十三种） | 2001 年 1 月 1 日起施行 |
| 2012 年 4 月 16 日 | 党政机关公文处理工作条例 | 中共中央办公厅、国务院办公厅 | 1. 决议；2. 决定；3. 命令（令）；4. 公报；5. 公告；6. 通告；7. 意见；8. 通知；9. 通报；10. 报告；11. 请示；12. 批复；13. 议案；14. 函；15. 纪要（共十五类十五种） | 2012 年 7 月 1 日起施行 |

### 一、20 世纪 50 年代的七类十二种

1951 年 9 月 29 日，由当时的中央人民政府政务院出台了中华人民共和国成立后的第一个适用于全国行政机关的公文处理规章《公文处理暂行办法》，即《51·办法》。《51·办法》规定的公文种类有七类十二种：

（1）报告、签报；
（2）命令；
（3）指示；

（4）批复；

（5）通报、通知；

（6）布告、公告、通告；

（7）公函、便函。

《51·办法》有鲜明的特点，也有其历史的局限性。

### （一）报告的适用范围很宽

在全部七类十二个文种里面，正式的上行文只有"报告"一种，其适用范围是"对上级陈述或请示事项用'报告'"。无论是向上级陈述情况还是请示事项，均用"报告"。

因为"对上级陈述或请示事项"都只能用报告，在具体的公文处理实践中就带来了许多的不便，也为后来的报告与请示不分埋下了隐忧。直到今天，在一些中下层机关里报告和请示不分的现象仍未绝迹。

按照《51·办法》的规定，签报为报告的另一种形式。为了简便、迅速地处理某些重要事项，由首长亲笔书写，直接送上级首长批答，不必经过普通公文手续，只签名不用机关印信。

报告与"签报"的共同之处在于它们都是上行文。但是，报告与签报的不同之处也相当的多。

（1）印制要求不同。报告一般要求正式打印，至少是正式缮写。签报则不打印，由当事人"亲笔书写"。在当时由于办公条件的限制，正式公文的打印颇费周折，不利于紧急公务的处理，签报的设置显然是为了弥补这个缺憾。

（2）运转渠道不同。报告要经过公文处理的正规渠道进行运转，而签报不必经过普通公文手续，快则快矣，但也为后来一直困扰各级办公厅（室）的账外文件埋下了隐患。

（3）用印要求不同。中国人与西方人在公文处理上最大的不同在于：中国人重印章，西方人重签名。签报在此方面倒与西方人趋同："只签名不用机关印信"。这是因为在直接的上下级之间互相认识笔迹，所以才这样规定。

中国内地的"签报"有点像香港特别行政区行政公文中的"录事"，处理程序和写法都比较灵活。

### （二）通知的适用范围很窄，通报的适用范围很宽

按照《51·办法》的规定，通知的适用范围很窄，"对于使特定的机关或人员知道的事项用'通知'"。

通报的适用范围则很宽，"对于使各机关（不分上行、平行、下行）周知的事项用'通报'"。通报在当时"不分上行、平行、下行"，是一个行文方向不确定的文种。由于可以多方向行文，其适用范围自然就宽。而通知只在"特定的机关或人员"之间运行，适用范围自然就窄。这与目前这两个文种的适用范围几乎相反。

按照现行的规定，通报只限于"表彰先进、批评错误、传达重要精神和告知重要情况"，行文方向也多是下行文，只有少量的"情况通报"才有必要晓谕各方。而通知的情况就更不同了，无论是"批转下级机关的公文，转发上级机关和不相隶属机关的公文，传达要求下级机关办理和需要有关单位周知或者执行的事项，任免人员"等都可以用通知，已演变成目前文种系列里面负担最重、使用最频繁的文种之一。近年来，为通知减负、分

流的呼声一直不绝于耳。殊不知在《51·办法》中，通知的适用范围是最窄的。

### (三) 开命令分为载体令和实体令之先河

《51·办法》对命令的适用范围是这样规定的："颁布法律、条例、通则、决定、规定、办法或任免、嘉奖、惩戒、通缉、赦免以及指挥行政等均用'命令'。"

载体令，是指那些用来"颁布法律、条例、通则、决定、规定、办法"的命令。在这里，一份完整的"命令"分为密不可分的两个部分，即运载工具和运载对象。运载工具是指前面的令文部分，篇幅都比较短，令文本身虽然没有实质性内容，但可以起到认可运载对象、赋予强制执行力的作用。

实体令，是指那些用来"任免、嘉奖、惩戒、通缉、赦免以及指挥行政等"所使用的命令。与载体令相比，实体令本身有实质性内容，篇幅相对较长。

## 二、20世纪80年代早期的九类十五种

1981年2月27日，国务院办公厅发布了《国家行政机关公文处理暂行办法》（以下简称《81·办法》）。《81·办法》规定的公文种类有九类十五种：

(1) 命令、令、指令；
(2) 决定、决议；
(3) 指示；
(4) 布告、公告、通告；
(5) 通知；
(6) 通报；
(7) 报告、请示；
(8) 批复；
(9) 函。

与《51·办法》相比，《81·办法》的文种设置具有以下特点。

### (一) 将命令一分为三

《81·办法》将命令一分为三，即命令、令、指令。但从定义上来看，命令、令实为一种，"发布重要法规，采取重大的强制性行政措施，任免、嘉奖和惩戒有关人员，用'命令''令'"。那么什么情况下用"命令"，什么情况下用"令"呢，这取决于两个因素。一是要看是实体令还是载体令。一般来说，实体令用命令，如《政务院关于实行棉花计划收购的命令》；载体令用"令"，如《中华人民共和国主席令》《国务院令》等。二是看汉语表达的习惯，像特赦令、嘉奖令、通缉令，即使都是实体令，也不能称"嘉奖命令""通缉命令"，仍称"令"。

指令是从命令中新分出的，主要适用于"发布经济、科研等方面的指示性和规定性相结合的措施或者要求"。指令文种的出现与当时的计划经济体制的现时需要有关。指令的适用行业限定得很具体，即用于"经济、科研"领域。指令的内容也只限于当需要把"指示性和规定性"的"措施或者要求"结合在一起时才能用到指令。也正是因为这个原因，随着计划经济的退出，指令这个文种也就随之退出了。

### （二）新增决定、决议

"对某些问题或者重大行动做出安排，用'决定'"。在此之前并非不用决定，只是没有把它升格为正式文种而已。自《81·办法》把决定纳入行政公文的常用文种后，此定义至今也无大的变化。

"经过会议讨论通过、要求贯彻执行的事项，用'决议'"。在行政机关，决议的寿命较短，自《81·办法》开始增设，于1994年1月1日起施行的新的《国家行政机关公文处理办法》（以下简称《94·办法》）就被删除。虽然自《81·办法》后文种序列里有决议，但在实际工作中能用上决议的时候几乎没有。所以，在行政机关的已发公文里几乎很难找到决议的文例。原因很简单：按照《宪法》的规定，行政机关实行首长负责制，一般无须经过会议表决的形式即可做出决断，有决定就行，用不上决议。这是决议很快即被删除的主要原因。

### （三）从报告中辟出请示，删除签报

《81·办法》将《51·办法》中报告可"对上级陈述或请示事项"的义项一分为二，即"对上级陈述"仍归报告，把"对上级……请示事项"单独辟出，归入新设文种——请示。

《81·办法》对报告的定义也进行了修订，把"对上级陈述"改为"向上级机关汇报工作、反映情况，用'报告'"。这样就有两种报告，即向上级机关汇报工作的"工作报告"和向上级机关反映情况的"情况报告"。

《81·办法》对请示的定义是"适用于'向上级机关请求指示和批准'"。该定义一直适用至今。

签报的删除是意料中的事，因为它本来就不是一个正式的文种。但如果以为从此在机关工作中就不再有签报了，那就错了。事实上，作为处理公务的一种便捷方式，签报在很多的机关内部至今还在沿用。

## 三、20世纪80年代后期的十类十五种

1987年2月18日，国务院办公厅发布了《国家行政机关公文处理办法》（以下简称《87·办法》）。《87·办法》规定的公文种类有十类十五种：

(1) 命令（令）、指令；
(2) 决定、决议；
(3) 指示；
(4) 布告、公告、通告；
(5) 通知；
(6) 通报；
(7) 报告、请示；
(8) 批复；
(9) 函；
(10) 会议纪要。

《87·办法》将《81·办法》中的九类十五个文种调整为十类十五个文种，其主要特点包括以下两个方面。

### （一）"会议纪要"升格为正式文种

会议纪要早已是机关工作中常用的文种，将其升格为行政机关的正式文种始于《87·办法》。

关于会议纪要的适用范围，《87·办法》的定义是"传达会议议定事项和主要精神，要求与会单位共同遵守、执行的，用'会议纪要'"（《94·办法》将其修订为"适用于记载和传达会议情况和议定事项"，此定义至今适用）。

### （二）命令与令合二为一

《87·办法》将《81·办法》中的命令和令两个文种合并为"命令（令）"，即只有一种。其适用范围也调整为"发布重要行政法规和规章，采取重大强制性行政措施，任免、嘉奖有关人员，撤销下级不适当的决定等，用'命令（令）'"。

与《81·办法》相比，其变化之处在于：将载体令的适用范围限定在"发布重要行政法规和规章"的范围内，从中透出加强法制、依法行政的信息；增加了"撤销下级不适当的决定"的义项，对中下级行政机关依法行文是一个有力的督促。

## 四、20世纪90年代的十二类十三种

1993年11月21日，国务院办公厅发布了新的《国家行政机关公文处理办法》，即《94·办法》。《94·办法》规定的公文种类有十二类十三种：

（1）命令（令）；
（2）议案；
（3）决定；
（4）指示；
（5）公告、通告；
（6）通知；
（7）通报；
（8）报告；
（9）请示；
（10）批复；
（11）函；
（12）会议纪要。

《94·办法》的特点包括以下两个方面。

### （一）新增议案

议案"适用于各级人民政府按照法律程序向同级人民代表大会或人民代表大会常务委员会提请审议事项"。随着民主与法制的逐步健全，为了规范行政机关向同级人大机关的行文，新增议案这个专用文种是非常必要的。

## （二）报告中不得夹带请示事项

《94·办法》增设"'报告'中不得夹带请示事项"的专项规定，是想从根本上把请示从报告中分离出来。是报告，就不能夹带请示事项；一旦夹带了请示事项，就不再是报告，而是带有报告成分的请示。实践证明，随着这个规定的贯彻实施，报告与请示不分或混用、误用的现象已大为减少。

## 五、面向 21 世纪的十三类十三种

2000 年 8 月 24 日，国务院发布了《国家行政机关公文处理办法》（自 2001 年 1 月 1 日起施行，以下简称《01·办法》）。《01·办法》规定的公文种类有十三类十三种：

(1) 命令（令）；
(2) 决定；
(3) 公告；
(4) 通告；
(5) 通知；
(6) 通报；
(7) 议案；
(8) 报告；
(9) 请示；
(10) 批复；
(11) 意见；
(12) 函；
(13) 会议纪要。

《01·办法》的特点包括以下两个方面。

## （一）新增一个可以多方向行文的文种——意见

《01·办法》删除了指示，增加了意见，其文种仍是 13 种。

指示是一个被闲置多年基本不用的文种，删除也是自然的。在此之前，意见已是一个比较活跃的文种，屡见业务主管部门的意见被政府或政府办公厅（室）批转或转发。因此，把意见列为正式文种是势在必行。对意见的定义是"适用于对重要问题提出见解和处理办法"。

因增设了意见，就删去了原《94·办法》"报告"中适用于"提出意见或者建议"的内容。

意见的特殊性主要表现在行文方向上。一般文种的行文方向都是固定的，意见的特别之处就在于其行文方向是不确定的。如果需要，上行、平行、下行都可以。为了规范意见的使用，国务院办公厅曾在《01·办法》施行之初，于 2001 年月 1 月 1 日出台过一份重要的文件，即《国务院办公厅关于实施〈国家行政机关公文处理办法〉涉及的几个具体问题的处理意见》（国办函〔2001〕1 号）（以下简称《处理意见》），对意见的行文方向和适用范围做出了明确的界定："'意见'可以用于上行文、下行文和平行文，应按请示性公文

的程序和要求办理……上级机关应当对下级机关报送的'意见'做出处理或给予答复。作为下行文，文中对贯彻执行有明确要求的，下级机关应遵照执行。无明确要求的，下级机关可参照执行。作为平行文，提出的意见供对方参考。"

### （二）将特定文种与特定格式联系起来

《01·办法》在第十一条专门规定："公文中各组成部分的标识规则，参照《国家行政机关公文格式》国家标准执行。"这里的《国家行政机关公文格式》，是指国家质量技术监督局1999年12月27日发布，2000年1月1日实施的GB/T 9704—1999号国家标准。该标准将全部公文文种分为普通格式和特定格式两大类。划归特定格式的有三个，即信函、命令、会议纪要，并对这三种格式予以特别的规定。共同的地方在于这三个格式的发文机关标识都不带"文件"字样。此外，该标准还对这三种格式做出了详尽的规定。

## 六、2012年的十五类十五种

2012年4月16日，中共中央办公厅、国务院办公厅联合发布《党政机关公文处理工作条例》（自2012年7月1日起施行，简称《12·条例》）。《12·条例》规定的文种有十五类十五种：

（1）决议；

（2）决定；

（3）命令（令）；

（4）公报；

（5）公告；

（6）通告；

（7）意见；

（8）通知；

（9）通报；

（10）报告；

（11）请示；

（12）批复；

（13）议案；

（14）函；

（15）纪要。

《12·条例》的特点包括以下三个方面。

### （一）统一了相同文种的适用范围

以使用频率较高的文种"通知"为例：

按中共中央办公厅1996年5月3日印发，发布之日起施行的《中国共产党机关公文处理条例》（中办发〔1996〕14号）的规定："通知用于发布党内法规、任免干部、传达上级机关的指示、转发上级机关和不相隶属机关的公文、批转下级机关的公文、发布要求下级机关办理和有关单位共同执行或者周知的事项。"

按国务院 2000 年 8 月 24 日发布，2001 年 1 月 1 日起施行的《国家行政机关公文处理办法》（国发〔2000〕23 号）的规定："通知适用于批转下级机关的公文，转发上级机关和不相隶属机关的公文，传达要求下级机关办理和需要有关单位周知或者执行的事项，任免人员。"

文种同样是通知，其适用范围却不尽相同，在执行中就难免因人、因时、因机关而异。

《12·条例》统一了"通知"的适用范围："适用于发布、传达要求下级机关执行和有关单位周知或者执行的事项，批转、转发公文。"

统一文种的适用范围，是公文处理工作逐步走向规范化、制度化、科学化的必不可少的环节。

### （二）调整了部分文种的适用范围

以"命令（令）"为例：

《01·办法》规定："命令（令）适用于依照有关法律公布行政法规和规章；宣布施行重大强制性行政措施；嘉奖有关单位及人员。"

《12·条例》规定："适用于公布行政法规和规章、宣布施行重大强制性措施、批准授予和晋升衔级、嘉奖有关单位和人员。"

相比之下，《12·条例》将《01·办法》中"宣布施行重大强制性行政措施"改为"宣布施行重大强制性措施"，删除了"行政"字样；增加了"批准授予和晋升衔级"的内容，这就大大拓宽了"命令（令）"的适用范围。

### （三）统一了党政机关的公文格式

党委和政府机关的公文格式不统一，是长期困扰公文处理人员的一个问题。比如，此前在政府机关，成文日期要求用汉字标注；在党委机关，成文日期却要求用阿拉伯数字标注。为了配合《12·条例》的贯彻实施，中华人民共和国国家质量监督检验检疫总局、中国国家标准化管理委员会于 2012 年 6 月 29 日联合发布了《党政机关公文格式》国家标准（GB/T 9704—2012，并于 2012 年 7 月 1 日实施）。

《12·条例》第十条规定："公文的版式按照《党政机关公文格式》国家标准执行。"

至此，无论是党委机关的公文还是行政机关的公文，相同的文种就应该有相同的格式。

## 第二节　文种变化特点与规律

### 一、文种变化的特点和局限

#### （一）上行文种的适用范围一直处在调整之中

《51·办法》中规定的正式上行文只有报告一种。因为"对上级陈述或请示事项"都只能用报告，在具体的公文处理实践中就带来了许多不便，也为后来的报告与请示不分埋下了隐患。在实际工作中，有些报告是为了向上级陈述工作，无须上级批复；有些报告则是为了向上级请示事项，上级必须批复。因为文种都叫报告，上级如不细阅全文，压根就弄不清某份报告是无须批复还是必须批复，不但增加了上级的阅文负担，而且容易耽误对一些紧急事项的批复，不利于机关工作效率的提高。

针对报告使用中存在的问题，从《81·办法》开始即正式把请示从报告中辟出。这样正式的上行文就有报告和请示两个文种。但在实际工作中请示与报告混用，用报告或请示报告代替请示的现象仍屡见不鲜。这一方面是因为《51·办法》中关于报告中包含"请示事项"的规定已执行了30年，其影响一时难以消除；另一方面是因为如果在向上级报告工作的同时，又必须就此向上级机关请求指示或批准，是适用报告还是适用请示呢？

针对这种情况，《94·办法》又增设了"'报告'中不得夹带请示事项"的专项规定。但新的问题又出现了，即要求上级批转的上行文是适用报告还是适用请示？因为报告是无求于上级的文种，而请示是有求于上级的文种。既然要求上级批转，肯定是有"请示事项"，应该用请示，但请示能不能被上级批转呢？因为从理论上来说，与请示对应的文种应该是批复。关于请示能否批转的问题，学术界的争论很激烈，在公文处理实践中更乱，不同的机关有不同的做法，如同样是要求上级批转，有的机关写成请示，有的机关写成报告，甚至在同一个机关的不同时期、不同的承办人之间也有不同的处理方式。

《01·办法》增设意见为正式文种后，在请求上级批转适用文种的问题上找到了一个解决的办法，即既不用请示，也不用报告，都改用上行的意见。从《01·办法》运行以来的公文处理实践来看，请求上级批转适用意见的设计，其效果还是不错的。

### （二）文种的增删、调整与法制建设的进程和经济体制的转轨基本同步

随着民主与法制的逐步健全，从《94·办法》开始出现了专门用于行政机关向同级人民代表大会及其常务委员会提请审议事项的专用文种——议案。随着在行政机关全面推行首长负责制，决议文种从《94·办法》开始被行政机关摈弃。《01·办法》在命令（令）的定义中更是强调"依照有关法律公布行政法规和规章"，即行政机关在出台诸如条例、规定、办法等一些规范性文件的时候必须依照有关法律法规的规定来行使权力，不能越权行文，更不能违法行文。

随着经济体制的转轨，原本计划经济色彩很浓的文种如指令也从《94·办法》中消失了。计划经济时期纵向行文多，而市场经济时期横向行文多。为了适应这种变化，除了函这个文种一直保留以外，从《01·办法》开始，意见也可以作为平行文使用，"提出的意见供对方参考"，以顺应横向行文越来越多的需要。

### （三）对文种适用范围的强制性纠错和考核评审体系一直未能建立起来

在目前的公文处理实践中，误用、混用文种的现象仍时有发生，特别是在中下层行政机关里这个问题更突出一些。如从《01·办法》开始，意见已是一个独立的文种，无论上行、平行还是下行，直接用意见发出就行了。但不少机关在制发下行意见时却偏要再为意见加一个载体，用"印发'意见'的'通知'"发出。文种使用之所以会出现种种失误的原因很多，但最主要的原因是没能建立起一整套强制性的文种纠错和考核评审体系。即使错用、误用文种，只要没有造成重大失误，就无须承担什么责任。由于错用文种无须付出成本，自然就很难引起各级行政机关和工作人员的重视。

## 二、文种变化规律与展望

公文文种随着社会的发展变化而发展变化。不同的社会、不同的历史时期具有各不相同的文种体系。有些文种消失了,有些文种出现了,有些文种合并了,有些文种分化了,乍一看令人眼花缭乱,但仔细梳理,还是有规律可循的。

### (一)文种的设置会更多地考虑民众的喜好与否

未来是一个开放性的社会,公文与民众的关系会越来越密切。随着网络技术的发展,各级政府门户网站的开通,公文已从庙堂之上走入民众之中。顺应民意是政府的基本考虑,在公文文种的设置上会更多地考虑民众的喜闻乐见。如目前在干部考核、项目评审、职称评定等工作中常用的公示就极有可能升格为一个正式的文种。原因就在于,公示在汉语中官方的色彩不浓,容易拉近政府机构与民众的距离,能较好地彰显政府的亲民意愿。

### (二)下行文种逐步减少,行文方向不确定的文种会逐步增多

在现行的公文文种体系里,比例最多的仍是下行文。以现在适用的《12·条例》十五类十五种为例介绍如下。

上行文包括报告、请示、意见(要求上级批转时)、议案(提请权力机关审议时),共4种。

平行文包括函、意见(不相隶属的机关之间互相征求意见或提出意见供对方参考时),共2种。

下行文包括命令(令)、决议、决定、公报、公告、通告、通知、通报、批复、会议纪要、意见(要求下级机关遵照执行或参照执行时),共11种。

不难看出,下行文种太多,平行文种太少,这是不争的事实。但与《81·办法》的九类十五种相比,就会发现其中的差异。

上行文包括报告、请示,共2种。

平行文包括函,共1种。

下行文包括命令、令、指令、决定、决议、指示、布告、公告、通告、通知、通报、批复,共12种。

可以预料,随着下行文种的逐步减少,一些行文方向不确定的文种会逐步增多。《01·办法》中关于"意见"的设置就是一个信号。由于文种的行文方向不确定就淡化了机关单位之间的等级色彩。这种在文种使用上的平等意识会被越来越多的人所接受。

### (三)法定文种会越来越多

针对文种使用的随意性,一些规范文种使用的法律法规已陆续出台。

《中华人民共和国立法法》(以下简称《立法法》)第七十条规定:"行政法规由总理签署国务院令公布。"第八十五条规定:"部门规章由部门首长签署命令予以公布。地方政府规章由省长、自治区主席、市长或者自治州州长签署命令予以公布。"据此,凡属发布政府规章,都应依法使用命令。如再用通知发布政府规章,就属文种违法了。

自2002年1月1日起实施的《行政法规制定程序条例》(国务院令第321号)和《规章制定程序条例》(国务院令第322号)对行政法规和行政规章的适用文种做出了明确的

规定:"行政法规的名称一般称'条例',也可以称'规定''办法'等。国务院根据全国人民代表大会及其常务委员会的授权决定制定的行政法规,称'暂行条例'或者'暂行规定'""规章的名称一般称'规定''办法',但不得称'条例'"。

**(四)通用性文种会越来越多,但部分文种的专用性不可能马上取消**

《12·条例》试图对党政机关公文文种进行整合,是一个有益的尝试。通用性文种会逐步增多,是大的趋势。

但是,由于机关的性质不同,《12·条例》中的十五类十五种公文并非全都适用于各个层级的党委机关和行政机关。比如,决议,就不适用于行政机关;命令(令),就不适用于一般的党委机关(党的军事机关除外)。部分文种的相对专用性还会长期存在。

**(五)对错用、误用文种的查处力度会逐步加强**

根据2002年1月1日起实施的《法规规章备案条例》第三条的规定,法规、规章公布后,应当自公布之日起30日内,依照有关规定报送相关部门备案,对报送备案的法规、规章要依法进行审查。按照《法规规章备案条例》第九条的规定,国家机关、社会团体、企业事业组织、公民认为地方性法规同行政法规相抵触的,或者认为规章以及国务院各部门、省、自治区、直辖市和较大的市的人民政府发布的其他具有普遍约束力的行政决定、命令同法律、行政法规相抵触的,可以向国务院书面提出审查建议,由国务院法制机构研究并提出处理意见,按照规定程序处理。

在文种纠错方面,党委机关已开始行动。据2004年12月17日《南充日报》报道,中共南充市委办公室于2004年11月22日印发了《中共南充市机关公文处理规则(试行)》和《中共南充市机关公文处理差错责任追究制度(试行)》,对公文文种、公文格式等内容做出了严格的要求。若出现差错,将被追究有关责任,并列出了26种视为差错的具体情况。差错追究的方式包括给予党纪、政纪处分及移交司法机关等。差错经两次以上纠正但仍犯类似错误的,还将从重追究。

随着与公文处理相关的法律体系的完善,监督审查体系的多元化,依法行文的意识将进一步得到强化,公文文种使用的随意性将最终被杜绝。在《12·条例》中提出的公文处理"规范化、制度化、科学化"的目标也一定会逐步实现。

# 第三节 文种的选用

## 一、文种的作用

不同的文种有不同的作用。要选用文种,首先要弄清楚不同文种的不同作用和使用范围,这是正确使用文种的前提。

**(一)文种不同,性质不同**

决定、决议,都有一个"决"字,即决策的意思。所以,决定、决议都是具有决策和指挥性质的文种。通知、通报、通告,都有一个"通"字,"通"即传达意图,使对方知晓、配合的意思。所以，通知、通报、通告都属于告知性的文种。总结有一个"总"字，"总"即全局，"结"即了结、结论，是从总体的角度来了结一下，也有记录在案的意思。所以，总结属于记录性的文种。

### （二）文种不同，行文方向不同

请示，是用来请求指示和批准的文种，其行文方向只能是自下而上，是上行文种。批复，是用来答复请示事项的文种，其行文方向只能是自上而下，是下行文种。函，是不相隶属机关之间用来相互商洽工作、询问和答复问题、请求批准和答复审批事项时使用的文种，属平行文种。

### （三）文种不同，行文目的不同

不同的文种反映了不同的目的和要求。通知和通报虽然都是告知性文种，但目的是不同的。通知不光是要把发文机关的意图告诉下级机关，目的还在于要求下级机关或有关人员在了解上级机关意图的同时还要配合行动。而通报的主要目的在于向下级机关或有关人员通报情况，不一定要其配合行动。请示、报告虽然都是上行文，但目的是不同的。请示的目的在于向上级机关请求指示或批准，而报告的目的在于让上级机关阅知，不能在报告中向上级机关提出具体要求。

### （四）文种不同，处理方法不同

不同的文种应采取不同的处理方法。请示是用来请求指示和批准的，对于收到请示的上级机关来说，不管是否同意下级机关的请求都一定要尽快答复对方，必须"热"处理。报告是用来汇报工作、反映情况的，对上级机关没有肯定性的要求，对收到报告的上级机关来说，可以"冷"处理，阅后存查也可。

## 二、文种的选用标准

### （一）文种的选用要严格执行有关规定

该用什么文种不能想当然，要按照规定执行。如按照规定，请示和报告是两个文种，应分开行文，就不应再用"请示报告"这个文种。"复文"不是一个文种，应停止使用。有些文种，如总结、简报、信息、计划等，没有规定可依，也应按照共同的习惯用法为依据，切忌标新立异。

### （二）文种的选用要与发文目的相一致

选用文种的目的是为了表达公文内容服务的，文种只是达到行文目的的一个手段。目的不明确，就容易造成文种误用。弄清发文目的是正确选用文种的前提之一。如目的是给某些人和事以实质性处分，就用决定；只是一般批评，可以用通报；目的是要求上级机关批准，用请示；无须上级机关批准，只是一般性的工作汇报，就用报告。

### （三）文种的选用要依据发文机关的职权范围

文种的使用对不同层次的机关有一定的选择性。层次、权限不同的机关，应选用与自己职权范围相适应的文种。有些文种适合中下级机关使用，如请示、报告等；有些文种适合上级领导机关使用，如命令（令）、公告等。如公告，按照规定是"向国内外宣布重要事项或者法定事项"时才用。一般来说，基层单位很难有什么重要事项需要向国内外宣布，但我们在报刊的广告栏里见到的各类公告很多，这显然是文种误用使然。

### （四）文种的选用要考虑隶属关系和公文去向

向直接上级行文，只能在请示和报告或上行的意见中选其一；向直接下级行文，选择余地就大了，如命令（令）、批复、通知、通报、决定等全是下行文种；向平级机关或不相隶属的机关行文，可以使用的文种有限，要么是函，要么是平行的意见。至于有些管钱、管物、管审批的平级机关，给函它不批，只有给请示才批，那就另当别论了。

### （五）文种的选用要考虑发文机关的工作性质

文种的使用对不同性质的领导机关也有选择性。如党委机关一般不单独使用命令（令），必要时可以与行政机关或军事机关联合使用。行政机关不使用决议，这都是由机关性质和领导体制决定的。

## 第四节 现行文种辨析

要把握好文种的选用标准还必须在区分相近文种的差异上下功夫。对于相近文种，要在掌握彼此间相同点的同时着重分析、琢磨、体会它们之间的不同点。

### 一、命令（令）的适用范围

《12·条例》对命令（令）的定义是："命令（令）。适用于公布行政法规和规章、宣布施行重大强制性措施、批准授予和晋升衔级、嘉奖有关单位和人员。"

命令（令）是国家行政机关公文的最高级形式，其发文机关标志也有自己的特点。命令（令）的发文机关名称应用全称（即应以批准本机关成立时核定的全称为准），不能用简称或者规范化简称。发文机关名称后加"命令（令）"字样，如国务院令的发文机关标志就是"中华人民共和国国务院令"。

哪些行政机关可以发布命令（令），要依法行事。按照《宪法》的规定，国务院可以根据《宪法》和其他相关法律，规定行政措施，制定行政法规，发布决定和命令；各部、各委员会根据法律和国务院的行政法规、决定、命令，在本部门的权限内，发布命令、指示和规章；县级以上地方各级人民政府依照法律规定的权限可以发布决定和命令；乡、民族乡、镇的人民政府执行本级人民代表大会的决议和上级国家行政机关的决定和命令，管理本行政区域内的行政工作。

按照《地方各级人民代表大会和地方各级人民政府组织法》第四十四条的规定，县级以上的地方各级人民政府行使下列职权：执行本级人民代表大会及其常务委员会的决议，以及上级国家行政机关的决定和命令，规定行政措施，发布决定和命令；改变或者撤销所属各工作部门的不适当的命令、指示和下级人民政府的不适当的决定、命令。乡、民族乡、镇的人民政府行使下列职权：执行本级人民代表大会的决议和上级国家行政机关的决定和命令，发布决定和命令等。

按照《立法法》第八十五条的规定，部门规章由部门首长签署命令予以公布，地方政府规章由省长、自治区主席、市长或者自治州州长签署命令予以公布。

因此，"依照有关法律"，命令（令）这种文种各级人民政府都可以使用。

命令（令）分为载体令和实体令两种。在使用中容易出现失误的主要是载体令。如要发布一个规章制度是用载体令还是用载体通知，这要根据发文机关的法定地位来确定：按照有关法律法规的规定，凡依法可以用命令的应当用载体令，依法不能用命令的则用载体通知。

## 二、议案的适用范围

议案"适用于各级人民政府按照法律程序向同级人民代表大会或人民代表大会常务委员会提请审议事项"，是一个专用文种。

适用议案的还有：股份制企业的总经理或董事会按照法律程序向股东代表大会提请审议事项；事业单位负责人（如学校校长）和没有实行股份制的企业负责人依照有关法律规定向同级职工代表大会提请审议事项也用议案。

党委机关不用议案。

## 三、决定与决议的联系和区别

决定和决议相同的地方在于：它们都是决策性文种；都是上级机关对某些重要事项的处理或重要工作的安排意见；都是下行文，都要求下级机关贯彻执行。

决定和决议的不同之处包括以下四个方面。

### （一）使用范围不同

决议是党委机关的常用文种，行政机关不用。按照我国法律的规定，行政机关是首长负责制，即一把手说了算，用不上决议；党委机关按《中国共产党章程》的规定是民主集中制，有"少数服从多数"的规定，离不开决议。

### （二）形成方式不同

经正式的法定会议讨论并按法定程序进行表决通过后才能形成决议。而决定则不一定，有的决定是经大型会议集体讨论通过的，有的决定却可以由上级领导机关直接做出，如《关于对刘××所犯错误的处分决定》。

### （三）内容不同

决议涉及的问题往往是有关全局性、原则性的重大问题，而决定不一定都涉及全局性、原则性的问题。决定可以涉及重大问题，也可以针对具体问题。决议的内容原则性的指导多，议论性的文字多；而决定的内容比较具体，要求也很明确。

### （四）格式不同

决议的标题都用会议名称作为发文机关，成文日期也都采取题下标注的形式。而决定则有两种情况：如是大型会议讨论通过的决定，格式与决议相同；如是从其他渠道形成的决定，格式与决议相异。

### 四、会议纪要与会议决议的联系和区别

会议纪要与会议决议的相同之处在于：它们都是用来记录会议成果、传达会议精神的文种；都要求与会单位和人员共同遵守执行；都是下行文。

会议纪要与会议决议的不同之处包括以下五个方面。

#### （一）适用范围不同

行政机关只有会议纪要，没有会议决议。党委机关会议纪要与会议决议这两个文种都有。

#### （二）内容不同

会议决议的内容一定是原则性的重大问题，而会议纪要的内容可轻可重，涉及的问题可大可小。如一次办公例会结束后可以制发会议纪要，但不一定要制发会议决议。

#### （三）写法不同

会议纪要可以反映会议上不同的观点或几种同时存在的意见，而会议决议只能反映多数人通过的统一的观点或意见。一份会议纪要可以同时写出不同方面互不关联的几项决定，而一份会议决议只能写某个方面某个问题的最新结论。

#### （四）形成过程不同

会议纪要是把会议情况整理出要点，经机关领导人审核签发后即可定稿。而会议决议的初稿写成后，必须经正式会议、按法定程序表决通过后才能形成。

#### （五）现实效用不同

会议决议一旦形成，有关部门必须严格贯彻执行，其指令性和约束力都很强。而会议纪要虽有权威性，也可以作为办事依据，但指令性较弱。

### 五、公报与公告的联系和区别

公报与公告的相同处在于：它们都是领导机关用来向国内外公开宣布、告知某个重要事项的文种；都是非常庄重、严肃的文种。

公报与公告的不同之处包括以下两个方面。

#### （一）适用范围不同

公告是行政机关的常用文种之一，党委机关一般不用。公报则党委机关和行政机关都可以使用。

#### （二）内容详略不同

公告多用于宣布重大消息或法定事项，内容一般都很简要。公报用来发布重大事件或重要会议的决定事项，内容一般都比较详细具体。

## 六、公告与通告的联系和区别

公告与通告的相同处在于：都是行政机关常用的告知性文种；都可以通过新闻媒介或广为张贴的方法公开发布。

公告与通告的不同之处包括以下三个方面。

### （一）适用范围不同

公告和通告多用于行政机关，党委机关很少使用。

### （二）制发机关的级别不同

公告的制发者只能是各级领导机关，而通告是从上到下的各级各类机关均可使用。

### （三）告知的范围不同

公告用来向国内外公布重要事项或法定事项，通告是在一定范围内公布应当遵守或周知的事项。因此，公告的范围广，面向国内外；通告一般只针对社会的某个方面，用于局部，范围相对较小。

## 七、通告与通知的联系和区别

通告与通知的相同处在于：它们都是用来传达上级机关的意图与要求，并要求下级机关或有关人员遵守、了解并配合行动的文种。

通告与通知的不同之处包括以下三个方面。

### （一）告知范围不同

通告是把发文机关的意图、要求普遍告知并要求遵守。而通知属特定告知，即只告知那些与通知内容有关的单位和个人。需普遍告知，告知对象又无法限定时，用通告；需特定告知，也可以限定告知对象时，用通知。

### （二）格式不同

通告因是普遍告知，告知对象又无法限定，所以就无法设计主送机关（抬头）、抄送机关等格式。而通知是特定告知，告知对象可以很具体，至少可以限定在一个比较明确的范围内。所以，通知可以而且也应该有主送机关、抄送机关等格式，至少主送机关是不可少的。

### （三）行文渠道不同

内部行文告知下级机关或有关人员办理或了解某个事项时，用通知，不能用通告。向社会上公开行文告知人们应当普遍遵守或知晓某个事项时，应用通告，不应用通知。

## 八、通知与通报的联系和区别

通知与通报的相同处在于：它们都属告知性文种；都要求有关单位和人员了解公文的内容或配合行动；都是下行文。

通知与通报的不同之处包括以下三个方面。

### (一) 发文目的不同

通知的发文目的在于让收文机关知道要做什么事以及如何去做，有哪些注意事项等。而通报的目的是让收文机关了解发生了什么事，哪些事情值得提倡，哪些事情应受到批评，哪些问题应该引起注意等。

### (二) 内容不同

通知的内容侧重于提出要求，明确界限。通报的内容侧重于说明、介绍某些事物或情况，可以提出具体要求（如指导性通报），也可以不提任何要求（如情况通报）。

### (三) 发送对象不同

通知的发送对象都是与通知的内容有直接关系的单位和个人。而通报不但要发给与通报的内容有直接关系的单位和个人，而且往往还发给那些与通报的内容没有直接关系的单位和个人，以便"一体周知"。

## 九、批复的适用范围

《12·条例》第八条规定："批复。适用于答复下级机关请示事项。"即批复是针对请示的，不能针对其他的文种。

有人把批复与批示相提并论，这是不对的，具体原因如下。

### (一) 法定地位不同

批复是一个法定文种，而批示是一种对收文的处理程序，不是法定文种。只有在特定情况下，才能将批示的内容复制后告知有关部门。

### (二) 针对的文种不同

批复是针对下级机关报送的请示而言的，是对下级机关的请示批注意见后再答复下级机关的一个文种。即先有请示，后有批复，批复只针对请示，不针对其他的文种。而批示是针对下级机关报送的包括请示在内的所有文件，如下级机关报送的总结、调查报告、简报、工作计划、信息材料等，只要上级机关认为必要，都可以批示。

### (三) 结构不同

批复的结构比较固定，随意性较小。批示没有约定俗成的结构，随意性较强。

## 十、报告与请示的联系和区别

报告与请示的相同处在于：它们都是上行文种；行文对象一般都是直接上级领导（或指导）机关。

报告与请示的不同处包括以下八个方面。

### (一) 行文目的不同

报告的行文目的是为了向上级机关汇报工作、反映情况，答复上级机关的询问。请示的目的是为了向上级机关请求指示或批准。目的不同是这两个文种的根本性区别：要汇报工作，就用报告；要请求指示、批准，就用请示。

### （二）写作结构不同

报告的结构一般是先概括汇报基本情况，然后汇报主要成绩、经验、教训、存在的问题，并针对存在的问题，汇报今后的打算和安排等。请示的结构是先说明请示原因，在此基础上引出请示的具体事项，最后是请示的结束语，典型的三层或三段式结构。

要特别注意的是，报告中不能夹带请示事项，而请示中可以有报告的成分。如果报告中涉及请示事项，应单独挑出来，另外用请示行文。但请示中的请示原因部分实际上就是对有关情况的报告，如果不在请示的开头部分把面临的困难和问题报告清楚，后面的请示事项就显得没有理由和前提，被批准的可能性就不大。所以，请示中可以有也应该有报告的成分。

### （三）结束语不同

报告是陈述性上行文，请示是请求性上行文，这种区别在结束语的使用上更为明显。报告的结束语多用"谨此报告""特先报告，详情容后续报""特此报告"等。请示的结束语多用"请批示""请批准""请批复"等。如果误用结束语，就改变了公文的性质，就分不清究竟是报告还是请示。因此，报告不能拖一条请示的尾巴，请示也不能拖一条报告的尾巴。

### （四）处理方式不同

上级机关对下级机关报送的请示应当表态，而对下级机关报送的报告可以表态，也可以不表态，这是处理方式上的区别。请示是必须答复的，答复的文种也因隶属关系不同而有所不同。由上级机关答复时，用批复；上级机关同意后，授权让领导机关办公厅（室）代为答复时，用函。如科技部曾向国务院上报了一份《关于拟由国务院决定设立"科技活动周"的请示》（国科发政字〔2001〕514号），由国务院出面答复，用的就是批复。

---

国务院关于同意设立"科技活动周"的批复

国函〔2001〕30号

科技部：

你部《关于拟由国务院决定设立"科技活动周"的请示》（国科发政字〔2001〕514号）收悉。同意自2001年起，每年5月的第三周为"科技活动周"，在全国开展群众性科学技术活动。具体工作由你部商有关部门组织实施。

国务院<br>二〇〇一年三月二十二日

（引自《国务院公报》2001年第14号）

---

又如，国家体育总局也曾向国务院上报过一份《关于由武汉市承办第六届全国城市运动会的请示》（体竞字〔2002〕135号），就是由国务院办公厅出面答复的。因国务院办公厅与国家体育总局是不相隶属的关系，那就只能用函或函的形式。

**国务院办公厅关于 2007 年第六届全国城市运动会承办地点的函**

国办函〔2002〕82 号

国家体育总局：

你局《关于由武汉市承办第六届全国城市运动会的请示》（体竞字〔2002〕135 号）收悉。经国务院领导同志批准，现函复如下：

同意 2007 年第六届全国城市运动会在湖北省武汉市举行。

国务院办公厅

二〇〇二年九月二十六日

（引自《国务院公报》2002 年第 31 号）

对报告的处理，根据其内容和当时的具体情况有两种以下处理方式：

（1）对一般性工作情况报告，用"阅存备查"的方法，作为信息、资料处理；

（2）对重要报告，如报告的内容对指导全局工作有好处，需要有关单位了解或参考，报告中有突出的教训，值得有关单位借鉴等，应用批转型通知或转发型通知的方式处理。

对收到报告和请示的上级机关来说，对报告的处理是主动的，对请示的处理是被动的。

### （五）内容宽窄不同

报告的内容可宽可窄，既有专题报告，又有综合性报告，但请示只能一文一事。为了方便上级机关的处理和答复，请示总是专题的，不应该有综合性请示。因此，报告的篇幅相对较长，请示的篇幅相对较短。

### （六）发文时机不同

之所以要请示，是因为本机关无权决定。因此，请示都是在工作进行之前或进行之中发出的。而报告都是在工作完成以后或告一段落时发出的。请示在事前，报告都在事后或事中。

### （七）报送制度不同

报告可以有"月报""季报""年报"等定期报告的规定。而请示只有在必要时才行文，不能也不应有定期请示的规定。

### （八）失误后责任划分不同

下级机关把应该请示的问题写成报告，使问题得不到及时处理而造成损失，由下级机关负责。上级机关对下级机关报送的请示未及时处理而造成损失，由上级机关负责。

## 十一、意见的适用范围

《12·条例》第八条对"意见"的定义是："意见。适用于重要问题提出见解和处理办法。"如河南省教育厅是主管河南省全省教育工作的主管部门，其中对文凭的管理是其职责范围。但文凭的认定和使用仅靠教育厅又是管不到底的，这要靠用人单位的配合。用人单位很多，教育厅的职权又不能都管到，那就可以以教育厅的名义向省政府报一份意见，就文凭的认定和使用"提出见解和处理办法"，请求省政府批转到全省各级行政机关执行。一般来说，凡是请求上级批转的，都应写成意见。过去在请求上级批转这个问题上比较混乱，有的写成报告，有的写成请示，争论也很多。今后，凡是请求上级批转的事项都应统一写成意见。

上级领导机关收到下级机关报送要求批转的意见后，如以上级领导机关名义批准并发出，叫批转意见的通知。由上级领导机关批准，但以领导机关办公厅（室）名义发出，叫转发意见的通知。

### 十二、报告与简报的联系和区别

报告与简报的相同之处在于：它们都是用来反映工作情况、沟通信息、加强相互了解的文种。

报告与简报的不同之处包括以下五个方面。

#### （一）法定地位不同

报告是一个法定文种，而简报不是法定文种。简报是在单位内部交流的定期或不定期的报纸或刊物。

#### （二）行文方向不同

报告是下级机关向上级机关汇报工作、反映情况、答复上级机关的询问时使用的，是上行文种。简报不限于上行，在上行的同时也可以平行或下行。报告只能上行，不能下行，也不能平行。

#### （三）格式不同

报告必须按照法定的公文格式制作，按照规定的行文规则运转。而简报的制作和运转都要视具体情况灵活掌握。如简报的主送机关是写在正文后面，而报告的主送机关如无特殊情况一定要写在正文前面；简报的标题构成方式比较灵活，而报告的标题必须按三要素的要求制作；简报的发文机关名称、成文日期等在版头部分，而报告的落款一定要在文尾；简报不要求盖印，而报告是一定要用印的。

#### （四）人称不同

报告用第一人称（如我、我们），简报多用第三人称（如他、他们、该）。

#### （五）篇幅长短不同

报告的篇幅可长可短，无字数限制。而简报要求篇幅短小，一般不超过1000个字。

**练　习**

1. 简述中华人民共和国成立后行政公文文种的演变情况。
2. 概述公文文种选用的标准。
3. 案例分析。

××省档案局连续两年在同一份公开发行的刊物上刊登《××省档案局公告》，内容都是公布当年的"档案工作目标管理国家级、省级先进单位"名单。这些先进单位都是经过各级档案局（馆）层层上报后由省或国家档案局评审后认定的，其告知对象是各市（地）、县档案局（馆）。

请问：这份《××省档案局公告》在适用文种上有无失误？为什么？

4. 下面这两份公文在文种选用、格式安排上有没有错误，试加以评改。

**案例 1**

## ××经济技术开发区管理委员会文件

×经管字（1997）76号

★

**关于下达××街建设投资计划的通知**

管委会规划建设环保局：

你局关于申请建设××街投资计划的报告及其附件收悉，经研究予以下达：

一、为了加快开发区第三产业的发展，促进开发区的建设，同意在开发区西入口××路两侧建设××街，计划用地970亩，总投资估算7000万元人民币，主要完成征地和道路、供电、给排水、通讯等基础设施的建设，资金由开发区管委会投入。

二、根据有关规定，建设项目必须办妥各项有关手续后方可开工建设。

三、望接通知后严格按计划内容组织实施，未经许可不得擅自变更。

特此通知。

××经济技术开发区管委会（章）

一九九七年二月二十五日

**主题词**：××街　投资计划　通知

抄送：市计委、管委会主任、副主任

（共印20份）

**案例 2**

## ××医科大学第二附属医院文件

×医大二附院院字（87）第7号

87、3、17

**××医科大学第二附属医院**
**关于增设骨科（包括手外科）专业申请购置专业设备的报告**

省卫生厅：

我院是一所发展中的综合性教学医院，为了适应医疗、教学的需要，虽于86年在外科已增设骨科（包括手外科）专业，但由于专业设备缺乏，给工作的开展带来了一些困难。为了改变这一状况，目前急需购置低温冰箱和微型综合电动器械等设备，计需人民币四万元，特提出申请，请批示。

××医科大学第二附属医院

1987、3、16

附

## 骨科（含手外科）仪器设备表

1. 手术显微镜
    镇江六型手术显微镜一台　　　　　　　　　　　　　　　　　　18000 元
2. 上海产 SW\ Ⅱ型显微手术器械仓一套　　　　　　　　　　　　　 1100 元
    上海产 SW\ Ⅰ型显微手术器械仓二套　　　　　　　　　　　　　 1000 元
3. 上海产手外科器械仓 1 套　　　　　　　　　　　　　　　　　　 4000 元
4. 活动式床边 X 光线机 1 台　　　　　　　　　　　　　　　　　　10000 元
5. 万能石膏牵引床 1 套　　　　　　　　　　　　　　　　　　　约 11000 元
6. 微型综合电动器械 1 套　　　　　　　　　　　　　　　　　　　 4800 元

合计约 50000 元

# 第五章 行文规则和稿本

## 第一节 行文规则

行文规则又称行文制度。如果不按行文规则中的有关规定办理，公文运行的渠道就难以畅通，甚至会造成机关工作的混乱。严格执行行文规则不仅有助于进行有效的管理和协调，而且还可以避免行文混乱、运转迟缓、指挥不良等弊端。

### 一、严格按照隶属关系和职权范围行文

机关、单位之间的隶属关系不外乎领导与被领导的关系、垂直管理的关系、指导与被指导的关系、不相隶属的关系（含平级关系）等。这种组织关系反映在公文运行中就是行文关系。公文的运行必须与机关之间的隶属关系相一致，必须根据每个机关、单位在整个组织系统中的隶属关系和职权范围来确定行文关系。下级机关需要向上级党委、政府报送公文时，属于党委职权范围以内的工作以党委（党组）名义报上级党的领导机关，属于政府职权范围以内的工作以政府或部门名义报上级政府。凡本部门发文或几个部门联合发文能够解决的问题，不得要求上级党委、政府批转或由上级党委、政府的办公厅（室）转发。未经上级党委、政府批准，党委、政府所属的机关各部门不得向下一级党委、政府发文，也不能要求下级党委、政府向本部门报送公文。部门的内设机构除了办公厅（室）根据授权可以对外正式行文以外，其他的内设机构不得对外正式行文。

### 二、行文方式要根据工作需要灵活掌握

#### （一）逐级行文

逐级行文，是指由于工作需要，下行文要逐级下达，上行文要逐级上达，是最常见、最普遍的一种行文方式。凡要求直接下级机关结合本单位、本地区具体情况贯彻执行的下行文和须经直接上级机关协调平衡后再上报的上行文都应采取逐级行文的方式。

#### （二）多级行文

多级行文，是指下行文要同时下达两级（含两级）以上，上行文要同时上达两级（含两级）以上。凡因公文的内容时间性较强或在阅读范围、传达对象上必须有所规定时可以采取多级行文的方式。

有时，下行文要一次下达到所有的基层和群众，一般采取公开发表的方式行文，这也

是多级行文，又称直贯到底行文。直贯到底行文的好处是可以使公文的内容及时传播，深入人心，也有利于广大群众监督公文的贯彻执行。

### （三）越级行文

越级行文，是指下行文越过直接下级，上行文越过直接上级。在一般情况下，越级行文是应当避免的，只有遇到下列情况才可以越级行文：

（1）情况特别紧急，如逐级上报或下发会延误时机、造成损失，如发生战争或严重自然灾害等；

（2）经过多次向直接上级请示，但问题长期得不到解决；

（3）上级机关交办并指定要越级上报的事项；

（4）对直接上级机关进行检举、控告；

（5）与直接上级机关有争议而无法解决的事项。

关于越级行文，国务院办公厅1998年8月6日曾发过一份《关于国务院各部门报送公文简报有关事项的通知》（国办发〔1998〕113号），要求"各部门所属单位（包括部委管理的国家局和部委联系的公司）工作中需要请示的问题，一般应向主管部门请示，不得越级向国务院请示，确需向国务院请示的事项，应由主管部门向国务院呈文。部委管理的国家局遇有紧急情况，需直接向国务院请示时，应同时报告主管部委"。

## 三、越权行文无效

必须经上级领导机关决定的问题，下级机关行文无效；必须经业务主管部门决定的问题，其他的业务主管部门行文无效。应该联合发文的，就不要大权独揽；应该独立负责的，也不要硬拉扯上别的部门，以免引起矛盾、混乱和互不衔接。

不越权行文还包括不能滥用行文名义。以哪一个行政机关名义行文不仅是一个名义问题，而且还涉及公文的内容能否引起重视，能否取得好的执行效果，能否达到行文目的等，因此必须认真对待。行文名义要视公文内容的重要程度而定，原则是：

（1）属于全面的、重要的、方针和政策性的问题，以领导机关名义行文。

（2）属于业务主管部门职权范围内的业务问题，以业务主管部门名义行文。

（3）涉及面比较广的一般事务性问题，以领导机关办公厅（室）名义行文。须经领导机关审批的事项，经领导机关同意也可以由业务主管部门行文，但文中应当注明"经领导机关同意"字样。

（4）能够以业务主管部门名义发文解决的问题，就不要以领导机关名义发文。有些业务部门出于提高公文权威性的考虑，往往把可以以业务部门名义发文解决的问题也拿到领导机关来讨论，把"条条"上的问题拿到"块块"上来通过。凡遇这类文稿应退回业务部门，否则，就是越俎代庖，也属越权行文。

## 四、会商、会签与联合行文的原则性和灵活性

会商，是指当文稿内容涉及两个以上部门的职权范围，发文前主办部门应当与相关部门协商，并达成共识的一个必经步骤。"部门之间对有关问题未经协商一致，不得各自向下行文。如擅自行文，上级机关应当责令纠正或撤销"。2001年1月15日《国务院办公厅关

于进一步做好公文处理工作有关事项的通知》（国办发〔2001〕5号，《国务院公报》2001年第7号）明确规定："请示国务院的事项如涉及其他部门的职责，主办部门要主动征求有关部门的意见，协办部门要积极配合，取得一致意见后，经有关部门负责同志会签上报国务院。部门间如有分歧意见，主办部门主要负责同志要出面协调。如果召开协调会议，协办部门负责同志应出席并将协调情况及时向本部门主要负责同志报告。经协调后仍不能达成一致的，主办部门应将有关部门的意见及理据列明并将有关部门的正式意见或协调会议纪要作为附件，经有关部门主要负责同志会签后上报国务院。"

在实际工作中，有些业务主管部门明明知道是涉及两个业务主管部门的职责，偏要自己单独给本系统发文件，故意侵犯另一个业务主管部门的职权，事前根本不与其商量。另一个业务主管部门也如法炮制，给本系统下达针锋相对的文件，以牙还牙，结果导致部门之间的文件"相互打架"，贻误工作。有的业务主管部门之间虽经协商，但意见并不一致，主办部门却故意掩盖，不如实反映，导致上级领导机关决策失误。

针对这种情况，《12·条例》增加了第十六条规定："涉及多个部门职权范围内的事务，部门之间未协商一致的，不得向下行文；擅自行文的，上级机关应当责令其纠正或者撤销。"这一规定为防止和处理政出多门、杜绝公文打架提供了依据。

经会商后达成共识的文稿，必须经相关部门负责人会签后上报或下发。由相关部门负责人在发文处理笺的"会签"栏内签署发文的具体意见。会签后的文稿有两种发布方式：一是以业务主管部门名义联合发文；二是以领导机关名义发文。凡联合发文，一定要先会签，但会签又不限于联合发文。

如须联合行文，应当明确主办部门。《12·条例》第十七条规定："同级党政机关、党政机关与其他同级机关必要时可以联合行文。属于党委、政府各自职权范围内的工作，不得联合行文。党委、政府的部门依据职权可以相互行文。部门内设机构除办公厅（室）外不得对外正式行文。"据此，联合行文要注意以下四个方面。

### （一）联合行文的发文机关排列顺序要准确

主办机关在前，协办机关依次在后。如是行政机关与同级相应的党的机关、军队机关、人民团体联合行文时，要按党、政、军、群的顺序排列。

### （二）联合行文只标注主办机关一家的发文字号

行政机关之间联合行文，只能标注主办机关（即排列在前的机关）的发文字号。行政机关与其他的机关联合行文，原则上应使用主办机关的发文字号，特殊情况可以协商确定，但只能标注一个发文机关的发文字号。联合行文办理完毕后由主办机关负责立卷归档。

### （三）联合行文的会签要按先主办机关后协办机关的顺序处理

联合行文要由主办机关首先签署意见，协办机关依次会签。要就同一份文稿在发文处理笺上会签，一般情况下不得使用复印件分头会签。

### （四）特殊情况可以灵活处理

先看一个案例，某市公安局因工作需要，要与市中级人民法院、市人民检察院、市司法局联合制发一份文件，主办单位是市公安局。其正式发出的公文版头如下：

××市公安局<br>
××市人民检察院　　　文件<br>
××市中级人民法院<br>
××市司法局<br>
×公〔2002〕45号

---

这是四个单位联合行文，排在首位的是主办单位"××市公安局"，发文字号"×公〔2002〕45号"也正是××市公安局的发文字号，好像一切都是对的，但实际上是不对的。

人们口语中常说的"公、检、法、司"这种顺序，变成书面文字时如仍按这种顺序排列就不一定对了。因为这四个单位的法定地位是不同的。市公安局和市司法局都是市政府下面的业务主管部门，而市中级人民法院、市人民检察院是独立于市政府之外的审判机关和检察机关，其法定地位比市公安局、市司法局要高。如需联合行文，无论主办与否，位置都应在市公安局和市司法局的前面。这就像政府与同级党委联合发文时，无论党的机关主办与否，都应排在行政机关的前面是一个道理。这个版头的失误有以下两处：

（1）如前所述，市公安局虽是主办单位，但位置不应放在首位；

（2）按照有关法律规定，人民法院的位置应在同级人民检察院的前面（本案例刚好弄颠倒了）。

正确的版头应该这样设计：

××市中级人民法院<br>
××市人民检察院　　　文件<br>
××市公安局<br>
××市司法局<br>
×公〔2002〕45号

---

这样设计既坚持了"联合行文时，使用主办机关的发文字号"这一原则，又在以下三个地方进行了灵活处理：

（1）将"××市中级人民法院"放在首位，体现了人民法院的法定地位；

（2）之所以没有遵循《格式》关于"联合行文时，如需同时标注联署发文机关名称，一般应当将主办机关名称排列在前"的规定，主要是因为法院、检察院不是党政机关，可以不受《格式》的约束；

（3）之所以把"××市公安局"放在"××市司法局"的前面，是为了体现主办机关的优先地位。

## 五、公文文种、形式要与内容、行文方向相一致

《12·条例》第十六条规定:"党委、政府的办公厅(室)根据本级党委、政府授权,可以向下级党委、政府行文,其他部门和单位不得向下级党委、政府发布指令性公文或者在公文中向下级党委、政府提出指令性要求。需经政府审批的具体事项,经政府同意后可以由政府职能部门行文,文中须注明已经政府同意。"第十七条规定:"……党委、政府的部门依据职权可以相互行文。部门内设机构除办公厅(室)外不得对外正式行文。"上级"党委、政府的办公厅(室)"与"下级党委、政府"之间属不相隶属的关系,视为平行关系。平行关系的各单位之间"不得向下级党委、政府发布指令性公文或者在公文中向下级党委、政府提出指令性要求"。如确需相互行文,通常也只能以信函的格式。这种信函的格式,按照《格式》的规定,属特定公文格式中的"信函格式"。除了发文机关标志不带"文件"字样以外,在格式安排上也与"文件格式"的区别很大。

向直接上级机关行文,只能用报告、请示、意见(上行意见)这类上行文种;向直接下级机关行文,可以用命令(令)、决定、通知、批复、意见(下行意见)这类下行文种;不相隶属的单位(含同等级别的单位)之间互相行文,只能用函这类平行文种或用信函格式行文。

## 六、尽量减少行文层次

为了缩短行文线路,提高工作效率,国务院办公厅早在 1985 年 9 月 10 日《关于公文处理等几个具体问题的通知》中就有明确规定:"现在各省、自治区、直辖市人民政府报送国务院请示工作的文件中,有不少是应当由国务院各主管部门直接处理的问题,报到国务院,再由国务院转到各有关部门,往返传递,浪费时间,影响工作效率。今后,凡可以由国务院主管部门研究解决的具体业务问题,请各省、自治区、直辖市人民政府直接与国务院有关部门协商解决,一般可不必向国务院请示。"

据此,上级业务主管部门(如河南省财政厅)可以用函的形式与下一级政府(如郑州市人民政府)互相行文;下一级政府(如郑州市人民政府)可以用函的形式就具体业务问题向上级有关业务主管部门(如河南省财政厅)行文;同级的或不相隶属的业务主管部门之间,在自己的职权范围内也可以互相行文,也可以同下一级政府的对口业务部门互相行文。认真执行这一规定就可以大大缩短行文线路,加快公文的运转和处理。

## 七、公文一般不得报送领导人个人

《12·条例》第十五条规定:"除上级机关负责人直接交办事项外,不得以本机关名义向上级机关负责人报送公文,不得以本机关负责人名义向上级机关报送公文。"据此,有以下两个方面需要注意。

### (一)报送公文要坚持统一归口的原则

报送上级领导机关审批的公文,除了上级领导人直接交办的以外,不得直接报送上级领导人个人,一律通过上级机关的办公厅(室)报送上级领导机关,由办公厅(室)统一

登记后再交由相关领导人批办。不是领导人交办而直接报送领导人个人审批的公文，领导人收到后应转交办公厅（室）按正式报送领导机关审批的公文办理。这样既有利于公文的及时处理，又可以避免形成账外文件。

### （二）不能把领导人个人作为公文的主送（或抄送）机关

公文只主送（或抄送）给机关，不能主送（或抄送）给领导人个人（以个人名义给上级机关负责人写信，不受此限）。

## 八、分清主送与抄送（禁用抄报）

主送机关是负责答复或解决公文中提出的问题的上级机关，落实或执行公文内容的下级机关、平级机关或不相隶属的机关。抄送机关是应该了解公文内容的上级机关、下级机关、平级机关或不相隶属的机关。

主送上级机关的请示不可同时抄送下级机关。因为请示的内容是要等上级机关批准后才能执行的事项，如过早地把请示内容告知下级机关会引起不必要的麻烦。主送下级机关的重要公文可以同时抄送上级机关，以便于上级机关了解情况、实施领导。

双重领导的单位要处理好主送与抄送的关系。受双重领导的下属单位在向其中的一个上级机关行文请示时，应根据请示的内容，确定主送机关和抄送机关。主送机关负责答复请示事项，抄送机关只是一般了解。上级机关在向受双重领导的下属单位行文时，应根据公文的内容抄送受文单位的另一个上级机关。

在1994年以前有关公文处理的规定中把抄送机关分为两种：把抄送给平级机关、下级机关和不相隶属机关的叫"抄送"；把抄送给上级机关的叫"抄报"，以示对上级机关的尊重。这种规定从1994年1月1日起就被取消了，即无论是抄送给下级机关、平级机关还是上级机关，都统一为"抄送"。有些行政机关的公文至今还在沿用"抄报"的做法就不规范了。

## 九、经发文机关批准，公文可以公开发布

《12·条例》第三十一条规定："公文的印发传达范围应当按照发文机关的要求执行；需要变更的，应当经发文机关批准。涉密公文公开发布前应当履行解密程序。公开发布的时间、形式和渠道，由发文机关确定。经批准公开发布的公文，同发文机关正式印发的公文具有同等效力。"

凡经过批准在报刊、网络等媒介公开发布的公文，应视作正式公文依照执行。如果不另外行文，在报刊发布时应注明"不另行文"字样。同时由发文机关印制少量文本供存档备查。

《立法法》第七十一条规定："行政法规签署公布后，及时在国务院公报和在全国范围内发行的报纸上刊登。在国务院公报上刊登的行政法规文本为标准文本。"

《立法法》第七十九条规定："地方性法规、自治区的自治条例和单行条例公布后，及时在本级人民代表大会常务委员会公报和中国人大网、本地方人民代表大会网站以及在本行政区域范围内发行的报纸上刊载。在常务委员会公报上刊登的地方性法规、自治条例和单行条例文本为标准文本。"

《立法法》第八十六条规定:"部门规章签署公布后,及时在国务院公报或者部门公报和中国政府法制信息网以及在全国范围内发行的报纸上刊登。地方政府规章签署公布后,及时在本级人民政府公报和中国政府法制信息网以及在本行政区域范围内发行的报纸上刊载。在国务院公报或者部门公报和地方人民政府公报上刊登的规章文本为标准文本。"

## 第二节 公文稿本

公文稿本,是指同一公文的不同稿次及不同文本。

公文的稿次有草稿和定稿。公文的文本有正本、副本、存本、试行本、暂行本和不同文字的文本。

稿次是在公文制作过程中形成的。稿次不同,内容常有不同。文本中的正本、副本、存本和不同文字的文本是根据同一公文的不同用途来区分的,但内容相同。文本中的试行本和暂行本是对公文性质的一种限定方式,即限定其为试行或暂行。

### 一、草稿

草稿又称未定稿,是公文定稿之前所有稿次的统称。除了个别内容特别简单的公文以外,一般公文在制作过程中很少有一次完成的。为了使公文的内容不断完善,往往要对文稿进行反复的修改、补充,形成一次或多次草稿。有些内容复杂的重要公文往往要形成几次、十几次甚至几十次草稿。这些草稿根据先后顺序及在形成过程中的具体作用又被称为初稿、二稿、三稿……或修改稿、修正稿、草案、修正草案、讨论稿、征求意见稿等。

草稿虽不是正式公文,但它可以为正式公文的产生提供一个不断修改、不断完善的基础。同时,草稿还可以忠实地记录公文的形成过程及公文作者的思想变化过程,从而为后人的查考和研究提供珍贵的第一手资料。

### 二、定稿

定稿,有时又称原稿、底稿。当草稿经过审核,由机关领导人签发或经有关会议讨论通过后即成为定稿。定稿是制发正式公文的标准依据。只有一次草稿的公文,其草稿经审核签发后即成为定稿。有多次草稿的公文,一般是最后一次草稿经讨论通过或审核签发后成为定稿。

定稿的作用十分重要。它不仅是印制正式公文的依据,而且是日后查考、核实公文真实性的凭证。在日后的查考利用中,定稿的作用大于正式公文。因此,对定稿应妥善保存。尤其是一些重要公文的定稿,一定要与正式公文的存本一起保存,并立卷归档。

如果依据定稿制发的公文需要修订时,不能直接改动已发公文的定稿,而应另拟草稿。

### 三、正本

正本即正式发出生效的公文。它是根据定稿印制或缮写,供向外发出的文本。正本具有标准的格式，是收文机关据以办理的依据。在工作中直接发挥作用的是正本公文。

### 四、副本

副本又称抄本，它的内容与正本的内容完全一致。副本原来是指根据正本另行复制的文本。现在由于印刷技术的发达，副本的形式一般也与正本完全一致，都是随正本一道印刷的。副本的作用主要是供有关部门和人员传阅、交流、参考或备查，以加快公文处理速度。

### 五、存本

存本，是指发文机关留存的与正本的内容和形式完全一致的公文文本。存本应与定稿及有查考价值的草稿一起保存，并立卷归档，以备日后查考利用。

### 六、试行本

有待于接受实践检验后再行修改的文本叫试行本。试行本主要用于一些法规性公文，如条例、办法、规定和规则等。当对某些问题做出正式规定的条件尚未成熟，需要试探性、试验性地做一些规定时，往往以试行本的形式发布公文。所以，试行本的作用不同于同一公文的正本、副本、存本、草稿和定稿等稿本，试行本是对公文性质的一种限定（限定其为试行）方式。试行本也有自己的草稿、定稿、副本和存本等。

试行本在试行期间是具有法定效力的正本，应当认真执行。但是，试行本的试行期不宜过长，在试行期间应不断总结试行过程中的经验教训，并积极着手对其进行修订。经过修订后的文本一旦生效，试行本即作废。

"试行"的标注一般有两种方法：一种是直接在标题中标出，如《关于……的试行办法》；另一种是在标题后或在标题正下方加括号注明"试行"字样，如《中国共产党各级领导机关文件处理条例（试行）》。

### 七、暂行本

暂行本的性质与试行本相似，是暂时施行的文本。当对某些问题不宜做出正式规定但又必须有所规定时，往往以"暂行"的方式来发布公文。暂行本在暂行期间与正式公文一样有效，应当认真执行。

暂行本的暂行期往往比试行本的试行期长一些，有的长达几年、十几年。但也不能一味地依靠暂行本来推动工作，当暂行公文发出后也应积极着手制定正式、非暂行的公文。"暂行"的标注方式与"试行"的标注方式相同。

### 八、不同文字的文本

有些公文的作者和适用范围涉及使用不同语言文字的民族、地区或国家，往往要同时用两种或多种文字撰写、印制，从而形成不同文字的文本，如汉文本、蒙文本，中文本、英文本和日文本等。两种以上文字的文本，同是正本，同时有效。

不同国家和地区之间签订的条约、协议以及其他涉及双方或多方利益的公文一般都要形成不同文字的文本。有时双方经过协商也可以选用一种经双方共同认可的文字来撰写公文，如选用英文来起草公文。有时双方在各自的文字文本之外又采用一种双方共同认可的第三种文字的文本，作为双方在对公文的内容由于文字表述不同而在理解上发生歧义时的标准依据。

## 练　习

1. 行文规则包括哪些内容？
2. 调查一个县（处）级机关执行行文规则的情况，并写出调查报告。
3. 下行文、上行文和平行文在行文规则上各有什么不同？
4. 行文规则与公文文种有无对应关系？试举例说明。
5. 对一份公文的不同稿次进行追踪调查，并写出调查报告。
6. 从行文规则的角度评改下面这份公文。

> ××市××经济技术开发区管理委员会
> 关于调整中巴公交行车线路的请示
>
> ××市公用事业局：
> 　　随着××经济技术开发区快速发展，交通问题日益突出，给我区建设带来极大的不便。根据××××年9月15日市政府会议纪要精神和我区实际情况，××路联接线工程即将竣工，为了能尽快解决我区交通问题，特请求贵局协助我们做好调整中巴公交行车线路的工作。
> 　　一、由于开发区工作的特殊性，我们建议公交线路从火车站发车途经××大道至开发区；
> 　　二、十月底以前再开通新的公交线路。
> 　　当否，请批示。
>
> 　　　　　　　　　　　　　　　　　　　　　　××经济技术开发区管理委员会
> 　　　　　　　　　　　　　　　　　　　　　　　　　××××年十月六日
>
> **主题词**：公交　线路　请示
>
> 抄报：×××市长、×××副市长、×××副市长

# 第六章　公文制发程序

公文制发又称公文拟制或发文办理，是公文处理工作的三大环节之一，它是指以本机关名义制发公文的过程，包括交拟、拟稿、审核、签发、复核等程序。

《12·条例》第十九条规定，公文起草应当做到：

（一）符合国家法律法规和党的路线方针政策，完整准确体现发文机关意图，并同现行有关公文相衔接。

（二）一切从实际出发，分析问题实事求是，所提政策措施和办法切实可行。

（三）内容简洁，主题突出，观点鲜明，结构严谨，表述准确，文字精练。

（四）文种正确，格式规范。

（五）深入调查研究，充分进行论证，广泛听取意见。

（六）公文涉及其他地区或者部门职权范围内的事项，起草单位必须征求相关地区或者部门意见，力求达成一致。

（七）机关负责人应当主持、指导重要公文起草工作。

## 第一节　文稿交拟与领导人意图

在机关工作中，文稿撰写工作一般都是在领导人的主持下由文秘人员执笔的，这算不算"一切由秘书代劳"？应该说不算。因为文秘人员必须忠实执行领导人的发文意图，如有偏离，领导人可以在签发时修改，也可以责成文秘人员返工，直到领导人满意时为止。整个文稿的形成过程自始至终仍然处于领导机关或领导人的监督和驾驭之中。对于文秘人员来说，文稿撰写是一种受命写作。不管文秘人员喜欢与否，有没有兴趣，写稿的任务一旦下达，文秘人员必须克服自己的情趣爱好，调整情绪，扎实写作。这里走的是"要我写"而不是"我要写"的路子。文秘人员要想在这种被动的状况下求得相应的主动，要想尽快拿出文稿并获得领导人的认可，避免一而再、再而三地返工，就必须在动笔之前把领导机关或领导人的发文意图弄清楚。

### 一、领导人交拟的三种方式

#### （一）要点式

要点式，是指领导人只简单交代发文要点，不作过多的解释。在这种情况下，文秘人员应集中精力听，并要真正听懂。没有听懂的，文秘人员要大胆询问。如果在接受任务时不好意思问清楚，拟稿时只凭想当然，文稿返工的可能性就很大。有经验的文秘人员总是一边接受任务，一边考虑在拟稿中可能遇到的各种情况和问题，一俟领导人交代完毕，马上提出来请领导人明示。要具备这种能力，文秘人员就要有强烈的信息意识，对实际情况要有深入的了解，有较强的工作能力。有的文秘人员在接受任务时不提也提不出任何问题，但在拟稿过程中，一份初稿还没拿出来就要来回好几次甚至十几次向领导人询问各种问题，这种情况应尽量避免。

### （二）细目式

细目式，是指领导人比较详细地交代发文意图。有的领导人对将要起草的公文已经有比较成熟的见解和构思，把发文意图交代得比较详细。遇到这种情况，文秘人员应毫不遗漏地把领导人的意见记录下来，并大体不动地按领导人的思路去撰写。

### （三）转述式

转述式，是指发文意图是通过他人转述的。如领导人先向办公室主任交代发文意图，办公室主任又向秘书科长交代写作任务，秘书科长又向某位执笔秘书转述。遇到这种情况，文秘人员一定要慎重。因为领导人的意图几经转述后，不是遗漏某些内容，就是添加上转述人的"私货"。在这种层层转述的情况下信息容易失真，文秘人员要避免文稿返工既是一个理论问题，又是一个操作技巧的问题。

## 二、弄清发文意图

### （一）弄清公文的阅读对象或传达对象

从行文关系上来分，公文有上行、平行、下行三种。行文对象不同，在称呼、用语、文种使用等各方面都应有所不同。如同是写工作总结，用于上报机关的工作总结与用于向兄弟单位介绍工作经验的总结就不同。如果文秘人员事先不弄清楚公文的读者，写起来就会有无的放矢的感觉。

### （二）准备使用什么文种

不同的文种有不同的写法和格式要求。如果文秘人员在拟稿过程中没有文种意识，写出来的稿子就有可能"四不像"。所以，在动笔前文秘人员一定要把文种弄清楚。如果领导机关或领导人在决定发文时已定下文种，那就要推敲文种与发文意图、行文关系等是否协调一致，如不尽一致，要根据实际情况和有关规定建议领导机关改用更能表现公文的内容、更能准确反映行文关系的文种。

### （三）公文的中心内容是什么

公文的中心内容是发文意图的核心。如果公文的中心内容是要部署一项工作，就要弄清楚主要抓哪几个环节，准备采取哪些具体措施。如果是汇报情况，就要弄清楚想重点反映什么问题，有时还要弄清楚想回避哪些问题。如果是请求上级机关批准，就要弄清楚具体要求是什么。如果是转发型通知，就要弄清楚是要求收文机关执行，还是仅供参考。如果是要求收文机关执行，还要弄清是要求"照此执行""结合当地情况，认真执行"，还是

"参照执行""定点试行"等。否则，文秘人员就无从写起。

要在短时间内弄清发文意图不是一件容易的事。因为无论领导人采取哪一种方式交代发文意图，其意图往往都比较原则、含糊，甚至分散零乱。如果文秘人员被动地把领导人的意见记录下来，往往还是弄不清发文的具体意图。因为公文拟稿的任务在于：要把领导人比较抽象的意见变成具体的意见，将分散的意见变成集中的意见，将含糊不清的意见变成明确的意见，这样才能制发成可以作为办事工具使用的公文。这个过程是一个艰苦的归纳、提炼和加工的过程。这就要求文秘人员除了在领导人布置拟稿任务时要把有关问题问清楚以外，关键是平时要注意体会领导机关和领导人的工作意图。特别是机关主要领导人一个时期来正在考虑什么问题，有些什么打算和想法。问题在于领导人的这些打算和想法有时并不是系统地表达出来，由于种种原因，领导人公开表达出来的东西与其真实意图也不一定都一致。因此，文秘人员必须在平时利用一切可以利用的机会和场合，多渠道、多角度地去把握领导人的真实意图。

### 三、准确把握领导人的真实意图

#### （一）注意研究领导人的正式讲话

在一些正式的会议、报告中，文秘人员要注意领导人在不同时期、不同场合对同一工作的不同评价，是作了强调，还是一带而过，口气轻重与否。凡是领导人以较重口气作了强调的工作和问题，或是重复阐述的工作，一般情况下都是重点所在。

#### （二）注意研究领导人的零星议论

领导人在一些非正式的场合中对有关问题的零星议论和褒贬多是对正式场合中一些原则性意见的补充和具体化。文秘人员如能对这些零星议论加以系统整理，并把它与正式场合中的讲话互相印证，就可以大致清楚领导人在一段时间内真正关心的是什么问题，最头痛的是什么问题；就可以知道领导人对本地区的农业发展有一个什么样的看法，对本地区的工业发展又有一个什么样的看法等。时间一长，文秘人员就可以达到与领导人同步思维的境界。到那时，文秘人员不但有可能准确领会领导人的意图，甚至还可以超前。

#### （三）注意研究领导人对收文的批注和对欲发文稿的改动

领导人在阅读收文时常常要做些批示、脚注或者画一些符号，如圈圈点点之类；在审核、签发欲发文稿时也要在内容、文字等方面作不同程度的修改。由于工作上的原因，文秘人员一般要首先看到领导人批注过或改动过的公文材料，这是领会领导人意图的一个极好机会。对于领导人所做的批注和改动要逐字逐句地进行分析、研究、品味，从而达到理解、领会领导人意图的目的。据伍修权同志回忆，周恩来总理兼任外交部长时，对外交部送审的各种文稿都要亲自审改。外交部的同志每次都将周总理批改过的公文拿回来一字一句地研究、学习，看周总理是怎么改的，为什么要这么改，从中领会周总理的思想和意图。

#### （四）注意研究领导人的阅读书目

领导人读书一般都与研究问题有关，从领导人的阅读书目中文秘人员可以看出领导人正在研究什么问题，他为什么要研究这个问题。通过研究领导人在一段时间内的阅读书目及其内容也是文秘人员领会领导人意图的渠道之一。

## 四、把握领导人意图中的几个技术性问题

### （一）要时刻处于有准备的状态之中

文秘人员在领会、把握领导人意图的问题上一定要积极主动，不能坐等；要经常地、主动地去思考、琢磨与领导人工作有关的各种问题，时刻处于有所准备的状态之中。只有经常琢磨领导人是怎么想的，有什么打算，具体意见是什么，才能在领导人一旦流露出某种意图时，就能很快、准确地理解、领会。如果文秘人员平时毫无准备，坐等领导人来授予意图，即使领导人具体谈了对某项工作、某个问题的某种意图，文秘人员也还是会充耳不闻、熟视无睹。

### （二）要善于捕捉领导人意图的重点和核心

领导人在交代某种意图时可能说了很多，但要点是什么，核心在哪里，这才是最重要的。如果文秘人员眉毛胡子一把抓，留声机式地生吞活剥，就可能舍本逐末，把主要的当成次要的，把次要的当成主要的，这是领会领导人意图的大忌。

### （三）要善于找出领导人意图的内在联系

对领导人的意图，既要抓住要点和核心，又要以这些要点和核心为轴心进一步研究领导人在不同时期、不同场合对同一个问题的有关见解，看有哪些不同的地方，有哪些相同的地方，找出其内在的联系，用发展的观点把领导人的思想有机地串联起来，这样才能更全面、更准确地把握领导人的意图。如果文秘人员用孤立、静止的观点去领会领导人的意图，不是出现理解上的片面性，就是误以为领导人的思想前后矛盾，让人难以捉摸。要知道，领导人对某些问题的看法也是在不断变化的，文秘人员应注意研究领导人思想变化的轨迹，找出其中带有规律性的东西来。

### （四）要善于扩展、充实领导人的意图

文秘人员对领导人的意图要善于从理论上、内容上进行必要的扩展和充实，使领导人的意图更加丰满、更加理论化。通常有这样两种情况：当领导人的意图偏重于对有关问题的判断和认定时，文秘人员就应该在事实（事例）方面加以必要的补充和完善。如起草一份宣传某方面改革的讲话提纲，就应该围绕说明改革的必要性、可能性和艰巨性等问题，穿插一些具体事实和数据。当领导人的意图偏重于具体事实时，文秘人员就应该依据有关理论和政策，进行必要的论证和说明。如就某次员工打架事件起草一份批评通报或处理决定的文稿，就应该对打架事件的起因、结果及所产生的影响等问题进行适当的评价和理论概括。

### （五）要善于处理"意会"与"言传"的关系

由于种种原因，有些领导人虽然因工作需要必须表达某种意图，但又不愿公开承认自己有某种意图。在交代意图时不是欲言又止，就是言在此而意在彼。在这种情况下，文秘

人员的关键是"意会",而不是"言传"。如果把领导人的意图说破,反而会引起领导人的不快甚至反感。据《韩非子·说难》记载:

> 昔者郑武公欲伐胡,故先以其女妻胡君以娱其意。因问于群臣:"吾欲用兵,谁可伐者?"大夫关其思对曰:"胡可伐。"武公怒而戮之。曰:"胡,兄弟之国也。子言伐之,何也?"胡君闻之,以郑为亲己,遂不备郑。郑人袭胡。取之。

大夫关思其对郑武公的真实意图是了解得比较清楚的,问题就在于他不应把郑武公的本意点破,且又当着群臣的面。所以,《韩非子·说难》中说:"非知之难也,处知则难也"(并不是了解事情有困难,而是如何处理了解到的事情很困难)。为什么会出现这种情况呢?原因是复杂的,既有现实的原因,又有历史的原因。现实的原因是,"郑武公欲伐胡"这件事如果过早地泄露出去,就会引起胡国的警惕和防备,讨伐就难以成功。历史的原因是,在我国漫长的封建社会中,封建官僚都把掩盖自己的真实意图作为最主要的权术之一,个人的喜怒哀乐决不形之于色。他们认为,如果暴露自己的真实意图,就有可能被下级官员暗算或利用,甚至会因此而身败名裂。这种思想作为一种传统文化对现代人仍有不同程度的影响。这不仅给文秘人员准确领会领导人的意图带来一定的困难,即使真正领会了,由于各方面的原因也不能点破。关键是在"意会"的基础上把领导人的真实意图渗透到文稿撰写的字里行间中去,力争从文稿的整体效果上反映出领导人的真实意图。

## 第二节 文稿审核

按照《12·条例》第二十条的规定,公文文稿签发前,应当由发文机关办公厅(室)进行审核。审核的重点是:

> (一)行文理由是否充分,行文依据是否准确。
> (二)内容是否符合国家法律法规和党的路线方针政策;是否完整准确体现发文机关意图;是否同现行有关公文相衔接;所提政策措施和办法是否切实可行。
> (三)涉及有关地区或者部门职权范围内的事项是否经过充分协商并达成一致意见。
> (四)文种是否正确,格式是否规范;人名、地名、时间、数字、段落顺序、引文等是否准确;文字、数字、计量单位和标点符号等用法是否规范。
> (五)其他内容是否符合公文起草的有关要求。需要发文机关审议的重要公文文稿,审议前由发文机关办公厅(室)进行初核。

"经审核不宜发文的公文文稿,应当退回起草单位并说明理由;符合发文条件但内容需作进一步研究和修改的,由起草单位修改后重新报送。"

草稿写成后,按照规定要先经审核后再送机关领导人签发。审核,即审查、核对的意思。如通过审核发现了问题,也包括修改。但是,审核时的修改不同于一般意义上的修改,一般的修改是指修改自己写的文稿,而审核时的修改大多是修改别人起草的文稿,二者在修改方法、修改范围上都有所不同。这是文秘人员在审核文稿时应特别注意的。

## 一、文稿审核的作用

### （一）可以更好地发挥公文的作用

由于公文的特殊使命，决定了它在文字质量上的要求比其他的文章要高。公文是沟通上下、联系左右的工具，稍有不慎，其不良后果要远远超过一般的文章。

### （二）可以保证文稿不偏离领导机关或领导人的发文意图

公文的拟稿人员多是文秘人员，文稿不是他们的私人作品，而是代机关立言，文稿写作必须按领导机关或领导人的意图和要求进行。但是，由于各方面的原因，文秘人员很难完全掌握领导人的意图和要求，对工作情况的反映也很难十分准确，在结构的安排、文字的表达、格式的处理上也难免有一些疏漏。通过审核，文秘人员可以发现文稿中的缺点与问题并及时加以补救。所以，在实际工作中，审核又称把关。

### （三）可以减轻领导人的审阅负担

如果有关部门（主要是文秘部门）把不应送签或质量不高的文稿一并送给领导人审阅，使他们整天陷在公文堆里，就会给领导人带来沉重的负担。而由专门的公文处理部门先行把关，可以节省领导人的时间和精力，使他们有充分的时间深入实际，把主要精力放在抓大事、干实事上。

## 二、审核人及其组织形式

### （一）审核人

文稿审核一般都由文秘部门及其负责人承担，特别是终审必须是相应级别的负责人，如办公室主任、副主任，秘书长、副秘书长等。具体来说，审核人不外乎以下四种。

1. 由文秘部门负责人审核

凡是直接由文秘部门起草或主持起草的文稿，一般都由文秘部门负责人直接审核。

2. 由专职文秘人员审核

在中上层领导机关，文稿多由分工各口的二级秘书机构或文秘人员起草，完成初稿后，先经主管公文处理工作的秘书（文电、文书）处（科、室）或综合处（科、室）的专职文秘人员审核，他们认可后，再送文秘部门负责人审核。

3. 由业务主管部门负责人审核

凡是业务主管部门就自己所主管的工作，代领导机关起草的文稿，先由业务主管部门负责人审核并签字，以示对文稿内容负责。然后送领导机关文秘部门，由文秘部门的专职文秘人员复审。复审后再送文秘部门负责人审核。

4. 由机关领导人即签发人直接审核

在基层机关及中小企业事业单位多采取由机关领导人即签发人直接审核这种审核方式。因为这些单位机构简单，工作人员少，分工也不那么细，没有必要弄那么多的审核层次。文稿写成后，可以直接送领导人审核签发。

### （二）审核的组织形式

对文稿进行审核的组织形式有两种：一是个人（如秘书长、办公室主任、专职的文秘人员）审核；二是集体审核。

一般的公文，由个人审核后即可送领导人签发。一些比较重要的，政策性、综合性比较强的公文，如决定、报告、总结和会议纪要等，大都采取集体审核的组织形式。

集体审核又分为两种：一是会议审核；二是在领导人之间传阅审核。

会议审核的公文主要有章程、决议等。凡是与会人员都有权对文稿提出审核修改意见，由专人对这些意见进行记录和整理，报请主持会议的领导人同意后，对原稿进行修改，再把修改后的文稿提交大会讨论修订。如此反复多次，直到与会的大多数人感到满意或经表决通过时为止。也可以把文稿提交机关办公例会，由领导人集体审核。有的文稿还要经不同类型、不同级别的会议审核，最后提交领导集体办公会审核。也可以在文稿上注明"征求意见稿""讨论稿"字样，先打印或复制出若干份，发给下级机关或有关人员分头审核。审核意见报上来后，由文秘人员进行综合处理，把相左的修改意见挑出来，报请机关领导人裁决。

在领导人之间传阅审核的多是工作总结、报告之类的文种。为了避免形式主义和"一言堂"，一般是先从部门负责人向机关领导人上传，在机关领导人中也多从副职向正职传。如果先让正职领导人审核，往往是附和正职领导人意见的多，提补充意见的多，提不同意见的少，不利于广开言路、发扬民主。

## 三、审核的重点

### （一）把好发文关

是否需要发文是文稿审核的第一关。把好发文关包括两个方面：一是该不该发文；二是该以谁的名义发文。

1. 是否发文

（1）可发可不发的公文坚决不发。

（2）凡在会议上已经部署了的工作，或在报刊上已经公开发布过的公文，一般不再重复行文。

（3）凡是能够通过口头汇报、请示或者可以当面协调解决的问题，不要发文。

（4）当发现文稿内容涉及其他部门的职权范围，且又没协商一致时，暂不发文。责成其协商一致后再送审。

2. 确定发文名义

关于该以谁的名义发文涉及发文机关的职权范围，是一个不容忽视的问题，可以按照以下原则掌握：

（1）能够以业务主管部门名义发文解决的问题，就不要以领导机关名义发文。

（2）涉及两个及两个以上主管部门职权的，应该联合发文；应该独立负责的，就单独发文。

## (二) 把好政策关、法规关

对那些已经通过发文关的文稿,审核人要仔细审查有无与国家法规、政策及上级机关的有关规定相抵触的地方。如果有,应及时改过来,使之准确、严谨、周密、滴水不漏。

对于那些规范性文稿,如条例、规定、办法等,还要看与平级机关或本机关以往的有关规定是否互相矛盾,是否保持连续性。如果相互矛盾,就会使执行者无所适从,或者各取所需,造成混乱;或者增加往返询问、请示、答复、解释之类的事务。因此,对于那些规范性文稿,审核人必须特别当心,既不能自相矛盾,又不能只顾本机关、本部门的工作方便而置别的机关、别的部门于不顾。

## (三) 把好程序关

程序,是指文稿形成的程序和文稿的格式两个方面。审核时,审核人先要看文稿的送审程序是否妥当、完善。凡欲发文稿都要办理一定的送审手续并要有相应的标记,这是由公文处理必须统一的原则决定的。如文稿需经一定级别的办公会议讨论,讨论了没有;文稿需经有关部门会签,会签了没有;文稿需经部门负责人签字,签字了没有;文稿需经机关文秘部门登记,登记了没有等。如果这些程序不完备、有缺漏,就要提醒文稿起草单位或个人采取补救措施后再送审。

文稿的格式是公文内容的外在体现。为了保证公文的完整性、准确性和有效性,为了给公文处理的各个环节提供方便,公文必须有严格的格式要求。因此,审核人对公文格式也要严格把关。如文种的使用是否得当,标题是否准确,主送与抄送是否合适,秘密等级与紧急程度是否妥帖,附件是否齐全,各种附加标记有无遗漏等都要严格审核,决不能马虎。

## (四) 把好结构关

任何文体的结构都是为内容服务的。公文主体的结构原则是分类——选择和先论——后说。

### 1. 分类——选择

分类——选择,是指审核人把公文涉及的有关材料按不同的性质和特点予以分类。如果公文的内容较多,一般还要在分类的基础上标项,即标出"一、二、三……"。如一次分类还难以说清,可以在此基础上再分"(一)、(二)、(三)……"。至于分几层合适,要看实际需要。如果需要分类而没有分类,或类与类之间有交叉、重复或脱节的现象,审核人在审核时要进行适当调整。

### 2. 先论——后说

先论——后说又称章法倒悬。公文内容的表述一般都把结论性观点放在前面,这叫"立片言以居要",又叫撮要,即把结论性观点放在篇首、段首,多以小标题的形式出现,然后再围绕结论性观点展开必要的阐释或说明。前面的结论要与后面的说明相一致,不能两张皮,这叫"观点必须与材料相统一"。在审核时,如果审核人发现该有撮要的地方没有撮要,或撮要不恰当、不准确,或观点与材料不统一等,都要在不妨碍原意的基础上加以调整,使公文的结构更好地为公文的内容服务。如果时间允许,也可以将文稿退回拟稿部门或个人,令其调整后再送审。

### (五) 把好文字关

俗话说:"一字入公文,九牛拔不出。"文字是构成公文最基本的材料。无论是贯彻上级机关的方针政策,还是通知、批复一件事情,都需要用文字来表达。如果文字表达不准确,审核人在审核时又没有发现、没有改正,就会降低公文的执行效果,甚至造成重大损失。

把好文字关是一项复杂、艰辛、细致的工作,也是检验审核人文字功力的重要标尺,把好文字关可以从以下三个方面入手。

1. 推敲文稿用语是否得体

公文的语言与其他文体的语言不一样。如公文以实用为目的,注重逻辑思维,与以塑造形象为目的、注重形象思维的文学语言就有明显的不同。如果不注意二者的差别,就会闹笑话。如一位新秘书在一份计划的开头这样写道:

> 春雷一声响,唤醒了沉默的大地,大地换上了新的衣裳……

这一段新秘书自认为得意的开头被办公室主任在审核时毫不留情地删掉了,因为它不适合公文语体。

同是公文,不同的文种之间也有用语是否得体的问题。哪怕是同一文种,由于每次的发文目的不同,用语也必须有所变化。以请示为例,如果仅是请求指示,其结束语应是"当否,请指示";如果是请求批准,其结束语应是"妥否,请批准"。如果是上行文请求批转,按照现在的规定,文种就应是意见,结尾用语就应是"以上意见,如无不当,请批转"。如果公文不顾发文目的滥用这些结束语就显得不得体。

2. 推敲文稿用语是否准确

发文的目的是为了给人们提供办事的依据,如果用词不准确,让人猜测或极易引起误会,就起不到办事依据的作用,其后果是不堪设想的。不同的概念有不同的内涵和外延,分别反映不同的事物。如结业、肄业、毕业分别表示不同的情况和资格,如果在一份文稿中,结业和毕业不分,就会给人以似是而非、模棱两可的感觉。对此,叶圣陶先生有过很精当的论述:"公文不一定要好文章,可以必须写得一清二楚,十分明确,句稳词妥,通体通顺,让人家不折不扣地了解你说的是什么。"

3. 消灭文稿中的错别字

历史上做文字工作的人因为写错字而误事甚至送命的不乏其人。清朝年间,有个大臣叫徐骏,给皇帝上书时将"陛下"误写成"狴下",因而被杀头。这两个字的读音虽相同,但"陛下"是对国王的敬称,而"狴"却是传说中一种野兽的名称。在现代史上还有这样一件事:1930年,蒋介石、冯玉祥、阎锡山三派军阀混战中原,冯、阎联合倒蒋。为了消灭河南省境内的蒋军,冯、阎两军预定在河南和山西交界处的沁阳会师。然而,冯玉祥的副官在发电令时误将"沁阳"写成了"泌阳"。虽然只一撇之差,但沁阳在河南的北部,而泌阳在河南的南部。由于这一撇之差致使冯玉祥的军队误入河南的南部,错过了战机,使冯、阎联合攻蒋的计划失败。

在审核文稿时，审核人要特别小心，要心细如发，对每个字、每个标点符号都不能放过。特别是字形、读音相似的字词尤其要当心，要根据上下文的意思仔细琢磨，避免出现疏漏。

### （六）把好数字关

数字在文稿中具有举足轻重的地位，审核人对文稿中的数字一定要严格把关，不能出现误差。

1. 数字的类型要与行文目的相一致

在公文中，经常运用的有以下三种类型的数字。

（1）运用绝对数。绝对数又称总量指标。如"某企业全年总产值是 900 万元""年末职工总数是 100 人"等，都属于绝对数。读者掌握了这些基本的数字就可以对企业的规模和生产能力有一个基本的了解。同时，绝对数又是计算相对数和平均数的基础。

（2）运用相对数。相对数，是指两个有联系的指标之比。通过相对数可以反映事物之间的相互联系和对比关系。相对数通常是以倍数、百分数、千分数来表示的。

（3）运用平均数。平均数是综合反映某类现象的一般水平的指标。用平均数可以研究事物发展的规模和水平，因而在实际工作中，平均数运用得很广泛，如人均产值、人均占有率、人均创利税等。

一份文稿中到底用哪一类数字要服从行文目的的需要。该用绝对数时，就不要用平均数；该用相对数时，就不要用绝对数。如果确实需要，也可以三类数字都用。

2. 数字的表述要准确

（1）数字增减时用词要准确。"增加""提高""上升""增长""扩大"等词的后面带"到""至""为"字的，是用来说明加上增加数以后的和数；带"了"字或不带"了"字，是用来说明除了原数以外的增加数，如：

> 增加为（到）过去的 2 倍（意思是过去为 1，现在为 2）
> 增加 2 倍（意思是过去为 1，现在为 3）
> 超额（了）80%（意思是定额为 100，实际为 180）

"减少""降低""缩小"等词的后面带"到""至""为"字的，是用来说明原数减去减少数以后的差数；带"了"字或不带"了"字，是用来说明后面的数字是减少数，如：

> 降低到 80%（意思是原来是 100，现在是 80）
> 降低（了）80%（意思是原来是 100，现在是 20）

特别要注意的是，不能用"降低×倍"或"减少×倍"的说法。因为减少一倍，已经是零了，如果减少几倍，就不可理解了，应改为"降低（减少）百分之几"。

（2）用"以上""以下"等词给数字分界时要当心。用"以上""以下"给数字分界常容易发生误解。有的文稿用"以上""以下"，包括前面的本数在内，有的文稿却又把本数排除在外。有的甚至在同一份文稿里，有时包括前面的本数，有时却又排除在外，如：

超额20%以上的列为一等奖，超额20%以下的列为二等奖。

那刚巧超额20%的是列为一等奖还是二等奖呢？解决的办法是：
用"不足""不满""不够""不到""少于""小于"等词同"以上"搭配，如：

60分以上为及格，不足60分为不及格。

用"超过""大于""多于""满""够"等词同"以下"搭配，如：

满60分为及格，59分以下为不及格。

把本数单独写出，表示"以上""以下"是排除本数的，如：

工龄在五年或五年以上的升两级，工龄在五年以下的升一级。

也可以写成：

工龄在五年（含五年）以上的升两级，五年以下的升一级。

3. 数字的使用要简明、形象

有些文稿的数字用得过多、过滥，出现堆砌数字的情况。如某县政府在《××××年棉花生产意见》中有这样一段话，现抄录于下：

全县植棉三万二千零二十亩（麦棉套一万五千零八十亩，春棉纯播三千二百八十亩，夏播棉一万三千六百六十亩），亩产皮棉四十二点五公斤，总产一百三十五万公斤。截至一九八六年十月底已收购皮棉九十一万七千公斤，从经营作风和收购质量看，大大好于往年。全县平均品级二点五八级，绒长二十八点六五毫米，衣分百分之三十七点三，斤价一元八角三分。大旱之年，仍涌现出了一些高产单位。据十一个乡二十二个村的统计，植棉八千七百一十亩，其中夏播三千四百一十亩，平均亩产皮棉四十四点二公斤。××乡××村植棉六百五十亩，亩产皮棉五十五公斤。据全县十五个乡，一百三十二户的调查，植棉一百三十二点六亩，平均亩产皮棉五十九点五公斤。××乡十户棉农的调查，植棉十四点三亩，亩产皮棉达八十三点七公斤。

这段话由于数字成堆反而突出不了主要数字，使人眼花缭乱，如堕五里雾中。审核人在审核时遇到这类数字，应在不改变数字之间关系的前提下，该合并的合并，该删除的删除，以求数字简明、中心突出。

数字不但要简明，而且还要形象生动。在审核时，审核人如遇呆板、沉闷、老套的数字，应尽可能换一种表述方法。使数字形象、生动的方法很多，常用的有以下三种。

（1）化小法。如"今年全球军备开支达到空前数字，共计5500亿美元，即每一分钟100万美元"。前面的"5500亿美元"因数字太大，一般人感受不真切，但"每一分钟100万美元"可以使人一目了然，且印象深刻。

（2）替代法。如有一篇报道说："乐山佛像身长71米，头长14.7米，宽10米。"尽管数字很具体，也很精确，但对那些没有亲眼看见乐山大佛的人来说感受并不深刻。而另一篇报道是这样写的："乐山佛像有30多层楼高，耳朵有四个人那么大，每只脚背上可以停放五辆汽车，脚的大拇指甲上，可以摆上一桌酒席。"不写佛像有多高多长，而是用人们熟知的一定数量的事物去替代人们不熟悉、不易感受的事物，以达到生动、形象的目的。

（3）转换法。如"八年内全国共少生5600万人，这相当于广东省人口的总和"。"5600万人"一般人感受不深，而"相当于广东省人口的总和"就可以感受得到了。通过转换可以收到生动、形象、易于理解、易于记忆的效果。又如，"全国化纤年产量可达42万吨，如果织成布，平均每人可得3米"。把"42万吨"转换成"每人可得3米"，使人感到既亲切自然，又印象深刻。

4. 要避免数字间的矛盾和不统一

如果文稿中有一系列相互关联的数字，审核人应检查它们之间有无矛盾和可疑之处，养成计算数字的习惯。如果数字是由审核人根据有关数字推算的，应仔细检查推算过程，使数字准确无误。在有关联的数字中常见的毛病有以下两种。

（1）数字打架。其主要表现是分数之和与整数对不上。如"我们乡共有可耕种面积1万亩，其中水田××亩，旱地××亩，水浇地××亩"。把分数加起来，不是不够1万亩，就是多于1万亩。某报发表过一篇报道，其中有这样几句："他们一年向市场投放干豆腐16万斤，获纯利30万元，平均每斤获利1.875元。"读者来信问："如果这样，每斤干豆腐的卖价应该是多少？"实际每斤获利不到0.20元。如果审核人在审阅这些数字时能注意一下它们之间的关系，这种错误是完全可以避免的。

（2）数字统计的口径不一致。如前面用总产值，后面用生产总值；前面用公斤，后面是千克等。有一篇反映某工厂搞职工文化补习的文稿，其中有这样一段：

> 据对近两期六个班学员的调查，只有小学文化程度的占20.1%，刚参加工作的占8.8%；虽有初中文化程度但年龄在30岁以上者占14.3%，以上总计43.2%。另外，还有名副其实的初、高中生25.8%和31%。

把这段文字中所有的百分数加起来，刚好是100%，好像是没有问题。但"刚参加工作的"是以参加工作的长短（工龄）为标准来统计的，而其他的数字都是按文化程度来统计的。由于统计的口径不一致，这些数字是不能相加的。即使加在一起凑够了100%，也说明不了问题。类似这样的文稿审核人应责成拟稿人员按统一口径重新统计后再送审。

5. 数字的书写要统一、规范

关于数字的书写，应按照国家质量监督检验检疫总局、国家标准化管理委员会2011年7月29日发布，2012年11月1日起实施的中华人民共和国国家标准《出版物上数字用法》（GB/T 15835—2011）的要求书写。应该注意的是，在同一篇文稿中，数字书写要一致。该用汉字则用汉字，该用阿拉伯数字亦然，不能想当然。

## 四、审核的步骤与方法

### (一) 虚心求教, 弄懂文稿内容

弄懂文稿的来龙去脉和基本精神是审核工作的第一步。通常审核人是先把文稿粗览一遍,遇有疑问或不懂的地方画上记号,并及时向拟稿单位进行调查。如果不了解这个文稿要解决什么问题,为什么要解决这些问题,准备采取什么措施来解决这些问题等,审核工作就无从着手。因此,在整个审核过程中审核人要牢固树立依靠拟稿单位或拟稿人员解决问题的观念,切忌包办代替、自以为是、胡删滥改。业务部门的人员,尤其是直接拟稿人员占有丰富的材料,熟悉行业知识,了解工作中的具体情况,知道起草这篇文稿的背景和过程,审核人必须虚心向他们请教。请教的方式可以根据具体情况采取电话联系、请人来谈、登门拜访等,直至把有关情况弄清楚为止。

### (二) 认真研读, 活用四把"尺子"

比较是发现问题的主要方法。在认真研读、多方请教、弄懂内容的基础上,审核人可以从四个方面入手对文稿的有关内容进行比较。

(1) 把文稿内容同实际情况相比较。

(2) 把文稿中提出的观点和将要采取的具体措施,同党和国家的方针政策及有关规定作比较,同上级机关、平级机关以及本机关以往的有关规定作比较。

(3) 把标题同文稿内容作比较,把发文意图同每段、每句的文字表达作比较,把文稿的各个章节进行比较。

(4) 把文稿内容和处理程序同公文处理的有关规定进行比较。

### (三) 直接修改与间接修改相结合

通过以上多角度、多渠道的比较,审核人可能会发现一些不尽如人意的地方。如有些观点还须进一步推敲,有些措施的可行性不大,有些典型事例、具体数据等也还有些疑点或者是文稿的层次结构比较乱等。对于这些问题进行必要的修正和改动是正常的。但由于审核所针对的文稿大都不是审核人自己起草的,因此,在修改时审核人要特别慎重,要区分直接修改与间接修改的区别。

1. 审核人直接修改

直接修改,是指审核人对文稿直接改动。在以下四种情况下审核人可以对文稿进行直接修改。

(1) 原稿在思想观点、做法措施方面没有问题,只需在语言文字上作些改动,或需在层次结构上作些调整,审核人可以直接修改。

(2) 原稿是在审核人自己的主持下起草的,自己对发文意图和实际情况都有比较深刻的了解。所以,这种修改比较全面,无论是思想内容还是语言文字等各个方面都可以直接修改。

(3) 原稿基础太差,无论是思想观点还是语言文字均不合要求,拟稿人员又难以胜任进一步修改提高的任务。在这种情况下,审核人可以直接修改,等于是重新拟写。

(4) 时间紧迫，不允许再来回反复，审核人只有直接修改。但如果遇到这种情况，审核人修改后的文稿一定要请原拟稿人员过目，目的是让原拟稿人员帮助检查修改后的文稿是否还有疏漏。

2. 审核人间接修改

间接修改，是指审核人不直接改动原稿，只就文稿的进一步修改提出意见和建议，供拟稿人员或呈文单位参考，具体修改事宜由拟稿人员酌情处理。

在以下四种情况下审核人可以间接修改。

(1) 原稿是由业务主管部门代领导机关起草的，即代拟稿。审核人对文稿中有关业务性、技术性的问题有疑问但又拿不准时，不宜直接修改，可以向拟稿人员提出质疑和建议，供拟稿人员参考。至于到底需不需要改、如何去改均由拟稿人员决定。如果是急于印发的公文，审核人也应通过电话或当面商量等方式，在征得拟稿人员的同意后代为修改。对于文稿中有关业务性、技术性的问题审核人切忌直接修改。因为审核人也许在发文意图方面比业务部门有更深的了解，但对实际情况和有关业务知识的了解却不一定能赶上业务部门的拟稿人员，如果直接修改，但往往会把对的改错。

(2) 由于原来准备着手解决的有关问题有些已不复存在或者是出现了新的情况，导致领导机关的发文意图有所变化，需要对原稿作较大的改动。审核人可以把拟稿人员找来共同研究修改意见，待双方的意见接近或一致后，再由拟稿人员修改。

(3) 审核人对文稿中涉及的问题本来非常熟悉，完全可以直接修改。但考虑到拟稿人员是新手，为了尽快提高拟稿人员的写作水平，审核人也不直接修改，而是指出存在的问题和修改的思路，由拟稿人员改好后再送审。

(4) 文稿基础太差，需要返工，时间也还来得及，审核人可以提出修改意见后退给拟稿人员，改好后再送审。

无论是直接修改还是间接修改，审核人都要以原稿为基础，尊重已经花费的劳动。在修改时，包括返工改写在内，原有的材料、观点以及思路，凡能用的要尽量用，以避免重复劳动。

## 五、审核过程中的六个技术性问题

### （一）提法要准确

公文中的提法，尤其是涉及敏感性问题的提法要特别慎重。有些提法是随着形势的发展而不断变化的。如我们过去提"社会主义经济就是计划经济"，后来又提"计划经济为主，商品经济为辅""有计划的商品经济"，再后来又提"社会主义商品经济""商品经济""市场经济"等。审核人必须知道某个提法变化的背景和原因，以及最新的提法是什么。在修改提法时，审核人还要注意，要以中央文件、中央报刊上的提法为准。未经公开发表的中央领导同志的指示和讲话、内部文件上的提法不能随意公开引用。

对文稿中出现的"达到国际水平""国内首创""全国第一"等提法审核人也要多方调查、认真推敲，看是否名副其实。如与实际情况不符，审核人也应加以修改。

### （二）引文要认真核对

对文稿中引用的材料和例证审核人要认真核对其出处。如果引用的是上级公文中的材料，审核人首先应把被引用的上级公文找来，认真检查引用的内容与原文精神是否一致，有无断章取义的地方；然后看引文的书写格式是否正确。引文的书写格式应有发文机关、发文时间、发文字号、公文标题和所引内容等。

如果引用的是领导人的讲话，审核人要弄清这番话是在什么样的场合下讲的，当时的讲话环境是什么，有没有讲话记录和讲话录音。把这些情况弄清后，审核人还要向拟稿人员了解在引用领导人的讲话时是否经讲话者本人的同意。如果没有，审核人应请示讲话者本人的同意后才能引用。

### （三）名称要准确

在文稿审核中，如遇职务、职称、地名、机构名称时，审核人要先搞清楚有无变动，要以最新的名称为准。如禹县早已改称禹州市，如仍称禹县，就会给公文处理带来困难；某领导前几天还是副县长，现在是县委副书记，如在公文中仍称其为副县长，也会引起误会。

如遇外国国名、地名或党派、政府机构的名称，均以新华社的译名为准，不能随便改动。

有些专用名称，有关部门有具体规定的，应按照规定使用，如"个体户""第三产业"等。

### （四）名次排列要有根据

当文稿中有两个及两个以上的机关和领导人同时出现时，就有名次排列的问题。谁先谁后，要有根据，不能想当然，也不能信手写来。名次排列的原则如下。

1. 按级层和分工排列

如果机关或领导人的级别层次不同，应该是级层高的在前，级层低的依次在后。有些领导人的级别相同，如同是副县长，则按他们的分管业务排列。常务副县长在前，常务副县长以下的按任命时的先后顺序排列。如果副职领导人不是一次任命的，应向主管组织人事的主要领导人问清楚排列顺序。不要以为反正都是副职，随便排个顺序就行了，那是会惹麻烦的。也不要以为新提拔的副职领导人自然就排在最后，那也不一定。总之，领导人的排名先后涉及每位领导人在这个领导集体中的重要程度，不能有丝毫马虎。

2. 按领导人与公文内容的密切程度排列

如某县要起草一份《关于成立防汛领导小组的通知》，小组成员中有水利、电力、商业等各部门的负责人若干名，但水利局局长的名字理所当然地要排在前面。

3. 按姓名笔画排列

一些代表会议，因出席人员资格相等，无法分谁主谁次、谁轻谁重，只好按姓名笔画从少往多排列，具体方法如下。

（1）先比较姓名中的第一个汉字，笔画少的在前，笔画多的在后；第一个汉字相同，比较第二个汉字，以下类推。

（2）第一个汉字不同，但笔画相同，则看起笔（即书写时的第一笔）的笔形是否相同。如"刘""吕""朱"都是6画。但"刘"字的起笔是一点，"吕"字的起笔是一竖，"朱"字的起笔是一撇。《辞海》（第五版）和《新华字典》（第九版）的笔画顺序是"一

（横）｜（直）丿（撇）、（点）乙（折等笔形）"，《现代汉语词典》（第四版）的笔画顺序是"、（点）一（横）｜（直）丿（撇）乙（折等笔形）"。如按《辞海》的笔画顺序排列，应是"吕""朱""刘"；如按《现代汉语词典》（第四版）的顺序排列，应是"刘""吕""朱"。依哪种辞书的顺序为标准都是可以的，但在一篇文稿中标准一定要统一。如第一笔笔画相同，则比较第二笔笔画，以下类推。

（3）姓名字数不相等时，以前面可以对应的汉字笔画为准。对应不上的，不计在内。

（4）如果是少数民族人名，依翻译成汉字以后的笔画排列。

需要注意的是，"按姓名笔画排列"与"按姓氏笔画排列"不同。"按姓名笔画排列"是依次比较每个字的笔画和笔画顺序；"按姓氏笔画排列"是把"姓"和"氏"的笔画算在一起进行比较，按笔画的多少进行排列。如"按姓氏笔画排列"，复姓"诸葛"是22画；而"按姓名笔画排列"，只需计"诸"字10画即可。现在通行的是"按姓名笔画排列"，但必须名实相符。有的公文注明是"按姓氏笔画排列"，但实际上是"按姓名笔画排列"的，审核人在审核时应注意改过来。

4. 用"排名不分先后"加以注明

有些场合，如某大型商场开业，先后有上百家单位来函来电表示祝贺。在公布这些祝贺单位的名单时，既不好按它们与商场关系的亲疏加以区分，又不便按祝贺单位的名称笔画多少进行排列，只好在公布的同时用括号加以注明，在括号里写上"排名不分先后"字样。

### （五）时间概念要具体

文稿中如有"昨天""明天""本月""上月""今年""明年""去年"等时间概念，往往因发文不及时而发生误差。尤其是年底起草、年初发出的公文最容易出现这类错误。避免的办法是：凡遇"今年""明年""去年"等概念，一律改为具体的时间。如公文落款是2017年，在这个前提下，就应把"去年"改为"2016年"，把"明年"改为"2018年"。

有些时间概念，如"上月以前""去年以后"，无法让人把握其范围，要杜绝使用。

### （六）简称要明了

简称是对词语的浓缩，是把比较复杂的名称简化书写的一种形式。但是，简称必须明了，否则就达不到精确地传达信息的目的。在文稿中使用简称要注意以下三个方面。

1. 尽量不用、少用简称

除了"四项基本原则""十一届三中全会"这类全国人都懂的简称以外，文稿中尽量不用或少用简称，尤其是不要生造一些除了自己以外谁都不懂的简称。

2. 第一次使用简称时应加注解

如果某个词组或公文名称、书名在一份公文中出现的频率较高，有必要用简称，应在第一次使用时用全称，并在全称后加括号，在括号内写上"以下简称'××'"字样，或者是在简称后用括号注明其详细的含义。

3. 简称应准确、规范

如"十一届三中全会"已经是简称，但有的公文干脆简称为"三中全会"，这就不准确了。因为三中全会不但十一届有，十二届、十三届、十四届、十五届、十六届、十七届都有，时间长了就会给后人的查考带来麻烦。

## 第三节　签发　发文登记　版面设计　复核

### 一、签发

签发，是指机关领导人对送审欲发的文稿，审阅后认为应该发出时，在发文处理单的"签发"栏中写上印发意见并签署姓名。审核后的文稿仍是草稿，只有签发后的文稿才成为定稿，立即生效。因此，签发是决定文稿最后定稿与批准发出的一个关键性环节，是机关领导人参与和掌握公文处理的具体行动，也是领导人行使职权，代表领导机关或部门对文稿负责的具体表现。

#### （一）签发的原则

《12·条例》第二十二条规定："公文应当经本机关负责人审批签发。重要公文和上行文由机关主要负责人签发。党委、政府的办公厅（室）根据党委、政府授权制发的公文，由受权机关主要负责人签发或者按照有关规定签发。签发人签发公文，应当签署意见、姓名和完整日期；圈阅或者签名的，视为同意。联合发文由所有联署机关的负责人会签。"

按照规定，公文由本机关领导人签发。重要的或涉及面广的公文，必须由正职或者主持日常工作的副职领导人签发，经授权，有的公文可以由秘书长或办公厅（室）主任签发。

公文签发的原则概括起来有以下六个方面。

1. 按职权划分的原则

凡准备以领导机关名义发出的公文，都应由机关领导人签发。重要的或涉及面广的公文，由正职领导人或常务副职领导人签发。属于某个方面业务的，由主管领导人签发。

凡准备以业务主管部门名义发出的公文，由业务主管部门的主要负责人签发。

2. 集体负责的原则

对于某些有关全局性、长期性、关键性的公文，必须由领导班子集体讨论、通过，共同负责，最后由主要领导人签发。

3. 授权代签原则

主要领导人因公外出，可以授权或委托其他的副职领导人代为签发，事后再送主要领导人核阅。一般性的事务性公文也可以委托办公厅（室）的负责人签发。

4. 加签原则

凡欲以业务主管部门名义发出的公文，原则上应由部门负责人签发。但是，当公文的内容涉及重大问题时，应送机关主管领导人审阅后加签。如县农业局要发一份公文，原则上由局长签发即可。但公文的内容涉及农业方面的一些重大措施的调整，就应主动送主管农业的副市长加签。

5. 会签的原则

会签，是指当文稿内容涉及两个及两个以上业务主管部门的职权范围时，必须经相关部门的负责人共同协商，并都在发文处理笺的"会签"栏内签署发文的具体意见。

会签后的文稿有两种发布方式：一是以业务主管部门名义联合发文；二是以领导机关名义发文。以业务主管部门名义联合发文，会签完即可定稿。以领导机关名义发文，会签意见应签在"审核"栏内，严格来说应叫"会审"，经机关领导人签发后才能成为定稿。

无论是以领导机关名义发文，还是由业务主管部门联合发文，在办文的过程中总会有一个与文稿内容关系最为密切的部门，这个部门就是文稿的"主办单位"，其他的部门都是"协办单位"。会签是在主办单位的组织下完成的，主办单位在组织文稿会签的过程中应注意克服以下两种偏向。

（1）不要在没有征得协办单位都同意的情况下就强行发文，或把文稿径送机关领导人审阅签发，然后再以领导人的意见去压制协办单位或有关部门。

（2）当会签后需要以领导机关名义发文时，不要在送审文稿时故意将协办单位的不同意见剔除，向领导机关打埋伏。按照规定，上报的公文，如有关方面意见不一致，应当如实反映。只有这样才有利于领导机关进行有效的协调，也有利于部门之间的团结和配合，促进公文的迅速制发，并获得满意的执行效果。

6. 先审后签的原则

签发人在签发前一定要仔细审阅文稿，不能过分依赖核稿的文秘人员。因为签发人对自己所签发的公文从内容到文字都要负完全责任，如果未经过目就签字同意，那就失去了在公文处理过程中设置"签发"程序的实际意义。

### （二）签发格式

文稿通过审阅，认为可以发出，签发人应签写具体的发文意见。按照规定，审批公文，主批人应当明确签署意见，并写上姓名和审批时间。其他的审批人圈阅，应当视为同意。

签发的格式包括签发意见、签发人姓名和签发时间，这三项缺一不可。

（1）签发意见要具体，态度要明确。要在公文处理单"签发"栏内明确地写上"发""印发""打印发出""同意印发"等具体发文意见。如果认为文稿还应送有关领导人审阅，应写明"请××同志审阅后印发"。尤其是会签公文更要注明具体意见。

（2）签发人的姓名要写清楚，容易辨认。为了表示负责，姓名要写完整，不要不写姓，也不要只写姓。不能写一个除了自己以外谁都不认识的代号。

（3）要有签发日期。签发日期往往是确定成文日期的依据，所以一定要有。紧急公文不仅要签写日期，如有必要还要写清几时几分。

### （三）签发注意事项

1. 尊重拟稿人员的劳动

文稿从交拟、准备到送交领导人签发，这其中许多人已经付出了辛勤的劳动。只要文稿在大的方面没有问题，就不必吹毛求疵。但如果发现有重大问题需作较大的修改时，应要求审核人或原拟稿人员按要求进行修改，甚至推倒重来。

2. 代签要注明

受委托代签的文稿应注明"代签"字样，以备查考。

3. 用笔要符合档案管理的要求

签发文稿应使用毛笔或钢笔，不要使用铅笔或不合档案管理要求的圆珠笔。

## 二、发文登记

文稿经过领导人签发后，即为定稿，接下来就是发文登记。发文登记，是指根据领导人的发文意见以及机关工作惯例和公文的重要程度等决定公文如何印制、如何分发、发给谁等。各发文机关都有专门的发文登记簿，登记项目主要有发文年月日、主办单位、发文机关标志、发文字号、签发人、标题、主送机关、附件名称、秘密等级、紧急程度、印数、主题词、抄送机关、发出时间、注发（经办）人和归存等项。其中，技术性比较强的是秘密等级、紧急程度、主题词等项目。

登记项目的标注原则包括以下三个方面。

### （一）根据领导人的批示和意见进行标注

参与公文制发的有关领导人在发文处理单上已经批示清楚或有具体口头意见的，发文登记时，把领导人的意图具体化即可。

### （二）根据公文的性质和内容进行标注

发文登记时，经办人首先应仔细阅读文稿，切实弄懂内容，准确判断公文与各方面的关系，进而分析文稿中所提出的问题是一般性的，还是重要的；是将来要做的，还是急迫要办的；是公开报道过的，还是应该保密的等。只有做到胸中有数，才能标注得当，不出差错。

### （三）根据惯例和公文处理的有关规定进行标注

在灵活运用相关原则的基础上经办人还应当进行必要的询问、请示和查证工作。

文稿在进行发文登记的同时，还要把相同的项目填写在发文处理单上。

文稿经发文登记后，把不需付印的附件取下，并注明是某号公文的附件，专门存放，等正本公文印出后再合并归卷。有些文稿的附件是供领导人签发时参考的，并不需要付印。所以，在文稿送印时一定要注意不要漏印或多印附件。

## 三、版面设计

文稿在发文登记后、正式排（打）印前，要遵照领导人的指示或按有关规定对公文的版面形式进行设计，使公文的内容在形式上得到充分体现。这项工作一般由公文处理部门的专职文秘人员与公文印制部门的有关人员共同完成。版面设计的内容很多，主要是公文的书写与排版、字体与字号的选择、页面的设计、标题的排列、批语（按语）的安排等。

公文的书写和排版应按照有关规定执行，即文字从左至右横写、横排，少数民族文字按其习惯书写、排版。

按照要求，公文"正文用3号仿宋字，一般每面排22行，每行排28个字"。

公文页面的多少，除了应该以文稿的篇幅长短为准以外，还应照顾到公文印制和装订的方便。一些较短的公文，争取把版记赶在第二页。篇幅较长需要装订的公文，应设法把整个公文的页数赶成 4 的倍数,尽量避免奇数。

### 四、复核

《12·条例》第二十五条规定:"复核。已经发文机关负责人签批的公文,印发前应当对公文的审批手续、内容、文种、格式等进行复核;需作实质性修改的,应当报原签批人复审。"

公文正式印制前,文秘部门应当进行复核,重点是:审批、签发手续是否完备;附件材料是否齐全;格式是否统一、规范等。

经过复核,审批、签发手续不完备的,要采取措施予以补救;附件材料不齐全的要马上补齐;格式有问题的,要依据《12·条例》和《格式》的规定,予以调整。

需作实质性修改的,应当报原签批人复审。实质性修改,是指涉及文稿内容的修改,要按发文办理的程序重新送审、签发。

## 练 习

1. 文稿审核把关的重点和步骤是什么?
2. 直接修改与间接修改各适用于什么情况?
3. 进行一次发文处理的追踪调查,并写出调查报告。
4. 审改下面这份公文。

**××市烟草专卖局**
**××烟草分公司** **文件**

×烟〔1998〕56 号

---

**××市烟草行业开展"百日安全赛"活动的通知**

各县、区烟草公司、卷烟厂、××烟叶储备库、劳动服务公司:

为更好地贯彻落实"安全第一、预防为主"的工作方针和"谁主管、谁负责"的原则,进一步强化烟草行业职工干部的安全意识,切实把安全管理工作落到实处,为营造良好的安全生产经营环境,根据省局、市局制定的 98 年安全保卫工作要点,经市局(分公司)决定,在全市烟草行业职工干部中开展"百日安全赛"活动。

**一、指导思想**

以突出防火、防盗(抢)、防交通责任事故、无重大伤亡为重点,巩固 97 年三项治理成果,围绕全省工作会议上制定的"一高一低"的工作目标,保证我市烟草行业"三保二稳一提高"工作任务顺利实现,扎扎实实地做好 98 年度的安全保卫工作,向安全要效益,为构建××"两烟"发展的高速公路建功立业。

**二、要求**

各单位领导要高度重视,建立组织。认真落实各项责任制,做好自查工作,坚决消灭隐患,通过"百日安全赛"活动,进一步提高广大职工干部的安全意识,安全文化素质,使全行业的安全保卫工作上一个新的台阶。此活动将列入本年度安全评比的主要内容。

### 三、检查内容

查组织落实，制度建设，各项安全目标签订，安全检查记录、台账记录、事故整改记录、生产经营现场、防火、防盗（抢）设施、各项安全硬件建设、电源、电器及有关设备完好，两烟仓储、车辆管理、安全生产管理。

### 四、检查方法

查看有关记录和现场，提问应知应会、隐患事故整改、各项制度落实，违章从重罚款。每月对各单位抽查一次，逐项对照打分，总分评比，实行重奖重罚。

### 五、奖励办法

1. 各类事故发生按年初与各单位签订的安全目标管理责任书奖罚规定执行。
2. 按"百日安全赛"检查内容（100分为满分）90分以上（包括90分）不罚，90分以下，每差1分罚30元。
3. 凡在禁火区域发现一个烟头罚20元，仓库内发现一个烟头罚50元。
4. 检查每次达到95分以上，实行一次性奖励，奖励单位安全责任人、主抓安全的领导、安保部门3000元。
5. 检查三次均未达到95分以上的单位，罚单位安全责任人、主抓安全的领导、安保部门3000元。

### 六、时间安排

从1998年7月1日起到10月10日结束。

附件：1. 活动领导组名单
　　　2. "百日安全赛"活动检查表

××省××市烟草专卖局（章）
××省烟草公司××分公司（章）
一九九八年六月十七日

**主题词**：安全　活动　通知

| ××市烟草专卖局（分公司） | 1998年6月9日 |
|---|---|
| 打字：××× | 校对：××× |

5. 阅读下面的案例，并回答相关问题。

### 案例1

近日有网民惊爆，在"中国消防在线"网站上，2009年3月13日来源于"河南开封消防支队"、内容为当地官员有关消防工作讲话的宣传稿，与3月4日来源于"河南漯河消防支队"的稿件如出一辙，1000多字的稿件中800字内容相同。有所不同的是，文中的漯河政法委书记换成了开封市副市长，而开封市副市长的讲话中竟还有"构建和谐平安漯河"的字眼，此情形被网民戏称为"开封指导漯河工作"。

这事一经爆出，开封市就开除了抄袭者。[①]

据2009年3月24日人民网：水妖与河南开封消防支队宣教中心负责人，同时也是"开封稿"作者刘××取得联系，进行了对话。

水妖（以下简称"水"）：能不能谈谈网上这件事。

---

① 五岳散人：《"开封指导漯河工作"也是腐败》，2009年3月25日《东方早报》，第A23版。

刘××（以下简称"刘"）：是有抄袭这回事，不过不是我，是我们聘请的一位文职雇员，发表后署我的名字。我当时在许昌参加培训，根本不知道这篇稿件的情况。这个人是外聘的，现在已经被辞退了。

水：他写稿子为什么署你名字呢？

刘：可能我知名度比较大吧（笑）。这很常见，经常有下面人写好了稿件署领导名字，或者共同署名。

水：能不能和这位外聘人员联系一下？

刘：还是不要联系了，这个人平时很敬业，现在出了这件事，被批评还被解聘了，很伤心。

水：你是怎么知道这件事的？

刘：公安部消防局和省上有关领导已经知道这件事，我早上被叫去谈话才知道的。这件事能在网上火起来，可能是省内其他消防支队炒作（的结果）。这只是我的猜测，平时相互间竞争比较激烈。

水：毕竟抄袭是不对的，否则别人也炒不起来啊。

刘：是，这也是个经验教训。不过老实说，我们的宣传任务都很重，我的经验是"天下文章一大抄，看你会抄不会抄"。这个稿子要不出现"漯河"两个字，别人也不会看出来。

**思考题**：请你谈谈你对"开封指导漯河工作"这件事的看法。从公文处理的角度来看，如何才能避免这种情况？

## 案例 2

近日，新浪论坛上的一个帖子引起了网民的关注。发帖人"四方皆兄弟"称在 2009 年 3 月 3 日 B2 版的《邯郸日报》上，看到标题为《打造邯郸"首善之区"》的一篇文章，文章中的很多工作思路，比如打造"首善之区""经济结构最优、城区环境最美、居民素质最高、社会秩序最好、发展潜质最大"这样的话与青岛市市南区提出的"首善之区"奋斗目标一字不差。"四方皆兄弟"称，除了地区和书记的名字换了以外，其余的内容两地的表述完全一样。

根据"四方皆兄弟"在他的帖子中列出的网址，记者查看了青岛有关媒体 2009 年 1 月 21 日报道"首善之区"的稿件，并与刊登在 3 月 3 日《邯郸日报》B2 版标题为《打造邯郸"首善之区"》的文章进行了对比。

青岛媒体报道称"在市南区领导干部会议上，市南区区委书记李××全面阐释了'首善之区'奋斗目标的深刻内涵，用 5 个'最'字描绘了市南区发展的全新图景"。而《邯郸日报》上的文章中的部分内容只是把"市南区"换成了"丛台区"，区委书记由"李××"换成了"杨××"，丛台区提出的 5 个"最"的内涵和语言表述也跟青岛当地媒体报道的几乎毫无二致。

记者发现，邯郸的文章在"全面提升传统服务业"项中，突出"新、活、多"与青岛有关媒体的报道完全相同；城区环境最美中，就连"我的城市我管理、我的环境我打造"这样加引号的话也都完全一样。

据悉，在"开封指导漯河工作"事件中，开封市副市长并没有参加文章中提到的会议，其本人对发表的文章并不知情。据说，这篇文章是由开封市消防支队一名外聘的文职人员从网上抄袭而来，并署上其主管领导"刘××"的名字发表的。

而在"邯郸学步"事件中，《邯郸日报》的解释是：区委宣传部的署名文章如果有盖章，他们就会原文刊登。

记者采访了事件"主角"——邯郸市丛台区区委宣传部副部长张××。他称,《邯郸日报》的那篇文章看似署名文章,实是形象广告。当时由于自己忙,就让宣传部的一个实习生代写,自己没有仔细审阅就让报纸刊登了,没想到该实习生却抄袭青岛市市南区的文章。"怪我们把关不严,工作不细心,我们已经辞退了该实习生,区里领导也对我进行了批评,还没出来最后的处理意见。"

另外,记者也了解到,邯郸市丛台区区委宣传部与青岛市市南区区委宣传部早在20世纪90年代初就结成了友好宣传部,最近丛台区打算带团再到市南区学习"首善之区"的做法。"在这种情况下,被抄袭单位往往不愿为这事'撕破脸皮'。"①

**思考题**:请自拟标题,自选角度,谈谈你对这件事情的看法(不少于400个字)。

### 案例3

2008年9月9日,《巴中市人民政府办公室关于2008年中秋节放假安排的通知》的内部传真明电,引起一片哗然。这份由巴中市人民政府办公室主任何×签批的中秋节放假通知称:"各县(区)人民政府,市直各部门,市经济开发区商贸园、工业园管委会……2008年中秋节放假三天……遇有重大突发事件发生,要按规定及时报告并妥善处置,确保人民群众度过一个祥和平安的端午节。"

"明明是中秋节的放假通知,咋还确保人民群众度过一个祥和平安的端午节"收到此通知的巴中一办公室工作人员称,他感到非常纳闷,打电话一问,才知道通知出错了。

9月10日,得知放假通知出错的巴中市人民政府办公室工作人员立即重新发布更正后的放假通知。

2008年9月11日,巴中市机关行政效能建设办公室下发"问责通报":经巴中市委常委会研究决定,该市政府办公室主任何×停职反省。市政府办公室及时召开会议,对综合科科长王××,副科长王×、何×做出免职的处理决定。

据了解,巴中多个市直部门都在9月12日向工作人员宣读了这份问责通报。

据了解,被停职的巴中市人民政府办公室主任何×上任才一个多月,而遭免职的科长有的是工作了多年的老同志。

因为一纸放假通知错了两个字(错的还不是放假日期),结果四人被问责。②

**思考题**:从规范公文处理程序的角度来看,应如何防范类似"中秋"成"端午"的错误?

---

① 张庆申:《河北邯郸官员文章被指抄袭青岛区政府文件》,2009年7月7日《法制日报》,第7版。
② 革直:《放假通知中秋写成端午 四川巴中三干部丢官》,2008年9月17日《成都商报》。

# 第七章 法定公文的撰写

法定公文,是指那些出现在有关法律法规和公文处理的规范性文件里的文种,有明文规定的适用范围,必须按统一的规范予以制发。与法定公文相对的是事务性文书。事务性文书没有明文规定的适用范围,仅有约定俗成的适用范围和制发方式。

## 第一节 命令(令)、决定、决议

### 一、命令(令)

#### (一)命令(令)的适用范围

《12·条例》第八条规定:"命令(令)。适用于公布行政法规和规章、宣布施行重大强制性措施、批准授予和晋升衔级、嘉奖有关单位和人员。"

按照《宪法》《地方各级人民代表大会和地方各级人民政府组织法》和《立法法》等有关法律法规的规定,可以依照有关法律在自己的职权范围内发布命令(令)的行政机关有:

(1)国务院;
(2)国务院各部、各委员会;
(3)省(区、市)以及较大的市人民政府;
(4)县级以上地方各级人民政府;
(5)乡、民族乡、镇的人民政府。

按照规定,部门规章由部门首长签署命令(令)予以公布。地方政府规章由省长或者自治区主席或者市长签署命令(令)予以公布。

据此,各级人民政府都可以使用命令(令)文种,但使用时应当"依照有关法律"。

#### (二)命令(令)的特定格式

《格式》10.2规定,命令(令)的"发文机关标志由发文机关全称加'命令'或'令'字组成,居中排布,上边缘至版心上边缘为20 mm,推荐使用红色小标宋体字。

发文机关标志下空二行居中编排令号,令号下空二行编排正文"。

《格式》7.3.5.3还对签发人职务、签名章和成文日期的编排做出了更详尽的规定:

"单一机关制发的公文加盖签发人签名章时,在正文(或附件说明)下空二行右空四字加盖签发人签名章,签名章左空二字标注签发人职务,以签名章为准上下居中排布。在签发人签名章下空一行右空四字编排成文日期。

联合行文时，应当先编排主办机关签发人职务、签名章，其余机关签发人职务、签名章依次向下编排，与主办机关签发人职务、签名章上下对齐；每行只编排一个机关的签发人职务、签名章；签发人职务应当标注全称。

签名章一般用红色。"

命令（令）是国家行政机关发文的最高级形式。从命令（令）的适用范围我们可以看出其重要性和权威性。为了维护国家政令的权威性和统一性，命令（令）的格式应该统一，而且要严格执行。

### （三）命令（令）的分类与拟写

1. 公布令

公布令主要用于依照有关法律公布各种行政法规和规章，由令文和公布对象两个部分组成，如：

> **命令（令）文例 1**
>
> 
>
> **中华人民共和国国务院令**
>
> 第 667 号
>
> 
>
> 《全国社会保障基金条例》已经 2016 年 2 月 3 日国务院第 122 次常务会议通过，现予公布，自 2016 年 5 月 1 日起施行。
>
> 
>
> 总理　李克强
>
> 2016 年 3 月 10 日
>
> 
>
> 全国社会保障基金条例（略）
>
> （引自《国务院公报》2016 年第 10 期）

公布令本身应包括点明公布对象、公布依据和施行起始日期。即什么文件在什么时间经什么会议通过或批准，什么时候开始实施或生效。

公布令的拟写应将公布对象以及批准机关或会议揭示清楚，以明确其法律地位和作用，从而引起人们的重视。文字应特别简练，不能拖泥带水，要斩钉截铁、戛然而止。

公布对象附在命令（令）主体的后面（但不能视为附件，也无须进行附件标注）一起装订。

2. 指挥令

指挥令主要用于国家各级行政机关在职权范围内发布的带有强制性的、必须贯彻执行的重大措施和要求。如《国务院关于在我国统一实行法定计量单位的命令》《国务院关于北京市部分地区实行戒严的命令》等都属于指挥令。

指挥令的适用范围除了法定的国家行政机关及其负责人以外，一些负有特殊使命的机构经授权也可以使用，如防震指挥部、防汛指挥部等。在特定情况下，在其职权范围内也可以发布相应的指挥令。

指挥令的开头应开门见山地写明命令（令）的原因和根据，以引起收文机关的重视，增强执行的自觉性。指挥令的要求应具体，决策要果断，做什么，怎么做，禁止做什么，什么不能做，都要清楚明白，以便遵照执行。指挥令的用词要准确、坚决、肯定、毫不含糊。

3. 任免令

任免令是用于任命或免除机关工作人员职务的一种命令。如中华人民共和国主席发布的任免令，中央军委主席发布的任免令，国务院总理和地方人民政府负责人发布的任免令等。其发文机关标志分别用《中华人民共和国主席令》《中华人民共和国国务院令》《中华人民共和国中央军事委员会令》《××省人民政府令》等。

任免令的正文包括任免根据，被任免人员的姓名、职务等要素。如"根据××××年××月××日××会议的决定，任命×××为××××××"。任免令中一般不涉及任免的理由，如：

**命令（令）文例 2**

**中华人民共和国国务院令**

第 616 号

依照《中华人民共和国香港特别行政区基本法》的有关规定，根据香港特别行政区行政长官选举委员会选举产生的人选，任命梁振英为中华人民共和国香港特别行政区第四任行政长官，于 2012 年 7 月 1 日就职。

总理　温家宝

二〇一二年三月二十八日

（引自《国务院公报》2012 年第 10 号）

4. 嘉奖令

嘉奖令是政府出面对做出特殊贡献的单位和个人予以褒奖的一种命令。如为表彰我国著名的科学家钱学森同志在空气动力学、航空工程、喷气推进、工程控制论等科学技术领域做出的开创性贡献，国务院、中央军委于 1991 年 10 月 14 日发出《关于授予钱学森同志"国家杰出贡献科学家"荣誉称号的命令》。

嘉奖令的正文包括事迹简介、授奖目的及荣誉称号、发出号召等，如：

**命令（令）文例 3**

**国务院 中央军委关于授予丁晓兵同志
"保持英雄本色的忠诚卫士"荣誉称号的命令**

国函〔2006〕126 号

公安部、中国人民武装警察部队：

丁晓兵，男，1965 年 9 月出生，现任武警一八一师五四二团政治委员，上校警衔，1983 年 10 月入伍，1984 年 10 月在遂行军事任务中英勇负伤，失去右臂。该同志入伍 20 多年来，牢记使命，献身国防，以伤残之躯续写人生辉煌篇章，先后被人事部和中国残联授予"全国自强模范"称号，被武警部队评为第八届"中国武警十大忠诚卫士"，被中组部授予"全国优秀共产党员"荣誉称号，荣立一等功 1 次、三等功 2 次。他自强不息，争创一流业绩，任指导员期间，所在连队被军区评为基层建设先进连，荣立集体一等功 1 次、三等功 2 次；任营教导员和团政治处主任期间，所在单位年年被评为先进。他刻苦钻研，积极探索新形势下的带兵特点规律，总结归纳出"心理自我调节12法"、"群众性教育20法"等105条带兵经验，被上级推广。他关爱部属，以情带兵，先后捐款5万多元救助67名家庭困难的干部战士，在他的教育帮助下，28名后进战士被转化，30多名战士考上军校，17名战士直接提干。为表彰先进，国务院、中央军委决定，授予丁晓兵同志"保持英雄本色的忠诚卫士"荣誉称号。

丁晓兵同志是践行"三个代表"重要思想和落实科学发展观的楷模，是保持共产党员先进性的典范。国务院、中央军委号召全体公安民警、武警官兵和全军指战员向丁晓兵同志学习，学习他爱党爱国、永葆党和人民忠诚卫士本色的崇高品质，坚决听党话，始终跟党走；学习他战时舍身、平时忘我的崇高思想境界，努力实践我军宗旨，自觉为祖国和人民的利益不懈奋斗；学习他心系基层、情注士兵的高尚情操，坚持为基层官兵做好事、办实事、解难事；学习他自强不息、奋发有为的进取精神，立足本职岗位争先创优、建功立业。广大官兵要以丁晓兵同志为榜样，高举邓小平理论和"三个代表"重要思想伟大旗帜，牢固树立和落实科学发展观，爱岗敬业，无私奉献，为构建社会主义和谐社会，更好地履行新世纪新阶段我军历史使命而努力奋斗！

国务院总理　温家宝<br>
中央军委主席　胡锦涛<br>
二〇〇六年十二月五日

（引自《国务院公报》2007年第3号）

此外，命令（令）的种类还有特赦令、通缉令等。

### （四）载体令不能这样写

载体令的正文都很短，按说不难写。但如与有关载体令写作的规范相比较，有些令文的写作还是有瑕疵的。

我们先来看下面一则令文。

根据《中华人民共和国价格法》制定的《政府价格决策听证暂行办法》，已经国家发展计划委员会办公会议讨论通过，现予发布施行。

（引自《国务院公报》2002年第14号，中华人民共和国国家发展计划委员会令第10号）

本例是要出台一项政府规章，相关规定如下。

《行政法规制定程序条例》第二十七条（国务院令第321号，自2002年1月1日起施行）规定："签署公布行政法规的国务院令载明该行政法规的施行日期。"

第二十九条规定："行政法规应当自公布之日起30日后施行；但是，涉及国家安全、外汇汇率、货币政策的确定以及公布后不立即施行将有碍行政法规施行的，可以自公布之日起施行。"

《规章制定程序条例》第三十条（国务院令第322号，自2002年1月1日起施行）规定："公布规章的命令应当载明该规章的制定机关、序号、规章名称、通过日期、施行日期、部门首长或者省长、自治区主席、市长署名以及公布日期。"

"部门联合规章由联合制定的部门首长共同署名公布，使用主办机关的命令序号。"

第三十二条规定："规章应当自公布之日起30日后施行；但是，涉及国家安全、外汇汇率、货币政策的确定以及公布后不立即施行将有碍规章施行的，可以自公布之日起施行。"

比照相关规定,上例主要存在以下四个问题。

(1) 缺"通过日期"。应是"已经国家发展计划委员会××××年××月××日办公会议讨论通过"。

(2) 缺"施行日期"。应是"自 2001 年 8 月 1 日起施行"。即在"施行"前加"自 2001 年 8 月 1 日起"。

(3) "发布"应改为"公布"。

(4) "根据《中华人民共和国价格法》制定的《政府价格决策听证暂行办法》"中的"根据《中华人民共和国价格法》制定的"应删除。因为《政府价格决策听证暂行办法》的第一条已有(也应该有)"根据《中华人民共和国价格法》,制定本办法"字样,不应重复。

正确的令文应该是这样:

《政府价格决策听证暂行办法》,已经国家发展计划委员会××××年××月××日办公会议讨论通过,现予公布。自 2001 年 8 月 1 日起施行。

我们再来分析下面一则令文。

《关于修改〈外商投资举办投资性公司的暂行规定〉及其补充规定的决定》已经 2003 年 3 月 7 日第 4 次对外贸易经济合作部部长办公会议审议通过,现予公布,自公布之日起 30 日后施行。(引自《国务院公报》2003 年第 13 号,中华人民共和国对外贸易经济合作部令 2003 年第 4 号)

这则令文的不足之处主要是施行日期不具体。"自公布之日起 30 日后施行"是直接套用行政法规或规章"应当自公布之日起 30 日后施行"的条文,按说是不错的。这个规定是对所有的行政法规和规章而言的,具体到某份行政法规或规章,就应当把它换算成具体的日期,即写成"自××××年××月××日起施行"。

"自公布之日起 30 日后施行"这种写法在执行中会带来以下两个问题。

(1) 读者会觉得不方便,因为读者要推算好半天才能算出施行的起始日期。

(2) 节假日是包含在 30 日之内,还是被排除在 30 日之外?不同的个人和不同的机构会有不同的算法,而且互相很难说服对方。如因此造成经济纠纷或因此而打官司告状也未可知。

## 二、决定

### (一) 决定的适用范围

《12·条例》第八条规定:"决定。适用于对重要事项做出决策和部署、奖惩有关单位和人员、变更或者撤销下级机关不适当的决定事项。"决定是一个常用文种。所谓运筹帷幄,决胜千里,这里的"运筹帷幄"就是做"决定"。

### (二) 决定的分类

决定可以分为指令性决定和宣告性决定两大类。

1. 指令性决定

指令性决定适用于对"重要事项做出……部署",如《国务院关于优化建设工程防雷许可的决定》(2016年16月24日)等。

2. 宣告性决定

宣告性决定适用于对"重要事项做出决策",如《××局关于对刘××所犯错误的处分决定》等。

**决定文例 1**

**国务院关于优化建设工程防雷许可的决定**

国发〔2016〕39号

各省、自治区、直辖市人民政府,国务院各部委、各直属机构:

根据简政放权、放管结合、优化服务协同推进的改革要求,为减少建设工程防雷重复许可、重复监管,切实减轻企业负担,进一步明确和落实政府相关部门责任,加强事中事后监管,保障建设工程防雷安全,现做出如下决定:

**一、整合部分建设工程防雷许可**

(一)将气象部门承担的房屋建筑工程和市政基础设施工程防雷装置设计审核、竣工验收许可,整合纳入建筑工程施工图审查、竣工验收备案,统一由住房城乡建设部门监管,切实优化流程、缩短时限、提高效率。

(二)油库、气库、弹药库、化学品仓库、烟花爆竹、石化等易燃易爆建设工程和场所,雷电易发区内的矿区、旅游景点或者投入使用的建(构)筑物、设施等需要单独安装雷电防护装置的场所,以及雷电风险高且没有防雷标准规范、需要进行特殊论证的大型项目,仍由气象部门负责防雷装置设计审核和竣工验收许可。

(三)公路、水路、铁路、民航、水利、电力、核电、通信等专业建设工程防雷管理,由各专业部门负责。

**二、清理规范防雷单位资质许可**

取消气象部门对防雷专业工程设计、施工单位资质许可;新建、改建、扩建建设工程防雷的设计、施工,可由取得相应建设、公路、水路、铁路、民航、水利、电力、核电、通信等专业工程设计、施工资质的单位承担。同时,规范防雷检测行为,降低防雷装置检测单位准入门槛,全面开放防雷装置检测市场,允许企事业单位申请防雷检测资质,鼓励社会组织和个人参与防雷技术服务,促进防雷减灾服务市场健康发展。

**三、进一步强化建设工程防雷安全监管**

(一)气象部门要加强对雷电灾害防御工作的组织管理,做好雷电监测、预报预警、雷电灾害调查鉴定和防雷科普宣传,划分雷电易发区域及其防范等级并及时向社会公布。

(二)各相关部门要按照谁审批、谁负责、谁监管的原则,切实履行建设工程防雷监管职责,采取有效措施,明确和落实建设工程设计、施工、监理、检测单位以及业主单位等在防雷工程质量安全方面的主体责任。同时,地方各级政府要继续依法履行防雷监管职责,落实雷电灾害防御责任。

(三)中国气象局、住房城乡建设部要会同相关部门建立建设工程防雷管理工作机制,加强指导协调和相互配合,完善标准规范,研究解决防雷管理中的重大问题,优化审批流程,规范中介服务行为。

建设工程防雷许可具体范围划分,由中国气象局、住房城乡建设部会同中央编办、工业和信息化部、环境保护部、交通运输部、水利部、国务院法制办、国家能源局、国家铁路局、中国民航局等部门研究确定并落实责任，及时向社会公布，2016年底前完成相关交接工作。相关部门要按程序修改《气象灾害防御条例》，对涉及的部门规章等进行清理修订。国务院办公厅适时组织督查，督促各部门、各地区在规定时限内落实改革要求。

本决定自印发之日起施行，已有规定与本决定不一致的，按照本决定执行。

国务院<br>2016 年 6 月 24 日

（引自《国务院公报》2016 年第 20 号）

指令性决定与宣告性决定的区别包括以下两个方面。

（1）约束力不同。指令性决定是上级机关针对某个涉及面较广的问题在着手解决前做出的行动部署，下级机关必须遵照执行，具有很强的约束力。宣告性决定主要用于表彰或处罚，意在晓谕各方，引起关注。即使是处罚决定，也只对被处罚单位或个人具有约束力，对其他的单位或个人则只有告诫的作用。而指令性决定对所有的下级单位或个人都具有约束力。

（2）篇幅长短不同。指令性决定因涉及面较广、内容繁杂，篇幅一般较长。而宣告性决定因内容单一，所以篇幅相对较短。

### （三）决定的拟写

1. 指令性决定的拟写

指令性决定正文的结构包括决定的依据或原因（目的）、决定事项、注意事项或实施要求三个部分。其重点是决定事项。

（1）决定的依据或原因（目的）的拟写。指令性决定的依据或原因（目的）既要高度概括，又要提纲挈领。

（2）决定事项的拟写。指令性决定的决定事项涉及内容比较多，其写法又有以下四种。

① 分类式。即把决定事项从整体上分成若干大类，每一大类下再分若干层次或条款，使繁多、复杂的决定事项相对集中，从而给人以重点突出、思虑周严的印象。

② 条款式。即把决定事项分成若干条款，每一条款集中写某个决定事项。这样写的好处是眉目清晰、条理性强。

③ 撮要式。即在把决定事项分成若干条款的基础上，在每一条款的开头都采取先论后说的表达方式，即古人所谓"立片言以居要，乃一篇之警策"。这样写的好处是方便阅读、利于传达，能给读者留下较深的印象。

④ 结合式。比较复杂的指令性决定可以把分类、条款、撮要结合起来。如《国务院关于加强市县政府依法行政的决定》的全部决定事项分八大类，共 30 条，每类每条大都采用撮要式。

（3）注意事项或实施要求的拟写。指令性决定的结尾部分，有的还要写注意事项或实施要求。这个部分或强调意义，或发出号召，或提醒所属各单位在执行决定事项的过程中应该引起注意的有关事项，或说明该决定与以往的有关文件如何配套、衔接等。

**决定文例 2**

国务院关于加快发展现代职业教育的决定

国发〔2014〕19号

各省、自治区、直辖市人民政府，国务院各部委、各直属机构：

近年来，我国职业教育事业快速发展，体系建设稳步推进，培养培训了大批中高级技能型人才，为提高劳动者素质、推动经济社会发展和促进就业做出了重要贡献。同时也要看到，当前职业教育还不能完全适应经济社会发展的需要，结构不尽合理，质量有待提高，办学条件薄弱，体制机制不畅。加快发展现代职业教育，是党中央、国务院做出的重大战略部署，对于深入实施创新驱动发展战略，创造更大人才红利，加快转方式、调结构、促升级具有十分重要的意义。现就加快发展现代职业教育做出以下决定。

**一、总体要求**

（一）指导思想。以邓小平理论、"三个代表"重要思想、科学发展观为指导，坚持以立德树人为根本，以服务发展为宗旨，以促进就业为导向，适应技术进步和生产方式变革以及社会公共服务的需要，深化体制机制改革，统筹发挥好政府和市场的作用，加快现代职业教育体系建设，深化产教融合、校企合作，培养数以亿计的高素质劳动者和技术技能人才。

（二）基本原则。

——政府推动、市场引导。发挥好政府保基本、促公平作用，着力营造制度环境、制定发展规划、改善基本办学条件、加强规范管理和监督指导等。充分发挥市场机制作用，引导社会力量参与办学，扩大优质教育资源，激发学校发展活力，促进职业教育与社会需求紧密对接。

——加强统筹、分类指导。牢固确立职业教育在国家人才培养体系中的重要位置，统筹发展各级各类职业教育，坚持学校教育和职业培训并举。强化省级人民政府统筹和部门协调配合，加强行业部门对本部门、本行业职业教育的指导。推动公办与民办职业教育共同发展。

——服务需求、就业导向。服务经济社会发展和人的全面发展，推动专业设置与产业需求对接，课程内容与职业标准对接，教学过程与生产过程对接，毕业证书与职业资格证书对接，职业教育与终身学习对接。重点提高青年就业能力。

——产教融合、特色办学。同步规划职业教育与经济社会发展，协调推进人力资源开发与技术进步，推动教育教学改革与产业转型升级衔接配套。突出职业院校办学特色，强化校企协同育人。

——系统培养、多样成才。推进中等和高等职业教育紧密衔接，发挥中等职业教育在发展现代职业教育中的基础性作用，发挥高等职业教育在优化高等教育结构中的重要作用。加强职业教育与普通教育沟通，为学生多样化选择、多路径成才搭建"立交桥"。

（三）目标任务。到2020年，形成适应发展需求、产教深度融合、中职高职衔接、职业教育与普通教育相互沟通，体现终身教育理念，具有中国特色、世界水平的现代职业教育体系。

——结构规模更加合理。总体保持中等职业学校和普通高中招生规模大体相当，高等职业教育规模占高等教育的一半以上，总体教育结构更加合理。到2020年，中等职业教育在校生达到2350万人，专科层次职业教育在校生达到1480万人，接受本科层次职业教育的学生达到一定规模。从业人员继续教育达到3.5亿人次。

——院校布局和专业设置更加适应经济社会需求。调整完善职业院校区域布局，科学合理设置专业，健全专业随产业发展动态调整的机制，重点提升面向现代农业、先进制造业、现代服务业、战略性新兴产业和社会管理、生态文明建设等领域的人才培养能力。

——职业院校办学水平普遍提高。各类专业的人才培养水平大幅提升，办学条件明显改善，实训设备配置水平与技术进步要求更加适应，现代信息技术广泛应用。专兼结合的"双师型"教师队伍建设进展显著。建成一批世界一流的职业院校和骨干专业，形成具有国际竞争力的人才培养高地。

——发展环境更加优化。现代职业教育制度基本建立，政策法规更加健全，相关标准更加科学规范，监管机制更加完善。引导和鼓励社会力量参与的政策更加健全。全社会人才观念显著改善，支持和参与职业教育的氛围更加浓厚。

**二、加快构建现代职业教育体系**

（四）巩固提高中等职业教育发展水平。各地要统筹做好中等职业学校和普通高中招生工作，落实好职普招生大体相当的要求，加快普及高中阶段教育。鼓励优质学校通过兼并、托管、合作办学等形式，整合办学资源，优化中等职业教育布局结构。推进县级职教中心等中等职业学校与城市院校、科研机构对口合作，实施学历教育、技术推广、扶贫开发、劳动力转移培训和社会生活教育。在保障学生技术技能培养质量的基础上，加强文化基础教育，实现就业有能力、升学有基础。有条件的普通高中要适当增加职业技术教育内容。

（五）创新发展高等职业教育。专科高等职业院校要密切产学研合作，培养服务区域发展的技术技能人才，重点服务企业特别是中小微企业的技术研发和产品升级，加强社区教育和终身学习服务。探索发展本科层次职业教育，建立以职业需求为导向、以实践能力培养为重点、以产学结合为途径的专业学位研究生培养模式。研究建立符合职业教育特点的学位制度。原则上中等职业学校不升格为或并入高等职业院校，专科高等职业院校不升格为或并入本科高等学校，形成定位清晰、科学合理的职业教育层次结构。

（六）引导普通本科高等学校转型发展。采取试点推动、示范引领等方式，引导一批普通本科高等学校向应用技术类型高等学校转型，重点举办本科职业教育。独立学院转设为独立设置高等学校时，鼓励其定位为应用技术类型高等学校。建立高等学校分类体系，实行分类管理，加快建立分类设置、评价、指导、拨款制度。招生、投入等政策措施向应用技术类型高等学校倾斜。

（七）完善职业教育人才多样化成长渠道。健全"文化素质＋职业技能"、单独招生、综合评价招生和技能拔尖人才免试等考试招生办法，为学生接受不同层次高等职业教育提供多种机会。在学前教育、护理、健康服务、社区服务等领域，健全对初中毕业生实行中高职贯通培养的考试招生办法。适度提高专科高等职业院校招收中等职业学校毕业生的比例、本科高等学校招收职业院校毕业生的比例。逐步扩大高等职业院校招收有实践经历人员的比例。建立学分积累与转换制度，推进学习成果互认衔接。

（八）积极发展多种形式的继续教育。建立有利于全体劳动者接受职业教育和培训的灵活学习制度，服务全民学习、终身学习，推进学习型社会建设。面向未升学初高中毕业生、残疾人、失业人员等群体广泛开展职业教育和培训。推进农民继续教育工程，加强涉农专业、课程和教材建设，创新农学结合模式。推动一批县（市、区）在农村职业教育和成人教育改革发展方面发挥示范作用。利用职业院校资源广泛开展职工教育培训。重视培养军地两用人才。退役士兵接受职业教育和培训，按照国家有关规定享受优待。

**三、激发职业教育办学活力**

（九）引导支持社会力量兴办职业教育。创新民办职业教育办学模式，积极支持各类办学主体通过独资、合资、合作等多种形式举办民办职业教育；探索发展股份制、混合所有制职业院校，允许以资本、知识、技术、管理等要素参与办学并享有相应权利。探索公办和社会力量举办的职业院校相互委托管理和购买服务的机制。引导社会力量参与教学过程，共同开发课程和教材等教育资源。社会力量举办的职业院校与公办职业院校具有同等法律地位，依法享受相关教育、财税、土地、金融等政策。健全政府补贴、购买服务、助学贷款、基金奖励、捐资激励等制度，鼓励社会力量参与职业教育办学、管理和评价。

（十）健全企业参与制度。研究制定促进校企合作办学有关法规和激励政策，深化产教融合，鼓励行业和企业举办或参与举办职业教育，发挥企业重要办学主体作用。规模以上企业要有机构或人员组织实施职工教育培训、对接职业院校，设立学生实习和教师实践岗位。企业因接受实习生所实际发生的与取得收入有关的、合理的支出，按现行税收法律规定在计算应纳税所得额时扣除。多种形式支持企业建设兼具生产与教学功能的公共实训基地。对举办职业院校的企业，其办学符合职业教育发展规划要求的，各地可通过政府购买服务等方式给予支持。对职业院校自办的、以服务学生实习实训为主要目的的企业或经营活动，按照国家有关规定享受税收等优惠。支持企业通过校企合作共同培养培训人才，不断提升企业价值。企业开展职业教育的情况纳入企业社会责任报告。

（十一）加强行业指导、评价和服务。加强行业指导能力建设，分类制定行业指导政策。通过授权委托、购买服务等方式，把适宜行业组织承担的职责交给行业组织，给予政策支持并强化服务监管。行业组织要履行好发布行业人才需求、推进校企合作、参与指导教育教学、开展质量评价等职责，建立行业人力资源需求预测和就业状况定期发布制度。

（十二）完善现代职业学校制度。扩大职业院校在专业设置和调整、人事管理、教师评聘、收入分配等方面的办学自主权。职业院校要依法制定体现职业教育特色的章程和制度，完善治理结构，提升治理能力。建立学校、行业、企业、社区等共同参与的学校理事会或董事会。制定校长任职资格标准，推进校长聘任制改革和公开选拔试点。坚持和完善中等职业学校校长负责制、公办高等职业院校党委领导下的校长负责制。建立企业经营管理和技术人员与学校领导、骨干教师相互兼职制度。完善体现职业院校办学和管理特点的绩效考核内部分配机制。

（十三）鼓励多元主体组建职业教育集团。研究制定院校、行业、企业、科研机构、社会组织等共同组建职业教育集团的支持政策，发挥职业教育集团在促进教育链和产业链有机融合中的重要作用。鼓励中央企业和行业龙头企业牵头组建职业教育集团。探索组建覆盖全产业链的职业教育集团。健全联席会、董事会、理事会等治理结构和决策机制。开展多元投资主体依法共建职业教育集团的改革试点。

（十四）强化职业教育的技术技能积累作用。制定多方参与的支持政策，推动政府、学校、行业、企业联动，促进技术技能的积累与创新。推动职业院校与行业企业共建技术工艺和产品开发中心、实验实训平台、技能大师工作室等，成为国家技术技能积累与创新的重要载体。职业院校教师和学生拥有知识产权的技术开发、产品设计等成果，可依法依规在企业作价入股。

**四、提高人才培养质量**

（十五）推进人才培养模式创新。坚持校企合作、工学结合，强化教学、学习、实训相融合的教育教学活动。推行项目教学、案例教学、工作过程导向教学等教学模式。加大实习实训在教学中的比重，创新顶岗实习形式，强化以育人为目标的实习实训考核评价。健全学生实习责任保险制度。积极推进学历证书和职业资格证书"双证书"制度。开展校企联合招生、联合培养的现代学徒制试点，完善支持政策，推进校企一体化育人。开展职业技能竞赛。

（十六）建立健全课程衔接体系。适应经济发展、产业升级和技术进步需要，建立专业教学标准和职业标准联动开发机制。推进专业设置、专业课程内容与职业标准相衔接，推进中等和高等职业教育培养目标、专业设置、教学过程等方面的衔接，形成对接紧密、特色鲜明、动态调整的职业教育课程体系。全面实施素质教育，科学合理设置课程，将职业道德、人文素养教育贯穿培养全过程。

（十七）建设"双师型"教师队伍。完善教师资格标准，实施教师专业标准。健全教师专业技术职务（职称）评聘办法，探索在职业学校设置正高级教师职务（职称）。加强校长培训，实行五年一周期的教师全员培训制度。落实教师企业实践制度。政府要支持学校按照有关规定自主聘请兼职教师。完善企业工程技术人员、高技能人才到职业院校担任专兼职教师的相关政策，兼职教师任教情况应作为其业绩考核评价的重要内容。加强职业技术师范院校建设。推进高水平学校和大中型企业共建"双师型"教师培养培训基地。地方政府要比照普通高中和高等学校，根据职业教育特点核定公办职业院校教职工编制。加强职业教育科研教研队伍建设，提高科研能力和教学研究水平。

（十八）提高信息化水平。构建利用信息化手段扩大优质教育资源覆盖面的有效机制，推进职业教育资源跨区域、跨行业共建共享，逐步实现所有专业的优质数字教育资源全覆盖。支持与专业课程配套的虚拟仿真实训系统开发与应用。推广教学过程与生产过程实时互动的远程教学。加快信息化管理平台建设，加强现代信息技术应用能力培训，将现代信息技术应用能力作为教师评聘考核的重要依据。

（十九）加强国际交流与合作。完善中外合作机制，支持职业院校引进国（境）外高水平专家和优质教育资源，鼓励中外职业院校教师互派、学生互换。实施中外职业院校合作办学项目，探索和规范职业院校到国（境）外办学。推动与中国企业和产品"走出去"相配套的职业教育发展模式，注重培养符合中国企业海外生产经营需求的本土化人才。积极参与制定职业教育国际标准，开发与国际先进标准对接的专业标准和课程体系。提升全国职业院校技能大赛国际影响。

**五、提升发展保障水平**

（二十）完善经费稳定投入机制。各级人民政府要建立与办学规模和培养要求相适应的财政投入制度，地方人民政府要依法制定并落实职业院校生均经费标准或公用经费标准，改善职业院校基本办学条件。地方教育附加费用于职业教育的比例不低于30%。加大地方人民政府经费统筹力度，发挥好企业职工教育培训经费以及就业经费、扶贫和移民安置资金等各类资金在职业培训中的作用，提高资金使用效益。县级以上人民政府要建立职业教育经费绩效评价制度、审计监督公告制度、预决算公开制度。

（二十一）健全社会力量投入的激励政策。鼓励社会力量捐资、出资兴办职业教育，拓宽办学筹资渠道。通过公益性社会团体或者县级以上人民政府及其部门向职业院校进行捐赠的，其捐赠按照现行税收法律规定在税前扣除。完善财政贴息贷款等政策，健全民办职业院校融资机制。企业要依法履行职工教育培训和足额提取教育培训经费的责任，一般企业按照职工工资总额的1.5%足额提取教育培训经费，从业人员技能要求高、实训耗材多、培训任务重、经济效益较好的企业可按2.5%提取，其中用于一线职工教育培训的比例不低于60%。除国务院财政、税务主管部门另有规定外，企业发生的职工教育经费支出，不超过工资薪金总额2.5%的部分，准予扣除；超过部分，准予在以后纳税年度结转扣除。对不按规定提取和使用教育培训经费并拒不改正的企业，由县级以上地方人民政府依法收取企业应当承担的职业教育经费，统筹用于本地区的职业教育。探索利用国（境）外资金发展职业教育的途径和机制。

（二十二）加强基础能力建设。分类制定中等职业学校、高等职业院校办学标准，到2020年实现基本达标。在整合现有项目的基础上实施现代职业教育质量提升计划，推动各地建立完善以促进改革和提高绩效为导向的高等职业院校生均拨款制度，引导高等职业院校深化办学机制和教育教学改革；重点支持中等职业学校改善基本办学条件，开发优质教学资源，提高教师素质，推动建立发达地区和欠发达地区中等职业教育合作办学工作机制。继续实施中等职业教育基础能力建设项目。支持一批本科高等学校转型发展为应用技术类型高等学校。地方人民政府、相关行业部门和大型企业要切实加强所办职业院校基础能力建设，支持一批职业院校争创国际先进水平。

（二十三）完善资助政策体系。进一步健全公平公正、多元投入、规范高效的职业教育国家资助政策。逐步建立职业院校助学金覆盖面和补助标准动态调整机制，加大对农林水地矿油核等专业学生的助学力度。有计划地支持集中连片特殊困难地区内限制开发和禁止开发区初中毕业生到省（区、市）内外经济较发达地区接受职业教育。完善面向农民、农村转移劳动力、在职职工、失业人员、残疾人、退役士兵等接受职业教育和培训的资助补贴政策，积极推行以直补个人为主的支付办法。有关部门和职业院校要切实加强资金管理，严查"双重学籍""虚假学籍"等问题，确保资助资金有效使用。

（二十四）加大对农村和贫困地区职业教育支持力度。服务国家粮食安全保障体系建设，积极发展现代农业职业教育，建立公益性农民培养培训制度，大力培养新型职业农民。在人口集中和产业发展需要的贫困地区建好一批中等职业学校。国家制定奖补政策，支持东部地区职业院校扩大面向中西部地区的招生规模，深化专业建设、课程开发、资源共享、学校管理等合作。加强民族地区职业教育，改善民族地区职业院校办学条件，继续办好内地西藏、新疆中职班，建设一批民族文化传承创新示范专业点。

（二十五）健全就业和用人的保障政策。认真执行就业准入制度，对从事涉及公共安全、人身健康、生命财产安全等特殊工种的劳动者，必须从取得相应学历证书或职业培训合格证书并获得相应职业资格证书的人员中录用。支持在符合条件的职业院校设立职业技能鉴定所（站），完善职业院校合格毕业生取得相应职业资格证书的办法。各级人民政府要创造平等就业环境，消除城乡、行业、身份、性别等一切影响平等就业的制度障碍和就业歧视；党政机关和企事业单位招用人员不得歧视职业院校毕业生。结合深化收入分配制度改革，促进企业提高技能人才收入水平。鼓励企业建立高技能人才技能职务津贴和特殊岗位津贴制度。

**六、加强组织领导**

（二十六）落实政府职责。完善分级管理、地方为主、政府统筹、社会参与的管理体制。国务院相关部门要有效运用总体规划、政策引导等手段以及税收金融、财政转移支付等杠杆，加强对职业教育发展的统筹协调和分类指导；地方政府要切实承担主要责任，结合本地实际推进职业教育改革发展，探索解决职业教育发展的难点问题。要加快政府职能转变，减少部门职责交叉和分散，减少对学校教育教学具体事务的干预。充分发挥职业教育工作部门联席会议制度的作用，形成工作合力。

（二十七）强化督导评估。教育督导部门要完善督导评估办法，加强对政府及有关部门履行发展职业教育职责的督导；要落实督导报告公布制度，将督导报告作为对被督导单位及其主要负责人考核奖惩的重要依据。完善职业教育质量评价制度，定期开展职业院校办学水平和专业教学情况评估，实施职业教育质量年度报告制度。注重发挥行业、用人单位作用，积极支持第三方机构开展评估。

（二十八）营造良好环境。推动加快修订职业教育法。按照国家有关规定，研究完善职业教育先进单位和先进个人表彰奖励制度。落实好职业教育科研和教学成果奖励制度，用优秀成果引领职业教育改革创新。研究设立职业教育活动周。大力宣传高素质劳动者和技术技能人才的先进事迹和重要贡献，引导全社会确立尊重劳动、尊重知识、尊重技术、尊重创新的观念，促进形成"崇尚一技之长、不唯学历凭能力"的社会氛围，提高职业教育社会影响力和吸引力。

国务院<br>2014 年 5 月 2 日

（本文有删减）

（引自《国务院公报》2014 年第 19 号）

2. 宣告性决定的拟写

宣告性决定主要用于表彰或处罚，有时也涉及机构的设立、撤并、授予荣誉称号、给予纪律处分等。宣告性决定的结构主要包括情况介绍、决定内容以及期望或号召三个部分。

（1）情况介绍的拟写。这个部分主要概括叙述表彰或处罚对象的主要事迹或违纪事实。文字要简要，定性要准确，为决定内容做好铺垫。

（2）决定内容的拟写。决定内容包括：写明做出决定的机关名称；决定的依据，即根据什么规章的第几条第几款的什么具体规定；决定的实质性内容，如"授予×××先进工作者称号"或"给予×××行政记过处分"等。

（3）期望或号召的拟写。宣告性决定的期望或号召部分主要是针对决定内容，站在领导机关的高度，对受表彰或受处罚的人和事以及与此相关的广大群众提出期望，或再接再厉，或吸取教训。有的宣告性决定仅有情况介绍和决定内容两个部分，期望或号召属于选择项，是否必要，要根据具体情况而定。

## 三、决议

《12·条例》第八条规定："决议。适用于会议讨论通过的重大决策事项。"

### （一）决议的特点

决议的形成渠道只有一个，即法定的会议。决议最主要的特点是程序性和权威性。

1. 程序性

决议的程序性，是指决议草案必须经法定会议按法定程序讨论，按法定程序表决，经法定的人数同意，才能最终形成决议。即表决在前，决议在后。因此，从理论上来说，决议是对表决结果进行书面确认，使之具备法定效力。

2. 权威性

决议的权威性，是指决议一经通过，就具有法定效力，必须遵照执行，包括在讨论时不同意决议内容，表决时甚至投了反对票或弃权票的少数人也必须遵照执行。

### （二）决议的种类

因为会议的类型很多，这就决定了决议的种类也比较多。

按照会议所属领域的不同来分类，在政治领域可以分为党代会决议、人代会决议、团代会决议、工代会决议等；在经济领域可以分为股东代表大会决议、董事会决议、监事会决议等；在文化教育领域可以分为教代会决议、文代会决议以及各种学会、研究会、协会等民间社团组织在一些法定会议中形成的决议。

按照决议的内容分类，决议可以分为审议通过有关大会主题报告的决议、审查批准或讨论决定重大事项的决议、同意修改国家法律或组织章程的决议、安排部署重大活动的决议、对历史问题做出权威性结论的决议等。

### (三) 决议的结构安排

决议由标题、成文日期和正文三个部分组成。

1. 标题

决议的标题通常由三个要素组成,即会议名称+事由(审查或批准对象)+文种。

> **全国人民代表大会常务委员会关于批准 2016 年中央预算调整方案的决议**
> (2016 年 11 月 7 日第十二届全国人民代表大会常务委员会第二十四次会议通过)

会议名称是"第十二届全国人民代表大会常务委员会第二十四次会议",事由(即批准对象)是"2016 年中央预算调整方案",文种是"决议"。

2. 成文日期

决议因是会议文件,所以无法加盖印章。因此,决议成文日期的位置不在正文之后,而在标题与正文之间,即在标题正下方用圆括号括入。括号内严格地来说应当有三个要素:一是具体通过或批准的日期,如上例"2016 年 11 月 7 日";二是会议名称,如"第十二届全国人民代表大会第二十四次会议";三是要有"通过"或"批准"字样。

3. 决议正文的写作

决议正文的写作因种类不同而不同。从篇幅上来看,有一段式和多段式之分。内容简单,则一段成文;内容复杂,则要条分缕析、分层表述。无论是简单还是复杂,从内在逻辑上来说,决议都要就议决对象予以评价和表态。

评价,是指对议决对象的真实性、重要性、可行性等进行评价和认定。如《第十届全国人民代表大会第一次会议关于政府工作报告的决议》,在开头第一段就对《政府工作报告》进行评价:"报告实事求是地总结了政府五年工作,充分反映了各方面取得的显著成绩,清醒地指出了目前我国经济和社会生活中存在的困难和问题。报告对今年政府工作的建议,充分体现了……是切实可行的。"

表态,是指对议决对象同意或批准与否的明确表示。如《第十届全国人民代表大会第五次会议关于政府工作报告的决议》,开头即表态:"第十届全国人民代表大会第五次会议听取和审议了国务院总理温家宝所作的政府工作报告。会议充分肯定国务院过去一年的工作,同意报告提出的今后一年经济社会发展的目标任务和工作部署,决定批准这个报告。"文字虽短,但对决议来说关键性的话都已包括:"会议充分肯定国务院过去一年的工作""同意报告提出的……""决定批准这个报告"。这些肯定性的话对决议来说是必不可少的,否则就不成其为决议。当然,如果必要,也可以写成"会议原则同意(批准)"或"会议基本同意(批准)"等。

以批准大会主题报告的决议正文为例,在写作上有以下三个方面的内容是不可少的。

(1) 批准对象不可少,如"第十届全国人民代表大会第五次会议听取和审议了国务院总理温家宝所作的政府工作报告"。

（2）批准的理由和根据不可少，如"会议充分肯定国务院过去一年的工作"。

（3）批准与否的意见不可少，如"同意报告提出的今后一年经济社会发展的目标任务和工作部署，决定批准这个报告"。

（四）决议的人称

由于是会议文件，传达的是集体或集团的意志，因此，决议的人称只能有一个，即"会议"。这是决议在人称上的一个突出特点。

决议的人称在不同的部分中按照从先至后的顺序通常都写作"会议审议了……""会议认为""会议指出""会议强调""会议要求""会议同意""会议号召"等。

## 决议文例1（批准大会主题报告的决议）

**第十二届全国人民代表大会第四次会议关于政府工作报告的决议**

（2016年3月16日第十二届全国人民代表大会第四次会议通过）

第十二届全国人民代表大会第四次会议听取和审议了国务院总理李克强所作的政府工作报告。会议高度评价"十二五"时期我国经济社会发展取得的重大成就，充分肯定国务院过去一年的工作，同意报告提出的"十三五"时期主要目标任务、重大举措和2016年工作部署，决定批准这个报告。

会议号召，全国各族人民紧密团结在以习近平同志为总书记的党中央周围，高举中国特色社会主义伟大旗帜，全面贯彻党的十八大和十八届三中、四中、五中全会精神，以邓小平理论、"三个代表"重要思想、科学发展观为指导，深入贯彻习近平总书记系列重要讲话精神，按照"五位一体"总体布局和"四个全面"战略布局，牢固树立和贯彻落实创新、协调、绿色、开放、共享的新发展理念，坚持稳中求进工作总基调，适应经济发展新常态，实行宏观政策要稳、产业政策要准、微观政策要活、改革政策要实、社会政策要托底的总体思路，把握好稳增长与调结构的平衡，保持经济运行在合理区间，着力加强供给侧结构性改革，加快培育新的发展动能，改造提升传统比较优势，坚定信心，开拓进取，攻坚克难，真抓实干，努力完成2016年各项工作任务，实现"十三五"时期经济社会发展良好开局，为夺取全面建成小康社会决胜阶段的伟大胜利而努力奋斗！

## 决议文例2（批准大会主题报告的决议）

**全国人民代表大会常务委员会关于
批准2016年中央预算调整方案的决议**

（2016年11月7日第十二届全国人民代表大会常务委员会第二十四次会议通过）

第十二届全国人民代表大会常务委员会第二十四次会议听取了财政部副部长刘昆受国务院委托作的关于提请审议2016年中央预算调整方案（草案）的议案的说明，审查了《国务院关于提请审议2016年中央预算调整方案（草案）的议案》，同意全国人民代表大会财政经济委员会提出的审查结果报告。会议决定，批准2016年中央预算调整方案。

## 第二节 通告、公告

### 一、通告

#### (一) 通告的适用范围

通告适用于在一定范围内公布应当遵守或者周知的事项。

通告属行政公文,司法机关也用,但党委机关不用通告。

#### (二) 通告的分类

按照通告的内容和作者分类,通告可以分为周知性通告和法规性通告两种。

1. 周知性通告

周知性通告是以通告的形式将某项需在一定范围内周知的事项告诉有关群众或组织,如《××市工商局办理营业执照年检的通告》。使用这种通告的作者比较宽泛,除了个人以外的国家行政机关、社会团体等都可以使用。这类通告主要用于维护道路、电路、输水管线以及工商、税务、卫生、城建、交通管理等部门要求有关人员在一定的期限内登记、换证、检疫、拆迁、报考等,使用频率较高。

2. 法规性通告

法规性通告主要由各级权力机关、行政机关以及司法机关以通告的形式发布具有约束力的法规性文件。如《××市人民政府关于办理建筑纳税的通告》就属此类。

#### (三) 通告的拟写

1. 通告的结构

通告的结构包括标题、正文、印章或发文机关名称和发布日期四个部分组成。

(1) 通告的标题。通告的标题要醒目。发文机关名称、事由和文种三个部分要全,不能省略发文机关名称。尤其是事由的概括要准确,让人能一目了然,方便阅读,如《××市工商局关于办理营业执照年检的通告》。

(2) 通告的正文。通告的正文是通告的核心,要做到以下三点。

① 正文要完整。必须写清楚通告的理由或根据、通告的具体事项等。通告的理由或根据与通告事项之间要有明显的过渡,如"特此通告如下",以引起下文。

② 通告的事项要有条理。通告的事项一般都分条表达,要按照事物之间的逻辑顺序统筹兼顾、科学排列,便于理解和执行。

③ 文字要严谨易懂。通告的专业性较强,撰稿人员既要准确地使用专业术语,又要考虑通俗易懂。

(3) 印章或发文机关。通告的标题中一般都冠有发文机关名称,落款处盖章即可。印章要与发文机关名称一致,不能代章。印章要盖在发文日期上,"骑年压月",且要清晰可辨。

（4）发布日期。通告的发布日期用汉字书写，年月日要写全。

2. 周知性通告的拟写

周知性通告的内容涉及发布机关辖区内群众或机关、团体、企业事业单位的切身利益，在写作上要注意以下两个方面。

（1）事项要完整，要求要具体。需要周知的事项一般包括起止时间、地点等均要写明，对群众或有关方面的要求要写得具体明确，措施要切实可行。

（2）要未雨绸缪，必要时要留有余地。周知性通告的执行有时需要先做必要的准备，在时间上要留有余地，有一定的提前量。

3. 法规性通告的拟写

法规性通告在一定范围内具有约束力和强制性，要求所辖地域内的有关人员必须认真执行，不得违背。因此，在写作上要注意以下三个方面。

（1）内容要合法。法规性通告的内容必须合法，不得与有关法律法规相违背。有的法规性通告的开头就应写上法律依据，也可以把有关法律依据渗透到具体的内容之中。

（2）层次要分明。法规性通告如果内容较多，一般以章、条、款的形式表述，以求条理清楚。

（3）文字要严谨。法规性通告的语言要准确严谨，不能有歧义。

## 通告文例

**公安部、交通部、国家安全生产监督管理局**
**关于加强公路客运交通安全管理的通告**

为维护公路运输秩序和交通安全，防止发生公路客运群死群伤事故，保护国家财产和人民生命财产安全，根据国家有关法律法规，现就加强公路客运交通安全管理的规定通告如下：

一、严禁驾驶员过度疲劳驾驶车辆。单程在400公里以上（高速公路600公里以上）的客运汽车，必须配备两名以上驾驶员。从事公路客运的驾驶员一次连续驾驶车辆不得超过3小时，24小时内实际驾驶时间累计不得超过8小时。

长途客运车辆应当逐步安装、使用符合国家有关标准的行车记录仪。

二、严格客运班线管理。交通部门应将公路通行条件作为客运班线审批的一项重要指标。夜间（晚22时至早6时）运行的客运班线必须避开三级以下（含三级）山区公路达不到夜间安全通行要求的路段，无法避开的不得审批。对已开通运行的班车线路应按此要求进行调整，无法达到夜间安全通行要求的应停止夜间营运。

三、严禁客运车辆超载运行。客运车辆禁止超过行驶证上核定的载客人数。载客超员的，由驾驶员负责就地卸客转运，不消除违章不得继续行驶。转乘费用和因转运给其他乘客造成的损失由原承运人或驾驶员承担。

四、严禁非法改装客运车辆。对非法改装的客运车辆，由公安、交通部门分别依法处理，在责令其恢复原状前公安部门不予注册和年检，交通部门不予审批营运。

五、严格客运车辆驾驶员的安全管理。对从事营业性客运的驾驶员，公安部门应严格进行考试，严格实施交通违章记分管理；交通部门应加强运输法规和职业道德的培训和教育，提高驾驶员整体素质。

六、客运车辆的车主、承包人须严格遵守以上规定，保证车况良好，不得指使、强令驾驶员违法驾驶。对指使、强令驾驶员违法驾驶造成重大交通事故的，依法追究其法律责任。

七、客运企业应健全并落实安全生产责任制，加强对客运车辆驾驶员的交通安全教育和载客情况的检查，对违反客运安全规定的情况及时发现，及时纠正。

八、各级交通主管部门要把运输企业的安全生产情况作为企业资质等级评定和质量信誉考核的重要内容，对发生群死群伤特大安全事故或安全生产指标达不到相应要求的运输企业，一律降低其资质等级。

九、对违反客运交通安全管理规定的行为，司乘人员、旅客和其他群众都有权监督、劝阻和举报。公安、交通部门和安全生产监督管理机构应当及时受理群众举报，严肃查处有关责任人。

十、各级公安、交通等部门要严格执行客运车辆和驾驶员管理的有关规定，依法认真履行职责，对疏于监督管理造成事故的，要严肃追究有关责任人和领导的责任。

十一、本通告第一条、第二条规定自2001年11月15日起执行，其他规定仍按已有法律法规执行。

二〇〇一年十月十九日

（引自《国务院公报》2002年第20号）

## 二、公告

### （一）公告的适用范围

公告适用于向国内外宣布重要事项或者法定事项。公告属行政公文，立法机关、司法机关也可以用。

### （二）公告的特点

1. 告知范围广

需向国内外告知时，才用公告；仅限于告知本系统内或国内时，不能用公告。

2. 篇幅短小

公告的篇幅都很短小，有的只有一两句话。只要把某个重要事项或法定事项向国内外公布即可。无须写明理由、背景，一般也用不着解释。

3. 时间性强

公告必须及时发布。公告不必通过正常的行文渠道层层下发，而是通过各种新闻媒介广为传播。

### （三）公告的分类

公告可以分为两大类，即宣布重要事项的公告和宣布法定事项的公告。

1. 宣布重要事项的公告

宣布重要事项公告所针对的"重要事项"是从作者的角度来说的，对其他的单位和个人有时并不是非常重要。这类公告在计划经济时期很少使用，改革开放以来，各地为了招商引资、扩大知名度，争相举办各类国际性的庆典，如大连的国际服装节、潍坊的国际风筝节、郑州的国际少林武术节等，事前都要以当地政府名义向国内外公告。对于举办者来说，这当然是"重要事项"。

宣布重要事项公告的作者多为行政机关。

### 公告文例 1

**国家税务总局公告**

2016 年第 41 号

国家税务总局关于发布

《涉税信息查询管理办法》的公告

为贯彻落实《深化国税、地税征管体制改革方案》关于"推进涉税信息公开，方便纳税人查询缴税信息"的要求，持续推进办税便利化改革，国家税务总局制定了《涉税信息查询管理办法》，现予以发布，自发布之日起施行。

特此公告。

税务总局
2016 年 6 月 30 日

涉税信息查询管理办法

第一条　为规范涉税信息查询管理，推进税务部门信息公开，促进税法遵从，便利和服务纳税人，根据《中华人民共和国税收征收管理法》及其实施细则、《中华人民共和国政府信息公开条例》的有关规定，制定本办法。

第二条　本办法所称涉税信息查询，是指税务机关依法对外提供的信息查询服务。可以查询的信息包括由税务机关专属掌握可对外提供查询的信息，以及有助于纳税人履行纳税义务的税收信息。

涉税咨询、依申请公开信息不属于本办法所称涉税信息查询。

第三条　本办法适用于社会公众对公开涉税信息的查询，纳税人对自身涉税信息的查询。

税务部门之外具有社会管理和公共服务职能的有关部门依法对特定涉税信息的查询，以及抵押权人、质权人对欠税信息的查询，由各级税务机关依照相关法律、法规及国家税务总局相关规定组织实施。

第四条　省税务机关应当推进实现涉税信息统一归集，充实查询内容，加强查询平台建设，提供多元化查询渠道，探索主动推送信息等创新服务方式。

第五条　各级税务机关应当采取有效措施，切实保障涉税信息查询安全可控。

第六条　社会公众可以通过报刊、网站、信息公告栏等公开渠道查询税收政策、重大税收违法案件信息、非正常户认定信息等依法公开的涉税信息。

税务机关应当对公开涉税信息的查询途径及时公告，方便社会公众查询。

第七条　纳税人可以通过网站、客户端软件、自助办税终端等渠道，经过有效身份认证和识别，自行查询税费缴纳情况、纳税信用评价结果、涉税事项办理进度等自身涉税信息。

第八条　纳税人按照本办法第七条无法自行获取所需自身涉税信息，可以向税务机关提出书面申请，税务机关应当在本单位职责权限内予以受理。

书面申请查询，应当提交以下资料：

（一）涉税信息查询申请表（式样见附件1）；

（二）纳税人本人（法定代表人或主要负责人）有效身份证件原件及复印件。

第九条　纳税人本人（法定代表人或主要负责人）授权其他人员代为书面申请查询，应当提交以下资料：

（一）涉税信息查询申请表；

（二）纳税人本人（法定代表人或主要负责人）有效身份证件复印件；

（三）经办人员有效身份证件原件及复印件；

（四）由纳税人本人（法定代表人或主要负责人）签章的授权委托书。

第十条　纳税人书面申请查询，要求税务机关出具书面查询结果的，税务机关应当出具《涉税信息查询结果告知书》（式样见附件2）。

涉税信息查询结果不作为涉税证明使用。

第十一条　纳税人对查询结果有异议，可以向税务机关申请核实，并提交以下资料：

（一）涉税信息查询结果核实申请表（式样见附件3）；

（二）原涉税信息查询结果；

（三）相关证明材料。

第十二条　税务机关应当对纳税人提供的异议信息进行核实，并将核实结果告知纳税人。

税务机关确认涉税信息存在错误，应当及时进行信息更正。

第十三条　对于未按规定提供涉税信息或泄露纳税人信息的税务人员，应当按照有关规定追究责任。

第十四条　省税务机关可以根据本办法制定具体实施意见。

第十五条　《国家税务总局关于印发〈纳税人涉税保密信息管理暂行办法〉的通知》（国税发〔2008〕93号）与本办法有关规定不一致的，适用本办法。

第十六条　本办法自发布之日起施行。

附件：1. 涉税信息查询申请表

　　　2. 涉税信息查询结果告知书

　　　3. 涉税信息查询结果核实申请表

（以上附件略，详情请登录国家税务总局网站）

2. 宣布法定事项的公告

宣布法定事项的公告的作者多为权力（立法）机关。如中华人民共和国第十届全国人民代表大会第一次会议主席团在2003年3月15—16日的两天内先后发布了6份公告，分别宣布全国人大常委会委员长、副委员长、秘书长、委员，中华人民共和国主席、副主席，中央军事委员会主席、副主席、委员和最高人民法院院长、最高人民检察院检察长的选举结果。

这类公告是程序性的，是按我国《宪法》的有关规定行事，具有权威性和法律效力。

## 公告文例2

**全国人民代表大会常务委员会公告**
〔十二届〕第十八号

辽宁省人大常委会决定接受王珉辞去第十二届全国人民代表大会代表职务。河南省人大常委会决定接受朱伟、陈雪枫辞去第十二届全国人民代表大会代表职务。甘肃省人大常委会决定接受邢伟志辞去第十二届全国人民代表大会代表职务。依照代表法的有关规定，王珉、朱伟、陈雪枫、邢伟志的代表资格终止。依照选举法的有关规定，王珉的第十二届全国人民代表大会教育科学文化卫生委员会副主任委员职务相应终止。

截至目前，第十二届全国人民代表大会实有代表2939人。

特此公告。

全国人民代表大会常务委员会<br>2016 年 4 月 28 日

3．招标公告

招标公告是招标单位将欲采购商品的品名、数量、质量要求或业务项目的名称、标准、技术要求、施工条件等写成书面文字，通过新闻媒介向国内外公开宣布，以便符合招标要求的单位前来联系投标、竞标。我国的大型水利工程（如小浪底水利枢纽工程、长江三峡水库工程等）都是通过向国内外招标的方式选定施工企业的。这种方式能最大程度地利用市场竞争机制，如果组织得好，可以较合理的投资获取最佳的经济效益。

### （四）公告的拟写

1．宣布重要事项公告的拟写

宣布重要事项的公告，若内容是告知重大庆典，只要写明何时、何国、何地举办什么活动即可。若是其他的重要事项，还要增加告诫或晓谕国内外周知的内容。

2．宣布法定事项公告的拟写

宣布法定事项的公告因是依法按程序制发的，所以非常简约，只要把依法产生的结果予以公告即可。与宣布重要事项公告的区别在于，宣布法定事项公告需编专用文号，如第一号、第二号等。

3．招标公告的拟写

招标公告由标题、编号和正文三个部分组成。

规范的招标公告的标题由招标单位名称、招标事由和文种组成。

招标公告的编号一般位于标题与正文之间，外加圆括号。

招标公告的正文包括以下四个部分。

（1）招标目的、依据和项目名称。如××机电设备招标公司的一份招标公告是这样开头的：

××机电设备招标公司、××市招标公司受××市地铁公司的委托，对下列设备联合招标。欢迎具有本招标项目生产供应能力和法人资格的国内外厂商参加投标，国外投标者须联合中国国内企业共同设计、制造。

（2）招标的具体内容。如果是购买大宗商品的招标公告，应写明商品的名称、数量和规格等；如果是工程建设招标，应写明招标对象、工程概况、质量要求和工程日期等。

（3）招标的程序，包括发售标书的时间、地点（含标书的售价），对标书的要求，投标时应提供哪些证明文件，投标地点及投标截止日期，开标日期与开标地点等。

(4) 联系地点及联系方式，包括详细地址、电话号码、传真号码、邮政编码、电子邮件地址，联系人的姓名等。

拟写招标公告的注意事项包括以下三个方面：

(1) 招标的项目、内容、要求要准确、具体，不能产生歧义；

(2) 在发布招标公告的同时，还要另外准备好更为详细的招标文书及相关资料，以备向欲投标者发售；

(3) 招标公告的用语宜谦和，不使用指令性或指挥性词语。

## 第三节 通知、通报

### 一、通知

#### (一) 通知的适用范围

通知，是指用书面语言告知有关单位和人员某些特定事项的一种文体，是现代公文中使用频率最高、应用范围最广的文种之一。

《12·条例》第八条规定："通知。适用于发布、传达要求下级机关执行和有关单位周知或者执行的事项，批转、转发公文。"

通知的使用范围在实际应用中远不止这些。要视发文机关级层、职权范围以及具体的发文目的等因素灵活掌握。但有一点需要注意，不能凡事都用通知。有的单位在全部发文中，使用通知的比例相当高，甚至把应该写成会议纪要的也写成了通知，那是应当避免的。

#### (二) 通知的分类

在实际工作中使用频率最高的是通知，但出错最多的也是通知。

通知的种类很多，写法各异。根据通知的构成要素和作用可以把它分为载体型通知和实体型通知两大类。

载体型通知，是指那种只起运载和认定作用的通知，如批转型通知、转发型通知、发布型通知、印发型通知。这类通知的共同特点是：都是作为运载工具使用；都有特定范围的运载对象。

载体型通知之外的通知都是实体型通知，即不是充当运载工具，而是有实际内容的通知，如指示型通知、会议通知、事项通知等。

#### (三) 通知应当这样写

1. 载体型通知

载体型通知包括批转型通知、转发型通知、发布型通知、印发型通知。载体型通知之间有许多的共性，这也是导致载体型通知之间容易混淆的原因。这四种通知的共同之处如下。

(1) 构成要素相同。这四种通知都是由运载工具（即前面的通知部分）和运载对象组成。下面先来剖析一个案例。

① 运载工具。

《国务院批转发展改革委关于2009年深化经济体制改革工作意见的通知》（国发〔2009〕26号，2009年5月19日，见2009年《国务院公报》第16号）。

② 运载对象。

《关于2009年深化经济体制改革工作的意见》（发展改革委）。

再看2001年5月12日《国务院办公厅转发国土资源部、建设部关于加强地质灾害防治工作意见的通知》（国办发〔2001〕35号，引自2001年《国务院公报》第20号），这是一份转发型通知，其构成要素也由两个部分组成。

作为运载工具的通知部分"国土资源部、建设部《关于加强地质灾害防治工作的意见》已经国务院同意，现转发给你们，请认真贯彻执行"。

运载对象：即由国土资源部、建设部2001年5月10日上报给国务院的《关于加强地质灾害防治工作的意见》。

（2）写法相近。作为运载工具的通知正文的写法很简要，通常只有两层意思：一是指明运载对象；二是提出执行或阅读要求。如"国务院同意发展改革委《关于2009年深化经济体制改革工作的意见》，现转发给你们"，属指明运载对象；"请认真贯彻执行"，属提出执行要求。

几种载体型通知各有个性，这种个性也就是它们之间的区别。载体型通知之间的区别主要在于各有不同的运载对象。

（1）只能运载下级机关公文的批转型通知。

批转，"批"是批示、批准的意思。"转"是转发，二者合而为一，就是"批转"。当上级机关对下级机关报送的要求批转的"意见"予以批准，而后连同批准的内容和下级报送的"意见"一起向下转发时，就需要使用批转型通知。这种通知也带有指示的性质，要求有关单位遵照执行或参照执行。

批转型通知只能针对下级机关的公文，又分为主动批转和被动批转两种情况。主动批转，是指上级机关认为下级机关报来的报告、总结等所反映的情况和问题有普遍指导意义，因而加以批转下发。被动批转，是指有些下级机关需要解决的问题，涉及平行的或不相隶属的机关，用上行意见请求上级机关批转，以便推动那些需要合作完成的工作任务。不管是哪一种情况，下级机关的公文一旦经过批转，实际上就变成了批转机关（即上级机关）的意志，就具备在上级领导机关管辖范围内的执行效力。

作为运载工具的批转型通知本身可以再分为以下三层意思：

① 对批转对象的肯定程度，如"××××（上报批转对象的下级机关）《关于……意见》已经（发文机关）同意"；

② 执行要求，如"现批转给你们，请……执行"；

③ 批示内容，不是每份批转型通知必备的，经办人可以根据需要决定取舍。

凡是批转型通知，都是以肯定批转对象为前提。但对批转对象肯定到什么程度，是"同意""原则同意"，还是"完全同意"，须仔细斟酌、慎重对待。

执行要求是"请认真贯彻执行"，还是"定点试行"，或是"参照执行"，也要根据各方面的情况，把握好用词的分寸。

### 通知文例1

国务院批转国家发展改革委关于 2016 年<br>深化经济体制改革重点工作意见的通知

国发〔2016〕21号

各省、自治区、直辖市人民政府,国务院各部委、各直属机构:

国务院同意国家发展改革委《关于 2016 年深化经济体制改革重点工作的意见》,现转发给你们,请认真贯彻执行。

国务院<br>2016 年 3 月 25 日

关于 2016 年深化经济体制改革重点工作的意见(略)

(引自工《国务院公报》2016 年第 11 期)

通知文例1是一份最典型的批转型通知。如果需要有批示内容的话,篇幅会稍长一点。

### 通知文例2

国务院　中央军委关于批转<br>人力资源社会保障部总参谋部总政治部<br>军人随军家属就业安置办法的通知

国发〔2013〕42号

各省、自治区、直辖市人民政府,国务院各部委、各直属机构,各军区、各军兵种、各总部、军事科学院、国防大学、国防科学技术大学,武警部队:

国务院、中央军委同意人力资源社会保障部、总参谋部、总政治部《军人随军家属就业安置办法》,现转发给你们,请认真贯彻执行。

做好军人随军家属就业安置工作,事关广大官兵切身利益,事关军队战斗力建设,事关社会和谐发展,对深入贯彻落实党的十八大精神,实现党在新形势下的强军目标,全面建成小康社会具有重要意义。制定印发《军人随军家属就业安置办法》,是贯彻落实国家有关优待军人随军家属就业安置法律法规的客观要求,是增强部队凝聚力战斗力的实际举措,是服务部队、服务基层、服务官兵的具体体现。地方各级人民政府、各有关部门和军队各级,要站在维护国家安全、构建社会主义和谐社会的高度,充分认清做好新形势下军人随军家属就业安置工作的重要意义,切实加强组织领导,军地双方密切配合,加大安置工作力度,完善配套措施,积极主动地抓好工作落实,努力提高随军家属就业安置工作的质量和水平。要做好政策宣传和教育引导工作,在全社会营造关心支持国防和军队建设的良好氛围,支持和鼓励广大官兵及其家属立足本职,奋发进取,为实现中国梦强军梦作出新的贡献。

国务院<br>中央军委<br>2013 年 10 月 8 日

军人随军家属就业安置办法(略)

(引自《国务院公报》2013 年第 30 号)

相比之下,通知文例1只有对批转对象的肯定程度和执行要求两层意思。通知文例2

则有对批转对象的肯定程度、执行要求和批示内容三层意思。这要根据实际工作的需要灵活掌握。

批示内容要直接反映发文机关的基本意向,突出批转对象的重点内容,强调批转对象的基本精神,提请收文单位注意,以收到预期的执行效果。以《国务院 中央军委关于批转人力资源社会保障部总参谋部总政治部军人随军家属就业安置办法的通知》为例,批示内容主要有三层意思:

一是强调印发《军人随军家属就业安置办法》,做好军人随军家属就业安置工作的重要意义;

二是要求地方各级人民政府、各有关部门和军队各级,切实加强组织领导,军地双方密切配合,加大安置工作力度,完善配套措施,积极主动地抓好工作落实。

三是要求做好政策宣传和教育引导工作。

在拟写批转型通知的批示内容时应该注意以下两个方面。

① 不要说题外话。无论是强调批转对象的基本精神还是另有补充,都要紧扣批转对象。

② 不要有意拉长篇幅。在强调批转对象的基本精神时,要用点睛之笔加以概述,不必大段重复批转对象的基本内容。如确无强调的必要,也可以省去批示内容这个部分。

(2) 运载范围最广的转发型通知。

转发型通知是载体型通知中使用范围最广的一种。批转型通知只能针对下级机关的来文,使用范围较窄;而转发型通知既可以用来转发下级机关、平级机关以及不相隶属机关的公文,也可以用来转发上级机关的通知、批复等公文。

转发型通知的写作格式有以下两种。

① 写成"现将《……》转发给你们,请(望)……执行(参阅)"。这里有两层意思,即点明转发对象,提出执行(传达)要求。这种格式适用于转发上级机关的来文。

② 写成"××××(来文机关名称)《……》已经×××(收文机关名称)同意,现转发给你们,请认真贯彻执行"。这里有三层意思:一是点明转发对象;二是传达上级领导机关的态度;三是提出执行(传达)要求。

这种格式适用于按照上级领导机关的授权,由上级领导机关的办公厅(室)出面转发下级机关的来文。

需要特别注意的是,如果运载对象是下级机关的公文,在运载对象不变的前提下,上级领导机关是用批转型通知还是用转发型通知是可以选择的。如 2009 年 5 月 23 日《国务院办公厅转发交通运输部等部门关于推动农村邮政物流发展意见的通知》(国办发〔2009〕42 号,引自《国务院公报》2009 年第 16 号),从表面上来看,国务院办公厅与交通运输部等部门是不相隶属的关系,用"转发"是对的。但是,交通运输部等部门《关于推动农村邮政物流发展的意见》并不是主送国务院办公厅,而是主送给国务院。国务院对这份意见可以有两种答复的方式:如果以国务院名义答复,就应是一份批转型通知,即"国务院文件",用"国发";如果经国务院同意后以国务院办公厅名义答复,因国务院办公厅与交通运输部等部门之间属不相隶属的关系,就只能用转发型通知,版头是"国务院办公厅文件",用"国办发"。当然,这里不仅是版头和机关代字不同的问题,而是因级别不同、职权范围不同、通知的种类不同,导致被转对象的执行效力不同。试想,由国务院办公厅

"转发"肯定赶不上由国务院"批转"的执行力度大。

### 通知文例 3

**国务院办公厅转发民政部等部门**
**关于做好农村最低生活保障制度与**
**扶贫开发政策有效衔接指导意见的通知**

国办发〔2016〕70号

各省、自治区、直辖市人民政府，国务院各部委、各直属机构：

民政部、国务院扶贫办、中央农办、财政部、国家统计局、中国残联《关于做好农村最低生活保障制度与扶贫开发政策有效衔接的指导意见》已经国务院同意，现转发给你们，请认真贯彻执行。

国务院办公厅
2016年9月17日

关于做好农村最低生活保障制度与扶贫开发政策有效衔接的指导意见（民政部　国务院扶贫办　中央农办　财政部　国家统计局　中国残联）（略）

（引自《国务院公报》2016年第29号）

### 通知文例 4

**国务院办公厅关于转发国家发展改革委营造**
**良好市场环境推动交通物流融合发展实施方案的通知**

国办发〔2016〕43号

各省、自治区、直辖市人民政府，国务院各部委、各直属机构：

国家发展改革委《营造良好市场环境推动交通物流融合发展实施方案》已经国务院同意，现转发给你们，请认真贯彻执行。

各地区、各有关部门要充分认识推动交通物流融合发展的重要意义，制定完善配套政策措施，加强政策协同和监管协调，形成工作合力。各省级人民政府要加强组织领导，完善协调机制，结合本地实际抓紧制订具体方案，切实落实各项工作任务，及时研究解决实施过程中出现的新情况、新问题。国家发展改革委要会同有关部门对本实施方案的落实情况进行跟踪分析和监督检查，认真总结和推广经验，重大事项及时向国务院报告。

国务院办公厅
2016年6月10日

营造良好市场环境推动交通物流融合发展实施方案（略）

（引自《国务院公报》2016年第19号）

（3）专司运载规章制度的发布型通知。

《12·条例》关于通知的适用范围中没有"发布规章"的规定，命令（令）中有"适用于公布行政法规和规章"的规定。从理论上来说，《12·条例》实施后，各级政府的发文中不应该再有发布规章的发布型通知，只有公布型命令（令）。但有些政府的业务主管部门，如省政府所属的各个厅（局），县政府所属的各个局（委），由于不具备使用命令（令）的主体资格，需发布规章时，仍要借助发布型通知。一些企业事业单位包括具有部分行政职能的企业事业单位,也只能继续使用发布型通知。党委机关除了党的军事机关以外,一般不用命令(令)文种。

发布型通知的主要作用有以下两个方面:
① 认可发布对象;
② 直接赋予发布对象以执行效力。

发布型通知的写作格式比较固定,通常都是"现发布《……》,自××××年××月××日起施行"。这里有两层意思:一是要点明发布对象;二是要提出执行要求或实施日期。

如何提执行要求是一个技术性和政策性都比较强的问题,是"照此执行",还是"参照执行";是"定点试行",还是"酌情施行"。虽然有时只有一字之差,但却不能搞错,要根据发布对象的完善程度、对实际情况的了解程度、相关群众的适应程度以及领导人的交拟意图等因素灵活掌握。

有些发布型通知,虽然在发布对象中也提出了一些政策性的要求,但尚不完善,带有探索性,需要下级机关边执行、边观察。执行要求一般用"请研究试行"或"希研究试行,试行中有何意见请随即告知"。

总之,发布型通知的执行要求要与发布对象的重要程度和完善程度相适应。执行要求提得合情合理,就能使收文机关在知道了通知的内容之后还能进一步明确应该持什么态度来贯彻执行这份公文。如果执行要求提得不合理,就会使下级机关无所适从,甚至造成重大失误。

另外,还应注意的是,行政机关的发布型通知应按照《宪法》和《国务院组织法》的写法,一般用"发布",不用"颁布""颁发""公布"等字样。末条也统一写作"自发布之日起施行"(另行规定施行日期的除外)。

### 通知文例5

**国务院关于发布政府核准的投资项目目录(2016年本)的通知**

国发〔2016〕72号

各省、自治区、直辖市人民政府,国务院各部委、各直属机构:

为贯彻落实《中共中央 国务院关于深化投融资体制改革的意见》,进一步加大简政放权、放管结合、优化服务改革力度,使市场在资源配置中起决定性作用,更好发挥政府作用,切实转变政府投资管理职能,加强和改进宏观调控,确立企业投资主体地位,激发市场主体扩大合理有效投资和创新创业的活力,现发布《政府核准的投资项目目录(2016年本)》,并就有关事项通知如下:

一、企业投资建设本目录内的固定资产投资项目,须按照规定报送有关项目核准机关核准。企业投资建设本目录外的项目,实行备案管理。事业单位、社会团体等投资建设的项目,按照本目录执行。

原油、天然气(含煤层气)开发项目由具有开采权的企业自行决定,并报国务院行业管理部门备案。具有开采权的相关企业应依据相关法律法规,坚持统筹规划,合理开发利用资源,避免资源无序开采。

二、法律、行政法规和国家制定的发展规划、产业政策、总量控制目标、技术政策、准入标准、用地政策、环保政策、用海用岛政策、信贷政策等是企业开展项目前期工作的重要依据，是项目核准机关和国土资源、环境保护、城乡规划、海洋管理、行业管理等部门以及金融机构对项目进行审查的依据。

发展改革部门要会同有关部门抓紧编制完善相关领域专项规划，为各地区做好项目核准工作提供依据。

环境保护部门应根据项目对环境的影响程度实行分级分类管理，对环境影响大、环境风险高的项目严格环评审批，并强化事中事后监管。

三、要充分发挥发展规划、产业政策和准入标准对投资活动的规范引导作用。把发展规划作为引导投资方向，稳定投资运行，规范项目准入，优化项目布局，合理配置资金、土地、能源、人力等资源的重要手段。完善产业结构调整指导目录、外商投资产业指导目录等，为企业投资活动提供依据和指导。构建更加科学、更加完善、更具可操作性的行业准入标准体系，强化节地节能节水、环境、技术、安全等市场准入标准。完善行业宏观调控政策措施和部门间协调机制，形成工作合力，促进相关行业有序发展。

四、对于钢铁、电解铝、水泥、平板玻璃、船舶等产能严重过剩行业的项目，要严格执行《国务院关于化解产能严重过剩矛盾的指导意见》（国发〔2013〕41号），各地方、各部门不得以其他任何名义、任何方式备案新增产能项目，各相关部门和机构不得办理土地（海域、无居民海岛）供应、能评、环评审批和新增授信支持等相关业务，并合力推进化解产能严重过剩矛盾各项工作。

对于煤矿项目，要严格执行《国务院关于煤炭行业化解过剩产能实现脱困发展的意见》（国发〔2016〕7号）要求，从2016年起3年内原则上停止审批新建煤矿项目、新增产能的技术改造项目和产能核增项目；确需新建煤矿的，一律实行减量置换。

严格控制新增传统燃油汽车产能，原则上不再核准新建传统燃油汽车生产企业。积极引导新能源汽车健康有序发展，新建新能源汽车生产企业须具有动力系统等关键技术和整车研发能力，符合《新建纯电动乘用车企业管理规定》等相关要求。

五、项目核准机关要改进完善管理办法，切实提高行政效能，认真履行核准职责，严格按照规定权限、程序和时限等要求进行审查。有关部门要密切配合，按照职责分工，相应改进管理办法，依法加强对投资活动的管理。

六、按照谁审批谁监管、谁主管谁监管的原则，落实监管责任，注重发挥地方政府就近就便监管作用，行业管理部门和环境保护、质量监督、安全监管等部门专业优势，以及投资主管部门综合监管职能，实现协同监管。投资项目核准、备案权限下放后，监管责任要同步下移。地方各级政府及其有关部门要积极探索创新监管方式方法，强化事中事后监管，切实承担起监管职责。

七、按照规定由国务院核准的项目，由国家发展改革委审核后报国务院核准。核报国务院及国务院投资主管部门核准的项目，事前须征求国务院行业管理部门的意见。

八、由地方政府核准的项目，各省级政府可以根据本地实际情况，按照下放层级与承接能力相匹配的原则，具体划分地方各级政府管理权限，制定本行政区域内统一的政府核准投资项目目录。基层政府承接能力要作为政府管理权限划分的重要因素，不宜简单地"一放到底"。对于涉及本地区重大规划布局、重要资源开发配置的项目，应充分发挥省级部门在政策把握、技术力量等方面的优势，由省级政府核准，原则上不下放到地市级政府、一律不得下放到县级及以下政府。

九、对取消核准改为备案管理的项目，项目备案机关要加强发展规划、产业政策和准入标准把关，行业管理部门与城乡规划、土地管理、环境保护、安全监管等部门要按职责分工加强对项目的指导和约束。

十、法律、行政法规和国家有专门规定的，按照有关规定执行。商务主管部门按国家有关规定对外商投资企业的设立和变更、国内企业在境外投资开办企业（金融企业除外）进行审核或备案管理。

十一、本目录自发布之日起执行，《政府核准的投资项目目录（2014年本）》即行废止。

国务院<br>2016年12月12日

**政府核准的投资项目目录（2016年本）**

一、农业水利

农业：涉及开荒的项目由省级政府核准。

水利工程：涉及跨界河流、跨省（区、市）水资源配置调整的重大水利项目由国务院投资主管部门核准，其中库容10亿立方米及以上或者涉及移民1万人及以上的水库项目由国务院核准。其余项目由地方政府核准。

二、能源

水电站：在跨界河流、跨省（区、市）河流上建设的单站总装机容量50万千瓦及以上项目由国务院投资主管部门核准，其中单站总装机容量300万千瓦及以上或者涉及移民1万人及以上的项目由国务院核准。其余项目由地方政府核准。

抽水蓄能电站：由省级政府按照国家制定的相关规划核准。

火电站（含自备电站）：由省级政府核准，其中燃煤燃气火电项目应在国家依据总量控制制定的建设规划内核准。

热电站（含自备电站）：由地方政府核准，其中抽凝式燃煤热电项目由省级政府在国家依据总量控制制定的建设规划内核准。

风电站：由地方政府在国家依据总量控制制定的建设规划及年度开发指导规模内核准。

核电站：由国务院核准。

电网工程：涉及跨境、跨省（区、市）输电的±500千伏及以上直流项目，涉及跨境、跨省（区、市）输电的500千伏、750千伏、1000千伏交流项目，由国务院投资主管部门核准，其中±800千伏及以上直流项目和1000千伏交流项目报国务院备案；不涉及跨境、跨省（区、市）输电的±500千伏及以上直流项目和500千伏、750千伏、1000千伏交流项目由省级政府按照国家制定的相关规划核准，其余项目由地方政府按照国家制定的相关规划核准。

煤矿：国家规划矿区内新增年生产能力120万吨及以上煤炭开发项目由国务院行业管理部门核准，其中新增年生产能力500万吨及以上的项目由国务院投资主管部门核准并报国务院备案；国家规划矿区内的其余煤炭开发项目和一般煤炭开发项目由省级政府核准。国家规定禁止建设或列入淘汰退出范围的项目，不得核准。

煤制燃料：年产超过20亿立方米的煤制天然气项目、年产超过100万吨的煤制油项目，由国务院投资主管部门核准。

液化石油气接收、存储设施（不含油气田、炼油厂的配套项目）：由地方政府核准。

进口液化天然气接收、储运设施：新建（含异地扩建）项目由国务院行业管理部门核准，其中新建接收储运能力300万吨及以上的项目由国务院投资主管部门核准并报国务院备案。其余项目由省级政府核准。

输油管网（不含油田集输管网）：跨境、跨省（区、市）干线管网项目由国务院投资主管部门核准，其中跨境项目报国务院备案。其余项目由地方政府核准。

输气管网（不含油气田集输管网）：跨境、跨省（区、市）干线管网项目由国务院投资主管部门核准，其中跨境项目报国务院备案。其余项目由地方政府核准。

炼油：新建炼油及扩建一次炼油项目由省级政府按照国家批准的相关规划核准。未列入国家批准的相关规划的新建炼油及扩建一次炼油项目，禁止建设。

变性燃料乙醇：由省级政府核准。

### 三、交通运输

新建（含增建）铁路：列入国家批准的相关规划中的项目，中国铁路总公司为主出资的由其自行决定并报国务院投资主管部门备案，其他企业投资的由省级政府核准；地方城际铁路项目由省级政府按照国家批准的相关规划核准，并报国务院投资主管部门备案；其余项目由省级政府核准。

公路：国家高速公路网和普通国道网项目由省级政府按照国家批准的相关规划核准，地方高速公路项目由省级政府核准，其余项目由地方政府核准。

独立公（铁）路桥梁、隧道：跨境项目由国务院投资主管部门核准并报国务院备案。国家批准的相关规划中的项目，中国铁路总公司为主出资的由其自行决定并报国务院投资主管部门备案，其他企业投资的由省级政府核准；其余独立铁路桥梁、隧道及跨10万吨级及以上航道海域、跨大江大河（现状或规划为一级及以上通航段）的独立公路桥梁、隧道项目，由省级政府核准，其中跨长江干线航道的项目应符合国家批准的相关规划。其余项目由地方政府核准。

煤炭、矿石、油气专用泊位：由省级政府按国家批准的相关规划核准。

集装箱专用码头：由省级政府按国家批准的相关规划核准。

内河航运：跨省（区、市）高等级航道的千吨级及以上航电枢纽项目由省级政府按国家批准的相关规划核准，其余项目由地方政府核准。

民航：新建运输机场项目由国务院、中央军委核准，新建通用机场项目、扩建军民合用机场（增建跑道除外）项目由省级政府核准。

### 四、信息产业

电信：国际通信基础设施项目由国务院投资主管部门核准；国内干线传输网（含广播电视网）以及其他涉及信息安全的电信基础设施项目，由国务院行业管理部门核准。

### 五、原材料

稀土、铁矿、有色矿山开发：由省级政府核准。

石化：新建乙烯、对二甲苯（PX）、二苯基甲烷二异氰酸酯（MDI）项目由省级政府按照国家批准的石化产业规划布局方案核准。未列入国家批准的相关规划的新建乙烯、对二甲苯（PX）、二苯基甲烷二异氰酸酯（MDI）项目，禁止建设。

煤化工：新建煤制烯烃、新建煤制对二甲苯（PX）项目，由省级政府按照国家批准的相关规划核准。新建年产超过100万吨的煤制甲醇项目，由省级政府核准。其余项目禁止建设。

稀土：稀土冶炼分离项目、稀土深加工项目由省级政府核准。

黄金：采选矿项目由省级政府核准。

### 六、机械制造

汽车：按照国务院批准的《汽车产业发展政策》执行。其中，新建中外合资轿车生产企业项目，由国务院核准；新建纯电动乘用车生产企业（含现有汽车企业跨类生产纯电动乘用车）项目，由国务院投资主管部门核准；其余项目由省级政府核准。

### 七、轻工

烟草：卷烟、烟用二醋酸纤维素及丝束项目由国务院行业管理部门核准。

**八、高新技术**

民用航空航天：干线支线飞机、6吨/9座及以上通用飞机和3吨及以上直升机制造、民用卫星制造、民用遥感卫星地面站建设项目，由国务院投资主管部门核准；6吨/9座以下通用飞机和3吨以下直升机制造项目由省级政府核准。

**九、城建**

城市快速轨道交通项目：由省级政府按照国家批准的相关规划核准。

城市道路桥梁、隧道：跨10万吨级及以上航道海域、跨大江大河（现状或规划为一级及以上通航段）的项目由省级政府核准。

其他城建项目：由地方政府自行确定实行核准或者备案。

**十、社会事业**

主题公园：特大型项目由国务院核准，其余项目由省级政府核准。

旅游：国家级风景名胜区、国家自然保护区、全国重点文物保护单位区域内总投资5000万元及以上旅游开发和资源保护项目，世界自然和文化遗产保护区内总投资3000万元及以上项目，由省级政府核准。

其他社会事业项目：按照隶属关系由国务院行业管理部门、地方政府自行确定实行核准或者备案。

**十一、外商投资**

《外商投资产业指导目录》中总投资（含增资）3亿美元及以上限制类项目，由国务院投资主管部门核准，其中总投资（含增资）20亿美元及以上项目报国务院备案。《外商投资产业指导目录》中总投资（含增资）3亿美元以下限制类项目，由省级政府核准。

前款规定之外的属于本目录第一至十所列项目，按照本目录第一至十条的规定执行。

**十二、境外投资**

涉及敏感国家和地区、敏感行业的项目，由国务院投资主管部门核准。

前款规定之外的中央管理企业投资项目和地方企业投资3亿美元及以上项目报国务院投资主管部门备案。

（引自《国务院公报》2017年第1号）

（4）运载活动方案、纲要、规划以及领导人讲话稿等公文材料的印发型通知。

当发文机关需要制发由本机关制订并将要执行的计划、规划、纲要以及本机关领导人的讲话稿等，不能用"转发"，也不能用"批转"。因为不是规章制度，也不宜用"发布"，只能用"印发"。如《国务院办公厅关于印发国家发展和改革委员会主要职责内设机构和人员编制规定的通知》《河南省人民政府办公厅关于印发李克强省长在省政府廉政工作会议上讲话的通知》等。

印发型通知的运载工具部分也由两层意思组成：一是点明印发对象；二是提出执行要求。

印发型通知的写作格式也是"现将《……》印发给你们，请……执行"。

印发型通知与发布型通知的区别在于：发布型通知只发布那些本机关撰制并以本机关名义发出的规章制度类公文［当发文机关依法可以用命令（令）时则应当用"公布"令］，绝不针对其他的文种；印发型通知虽然有时也针对一些由本机关撰制的并不成熟的"试行办法""暂行规定""草案"等规章类公文，但更多的是针对由本机关撰制的"计划（规划)""方案""领导人讲话稿"等这些不具有独立行文资格的文种。如《国务院关于印发减持国有股筹集社会保障资金管理暂行办法的通知》,这份运载型通知的运载对象是《减持国有股筹集社会保障资金管理暂行办法》,"办法"本属规章制度,理应用发布型通知,只因是"暂行办法",故用印发型通知。

  领导人的讲话稿、方案、规划等不具备独立行文的资格,须借助于印发型通知。如《国务院办公厅关于印发国家职业病防治规划(2009—2015年)的通知》,这份印发型通知的运载对象是《国家职业病防治规划(2009—2015年)》。

### 通知文例 6

**国务院办公厅关于印发**
**国家职业病防治规划（2016—2020年）的通知**

国办发〔2016〕100号

各省、自治区、直辖市人民政府,国务院各部委、各直属机构:

  《国家职业病防治规划（2016—2020年）》已经国务院同意,现印发给你们,请认真贯彻执行。

国务院办公厅<br>2016年12月26日

国家职业病防治规划（2016—2020年）（略）

（引自《国务院公报》2017年第3号）

### 通知文例 7

**河南省人民政府办公厅关于印发李克强省长**
**在省政府廉政工作会议上讲话的通知**

豫政办〔2000〕19号　　　　　　　　　　（二〇〇〇年四月十日）

现将李克强省长在省政府廉政工作会议上的讲话印发给你们,请认真贯彻执行。

李克强省长在省政府廉政工作会议上的讲话（略）

（引自《河南政报》2000年第5期）

### 通知文例 8

**中共中央办公厅　国务院办公厅印发《省级空间规划试点方案》**

  近日,中共中央办公厅、国务院办公厅印发了《省级空间规划试点方案》,并发出通知,要求各地区各部门结合实际认真贯彻落实。

  《省级空间规划试点方案》全文如下。

  为贯彻落实党的十八届五中全会关于以主体功能区规划为基础统筹各类空间性规划、推进"多规合一"的战略部署,深化规划体制改革创新,建立健全统一衔接的空间规划体系,提升国家国土空间治理能力和效率,在市县"多规合一"试点工作基础上,制订省级空间规划试点方案。

一、总体要求

（一）指导思想。全面贯彻党的十八大和十八届三中、四中、五中、六中全会精神，以邓小平理论、"三个代表"重要思想、科学发展观为指导，深入贯彻习近平总书记系列重要讲话精神和治国理政新理念新思想新战略，紧紧围绕统筹推进"五位一体"总体布局和协调推进"四个全面"战略布局，牢固树立新发展理念，以主体功能区规划为基础，全面摸清并分析国土空间本底条件，划定城镇、农业、生态空间以及生态保护红线、永久基本农田、城镇开发边界（以下称"三区三线"），注重开发强度管控和主要控制线落地，统筹各类空间性规划，编制统一的省级空间规划，为实现"多规合一"、建立健全国土空间开发保护制度积累经验、提供示范。

（二）基本原则

——顶层设计。针对各类空间性规划存在的问题，加强体制机制、法律法规等顶层设计，研究提出系统解决重点难点问题的一揽子方案，打破各类规划条块分割、各自为政局面。

——坚守底线。坚持国家利益和公共利益优先，把国家经济安全、粮食安全、生态安全、环境安全等放在优先位置，确保省级空间规划落实国家重大发展战略和指标约束。

——统筹推进。充分发挥省级空间规划承上启下作用，综合考虑省级宏观管理和市县微观管控的需求，强化部门协作和上下联动，坚持陆海统筹，形成改革合力。

——利于推广。坚持好用管用、便于实施导向，立足服务党和国家工作大局，突出地方特色，鼓励探索创新，尽快形成可操作、能监管，可复制、能推广的改革成果。

（三）试点目标。2017年年底前，通过试点探索实现以下目标：

——形成一套规划成果。在统一不同坐标系的空间规划数据前提下，有效解决各类规划之间的矛盾冲突问题，编制形成省级空间规划总图和空间规划文本。

——研究一套技术规程。研究提出适用于全国的省级空间规划编制办法，资源环境承载能力和国土空间开发适宜性评价、开发强度测算、"三区三线"划定等技术规程，以及空间规划用地、用海、用岛分类标准、综合管控措施等基本规范。

——设计一个信息平台。研究提出基于2000国家大地坐标系的规划基础数据转换办法，以及有利于空间开发数字化管控和项目审批核准并联运行的规划信息管理平台设计方案。

——提出一套改革建议。研究提出规划管理体制机制改革创新和相关法律法规立改废释的具体建议。

（四）试点范围。在海南、宁夏试点基础上，综合考虑地方现有工作基础和相关条件，将吉林、浙江、福建、江西、河南、广西、贵州等纳入试点范围，共9个省份。

二、主要任务

（一）明晰规划思路。遵循国土开发与承载能力相匹配、集聚开发与均衡发展相协调、分类保护与综合整治相促进、资源节约与环境友好相统一的理念和方法，健全国土空间用途管制制度，优化空间组织和结构布局，提高发展质量和资源利用效率，形成可持续发展的美丽国土空间。

（二）统一规划基础。统一规划期限，空间规划期限设定为2030年。统一基础数据，完成各类空间基础数据坐标转换，建立空间规划基础数据库。统一用地分类，系统整合《土地利用现状分类》《城市用地分类与规划建设用地标准》等，形成空间规划用地分类标准。统一目标指标，综合各类空间性规划核心管控要求，科学设计空间规划目标指标体系。统一管控分区，以"三区三线"为基础，整合形成协调一致的空间管控分区。

（三）开展基础评价。开展陆海全覆盖的资源环境承载能力基础评价和针对不同主体功能定位的差异化专项评价，以及国土空间开发网格化适宜性评价。结合现状地表分区、土地权属，分析并找出需要生态保护、利于农业生产、适宜城镇发展的单元地块，划分适宜等级并合理确定规模，为划定"三区三线"奠定基础。将环境影响评价作为优化空间布局的重要技术方法，增强空间规划的环境合理性和协调性。

（四）绘制规划底图。根据不同主体功能定位，综合考虑经济社会发展、产业布局、人口集聚趋势，以及永久基本农田、各类自然保护地、重点生态功能区、生态环境敏感区和脆弱区保护等底线要求，科学测算城镇、农业、生态三类空间比例和开发强度指标。采取自上而下（省级层面向市县层面下达管控指标和要求）和自下而上（市县层面分解落实指标要求并报省级层面统筹校验汇总）相结合的方式，按照严格保护、宁多勿少原则科学划定生态保护红线，按照最大程度保护生态安全、构建生态屏障的要求划定生态空间；划定永久基本农田，统筹考虑农业生产和农村生活需要，划定农业空间；按照基础评价结果和开发强度控制要求，兼顾城镇布局和功能优化的弹性需要，从严划定城镇开发边界，有效管控城镇空间。以"三区三线"为载体，合理整合协调各部门空间管控手段，绘制形成空间规划底图。

（五）编制空间规划。重点围绕基础设施互联互通、生态环境共治共保、城镇密集地区协同规划建设、公共服务设施均衡配置等方面的发展要求，统筹协调平衡跨行政区域的空间布局安排，并在空间规划底图上进行有机叠加，形成空间布局总图。在空间布局总图基础上，系统整合各类空间性规划核心内容，编制省级空间规划，主要内容包括：省级空间发展战略定位、目标和格局，需要分解到市县的三类空间比例、开发强度等控制指标，"三区三线"空间划分和管控重点，基础设施、城镇体系、产业发展、公共服务、资源能源、生态环境保护等主要空间开发利用布局和重点任务，各类空间差异化管控措施，规划实施保障措施等。涉及国家安全和军事设施的空间规划项目等，应征求有关部门和军队意见。

（六）搭建信息平台。整合各部门现有空间管控信息管理平台，搭建基础数据、目标指标、空间坐标、技术规范统一衔接共享的空间规划信息管理平台，为规划编制提供辅助决策支持，对规划实施进行数字化监测评估，实现各类投资项目和涉及军事设施建设项目空间管控部门并联审批核准，提高行政审批效率。

三、配套措施

（一）推进规划管理体制改革。试点地区要结合当地实际，加强体制机制改革创新，明确相关综合机构负责全面协调和统筹管理各类规划，统筹推进省级和市县级空间规划编制管理以及与其他相关规划的衔接，具体审查下位落实性规划等。

（二）推动完善相关法律法规。要结合试点工作推进，对导致各类空间性规划矛盾冲突的规划期限、基础数据、坐标体系、用地分类标准、空间管控分区和手段、编制审批制度等方面的法律法规、部门规章、技术规范等进行系统梳理，提出修订完善建议。需要在试点地区暂停执行或调整完善的相关法律、行政法规，统一提请全国人大常委会或国务院批准后实施。探索空间规划立法，在省级空间规划和市县"多规合一"试点基础上，对空间规划立法问题进行研究。

四、工作要求

（一）加强组织领导。国家层面成立由国家发展改革委牵头的试点工作部际协调机制，成员由国家发展改革委、国土资源部、环境保护部、住房城乡建设部、水利部、国家林业局、国家海洋局、国家测绘地理信息局等部门组成。各有关部门要在前一阶段工作基础上，统一思想、齐心协力、积极配合、密切协作，确保试点工作顺利进行。各试点省份党委和政府要高度重视，加强对试点工作的组织领导，建立健全相关工作机制，按照中央统一部署精心组织、细化方案，扎实高效推进各项工作。

（二）着力探索创新。鼓励有条件的试点省份探索协同编制省级空间规划和市县空间规划。允许试点省份选择部分所辖县（市、区）数量较少的市地级行政单元，探索上下协同编制空间规划的路径、模式,为完善省级空间规划技术路线和编制方法提供借鉴。编制省级空间规划试点过程中的重大问题和重要改革成果要及时向党中央、国务院报告。

(引自《国务院公报》2017年第3号)

　　载体型通知虽然只有"转发""批转""印发"和"发布"四种,但却最常用,也最易混淆,是公文处理的难点之一。到目前为止,无论是国务院还是国务院办公厅都没有出台过专门区分这四种通知的规范性文件。因此,在实际工作中随意性很强,尤其是印发型通知和发布型通知出错的比例更大。针对同一类运载对象,有的单位用发布型通知,有的单位则用印发型通知。即使在同一个单位,不同的经办人甚至同一个经办人,前后用法都不相同,非常混乱,是一个亟待规范的问题。

　　在公文处理实践中常见有"印发'意见'的通知""印发'通告'的通知",这是不应该出现的。因为,意见和通告都是有独立行文资格的文种,完全可以独自行文,没有必要再加一个载体。

　　2. 实体型通知

　　实体型通知主要有以下六种。

　　(1) 指示性通知。

　　这类通知带有指示性和指导性,下级机关应贯彻执行。通知要把工作任务、基本措施、原则要求、注意事项等交代清楚,使下级机关一看通知就知道要求他们解决什么问题,为什么要解决这些问题,采取什么措施来解决这些问题。实体型通知主要包括通知原因和应知(应办)事项两个部分。

　　通知原因首先要写明通知的主要依据,如根据某项方针政策、某次会议精神,或是根据某项工作的开展近况与存在问题等,扼要说明通知的针对性和目的性。其次要简要阐明通知的意义,使下级机关易于接受,引起重视,提高贯彻执行的自觉性和积极性。这类通知的原因部分既要阐明观点,又要结合实际;既要原则概括,又要说理充分;既要有一点议论,又不能长篇大论,而且必须有很强的针对性。如《国务院办公厅关于进一步做好向企业传达贯彻国家方针政策工作的通知》(国办发〔2001〕36号),其原因部分是这样的:

　　党政机关与所办经济实体和管理的直属企业脱钩后,各地区和各有关部门为把国家的有关方针政策及时传达贯彻到企业作了大量的工作。但是,也有一些地方和部门尚未与企业建立正常的联系渠道和有效的公文运行机制,导致国家的一些政策规定难以及时在企业贯彻落实。为了避免这种情况的发生,经国务院领导同志同意,现就有关问题通知如下:

　　这份指示型通知的原因部分写了三层意思:一是写明发布本通知的事实根据,即"党政机关与所办经济实体和管理的直属企业脱钩后,各地区和各有关部门为把国家的有关方针政策及时传达贯彻到企业作了大量的工作";二是指出其可能带来的危害及其后果,即"也有一些地方和部门尚未与企业建立正常的联系渠道和有效的公文运行机制,导致国家的一些政策规定难以及时在企业贯彻落实",提醒各级人民政府对这个问题要予以重视;三是指出本通知的发文目的,即"为了避免这种情况的发生"。虽然文字不多,但有事实根据,有后果分析,有发文目的,层次清楚,引人注意。

应知（应办）事项是指示型通知的主体，必须集中笔力认真写好。应知（应办）事项主要包括交代工作任务，规定政策界限，阐明具体措施、步骤，指出应该注意的问题等。为了使应知（应办）事项明确、醒目，便于阅读和记忆，可以分条写出，以求条理清晰。

交代工作任务一定要专一、集中、具体、明确。

规定政策界限要指明关键所在，做到切实可行，不能含糊其辞，使下级机关无所适从。

阐明具体措施、步骤要切合下情，有针对性，使人感到踏实，有可行性。既不能光提出任务，不交代办法，又不能把具体措施规、步骤定得太死，更不能"一刀切"，要留下适当的空间，以便下级机关根据实际情况创造性地完成任务。如《国务院办公厅关于进一步做好向企业传达贯彻国家方针政策工作的通知》的应知（应办）事项就写了三条，层次非常清楚。

## 通知文例 9

国务院办公厅关于进一步做好向企业<br>传达贯彻国家方针政策工作的通知

国办发〔2001〕36号

各省、自治区、直辖市人民政府，国务院各部委、各直属机构：

党政机关与所办经济实体和管理的直属企业脱钩后，各地区和各有关部门为把国家的有关方针政策及时传达贯彻到企业作了大量的工作。但是，也有一些地方和部门尚未与企业建立正常的联系渠道和有效的公文运行机制，导致国家的一些政策规定难以及时在企业贯彻落实。为了避免这种情况的发生，经国务院领导同志同意，现就有关问题通知如下：

一、向中央企业发送文件、传达国务院的有关重要会议和文件精神以及中央企业参加国务院的会议，均按现行规定执行，各有关方面务必抓好落实。

二、国务院各部门制定的需要企业贯彻执行的政策规定，一律抄送国家经贸委、外经贸部和中央企业工委。凡涉及企业经营管理业务方面的政策规定，由国家经贸委负责传达到各中央企业；涉及外经贸方面的政策规定，由外经贸部负责传达到各中央企业。

三、关于如何向地方企业传达贯彻国务院及国务院各部门的有关文件精神和政策规定问题，请各省、自治区、直辖市人民政府根据实际情况制定具体办法，确保国家有关方针政策及时传达到企业。

中华人民共和国国务院办公厅<br>二〇〇一年五月十四日

（引自《国务院公报》2001年第20号）

## 通知文例 10

国务院办公厅关于进一步做好民间投资有关工作的通知

国办发明电〔2016〕12号

各省、自治区、直辖市人民政府，国务院各部委、各直属机构：

党中央、国务院高度重视促进非公有制经济和民间投资健康发展。习近平总书记强调，公有制经济和非公有制经济都是社会主义市场经济的重要组成部分，都是我国经济社会发展的重要基础。毫不动摇鼓励、支持、引导非公有制经济发展，保证各种所有制经济依法平等使用生产要素、公平参与市场竞争、同等受到法律保护。李克强总理指出，要尊重和维护企业市场主体地位，不断深化改革，推动政策落地见效，稳定市场预期，进一步调动民间投资积极性，激发民间投资潜力和创新活力。针对近期民间投资增速有所回落，为促进民间投资健康发展，国务院部署开展了促进民间投资政策落实专项督查和第三方评估调研。6月22日，国务院常务会议听取了专项督查和第三方评估调研情况汇报，对做好民间投资有关工作提出进一步要求。为深入贯彻落实党中央、国务院领导同志重要指示精神和国务院常务会议部署，经国务院同意，现就有关事项通知如下：

**一、充分认识促进民间投资健康发展的重要意义**

近几年来，非公经济实力不断增强，已成为稳定我国经济的重要基础。非公经济创造了60%左右的国内生产总值、80%左右的社会就业，民间投资已占到全社会固定资产投资的60%以上。促进民间投资健康发展，既利当前又惠长远，对稳增长、保就业具有重要意义，也是推进结构性改革特别是供给侧结构性改革的重要内容。

各省（区、市）人民政府、各有关部门要全面贯彻党的十八大和十八届二中、三中、四中、五中全会精神，牢固树立新发展理念，认真落实中央经济工作会议和《政府工作报告》部署，按照国务院常务会议要求，推动《国务院关于创新重点领域投融资机制鼓励社会投资的指导意见》（国发〔2014〕60号）、《国务院关于鼓励和引导民间投资健康发展的若干意见》（国发〔2010〕13号）、《国务院关于鼓励支持和引导个体私营等非公有制经济发展的若干意见》（国发〔2005〕3号）各项政策落实，促进民间投资回稳向好，更好发挥民间投资主力军作用。

**二、认真抓好督查和评估调研发现问题的整改落实**

促进民间投资政策落实专项督查和第三方评估调研发现，在部分地区、部分领域，存在着政策措施不落地、政府职能转变不到位、民营企业融资难融资贵、难以享受同等"国民待遇"、企业成本高负担重等突出问题。各省（区、市）人民政府、各有关部门要"对号入座"，逐项检查，及时整改，举一反三研究完善相关配套政策和实施细则，切实加强和改进本地区、本部门、本系统促进民间投资各项工作，确保取得实效，并于8月15日前将阶段性整改结果和下一步整改工作重点报送国务院办公厅，抄送国家发展改革委。

国家发展改革委要会同有关部门成立督导组，从7月中旬开始，对民间投资体量大、同比增速下降较快和近期民间投资增速滞后的省（区、市），组织开展重点督导。

**三、继续深化简政放权、放管结合、优化服务改革**

本届政府成立以来，以简政放权为"先手棋"，不断推动政府职能转变，激发了企业活力。但一些民营企业反映，部分地区仍然存在重审批、轻监管、少服务等问题，相关行政审批链条未见明显缩短、审批效率没有明显提高，"双随机、一公开"未全面推开，重复检查较多，政府服务缺位。各省（区、市）人民政府、各有关部门要进一步清理行政审批事项，及时破除各种关卡，该取消的行政审批事项要坚决取消，该给市场的权力要尽快放给市场。全面推行"双随机、一公开"监管模式。加快构建权责明确、透明高效的事中事后监管体系。聚焦薄弱环节，全面提升政府服务能力和水平。

今年下半年，国务院审改办要会同有关部门，对"放管服"改革落实情况进行专项检查。

**四、努力营造一视同仁的公平竞争市场环境**

国务院关于促进非公有制经济和民间投资健康发展的相关文件，已明确对各类市场主体实施公平准入等原则和一系列政策措施。但民营企业普遍反映，在市场准入条件、资源要素配置、政府管理服务等方面，仍难以享受与国有企业同等的"国民待遇"。各省（区、市）人民政府、各有关部门要对照国家政策要求，坚持一视同仁，抓紧建立市场准入负面清单制度，进一步放开民用机场、基础电信运营、油气勘探开发等领域准入,在基础设施和公用事业等重点领域去除各类显性或隐性门槛,在医疗、养老、教育等民生领域出台有效举措,促进公平竞争。

各省(区、市)人民政府要针对自行出台的政策,开展全面自查,坚决取消对民间资本单独设置的附加条件和歧视性条款,加快健全公平开放透明的市场规则,切实营造权利平等、机会平等、规则平等的投资环境。有关自查情况于8月15日前一并报送国务院办公厅,抄送国家发展改革委。

**五、着力缓解融资难融资贵问题**

近年来国务院连续出台一系列措施缓解中小微企业融资难融资贵问题,取得了积极成效。但融资难融资贵依然是民营企业反映强烈的突出问题之一,民营企业申请贷款中间环节多、收费高、难度大,一些银行惜贷、压贷、抽贷、断贷行为时有发生。银监会要抓紧会同有关部门开展专项检查,督促银行业金融机构严格落实支持实体经济发展的各项政策措施。要切实做到"三个不低于",即对小微企业贷款增速不低于各项贷款平均增速、小微企业贷款户数不低于上年同期户数、小微企业申贷获得率不低于上年同期水平;要坚决查处银行涉企乱收费;要引导金融机构运用大数据等新技术,创新适合中小微企业的融资模式,推动大型商业银行扩大服务中小微企业业务。各省(区、市)人民政府要主动作为,积极推动改进金融服务,拓宽民营企业融资渠道,降低融资成本,推进政府主导的省级再担保机构基本实现全覆盖。

全国工商联、新华社等要加强对民营企业融资状况调研评估,及时反映企业诉求。

**六、切实降低企业成本负担**

国务院要求有关方面开展正税清费,实施"营改增"改革试点等工作,目的是降低企业负担,规范税费制度。但民营企业反映,目前一些措施还不够落实,未能充分享受国家出台的优惠政策,有的地方各种评估收费多,甚至仍然存在乱收费、乱摊派情况。各省(区、市)人民政府、各有关部门要加大工作力度,进一步抓好固定资产加速折旧、小微企业所得税优惠、阶段性降低"五险一金"费率等政策落实。要抓紧对涉企收费情况进行全面自查、集中清理,坚决砍掉不合理收费和中介服务环节。

财政部要会同国家发展改革委等有关部门,抓紧开展涉企收费清理情况专项检查,推动降低企业成本,切实减轻企业负担。审计署要将涉企收费审计作为政策落实跟踪审计的重点内容进行跟踪。

财政部要会同有关部门抓紧部署清理政府对企业各种欠款的专项工作。各省(区、市)人民政府、各有关部门要在规定时间内依法依规解决拖欠各类企业的工程款、物资采购款以及应返未返保证金等问题。

**七、强化落实地方政府和部门的主体责任**

各省(区、市)人民政府、各有关部门要切实履行主体责任,把调动民间投资积极性、促进民间投资健康发展摆上重要议事日程,主要负责同志要负总责、亲自协调,分管负责同志要具体抓督促落实,有效解决民营企业反映的突出问题。

各省(区、市)人民政府、各有关部门要针对政府违约和政策不落实等问题,建立问责机制,提高政府公信力。要按照建立"亲""清"政商关系要求,完善政企沟通机制,充分听取民营企业意见建议,主动改进工作。凡对企业实事求是反映问题进行打击报复的,要依法依规处理,从严追究直接责任人和有关领导人员责任。

**八、加大政策解读和舆论宣传力度**

各省(区、市)人民政府、各有关部门要健全完善政策发布和政策解读的信息公开机制,及时回应社会关切,进一步营造民间投资良好舆论环境。要加大政府信息数据开放力度,畅通为民营企业提供信息服务的有效渠道。要重视总结推广政府管理服务中的好做法、好经验,曝光不作为、乱作为案例。要主动唱响中国经济光明论,释放积极信号,提振发展信心,稳定和改善市场预期。

各省(区、市)人民政府、各有关部门要按照本通知精神,进一步做好民间投资有关工作,重要情况及时报告国务院。

国务院办公厅<br>2016 年 7 月 1 日

(引自《国务院公报》2016 年第 20 号)

(2)事项通知。

当发文机关需要向有关方面知照某个事项或交流某些信息时可以使用事项通知。如成立、合并、撤销、调整某个机构,启用新的印章,更换单位名称,更正某次发文的差错等,都需要用到这种通知。

事项通知,既可下行,又可以平行、上行,其目的主要是为了让对方了解某件事情或某些情况,一般不要求执行或办理。

事项通知的正文结构比较简单,要开宗明义,直叙其事,写得清楚实在,使对方不仅能了解有关情况和动态,而且还能从中受到启发和教益,对工作有所推动和改进。

**通知文例 11**

工业和信息化部 发展改革委<br>关于简化移动电话拨打长途电话资费的通知

工信部联通〔2009〕618 号

各省、自治区、直辖市通信管理局、发展改革委、物价局、中国电信集团公司、中国移动通信集团公司、中国联合网络通信集团有限公司:

为进一步推进电信资费改革,完善电信资费结构,工业和信息化部、国家发展改革委研究决定,自 2010 年 1 月 1 日起,简化移动电话拨打长途电话资费。现将有关事项通知如下:

一、移动电话在本地拨打长途电话时,将现行同时收取的本地通话费和长途通话费两项收费,合并为"长途通话费"一项资费。除 IP 电话外,移动电话在本地拨打国内长途电话、国际及台港澳长途电话,只收取合并后的国内、国际及台港澳长途通话费。

合并后的长途通话费的管理方式,继续按《关于调整部分电信业务资费管理方式的通知》(信部联清〔2005〕408 号)的规定执行。

二、移动电话在国内漫游状态下拨打国际及台港澳电话时,只收取国际及台港澳长途通话费,不再同时加收国内漫游主叫通话费。

移动电话在国内漫游状态下拨打国内长途电话时,继续按《关于降低移动电话国内漫游通话费上限标准的通知》(信部联清〔2008〕75 号)的规定执行。

三、各电信企业要按以下原则对所有资费方案进行认真梳理。

没有对长途通话费优惠的资费方案,移动电话用户在本地拨打长途电话、在国内漫游状态下拨打国际及台港澳电话时,应直接取消本地通话费或漫游通话费,长途通话费按照电信企业向主管部门备案的、以每 6 秒钟为计费单位的资费标准进行计收。

已经对长途通话费优惠的资费方案,各电信企业应认真分析,在遵守与用户签订的服务协议的基础上妥善处理,合并后的长途通话费不得高于上限标准,也不得高于合并前相应的移动电话拨打长途电话的总体水平;已低于上限标准的,不得借机提高。

各电信企业需要变更资费方案的,应按照电信资费审批备案有关规定执行。同时,做好系统调整等相关准备工作,确保上述措施自2010年1月1日零时起执行。

四、各省、自治区、直辖市通信管理局和价格主管部门要按照各自职责分工,加强对电信企业落实情况的指导和监督检查,切实保护消费者的合法权益,上述措施落实过程中出现的新情况、新问题,请及时报告工业和信息化部、国家发展改革委。

工业和信息化部<br>
发展改革委<br>
二〇〇九年十二月八日

(引自《国务院公报》2010年第04号)

(3) 会议通知。

当需要向有关人员或单位知照某个会议的时间、地点及会议要求时,可以使用会议通知。会议通知在写法上比较灵活、自由。

写好会议通知的关键是要把与会议有关的事项一次性地交代清楚,这样既可以避免一次又一次地发补充通知,又免得与会人员反复询问。

会议通知应开门见山、直述其事,把会议通知的相关要素写清楚。

① 把召开会议的根据、原因写清楚。如是急需解决工作中的某个问题,还是上级布置了一个新的工作任务。

② 把会议名称写清楚。如是代表会、座谈会,还是协商会、工作例会。

③ 把会议的主持单位(或主持人)写清楚。如是领导机关主持,还是办公部门主持或主管部门主持。

④ 要把会议的内容或主要目的写清楚。如有哪些议题,中心议题是什么。

⑤ 把会议的起止时间写清楚。如果会议结束的时间难以确定,也一定要把会议开始的时间写清楚。

⑥ 把与会人员写清楚。会议通知中的与会人员有两种:一种是直接点出具体与会人员的姓名;另一种是给与会人员划定一个范围和界限,如果是干部会,可以写成"召开副科级(含副科级)以上干部会议",如果是党员干部会,可以写成"召开党员干部会议"。

⑦ 把会议地点、报到日期及具体的报到地点写清楚。会议地点与报到地点有时不尽一致,如假定会议地点在郑州市黄河饭店,报到地点则可能是会议主持单位的办公所在地或是黄河饭店的某个房间。

⑧ 把对与会人员的具体要求写清楚。这一点很重要,有些会议通知发出后,之所以又反复发补充通知,主要是因为这个部分没有写好。至于对与会人员提出哪些具体要求,由于每次会议的具体情况不同,不可能千篇一律。常见的有这样一些内容:与会人员需要准备哪些公文、材料、证件及有关日用品;如果与会人员在外地,还要请与会人员提出返程时需要乘坐飞机、火车、轮船的班次等。

⑨ 把联系单位（联系人）、联系电话、电子邮件的地址写清楚。会议通知发出后，由于各个方面的原因，收到通知的单位或个人在准备赴会的过程中，可能还会遇到一些不太清楚的问题，这就需要通过电话、电子邮件或当面询问等形式向会议主持单位打听清楚。向谁打听，如何联系，要把具体负责这个工作的部门或个人写清楚。

上述九个方面的内容并不要求每次的会议通知都具备，其排列顺序也可以有所变化。但是，不管怎么写，都要做到简洁、清楚、周密，以免贻误会期，造成工作上的混乱。

**通知文例 12**

**国务院关于召开 2005 年全国劳动模范和先进工作者表彰大会的通知**

国发〔2004〕35 号

各省、自治区、直辖市人民政府，国务院各部委、各直属机构：

2000 年国务院表彰全国劳动模范和先进工作者以来，全国各族人民在党和政府的带领下，积极投身建设中国特色社会主义的伟大实践，涌现出一大批品德高尚、功绩卓著、贡献突出的先进模范人物。为更好地调动广大人民群众全面建设小康社会的积极性，弘扬新时期先进模范人物的崇高精神，努力开创中国特色社会主义事业新局面，国务院决定，2005 年"五一"前后召开全国劳动模范和先进工作者表彰大会。现将有关事项通知如下：

一、表彰范围

这次大会拟表彰全国劳动模范和先进工作者 3000 名。表彰范围是：2000 年以来，在改革开放、经济建设和各项社会事业发展中做出突出贡献的工人、农民、科教人员、企业管理人员、机关工作人员及其他社会各阶层人员。

二、组织领导

国务院成立 2005 年全国劳动模范和先进工作者表彰大会筹备委员会（以下简称筹委会）。筹委会受国务院委托负责审批全国劳动模范和先进工作者，并领导表彰大会的筹备工作。（略）

筹委会下设办公室，国务院副秘书长李适时兼任办公室主任，并设副主任若干名。办公地点设在中华全国总工会。

三、工作要求

评选、表彰全国劳动模范和先进工作者是我国各族人民政治生活中的一件大事。各省、自治区、直辖市人民政府和各有关部门要加强领导，认真做好表彰大会的筹备工作。评选全国劳动模范和先进工作者，要面向基层，面向工作一线，面向经济社会发展的各条战线和社会各个阶层。在评选过程中，要严格掌握标准。评选出的先进模范个人，应当是高举邓小平理论和"三个代表"重要思想伟大旗帜，坚持党的基本路线，勇于开拓创新并为经济社会发展做出重大贡献、取得重大成就，在群众中享有较高威信的人物。同时，妇女和少数民族应占一定比例。对党政机关领导干部的评选要从严掌握。各地区和有关部门要通过评选、表彰活动，广泛宣传各行各业先进模范人物的事迹，教育广大人民群众自觉以他们为榜样，努力工作，开拓进取，为把我国建设成为社会主义现代化强国而努力奋斗。

全国劳动模范和先进工作者评选条件、评选方法、推荐审批程序、名额分配、工作进度要求和表彰大会具体时间等事项，由筹委会另行通知。

国务院<br>二〇〇四年十二月二十五日

（引自《国务院公报》2005 年第 07 号）

(4) 任免通知。

当上级机关需要向下级机关知照对有关人员的任免决定时可以使用任免通知。任免通知通常写为《关于××同志任职的通知》《关于免去××同志××职务的通知》。如一次任免人员过多，也可以写为《关于××等××位同志职务任免的通知》。

任免通知的写作比较简单，要求直述其事、简明准确，多数只有一两句话，包括任免根据和任免内容两层意思，如：

> 经2017年2月10日××总公司××会议研究决定：××同志任××处副处长。

以上这份任职通知只有两句话：前一句话是任职根据，包括决定任职的时间、机关、会议（或公文依据）等内容；后一句话是任职内容，包括任职人员的姓名、具体职务。在有些不能明确反映职务级别的任职通知中，还要附带说明该职务享受某一级别的待遇。如有一些直属机构，即各种"办""组"等，这些单位的主任、组长单从职务是看不出他们的级别的，通常在任职内容后再加一个括号，写上"（科级）""（副处级）"等。

在免职通知中，如果免去现职后还将出任新的职务，就应在免职通知中注明"另行分配工作"字样。

(5) 启事性通知。

启事性通知与启事相近。当需要把一些临时发生的情况和准备采取的措施告知有关单位和个人时，多使用这种通知。如《××学校关于实行夏时制后调整作息时间的通知》。有些特别简短的启事性通知的标题并不标明事由，只写"通知"二字也是可以的。

(6) 凭证性通知。

凭证性通知既起告知有关情况的作用，又起证明对方身份的作用。凭证性通知的行文对象都是与某个事项有关的单位或个人。如某单位要主持召开一个全省乃至全国范围内的学术研讨会、产品鉴定会等，总要事先向有关单位和个人发出通知，一方面告知与会议有关的单位和个人做好准备，另一方面又作为其参加会议的凭证，如《全国语言学学术研讨会通知》《××大厦建成剪彩通知》等。

## 二、通报

### （一）通报的适用范围

《12·条例》第八条规定："通报。适用于表彰先进、批评错误、传达重要精神和告知重要情况。"

通报的主要目的在于传播信息，沟通情况，交流经验。一般情况下，通报不具有指挥性。

### （二）通报的分类

根据通报的内容不同，通报可以分为三种：表扬性通报，用于表扬好人好事；批评性通报，用于通报对违法违纪人员的处理情况；情况通报，侧重于告知，一般不涉及表扬或批评。

根据通报的表述方法不同，通报可以分为两种，即直述式通报和转述式通报。直述式通报是发文机关直接叙述通报事实，并加以评论及提出要求；转述式通报是发文机关转发其他发文机关的通报或文字材料，并加以评论、提出要求。何时直述、何时转述要根据具体情况来定，不能一概而论。

视通报事项的繁简，事项简单则直述，事项繁杂则转述。事项繁杂则文字多、篇幅长，如直述势必冗长，不利于读者对通报事项的把握。

视通报的作者，通报发文机关的层次高则转述，层次低则直述。基层单位的通报事项简单，直述即可；高层次的机关有下辖单位，转述是必要的。

视通报的内容，一般来说，表扬性通报和批评性通报如有必要，可以转述，但情况通报最好直述。

### （三）通报的拟写

以表扬性通报和批评性通报为例，通报正文的写作有四个要素，即倾向性导语、通报的事实（事件）、对事实（事件）的认定和分析、处理意见和注意事项等。

1. 倾向性导语

即用一两句话概括叙述通报的主要事实，并表明发文机关的倾向性。倾向性导语有点类似于新闻稿的导语，需要注意的是不要和后面的内容重复。

2. 通报的事实（事件）

即叙述事实的各个方面或事件的起因、发展和结局。对事实（事件）的叙述要详略得当，精心取舍。与通报主题有关的情节要详，无关的要略；有代表性的、典型的情节要详，一般的情节要略。另外，对事实（事件）的叙述要完整，不能支离破碎，要让读者很快了解事情的全貌。不如此，下面对事实（事件）的认定和分析就显得突然。

3. 对事实（事件）的认定和分析

对事实（事件）进行褒贬和认定是十分必要的。不如此，就无法提出处理意见。无论是表扬还是批评，分析都要中肯，要从实际出发，既不能随意拔高，又不能无限上纲。要通过分析把事实（事件）所包含或所显示的意义上升到理论高度，并根据发文机关和通报主题的需要在某些方面予以突出或强调。对事实（事件）认定和分析的方法如下。

（1）分析事实（事件）的性质。只有对事实（事件）的性质予以准确认定才能提出恰当的处理意见。如一份关于对某单位挪用扶贫款的通报，在叙述完事实之后可以这样分析："扶贫款是用于扶持贫困群众脱贫致富的专用经费，体现了党和政府对贫困群众的关心。挪用、侵占扶贫款，法纪不容。"如此定性，就为下面的严肃处理定下了基调。

（2）分析事实（事件）产生的原因。有些事实（事件）的性质很明显，无须分析，但产生的原因较复杂。如果要杜绝此类事件再次发生，必须找出原因才好根治。如针对各类安全事故的通报（包括煤矿安全事故、消防安全事故、交通安全事故等），就应从分析事故产生的原因入手，原因找到了，责任划分就容易了，解决的办法自然也就有了。

（3）分析事实（事件）造成的影响和后果。事实（事件）造成的后果有直接后果和间接后果之分，直接后果较容易概括，间接后果若不通过深入的分析就不容易看得出来。如针对超标准排放有毒废弃物、非法占用耕地等事实的通报就应从分析造成的后果与影响入手，才能认识到事情的严重性和严肃处理的必要性。

4. 处理意见和注意事项

在对事实（事件）认定和分析的基础上，要么根据先进事迹做出表彰决定，要么根据违纪事实做出处分决定，写明给予何种奖励或处分。这是通报的核心部分，要求措辞准确、言简意赅。

注意事项不是必选项，可以根据情况灵活掌握。

### 通报文例 1

国务院办公厅关于江苏华达钢铁有限公司和<br>河北安丰钢铁有限公司违法违规行为调查处理情况的通报

国办发〔2016〕101号

各省、自治区、直辖市人民政府，国务院各部委、各直属机构：

以钢铁煤炭行业为重点推进去产能，是深化供给侧结构性改革、落实"三去一降一补"任务的重要内容。2016年以来，各有关方面贯彻落实党中央、国务院决策部署，认真履职、密切配合，大力推进钢铁行业去产能工作，目前已提前超额完成年度目标任务。但是，仍有一些地方政府对去产能工作部署落实不到位，执行政策规定不严格；一些企业对去产能工作的严肃性认识不深，对国家相关法规政策置若罔闻，违法违规生产"地条钢"、建设钢铁冶炼项目，严重干扰行业正常生产经营秩序，影响去产能工作大局。

为严肃党纪国法、确保政令畅通，顺利推进化解过剩产能和淘汰落后产能工作，按照国务院常务会议的决定要求，国家发展改革委、工业和信息化部、国土资源部、环境保护部、住房城乡建设部、工商总局、质检总局、安全监管总局、银监会、钢铁工业协会等10个部门和单位组成国务院调查组，会同监察部在江苏省、河北省的支持配合下，本着依法依规、客观公正、实事求是的原则，对江苏华达钢铁有限公司（以下简称华达公司）违法违规生产销售"地条钢"、河北安丰钢铁有限公司（以下简称安丰公司）违法违规建设钢铁冶炼项目开展了调查处理工作。经国务院同意，现将调查处理情况通报如下：

一、华达公司违法违规生产销售"地条钢"调查情况和处理决定

（一）调查情况。华达公司是位于江苏省徐州市新沂市的钢铁企业，于2010年8月注册成立，注册资本金2680万元。截至2016年7月底，该公司拥有3条轧钢生产线，具备年产钢材30万吨能力，共有职工128人（均未办理任何社会保险）。华达公司用于生产建筑钢材的设备是国家明令淘汰的落后装备，2010年以来累计生产"地条钢"17.5万吨，销售收入约6.4亿元。2016年7月底中央电视台曝光后，徐州市、新沂市政府拆除了华达公司全部生产线。

另外，根据钢铁煤炭行业化解过剩产能和脱困发展工作部际联席会议有关部署，江苏省对全省范围生产销售"地条钢"情况作了进一步排查，共发现"地条钢"企业63家，合计产能1233万吨。这些企业主要分布在徐州、连云港、淮安、宿迁、盐城、泰州、镇江、常州、无锡、苏州等10个地市。江苏省对排查出的"地条钢"企业开展了治理整顿，目前已全部整治到位。

（二）主要问题。华达公司使用国家明令淘汰的落后装备，生产销售不符合相关质量标准的"地条钢"，属于典型的顶风违法违规行为，且目前江苏省"地条钢"企业数量众多、分布范围广、存在时间长、性质恶劣、影响极坏。这起事件也暴露出有关地方政府在去产能工作中存在以下问题：

1. 失职失责。江苏省一些地方对"地条钢"的危害性重视不够、监管不严，有关市、县及职能部门均未及时发现华达公司的违法生产行为，存在失职失责问题。

2. 贯彻执行国家政策不力。在去产能工作中，江苏省有关方面缺乏有效监督，导致一些县、乡（镇）执行政策大打折扣。2013年徐州市决定取缔华达公司，但新沂市、瓦窑镇（企业所在地）政府弄虚作假、逃避取缔；2015年新沂市决定关闭华达公司后，瓦窑镇党委、政府以各种理由说情，拒不关停；瓦窑镇政府甚至将华达公司视为财政支柱企业，多次授予该公司所谓"特别贡献奖"。

3. "地条钢"企业底数不清。江苏省有关方面对"地条钢"企业底数不清，查处不坚决。2016年5月，江苏省在报送的《化解钢铁过剩产能实施方案》中未列出"地条钢"企业。华达公司违法违规行为曝光后，国家发展改革委、工业和信息化部要求江苏省于8月15日前上报全省"地条钢"企业及查处情况，江苏省有关方面直到调查组进驻前仍未按要求上报。

（三）处理决定。

1. 责成江苏省政府向国务院做出深刻检查。

2. 华达公司等长期违法违规生产销售"地条钢"，江苏省政府及有关市、县政府存在失职失责行为。依据《行政机关公务员处分条例》第二十条第四项之规定，对负有重要领导责任的江苏省副省长马秋林给予行政记过处分。

3. 由江苏省根据有关规定，对111名责任人进行问责。其中，省管干部6人：给予省质量技术监督局副局长李景辉、徐州市市长周铁根行政记过处分；给予省发展改革委副主任赵芝明、经济和信息化委副主任高清、徐州市副市长冯兴振行政记大过处分；给予新沂市委书记王成长党内严重警告处分。其余市、县、乡（镇）有关责任人由江苏省依法依规给予处理。此外，依法依规追究华达公司等企业有关人员责任。

4. 责令江苏省继续加大排查力度，对全省生产销售"地条钢"、违法违规新增钢铁产能等行为进行彻底整治，坚决防止死灰复燃。

**二、安丰公司违法违规建设钢铁冶炼项目调查情况和处理决定**

（一）调查情况。安丰公司是位于河北省秦皇岛市昌黎县的钢铁企业。截至2015年底，公司总资产140亿元，职工10350人。目前，该公司拥有炼铁产能724万吨、炼钢产能816万吨。2016年1—10月，销售收入106亿元。

2015年8月，安丰公司出资2.68亿元购买本县顺先公司产能指标，计划用所购指标和拆除本公司高炉腾出的产能指标，置换建设1座1206立方米高炉和1座100吨转炉。安丰公司在未履行产能置换、项目备案、环境影响评价、土地利用、规划建设、施工评审、安全生产"三同时"等手续的情况下，当月擅自启动了项目建设。截至2016年5月项目被昌黎县政府责令停建时，安丰公司已完成投资6.91亿元（含购买产能指标款项），1座1200立方米级高炉主体及部分附属设施已基本建成，1座100吨级转炉炉体已安装，另有1座100吨级转炉基础已完成。

（二）主要问题。安丰公司新建设的钢铁冶炼项目，属于顶风违法违规、未批先建，性质恶劣、影响极坏，干扰了钢铁行业化解过剩产能工作。这起事件也暴露出有关地方政府在去产能工作中存在以下问题：

1. 严重失察。河北省及有关市、县对钢铁去产能工作的严肃性认识不到位，对本地钢铁企业监管不力，安丰公司自2015年8月开始违法违规建设钢铁冶炼项目，有关方面直到2016年5月才发现和查处。

2. 未按规定上报。2016年4月，国家发展改革委、工业和信息化部、国家能源局发文要求各地在6月10日前上报钢铁煤炭行业违法违规建设项目清理情况，河北省有关方面虽然发现了安丰公司违法违规行为，但未按规定上报。

3. 行政效率低下。河北省、市、县政府有关部门在办理安丰公司产能置换申请时，没有按照"简政放权、放管结合、优化服务"及"明确标准、缩短流程、限时办结"的要求履行职责，主动为企业服务。安丰公司从2015年10月开始向地方政府有关部门申请的产能置换项目，至今仍没有办理完成相关手续。

（三）处理决定。

1. 责成河北省政府向国务院做出深刻检查。

2. 安丰公司违法违规建设钢铁冶炼项目，相关职能部门严重失察，行政效率低下，河北省政府及有关市、县政府存在失职失责行为。依据《行政机关公务员处分条例》第二十条第四项、第十四条第一款之规定，对负有重要领导责任的河北省副省长张杰辉给予行政警告处分。

3. 由河北省根据有关规定，对27名责任人进行问责。其中，省管干部5人：给予省发展改革委副巡视员高俊钊、工业和信息化厅副厅长周军堂、秦皇岛市市长张瑞书行政记过处分；给予秦皇岛市常务副市长薛永纯行政记大过处分；给予昌黎县委书记刘学彬党内严重警告处分。其余市、县、乡（镇）有关责任人由河北省依法依规给予处理。此外，依法依规追究安丰公司有关人员责任。

4. 责令河北省针对安丰事件暴露出的严重失察、行政效率低下等问题，抓紧制订整改落实方案；依法依规稳妥处置安丰公司违法违规项目。

**三、下一步工作要求**

华达公司和安丰公司违法违规行为后果十分严重。对两起事件进行严肃处理和严厉问责，发挥了负面典型的警示教育作用，充分体现了党中央、国务院深入推进供给侧结构性改革、坚决化解过剩产能和淘汰落后产能的决心。各地区、各部门要认真从中吸取教训，举一反三、引以为戒。要深入贯彻中央经济工作会议精神，切实将思想和行动统一到党中央、国务院的决策部署上来，不折不扣抓好落实，坚定不移完成化解过剩产能、淘汰落后产能各项工作任务。

（一）开展专项督查。国务院将对落后产能开展专项督查和清理整顿。国家发展改革委、工业和信息化部会同国土资源部、环境保护部、质检总局、安全监管总局等部门负责开展钢铁、煤炭行业专项督查，环境保护部、质检总局会同有关部门负责开展水泥、玻璃行业专项督查。各地要迅速开展梳理排查工作，确保全覆盖、无死角，对落后产能装备和违法违规行为必须发现一起、处理一起，加大公开曝光力度，形成"零容忍"震慑态势。

（二）查找薄弱环节。各有关方面要全面梳理去产能工作中的薄弱环节，依法依规加强整改，确保落后产能淘汰出清、"僵尸企业"应退尽退，决不允许出现弄虚作假行为。坚决禁止违法违规建设，决不允许产能边减边增，确保真去真退。坚定不移推动钢铁等产业转型升级，提升产业发展水平。

（三）落实各方责任。强化责任意识，明晰责任分工，切实把省级人民政府负总责、有关部门各负其责的要求落实到位。针对去产能工作中存在的职工安置难、债务处置难、资金筹措难以及环保、质量、土地、安全、能耗、工商等执法过程中存在的问题，有关部门要切实履职尽责，落实任务、堵塞漏洞，尽快研究提出解决办法和政策措施。

（四）提升行政效能。按照"简政放权、放管结合、优化服务"部署和"明确标准、缩短流程、限时办结"要求，进一步规范流程、明确时限、提高效率，切实为企业提供高效服务。强化事中事后监管，综合运用信息技术、大数据和遥感卫星监测等现代化手段，创新监管方式，提升监管效能和水平，为推进去产能工作提供有力支撑。

国务院办公厅<br>2016年12月29日

（引自《国务院公报》2017年第3号）

| 通报文例 2 |

国务院办公厅关于
对国务院第三次大督查发现的典型经验做法给予表扬的通报

国办发〔2016〕90号

各省、自治区、直辖市人民政府，国务院各部委、各直属机构：

　　为推动党中央、国务院重大决策部署贯彻落实，2016年8月下旬至9月底，国务院部署开展了对重大政策措施落实情况的第三次大督查。从督查情况看，各地区、各部门认真贯彻落实中央经济工作会议部署和政府工作报告提出的任务要求，勇于创新、真抓实干，敢于担当、主动作为，在促进经济平稳增长、推进供给侧结构性改革、抓好"三去一降一补"重点任务、推动大众创业万众创新、培育发展新动能、破解民生难题等方面结合实际创造性地开展工作，取得了积极成效，形成了一些好的经验和做法。

　　为进一步调动和激发各方面的主动性、积极性和创造性，推动形成干事创业、竞相发展的良好局面，经国务院同意，对北京市海淀区以建设双创示范基地为契机促进经济发展提质增效等32项地方典型经验做法和国家发展改革委、工业和信息化部积极推进钢铁煤炭行业化解过剩产能工作等17项部门典型经验做法予以通报表扬。希望受到表扬的地区、部门珍惜荣誉，再接再厉，取得新的更大成绩。

　　各地区、各部门要按照党中央、国务院的总体部署，牢固树立创新、协调、绿色、开放、共享的发展理念，坚持稳中求进工作总基调，积极适应和引领经济发展新常态，振奋精神，铆足干劲，迎难而上，锐意进取，学习借鉴典型经验做法，主动破解经济运行和改革发展中的难题，全力推动党中央、国务院重大决策部署落地生效，实现经济社会持续健康发展。

　　附件：1. 国务院第三次大督查发现的地方典型经验做法（共32项）
　　　　　2. 国务院第三次大督查发现的部门典型经验做法（共17项）

国务院办公厅
2016年12月4日

**附件1（另起页）**

**国务院第三次大督查发现的地方典型经验做法（共32项）**

1. 北京市海淀区以建设双创示范基地为契机促进经济发展提质增效。
2. 天津市静海区打造医养结合新模式深入推进养老服务业综合改革试点。
3. 河北省保定市优化政策环境全力打造创新驱动示范市。
4. 山西省积极稳妥推进去产能企业职工安置工作。
5. 内蒙古自治区通辽市多措并举推动企业减负增效。
6. 辽宁省盘锦市狠抓重点工作落实促进经济增长。
7. 吉林省梅河口市实施重特大疾病兜底救助减轻群众就医负担。
8. 黑龙江省东宁市做精做强特色产业促进农民增收。
9. 上海市深化国际贸易"单一窗口"建设促进贸易便利化。
10. 江苏省南通市优化审批流程推行"1枚印章管到底"。
11. 浙江省推进"特色小镇"建设打造新型产业集聚区。
12. 安徽省芜湖市开展分类执法改革提升综合监管水平。
13. 福建省泉州市清理规范行政审批申报事项降低企业和群众办事门槛。
14. 江西省实施严格生态保护促进绿色发展。

15. 山东省淄博市创新开展联动审批提高行政服务效率。
16. 河南省漯河市以工业转型升级促进经济健康发展。
17. 湖北省大冶市加快推进农村产权制度改革和农村金融改革创新。
18. 湖南省湘潭县以项目建设攻坚助推经济增长。
19. 广东省汕头市综合施策促进民间投资快速增长。
20. 广西壮族自治区东兴市创新边民互市贸易结算模式大力发展跨境贸易。
21. 海南省琼海市构建全域旅游通道打造大旅游格局。
22. 重庆市大足区强化企业服务促进民间投资健康发展。
23. 四川省德阳推动智能制造集群化加快转型升级。
24. 贵州省积极推进大数据战略行动促进创新驱动发展。
25. 云南省积极承接产业转移推动加工贸易发展。
26. 西藏自治区山南市实施"十大民心工程"保障改善民生。
27. 陕西省蓝田县实施全域旅游促进旅游业快速发展。
28. 甘肃省陇南市积极推进"电商扶贫"带动贫困群众就业增收。
29. 青海省深入推进行政审批制度改革打造良好营商环境。
30. 宁夏回族自治区银川市创新城市管理模式推动智慧城市建设。
31. 新疆维吾尔自治区阿拉山口市主动融入"一带一路"战略大力发展口岸经济。
32. 新疆生产建设兵团第八师石河子市调结构促改革实现速度和效益双增长。

**附件2（另起页）**

**国务院第三次大督查发现的部门典型经验做法（共17项）**

1. 国家发展改革委、工业和信息化部积极推进钢铁煤炭行业化解过剩产能工作。
2. 教育部深化教育教学改革助力"双创"。
3. 科技部加快推进重大科技成果产业化发展新经济培育新动能。
4. 工业和信息化部深入推进"中国制造＋互联网"。
5. 民政部围绕困难群体特殊需求实施托底保障。
6. 财政部、税务总局扎实做好全面推开"营改增"试点工作。
7. 人力资源社会保障部积极促进重点人群就业创业。
8. 环境保护部坚持问题导向推进环境保护领域改革。
9. 水利部加快推进重大水利工程建设。
10. 国家卫生计生委实施改善医疗服务行动深化医药卫生体制改革。
11. 审计署加大民生资金和项目审计力度。
12. 海关总署积极推进"双随机、一公开"监管。
13. 税务总局、银监会建立"银税互动"机制深化小微企业金融服务。
14. 工商总局大力实施"双随机、一公开"监管。
15. 国务院扶贫办扎实开展建档立卡工作提高扶贫精准度。
16. 国务院审改办大力推进行政审批制度改革。
17. 中国铁路总公司积极推进高速铁路技术创新。

（引自《国务院公报》2017年第3号）

| 通报文例3（供评改）

××水利局举办迎"双节"
橱窗墙报专栏、黑板报展评情况的通报

局属各单位、机关各处（室）：

1998年元旦、春节是党的十五大胜利召开和我国政府对香港恢复行使主权的第一个"双节"，是高举邓小平理论伟大旗帜，把我们的宏伟大业全面推向二十一世纪的最重要的一年。根据×水办〔1997〕15号文件精神，为了让本局系统广大干部、职工在欢乐、健康、文明、祥和的气氛中渡过新春佳节。我局系统于1997年12月31日下午举办橱窗墙报专栏、黑板报展评活动。现将展评情况通报如下：

水产办荣获橱窗墙报专栏、黑板报一等奖，分别各奖200元、150元，计划350元；

局机关荣获橱窗墙报专栏、黑板报二等奖，分别各奖150元、100元，计划250元；

水利培训中心荣获橱窗墙报专栏三等奖，奖励100元，荣获黑板报展评三等奖，奖励50元，计划150元；

×庄水库荣获黑板报展评并列三等奖，奖50元；

对于参与展评的引黄办、河道处、防汛办、工程局、水科所、工程处、×岗水库、设计院等单位给予通报表扬，对于未参与展评的单位在此给予通报批评。

一九九八年元月六日（××水利局章）

## 第四节 报告、请示

### 一、报告

#### （一）报告的适用范围

报告，是指下级机关向上级机关汇报工作、反映情况以及回答上级机关的询问或要求时所用的一种陈述性公文。下级机关经常、及时地向上级机关写报告，把本单位的工作进度、情况和问题以及人民群众中的一些动向随时汇报给上级领导机关，这是十分必要的。

《12·条例》第八条规定："报告。适用于向上级机关汇报工作、反映情况，回复上级机关的询问。"

#### （二）报告的分类

1. 工作报告

工作报告又称综合报告，是指用来总结工作经验、汇报工作进展情况或提出今后工作设想的一种报告。经常地把本机关各项工作的开展情况用工作报告的形式向上级机关反映，有利于密切上下级的关系，有利于领导机关掌握全局，也有利于求得上级机关的了解、理解和帮助。

2. 情况报告

情况报告又称专题报告，是指用来汇报工作中遇到的重大问题或特殊情况、接办事项的处理情况等的一种报告。如工作中出现了严重的情况和问题,已经作了相应的处理和安排,把处理意见及结果及时向上级机关报告,请上级机关审阅。情况报告侧重写工作中某个方面的情况或问题,把事情的经过、原委、性质和对它的基本看法写清楚即可。

3. 调查报告

调查报告,是指用书面语言表达调查研究结果并报送领导机关作为决策参考的一种报告。调查报告是在调查研究和分析综合的基础上写出来的。在实际工作中,调查报告的使用频率比较高。

4. 报送报告

报送报告,是指下级机关向上级机关报送公文、对象时,随文或随物所写的一种报告。这种报告只需三言两语说明报送对象的品名、数量、质量和报送目的即可。

### (三) 报告的拟写

报告正文由报告导语、报告内容、报告结束语三个部分构成。

1. 报告导语

报告的开头先要说明为什么要写这份报告,概述什么时候接到上级机关的什么公文、什么指示或什么任务,本机关的执行、办理情况及结果如何,然后用"现将……报告如下"或"现将……汇报于后"之类的承启用语转入报告内容。

2. 报告内容

报告内容是报告正文的主干部分。工作报告要注意写清楚开展某项工作的情况,包括主要过程、措施、结果、存在的问题、今后的打算等。情况报告要写清楚事件发生的原因、经过、性质、看法和处理意见。答复报告必须紧紧围绕上级机关的询问,不能顾左右而言他。

3. 报告结束语

报告结束语写在报告结尾处,另起一行,前空两格。常见的报告结束语多写"特此报告""以上报告,请审阅"等。

### (四) 报告写作注意事项

1. 材料要全面、可靠

下级机关向上级机关汇报工作、反映情况,其目的是让上级机关掌握全面情况,以便做出正确的决策。下级机关报告中的材料往往是上级机关进行决策的重要依据,正因为如此,报告中的事实材料必须是真实、可靠的。报告中不能用"据说""传闻""估计""可能"之类的材料,也不能用未经核实的材料,更不能谎报"军情"。因为不真实的材料可能使上级机关得出错误的结论,做出脱离实际的决策,给实际工作造成重大损失。

2. 观点要明确

报告中不仅有材料,而且还要有根据材料概括出来的观点,这一点很重要。即使是情况报告,也要有对有关情况的看法,不能模棱两可、骑墙观望。

3. 文字要简练

报告是陈述性公文,要言之有物,不说大话、空话、套话。报告是上行文,因此不宜在报告中讲过多的大道理，应着重写带有观点的情况。

> **报告文例 1**

**国务院办公厅关于妥善做好应对日全食工作的通知（略）**

国办发明电〔2009〕14 号　　　　（二〇〇九年七月十日）

附件：

**日全食对社会影响的专业论证报告**

中国天文学会常务理事会

2009 年 7 月 22 日，我国长江流域地区将可观测到百年内最为壮观的日全食天象，包括科学界、教育界以及民间在内的社会各界都在紧锣密鼓地准备对这次日全食进行观测和观赏。本次日全食也将对社会生活产生影响，主要表现在如下几个方面：

**一、科学意义**

日全食是指当月球运行到太阳和地球之间时，月球挡住全部太阳光球的天象，它是人们研究太阳大气的极佳机会。通常人们肉眼所见的太阳，只是它的光球部分，光球之外的太阳大气——色球层和日冕，都被淹没在光球的明亮光辉之中。日全食时，月亮挡住了太阳光球表面，在暗黑的天空背景上，相继呈现出太阳大气分层中的中红色色球和银白色日冕，天文学家可以在这一特定的时刻对相关天文学、物理学等问题进行观测研究：

（一）日全食期间可以组织对太阳色球和日冕进行比空间望远镜和其他地面望远镜更多波段（包括可见光波段、红外波段、射电微波波段）和更高分辨率的成像和谱连续观测，从而研究有关太阳色球和日冕大气的物理状态和化学组成，甚至其动力学演化，为建立更为精确的日冕大气模型提供准确的观测依据，为恒星物理、日地空间物理、空间天气预报研究提供基础性的第一手数据。

（二）日全食期间可以组织对水星轨道内小行星、近地小天体等的搜索和研究，为太阳系的形成和演化、近地空间安全等提供依据和保障。

（三）日全食期间可以为引力波及其他基本物理问题的探索寻找答案。在历次的日全食观测中，科学家们都一直孜孜不倦地为这些基础的物理问题进行探索研究。

（四）在日全食期间还可以对地球电离层结构和扰动规律进行高时间分辨率的详细观测研究。

因此在每次可观测到日全食的地区，来自中国科学院各天文台站、各高校天文学研究组等都组织了一系列观测，并取得了大量观测结果，极大地推动着相关科学问题的发展。今年的日全食期间，除了中国科学院国家天文台、紫金山天文台、云南天文台、上海天文台、地质与地球物理研究所、空间科学与应用研究中心以及南京大学、中国科技大学、北京师范大学、武汉大学等将组织相应的观测活动外，国际天文学联合会及有关国家的科学家也将到我国杭州及周边地区从事观测研究工作。

**二、科普教育意义**

在地球上的同一个城市观测到日全食的机会大约每 375 年只有 1 次左右，同时还因为天气的影响，实际能观测到日全食的机会就更小。正因为其出现的机会不多，又发生在人类未知的天上，同时还会引起当地气温下降、湿度上升等异常现象，一些人往往对这种天象存在一定的恐惧心理。因此，在日全食现象发生前后，充分利用电视、报纸、互联网以及图书、图片展览等现代媒体技术向社会大众进行及时、准确、生动、形象的科普宣传和教育，是破除迷信思想、激发民众尤其是青少年们的科学热情、提升国民科学素质的一次千载难逢的机会。而且，今年又正好被联合国设立为国际天文年。

自上世纪80年代以来，我国曾经发生过三次有利于观测的日全食，一次是1980年在昆明、贵阳等西南城市；一次是1997年在黑龙江省的漠河地区。这两次日全食的全食带范围都非常小，再加上当时的交通条件并不是非常便利，因而这两次日全食观测活动带来的社会影响不大。第三次日全食发生于2008年8月1日，中国科学院国家天文台、紫金山天文台、地质与地球物理研究所、空间科学与应用研究中心等科研机构在我国新疆、甘肃等地进行了大规模的科学观测与研究。同时，内蒙古、宁夏、陕西、山西、河南等省（区）部分地区组织了中小学生和民众的观测和观赏，收到了良好的科普效果。

2009年7月22日的这次日全食，从日食初亏到复圆长达两个多小时，全食带宽度可达250公里，日全食的持续时间最长可达6分钟左右，这是1814—2309年之间中国境内可观测到的持续时间最长的一次日全食活动。同时，这也是世界历史上覆盖人口最多的一次日全食，全食带将覆盖印度中部、缅甸以及我国长江流域等广大人口稠密地区，其中包括经济发达、交通便利的成都、重庆、武汉、合肥、上海、杭州等大城市，而与这次日全食对应的偏食带则覆盖了我国全境，从最南端的曾母暗沙（食分约为20%）到最北端的漠河地区（食分约为30%），即使是远离日全食中心的北京，食分也将达73%。因此，这是一次影响我国全境的天象活动，通过科学部门、教育部门和各级政府的通力合作、协调部署、合理组织，可以在全国掀起一次规模宏大的爱科学、学科学、讲科学、用科学的风气。

**三、社会影响**

本次日全食对社会层面上的影响主要表现在：

（一）积极影响。通过科普宣传教育，破除封建迷信思想，激发民众热爱科学的热情和兴趣，对提升我国国民科学素养具有极大的现实意义。日全食期间，中国科学院天文学有关研究机构将联合当地政府，举办多点互动的科普活动，藉此大力普及科学知识，推动全民科学素质的提高。2009年5月19日，由中国科学院、科技部、国家自然科学基金委员会、中国科学技术协会联合主办的"2009年国际天文年日全食观测和科学普及活动周"新闻发布会上，中国天文学会会同中国科学院国家天文台向铜陵、桐城、黟县、嘉兴、苏州、高淳、常州、无锡等八个观测条件较好的城市颁发了"2009年日全食指定观测点"的牌匾和证书。这些处于全食带中心线的城市已经结合当地文化特点，策划和组织了一系列日全食观测和科普活动。届时，中央电视台也将在多个频道组织实况转播。

（二）不利影响。全食带区域从食既（太阳亮光突然消失）到生光（太阳亮光突然出现），时长短至1分钟、长至6分多钟。期间大地由突然变黑暗转向突然变明亮，很可能带来以下问题：

1. 公众视力安全问题。日全食过程中，很多人会进行观测。在食既之前，太阳依然很明亮。不正当地使用观测眼镜或直接目视太阳都会造成失明等视觉损伤。尤其是生光瞬间，太阳突然增亮。有组织的观测者可能还沉浸在肉眼能看见日冕的兴奋之中，因此会被强烈的阳光灼伤眼睛（甚至失明）；尤其在偏远地区，人们可能因太阳的短暂消失而好奇地观望。这时，太阳的再次突然显露很可能会灼伤眼睛。因此，在观看日食过程时，有条件的可使用专用的日食镜片，没有条件的可使用其他方式保护眼睛，比如用墨均匀涂黑的玻璃，均匀曝光的胶片，烧电焊时用的护目镜等。

2. 交通安全问题。日全食发生时在机场、高速公路等交通枢纽附近有可能引起交通拥堵乃至撞车等意外事故，驾驶员亦可能会因分散注意力而引发交通事故。

3. 生产作业问题。日全食发生时大地突然变黑、气温下降15—20度、湿度明显上升，在热岛效应严重的大城市可能导致降水、风力、风速的变化，从而引发诸如高空作业、建筑施工等的安全问题。

4. 通讯安全问题。在日全食期间电离层会出现扰动，从而可能导致通信中断或受干扰，而且大量游客通过互联网发送有关日食的信息等，可能导致网络通信受阻等。

5. 社会治安问题。日食引起人群注意力分散、日全食短暂黑夜现象可能被不法分子利用。

6. 医疗业安全。医院的供电、照明等如应对不及时，有可能发生病人慌乱、医疗过程差错等问题。

上述不利影响可以通过科学部门与生产管理部门的沟通，并通过合理安排进行规避。为此，我们建议政府动员各部门积极准备宣传、科学引导观赏、谨慎防范和应对突发公共事件，使得我们能够充分发挥这数百年难遇的科普良机来提高全民族科学素养、增加民众对科学的兴趣。

（引自《国务院公报》2009年第21号）

### 报告文例 2

**国务院办公厅关于重庆市巫山县
部分乡镇铲苗种烟违法伤农事件的情况通报（略）**

国办发〔2000〕41号　　　　　　（二〇〇〇年六月七日）

**关于重庆市巫山县部分乡镇铲苗种烟违法伤农事件的调查报告**

根据国务院领导同志的指示精神，由国务院办公厅牵头，中央农村工作领导小组办公室、国务院研究室、农业部、国家税务总局和中央电视台参加组成的调查组，于5月28日至6月2日，赴重庆市巫山县就中央电视台《焦点访谈》反映的铲苗种烟、违法伤农事件进行了调查。调查组深入3个区5个乡镇，广泛听取农民群众和基层干部的意见。现将有关情况报告如下：

**一、基本情况**

巫山县是省定贫困县，1999年全县农民人均纯收入只有1242元。粮食作物主要是玉米、土豆、红薯和小麦。经济作物主要是烤烟、魔芋等。全县64.4万亩耕地中，适合种烤烟的有30万亩。历史上，烤烟种植面积最高达到10万亩。今年市烟草专卖局下达该县烤烟收购计划9万担，县政府下达烤烟生产考核基数为15万担，目标任务为20万担，按亩产量300斤计算，需种植5万～6.7万亩。

全县烤烟种植主要集中在河梁、官阳和骡坪3个区所属的15个乡镇。从了解的情况看，河梁和骡坪两区，由于区乡政府的引导服务工作基本到位，农民种烤烟的积极性比较高，没有发生强迫农民种烤烟的现象。问题主要发生在官阳区的4个乡镇，而且远比《焦点访谈》反映的问题严重得多。

巫山县今年下达给官阳区的烤烟生产考核基数为4.1万担，目标任务为5.4万担，需种植烤烟1.3万～1.8万亩。该区适宜种烤烟的36个村，耕地面积只有2.2万亩，人均仅1亩。官阳区按烤烟目标任务与农民签订了合同，即必须用80%的耕地（人均0.8亩）种烤烟，剩余20%的耕地（人均0.2亩）种粮食和其他作物。为了防止农民多种粮食、少种烤烟，官阳区限定每个农民只准保留可移栽0.2亩地的500棵玉米苗，超过部分一律铲除。而且，实行连片种植，强行烤烟净作，即在规划种植烤烟的区域内不准种植其他作物。

官阳区适宜种植烤烟，种烤烟的收益高于种粮食（一般亩均收入800元以上，高于粮食3倍），但农民不愿意多种烤烟，尤其不赞成不留口粮田、强行烤烟净作的做法。在收成好的情况下，多种烟，少种粮，可以用卖烤烟的钱买口粮。去年因干旱部分种烤烟的农户没有挣到钱、甚至亏本，目前既缺钱、又缺粮，发生春荒、夏荒。这部分农户今年就要求多种粮、少种烟。所以，农民说，铲了青苗如同铲了我的命根子。而且，烤烟生产中"两怕"问题无人管：一怕烟草公司硬性摊销质次价高的各种肥料。农民反映，与烟草公司签订烤烟收购合同时，必须接受烟草公司摊销的各种肥料，不准从其他渠道购买。二怕收购时压级压价，卖不上好价钱。农民说，他们是站着种烟、坐着烤烟、跪着卖烟，烟草公司收购中压级压价、收人情烟的现象十分突出。**(总理批示：烟草公司这种做法是违法的，是变相摊派。)**

面对农民不愿多种烤烟的局面，官阳区及其所属4乡镇领导决定强行铲除农民多育的玉米苗和栽种的其他作物。据初步统计，4月上旬，全区铲苗行为涉及27个村，1616户，共铲苗（包括折合可栽种面积）1289.9亩。这些铲苗行为是官阳区党委和区公所统一部署，由区、乡镇党政主要领导带领包括武装部干部、治安人员在内的工作组突击进行的。在强行铲苗过程中，区、乡镇干部对阻止铲苗的农民进行殴打和体罚，甚至拘留农民，先后有7人被打，其中2人致伤。

**二、原因分析**

巫山县官阳区发生的铲苗种烟事件，是一起违反党在农村的基本政策、侵犯农民合法权益、危害农民人身安全的严重事件。产生这一问题，既有客观因素，更有主观原因，主要是四个方面。

（一）地方财源严重不足，收不抵支。1999年巫山县财政一般预算收入为4731万元，而当年财政供养人口为11562人，仅实际工资性支出就达6715万元，是典型的"吃饭财政"，主要靠上级财政补助维持，当年上级财政补助10631万元。在一般性财政收入中，烟叶及卷烟税收占相当大的比重。1999年来自卷烟和烟叶的税收为1958万元，占一般性财政收入的41%，该县把发展烤烟生产作为当地增加财政收入的主要手段。由原四川省划归重庆市管辖后的县（市）仍实行财政分级分成包干的管理体制，在基数任务内，县、乡按六四分成。由于留给乡（镇）的收入不多，加剧了乡（镇）财政的困难。针对这些问题，今后一是要着眼发展经济，增加税源；二是要结合产业结构的调整，改善财政收入结构；三是要进一步理顺管理体制，上级财政应加大对这些贫困地区转移支付的力度。同时，要精兵简政。

（二）县委、县政府对农业和农村经济结构调整的思路不够清楚，指导思想和工作方法有偏差。今年以来，党中央、国务院就农业和农村工作连续发了几个文件，一再强调在新阶段要把农业和农村经济结构的战略性调整作为当前农村工作的中心任务，在结构调整中要因地制宜，充分尊重农民的自主权，各级政府要搞好指导、引导和服务，严禁强迫命令。在巫山县这样的贫困地区，必须始终注意搞好粮食生产，在稳定解决农民吃饭问题的基础上，千方百计帮助农民增加收入。如果把增加农民收入作为结构调整的立足点，经济发展的路子就宽了。但县里片面地把发展烤烟作为全县农村经济的头等大事，下达任务超过计划指标，既不考虑市场需求，又没考虑农民的现实需求，实际上只考虑保财政收入一头。县政府对发展烤烟生产的决定具有很大的盲目性，所采取的有关政策措施是错误的。通过这一事件可以看出，党对农业和农村工作的方针和政策，在一些地方还没有得到贯彻落实。

（三）严格的烤烟生产考核制度对事件的发生起了推波助澜的作用。在今年的县政府2号文件中，对发展烟叶生产采取了强硬措施。一是成立了由县政府负责人和组织部长、武装部长、公安局长、检察长参加的领导小组，全权负责烤烟生产从种到收各环节的管理。各产烟县和乡镇也成立相应组织机构。二是制定了严格、细致的考核奖惩办法。主要有：对农业特产税任务实行包干分成，县里留60%，返还区、乡、村40%，超过部分倒四六分成；对区乡领导实行风险抵押和奖励，完成考核基数的不仅集体有奖，区级党政主要负责人还可各得奖金1万元，乡镇主要负责人各得5000元。完成奋斗目标的，奖金还能翻番；对完不成任务的，除取消一切奖励，扣除全部风险抵押外，还要进行组织处理，降职或免职。有如此严格的"组织保证"和"奖惩措施"，区、乡、村的干部不能不全力以赴了，农民的权利和利益放在了脑后。**(总理批示：简直不顾农民死活。)** 按照农业特产税的有关规定，烟叶的特产税应在收购环节向经营者征收，而不应向农民征收。

而官阳区却规定，如果农民不种烟，就要交每亩168元的特产税（按一亩地平均产烟叶300斤，收购均价2.8元/斤，特产税率为20%计算）。区政府算的是这个账：如果农民少种了一亩烟，政府就少收168元。因此，不少农民说，这个烟不是为我种的，是为政府种的。农民陈发朝说，官阳地处高寒山区，年成好时每亩产玉米不过500来斤，按0.40元/斤算，一亩收200元，如果交了168元特产税，再去掉生产成本和其他费用，农民种田干啥呢？一些农民说，我们不是"抵抗"种烟，我们只是要留一点口粮。农民吴明香说，我去年4亩地种了3亩半烟叶，一年下来，扣掉税费，只剩10元钱，今年的苞谷苗又被铲掉了，现在家里没有粮食，只好到处借粮度日。

（四）基层组织和基层民主政治建设薄弱，有些干部素质极差，作风粗暴。官阳区铲苗种烟的事情，前几年就有。农民稍有不满，就被"请"到乡里办学习班，挨打受罚。区委主要负责人说，自1995年以来，采取的行政措施就很严厉，布置种植任务时要先收农民的腊肉作抵押，不育苗的每亩要收50元的抵押金。该县基层组织和基层民主政治建设的主要问题是，对地处偏僻的乡镇干部疏于管理，缺乏有效监督。农民的投诉和送给我们的告状信，不少都是反映当地乡村干部作风和以权谋私的。当阳乡党委书记杨自勇在率人铲烟时打伤了农民张仲虎，又打了60岁的老农民史发远。在《焦点访谈》播出官阳镇的事件后，杨让乡政府给张赔了几千元，但又逼着张签一个协议，收了钱就不许上诉，如果上诉，就要收回赔偿。农民说，这里天高皇帝远，上面不来人，我们的问题永远也解决不了。

### 三、采取的措施

5月24日晚中央电视台《焦点访谈》播出了巫山县官阳区铲苗种烟、违法伤农事件后，市委、市政府主要领导同志高度重视，当晚，市委书记贺国强对这一事件的处理做出了明确批示。25日下午，朱镕基总理、李岚清副总理在全国粮食生产和流通工作会议结束时，对此事件进行了批评，晚上贺国强、包叙定同志主持召开市委、市政府紧急会议，集体收看了《焦点访谈》的录像，认真学习和深刻领会国务院领导同志对此事件的重要指示精神，作了工作部署，决定由分管农村工作的市委副书记和副市长负责这一事件的查处，并向全市发出通报。市委、市政府对处理这一事件态度是鲜明的。

调查组一到巫山县，上访的农民群众络绎不绝，特别是到了事件发生地的官阳区，成百上千的农民群众自发地从周围各乡村赶来，纷纷要求向调查组反映情况。

巫山县委、县政府对处理这一事件，采取了一些措施。但存在三方面的问题：一是县区乡各级对这一事件的性质认识不到位，工作没有深入下去，面上情况不掌握；二是补偿不到位，目前只是对重点受害农户进行了补偿，面上绝大多数农民并没有得到补偿；三是处理不到位，目前只是对直接责任人员进行了处理，对这一事件负有直接责任的区、乡主要负责人没有处理，农民反映说，处理了小的（干部），保护了大的（干部）。

针对这些问题，调查组对县委、县政府下一步的工作提出了建议：第一，县委、县政府要把妥善处理这一事件作为当前的中心工作，并要统一思想，提高认识。第二，组织强有力的工作班子，迅速开展工作。全面查清情况，抓紧研究补偿方案。第三，本着从实、从优、从快的原则，帮助农民按其意愿尽快恢复生产。**（总理批示：没有重庆市委、市政府领导的亲自过问，问题是解决不了的。）**

调查组回到重庆后，与市委、市政府的领导及有关部门的同志交换了意见，市委、市政府对下一步的工作作了具体安排，并将就处理情况正式向国务院报告。

（引自《河南政报》2000年第10期）

## 二、请示

### (一) 请示的适用范围

请示,是指下级机关向上级机关请求指示或批准时使用的一个文种。

### (二) 请示的分类

1. 请求指示的请示

下级机关在工作中遇到了疑难问题,或是对上级机关的规范性公文有不明了、不清楚的地方,可以用请示向上级机关反映,要求上级机关给予明确的指示或解释,以便更好地贯彻公文精神或开展某项工作。

2. 请求批准的请示

根据有关规定和管理权限,有些公文需经上级机关批准后才能发布,如重要法规的发布、长远规划的调整等;由于本单位的情况特殊,难以执行上级机关的统一规定,需要变通处理,但必须报请上级机关同意或认可;有些问题,需报请上级机关批准后才能办理,如人事任免、机构的增减等。

3. 请求审批的请示

下级机关在开展工作的过程中,在人、财、物方面遇到困难,自己无法解决,可以报请上级机关审核、备案、批拨或调配使用等,如请求审批基建项目、请求增加人员编制等。

### (三) 请示正文的拟写

请示正文由请求原因、请示事项和结束语三个部分组成。

1. 请示原因

即请示的开头先提出为什么要请示,请示的依据是什么。

请示的依据可以分为理论依据和事实依据两种。理论依据是指以上级机关的某份公文精神为依据,事实依据是指以实际工作中的具体情况为依据。必要时,二者可以结合起来,共同组成请示原因。

请示原因既要简明扼要,使人一目了然,又要提供足够的依据,令人信服。

2. 请示事项

紧接请示原因之后,要具体写出请示的具体事项。请求指示的请求事项主要写遇到了什么问题,有哪几种不同意见,现状如何,并要求上级机关在哪些方面或哪几个具体问题上给予明确的指示。请求批准的请求事项写准备干什么、如何干,请求上级机关在哪些环节上给予支持或帮助,或请求上级机关批准承认,或请求上级机关拨款,或请求上级机关调配相应的人力、物力等。请求审批的请求事项要写明开展什么工作,准备采取哪些措施,需要审批的环节有哪些等。

3. 结束语

请示的结束语一般在请示事项之后另起一行。常用的结束语有"当否,请批示"或"请批准""请批复"等。

### （四）请示写作注意事项

1. 不滥用请示

下级机关不能事无巨细地一概向上级机关请示。凡是上级机关已有明文规定的事项，或是属于下级机关职权范围内的事项，要敢于负责、自行处理。

2. 请示应坚持一文一事的原则

请示忌一文多事，以便于公文的及时处理。

3. 请示的目的要明确

无论是哪一种请示，都应做到既提出问题，又要有自己的看法、设想或处理意见，否则上级机关就难以批复。

4. 请示的理由要充分

请示的理由一般包括两个部分，一是需要，二是可能。如要请求列一个建设项目，就得说明对这个项目如何需要，甚至如何迫切需要，以及该项目建成后将会带来怎样的经济效益、社会效益等。另外还要说明上这个项目的可能性，包括地理条件、资源条件、社会条件、资金来源等。当然，有些简单事项的请示只说明需要就可以了。

5. 不要多头主送

每项业务工作都有自己的主管部门，所以，请示应送直接主管机关或部门，不要多头主送。

### 请示文例 1

关于建立中国工程院有关问题的请示

国务院并党中央：

近年来，我国科学家、工程技术专家和有关人士，曾多次提出建立中国工程院问题。

全国政协七届五次会议和中国科学院第六次学部委员大会期间，不少政协委员、学部委员和工程技术专家，又先后提出提案和建议。党中央和国务院领导同志十分重视这一建议，曾就建立中国工程院问题，多次作过批示。根据中央和国务院领导同志的批示精神，组成了专家研究小组，经过反复酝酿和讨论，形成工程院的初步组建方案，现就建立中国工程院的有关问题报告如下：

一、关于建立中国工程院的必要性（略）

二、关于组建中国工程院的一些原则（略）

三、关于中国工程院的筹建工作及进度安排（略）

为使工程院的筹备及建院后的工作正常进行，在国家科委设立筹备领导小组办公室，待工程院建立后，请中央机构编制委员会单独核准该院编制 40 人。请国家财政拨专款 150 万元，作为工程院筹备工作及召开第一届院士大会的专项经费，列入国家年度财政预算。

以上当否，请批示。

附件：中国工程院筹备领导小组名单

中国科委<br>中国科学院<br>一九九三年十一月十二日

附件：中国工程院筹备领导小组名单（略）

## 请示文例 2（供评改）

### ××烟草分公司关于购置专卖市场管理用车的请示

××省烟草公司：

　　为了进一步净化卷烟市场，强化市场管理力度，扩大卷烟销售，经分公司研究同意，我公司所属××县烟草专卖局，急需购置一辆旧桑塔纳轿车，价值75000元，资金从专卖管理财政返还中列支。

　　请批复。

××省烟草公司××分公司<br>××××年六月九日

## 请示文例 3（供评改）

### 关于进一步落实××经济技术开发区管理体制权限的请示

市政府：

　　××经济技术开发区成立以来，得到了市委、市政府及有关部门的大力支持和帮助，市委、市政府多次召开现场办公会议，落实开发区各种管理权限，支持开发区建设和发展，省市各有关部门也给予了一定帮助。到目前为止，开发区基础设施已投入近亿元，引进项目40余家，协议投资额7.2亿元，建成投产企业近10家，但由于各种原因，××经济技术开发区应享有的有关政策、职能及管理权限没有得以很好落实，给开发区的工作造成了许多困难和不便，也使开发区自身的优势得不到充分的发挥，现在开发区在面临新的发展机遇的今天，这些问题已成为制约开发区快速发展的一个重要因素。因此，请市政府就有关问题给予协调解决，具体情况请示如下：

**一、规划控制问题**

　　根据×政〔1995〕50号文件和×政文〔1994〕6号文件，××经济技术开发区目前的总体规划区域为：东至×南岗、×河，北至××铁路，西至×××国道，南至老××铁路。……以上两个区域如不进行规划控制，将极不利于充分发挥地域优势。建议以上两个区域由开发区统一规划管理。

**二、区划问题**

　　开发区区域内有××村、东××岗、西××岗、×庄、×南岗、×河等6个自然村，还涉及×××村的土地。……现在由于区划不统一，造成开发区征地手续繁多，征地费用增多，而且因为补偿、拆迁、劳动力安置等问题，关系不顺，不易协调，给开发区的发展及社会稳定都造成了一定影响。根据×政〔1995〕50号文件和×政文〔1994〕6号文件，建议将××村等6个村划归开发区管理，由开发区将其按区街建制，其原户口性质不变，以便统筹解决农民征地后的安置问题，以及由此所带来的其他问题。

**三、公共交通问题**

　　根据×政会纪〔1994〕4号文件，鉴于×海路将于5月底前打通，建议市政府尽快解决开发区公交问题，近期至少有2条公交线路进出开发区。

**四、财政支持问题**

　　根据×政会纪〔1993〕11号文件，建议兑现省财政、省计委、市财政从1993年起，每年分别给开发区100万元的财政支持。

**五、建立一级财政体制问题**

根据×政会纪〔1994〕4号文件，建议落实一级财政、一级金库的设立决定，开发区财政在市财政中单列，实行独立的预决算体制。

**六、设立国、地税分局问题**

根据×政〔1995〕50号文件和×政会纪〔1995〕37号文件，建议市政府协调解决开发区国税分局、地税分局组建等事宜，各种税收政策按国家级开发区标准执行。

**七、通邮问题**

根据×政〔1995〕50号文件，建议市政府协调解决开发区邮政分局组建等事宜。

**八、环保审批问题**

根据×政〔1995〕50号文件和×政文〔1994〕6号文件，建议市政府协调市环保局成立开发区环保专门机构，审批管理开发区内所有建设项目的环保工作。

**九、房产管理问题**

根据×政会纪〔1994〕5号文件，建议市政府授权开发区依法管理区内房产所有权证书以及产权交易、抵押、评估、租赁等管理工作，发放市房管局统一编号的房产所有权证书。

妥否，请批复。

××市经济技术开发区管委会（章）<br>
××××年三月三日

## 第五节  批复、意见

### 一、批复

#### （一）批复的适用范围

根据《12·条例》第八条的规定，批复适用于答复下级机关请示事项。

批复是一种针对性很强的下行文，它只针对下级机关的"请示"，而不针对其他的文种。

#### （二）批复的分类

常用的批复有以下两种。

1. 只主送某个下级机关的批复

绝大多数批复都属于只主送某个下级机关的批复。如某局向直接上级领导机关请示增加人员编制，上级领导机关的批复只主送给该局就行了。

2. 大量抄送各有关机关的批复

大量抄送各有关机关的批复除了送报送请示的某个下级机关以外，还需要大量抄送各有关机关。这类批复较为少见。只有所批复的请示具有一定的代表性，答复一个机关就能解除许多机关的疑问时才将这类批复抄送各有关机关。这类批复一般都具有某种程度的规定性或指导性，有时还带有决定的性质。如中央一级的财政、银行等业务部门，有时是针对某个下级机关的请示进行批复，但却是一种普发性的文件，因为这类请示具有代表性，为了避免下级机关就同类问题再提出请示，就把这类批复抄送所有的下级机关。

### （三）批复的拟写

1. 批复的标题

在一般情况下，批复的标题与一般公文标题的写法相同，即由发文机关、事由和文种三要素组成。如《中华全国总工会关于铁路工会经费上交和留用比例的批复》；也可以用请示的标题作事由，如《××省教育厅对〈××学院关于建造学生宿舍楼的请示〉的批复》；还可以在标题中把批准与否的态度写进去，如《国务院关于同意江苏省设立无锡市马山区给江苏省人民政府的批复》。

2. 批复的正文

批复的正文一般由批复引语、批复内容和结尾用语三个部分构成。

（1）批复引语。

批复引语，先引述来文，包括来文的日期、标题、字号，必要时还要简述来文的请示事项。

（2）批复内容。

批复内容是批复的主体，应针对请示事项表明同意与否的态度，有时还应阐明同意或不同意的理由。如果同意，必要时还给予一定的指示，如果指示内容太多可分条叙写；如果不同意或只同意其中的一部分，也要说明理由，并且做出如何处理的指示，使下级机关有所遵循。

（3）结尾用语。

批复的结尾一般只写"此复"或"特此批复"，并另起一行，表示全文的结束。也可以不用这种结尾用语，只在表明态度、阐明理由或作完指示后即收束全文。

### （四）拟写批复的注意事项

1. 要一事一批

请示必须一文一事。同理，批复也只能是一份批复对应一份请示，而不能用一份批复对应多份请示。

2. 批复要及时

下级机关的请示事项，无论是否批准，上级机关都应及时批复。如果不能批准或不能马上批准，在批复中讲明理由即可，不能一味拖延、态度暧昧。

3. 态度要明确

批复中的观点必须明确，同意就是同意，不同意就是不同意，缓办就是缓办，决不能含糊其辞、模棱两可，让人不得要领。

4. 批复要有依据

上级机关对下级机关的请示进行批复必须根据有关政策、法令或规章制度，根据本机关的职权范围，经过周密思考或调查研究，做出具体、明确的答复。为了慎重起见，有时还要写明批复的根据以备查考，切忌随便批复、滥用职权。

5. 针对性要强

批复必须紧紧围绕请示事项，不能无的放矢、答非所问、复非所求，也不能只答复请示中的一部分，而对另一部分不予表态，使下级机关无所适从。

6. 篇幅要短小

批复应开门见山、直截了当，切忌长篇大论、枝节横生。

7. 措辞要准确

批复的用词应字斟句酌，要防止发生歧义、贻误工作，切忌使用"似属可行""酌情办理""最好去做"之类的词语。

**批复文例 1**

国务院关于同意设立"全国科技工作者日"的批复

国函〔2016〕194号

中国科协、科技部：

你们《关于建议设立"全国科技工作者日"的请示》（科协发组字〔2016〕85号）收悉。同意自2017年起，将每年5月30日设立为"全国科技工作者日"。具体工作由你们商有关部门组织实施。

国务院<br>2016年11月25日

（引自《国务院公报》2017年第1号）

**批复文例 2**

国务院关于中原城市群发展规划的批复

国函〔2016〕210号

河南、河北、山西、安徽、山东省人民政府，国家发展改革委：

国家发展改革委《关于报送中原城市群发展规划（送审稿）的请示》（发改地区〔2016〕2463号）收悉。现批复如下：

一、原则同意《中原城市群发展规划》（以下简称《规划》），请认真组织实施。

二、《规划》实施要全面贯彻党的十八大和十八届三中、四中、五中、六中全会及中央城镇化工作会议、中央城市工作会议精神，深入贯彻习近平总书记系列重要讲话精神和治国理政新理念新思想新战略，认真落实党中央、国务院决策部署，统筹推进"五位一体"总体布局和协调推进"四个全面"战略布局，牢固树立和贯彻落实创新、协调、绿色、开放、共享的发展理念，适应把握引领经济发展新常态，坚持以推进供给侧结构性改革为主线，服务"一带一路"建设、中部地区崛起和新型城镇化等国家重大战略，培育发展新动能，推进基础设施互联互通，深化产业体系分工合作，加强生态环境同治共保，促进公共服务共建共享，推动城乡统筹协调发展，构建网络化、开放式、一体化的中原城市群发展新格局。

三、河南、河北、山西、安徽、山东省人民政府要切实增强政治意识、大局意识、核心意识、看齐意识，加强组织领导，密切协调配合，落实工作责任，完善工作会商推进机制，抓紧制订实施方案和专项规划，依法落实《规划》明确的主要目标和重点任务。《规划》实施中涉及的重大事项、重大政策和重大项目按规定程序报批。

四、国务院有关部门要按照职能分工，研究制定支持中原城市群发展的具体政策，在有关规划编制、体制创新、政策实施、项目安排、资金投入、土地保障等方面给予积极支持。国家发展改革委要加强跟踪分析和督促检查，适时组织开展《规划》实施情况评估，重大问题及时向国务院报告。

国务院<br/>2016 年 12 月 28 日

（引自《国务院公报》2017 年第 2 号）

## 二、意见

### （一）意见的适用范围

《12·条例》对"意见"的定义是"适用于对重要问题提出见解和处理办法"。

"意见"的适用范围非常广泛。2001 年 1 月 1 日《处理意见》对"意见"的适用范围作了明确的界定："'意见'可以用于上行文、下行文和平行文，应按请示性公文的程序和要求办理。所提意见如涉及其他部门职权范围内的事项，主办部门应当主动与有关部门协商，取得一致意见后方可行文；如有分歧，主办部门的主要负责人应当出面协调，仍不能取得一致时，主办部门可以列明各方理据，提出建设性意见，并与有关部门会签后报请上级机关决定。上级机关应当对下级机关报送的'意见'做出处理或给予答复。作为下行文，文中对贯彻执行有明确要求的，下级机关应遵照执行。无明确要求的，下级机关可参照执行。作为平行文，提出的意见供对方参考。"

### （二）意见的分类

根据行文方向，意见可以分为以下三种。

1. 要求下级机关遵照执行或参照执行的意见

要求下级机关遵照执行或参照执行的"意见"多由政府机关发出，要求所有的下属单位贯彻执行，具有较强的规范性和强制性，有点类似于过去的指示或带有指示性的通知。如《国务院关于进一步做好退耕还林还草试点工作的若干意见》的操作性很强，是必须贯彻执行的。

2. 要求上级机关批转的意见

要求上级机关批转，过去的做法非常不统一，有的用请示，有的用报告，常有争论，大家莫衷一是。现在凡需上级机关批转统一用意见。这类意见一般由业务主管部门提出，经政府机关或上一级业务主管部门同意或批准后，在政府机关主管范围内或全行业内贯彻执行。如 2001 年 10 月 9 日监察部、国务院法制办、国务院体改办、中央编办联合向国务院上报《关于行政审批制度改革工作的实施意见》，要求国务院批转。国务院经研究同意后，于 2001 年 10 月 18 日发出《国务院批转关于行政审批制度改革工作实施意见的通知》。

3. 供平级机关或不相隶属机关参考的意见

意见作为"供对方参考"的平行文，主要用于：业务部门需要就自己职权范围内的有关事项提请平级机关或不相隶属机关注意，但从内容来看不属"商洽工作，询问和答复问题，请求批准和答复审批事项"，故不便用"函"这种文种；按行文关系又不能使用指挥或命令的口气，所以才用"意见"这种文种。

### （三）意见正文的拟写

1. 下行意见的拟写

作为下行文的意见，其正文主要有提出意见的理由（目的、原因、背景）和见解（办法、措施）两个部分。

（1）提出意见的理由（目的、原因、背景）。

这个部分用于开头，要求开门见山、直奔主题，以便尽快引起下文。如《教育部关于加强普通高等学校大学生心理健康教育工作的意见》，开头的理由部分就包括背景和目的两层意思。首先是背景：

> 当前，我国正处在建立社会主义市场经济体制和实现社会主义现代化战略目标的关键时期，社会情况发生了复杂而深刻的变化，如何指导学生在观念、知识、能力、心理素质等方面尽快适应新的要求，是高等学校德育工作需要研究和解决的新课题……
>
> 近年来，各地教育工作部门和高等学校在推进和加强大学生心理健康教育工作方面作了大量的工作，进行了积极的探索，取得了一些成功的经验和明显的效果。……但是，目前这项工作在全国高等学校开展的情况很不平衡，一些高等学校对大学生心理健康教育工作的意义认识不足，还没有把这项工作放到应有的重要位置上；一些高等学校对新形势下大学生心理健康教育工作的任务、特点和规律等，还缺乏足够的认识和研究；大学生心理健康教育工作队伍建设亟待加强。从总体上看，大学生心理健康教育工作远不能适应形势发展特别是全面推进素质教育的需要。

以上是对高等学校大学生心理健康教育工作的简单陈述，包括成绩和存在的问题两层意思，既高度概括，又陈述清楚。紧接其后就可以针对存在的问题提出发文目的：

> 当前要在认真总结各地高等学校开展大学生心理健康教育工作的基础上，借鉴和吸收其他一些国家和地区的有益经验，进一步明确新形势下开展这项工作的重要意义和积极作用，探索新的工作思路，推动高等学校大学生心理健康教育工作健康地开展。

另外，意见的整个理由（目的、原因、背景）部分要做到直言不曲、要言不烦、言简意赅。

（2）见解（办法、措施）。

见解（办法、措施）是意见的主体，篇幅一般较长。这个部分一般都要采用"分类标项，先论后说"的表达方式。如《中共中央办公厅　国务院办公厅〈关于深化职称制度改革的意见〉》，全文分为6个小标题，均采用了"先论后说"的表达方式。

**意见文例 1**

## 中共中央办公厅　国务院办公厅《关于深化职称制度改革的意见》

职称是专业技术人才学术技术水平和专业能力的主要标志。职称制度是专业技术人才评价和管理的基本制度，对于党和政府团结凝聚专业技术人才，激励专业技术人才职业发展，加强专业技术人才队伍建设具有重要意义。按照党中央关于深化人才发展体制机制改革的部署，现就深化职称制度改革提出以下意见。

**一、总体要求**

（一）指导思想。高举中国特色社会主义伟大旗帜，全面贯彻党的十八大和十八届三中、四中、五中、六中全会精神，以邓小平理论、"三个代表"重要思想、科学发展观为指导，深入贯彻习近平总书记系列重要讲话精神和治国理政新理念新思想新战略，紧紧围绕统筹推进"五位一体"总体布局和协调推进"四个全面"战略布局，牢固树立和贯彻落实新发展理念，立足服务人才强国战略和创新驱动发展战略，坚持党管人才原则，遵循人才成长规律，把握职业特点，以职业分类为基础，以科学评价为核心，以促进人才开发使用为目的，建立科学化、规范化、社会化的职称制度，为客观科学公正评价专业技术人才提供制度保障。

（二）基本原则

——坚持服务发展、激励创新。围绕经济社会发展和人才队伍建设需求，服务人才强国战略和创新驱动发展战略，充分发挥人才评价"指挥棒"作用，进一步简政放权，最大限度释放和激发专业技术人才创新创造创业活力，推动大众创业、万众创新。

——坚持遵循规律、科学评价。遵循人才成长规律，以品德、能力、业绩为导向，完善评价标准，创新评价方式，克服唯学历、唯资历、唯论文的倾向，科学客观公正评价专业技术人才，让专业技术人才有更多时间和精力深耕专业，让作出贡献的人才有成就感和获得感。

——坚持问题导向、分类推进。针对现行职称制度存在的问题特别是专业技术人才反映的突出问题，精准施策。把握不同领域、不同行业、不同层次专业技术人才特点，分类评价。

——坚持以用为本、创新机制。围绕用好用活人才，创新人才评价机制，把人才评价与使用紧密结合，促进专业技术人才职业发展，满足各类用人单位选才用才需要。

（三）主要目标。通过深化职称制度改革，重点解决制度体系不够健全、评价标准不够科学、评价机制不够完善、管理服务不够规范配套等问题，使专业技术人才队伍结构更趋合理，能力素质不断提高。力争通过3年时间，基本完成工程、卫生、农业、会计、高校教师、科学研究等职称系列改革任务；通过5年努力，基本形成设置合理、评价科学、管理规范、运转协调、服务全面的职称制度。

**二、健全职称制度体系**

（四）完善职称系列。保持现有职称系列总体稳定。继续沿用工程、卫生、农业、经济、会计、统计、翻译、新闻出版广电、艺术、教师、科学研究等领域的职称系列，取消个别不适应经济社会发展的职称系列，整合职业属性相近的职称系列。适应经济社会发展新需求，探索在新兴职业领域增设职称系列。新设职称系列由中央和国家机关有关部门提出，经人力资源社会保障部审核后，报国务院批准。各地区各部门未经批准不得自行设置职称系列。职称系列可根据专业领域设置相应专业类别。

军队专业技术人才参加通用专业职称评审按照国家有关规定执行；相近专业职称评审可参照国家有关规定；特殊专业职称评审可根据军队实际情况制定评审办法，评审结果纳入国家人才评价管理体系。

（五）健全层级设置。各职称系列均设置初级、中级、高级职称，其中高级职称分为正高级和副高级，初级职称分为助理级和员级，可根据需要仅设置助理级。目前未设置正高级职称的职称系列均设置到正高级，以拓展专业技术人才职业发展空间。

（六）促进职称制度与职业资格制度有效衔接。以职业分类为基础，统筹研究规划职称制度和职业资格制度框架，避免交叉设置，减少重复评价，降低社会用人成本。在职称与职业资格密切相关的职业领域建立职称与职业资格对应关系，专业技术人才取得职业资格即可认定其具备相应系列和层级的职称，并可作为申报高一级职称的条件。初级、中级职称实行全国统一考试的专业不再进行相应的职称评审或认定。

**三、完善职称评价标准**

（七）坚持德才兼备、以德为先。坚持把品德放在专业技术人才评价的首位，重点考察专业技术人才的职业道德。用人单位通过个人述职、考核测评、民意调查等方式全面考察专业技术人才的职业操守和从业行为，倡导科学精神，强化社会责任，坚守道德底线。探索建立职称申报评审诚信档案和失信黑名单制度，纳入全国信用信息共享平台。完善诚信承诺和失信惩戒机制，实行学术造假"一票否决制"，对通过弄虚作假、暗箱操作等违纪违规行为取得的职称，一律予以撤销。

（八）科学分类评价专业技术人才能力素质。以职业属性和岗位需求为基础，分系列修订职称评价标准，实行国家标准、地区标准和单位标准相结合，注重考察专业技术人才的专业性、技术性、实践性、创造性，突出对创新能力的评价。合理设置职称评审中的论文和科研成果条件，不将论文作为评价应用型人才的限制性条件。对在艰苦边远地区和基层一线工作的专业技术人才，淡化或不作论文要求；对实践性、操作性强，研究属性不明显的职称系列，可不作论文要求；探索以专利成果、项目报告、工作总结、工程方案、设计文件、教案、病历等成果形式替代论文要求；推行代表作制度，重点考察研究成果和创作作品质量，淡化论文数量要求。对职称外语和计算机应用能力考试不作统一要求。确实需要评价外语和计算机水平的，由用人单位或评审机构自主确定评审条件。对在艰苦边远地区和基层一线工作的专业技术人才，以及对外语和计算机水平要求不高的职称系列和岗位，不作职称外语和计算机应用能力要求。

（九）突出评价专业技术人才的业绩水平和实际贡献。注重考核专业技术人才履行岗位职责的工作绩效、创新成果，增加技术创新、专利、成果转化、技术推广、标准制定、决策咨询、公共服务等评价指标的权重，将科研成果取得的经济效益和社会效益作为职称评审的重要内容。取得重大基础研究和前沿技术突破、解决重大工程技术难题、在经济社会各项事业发展中作出重大贡献的专业技术人才，可直接申报评审高级职称。对引进的海外高层次人才和急需紧缺人才，放宽资历、年限等条件限制，建立职称评审绿色通道。对长期在艰苦边远地区和基层一线工作的专业技术人才，侧重考察其实际工作业绩，适当放宽学历和任职年限要求。

**四、创新职称评价机制**

（十）丰富职称评价方式。建立以同行专家评审为基础的业内评价机制，注重引入市场评价和社会评价。基础研究人才评价以同行学术评价为主，应用研究和技术开发人才评价突出市场和社会评价，哲学社会科学研究人才评价重在同行认可和社会效益。对特殊人才通过特殊方式进行评价。鼓励有条件的地区单独建立基层专业技术人才职称评审委员会或评审组，单独评审。采用考试、评审、考评结合、考核认定、个人述职、面试答辩、实践操作、业绩展示等多种评价方式，提高职称评价的针对性和科学性。

（十一）拓展职称评价人员范围。进一步打破户籍、地域、身份、档案、人事关系等制约，创造便利条件,畅通非公有制经济组织、社会组织、自由职业专业技术人才职称申报渠道。科技、教育、医疗、文化等领域民办机构专业技术人才与公立机构专业技术人才在职称评审等方面享有平等待遇。高校、科研院所、医疗机构等企事业单位中经批准离岗创业或兼职的专业技术人才,3年内可在原单位按规定正常申报职称,其创业或兼职期间工作业绩作为职称评审的依据。打通高技能人才与工程技术人才职业发展通道,符合条件的高技能人才,可参加工程系列专业技术人才职称评审。在内地就业的港澳台专业技术人才,以及持有外国人永久居留证或各地颁发的海外高层次人才居住证的外籍人员,可按规定参加职称评审。公务员不得参加专业技术人才职称评审。

(十二)推进职称评审社会化。对专业性强、社会通用范围广、标准化程度高的职称系列,以及不具备评审能力的单位,依托具备较强服务能力和水平的专业化人才服务机构、行业协会学会等社会组织,组建社会化评审机构进行职称评审。建立完善个人自主申报、业内公正评价、单位择优使用、政府指导监督的社会化评审机制,满足非公有制经济组织、社会组织以及新兴业态职称评价需求,服务产业结构优化升级和实体经济发展。

(十三)加强职称评审监督。完善各级职称评审委员会核准备案管理制度,明确界定评审委员会评审的专业和人员范围,从严控制面向全国的职称评审委员会。完善评审专家遴选机制,加强评审专家库建设,积极吸纳高校、科研机构、行业协会学会、企业专家,实行动态管理。健全职称评审委员会工作程序和评审规则,严肃评审纪律,明确评审委员会工作人员和评审专家责任,强化评审考核,建立倒查追责机制。建立职称评审公开制度,实行政策公开、标准公开、程序公开、结果公开。企事业单位领导不得利用职务之便为本人或他人评定职称谋取利益。建立职称评审回避制度、公示制度和随机抽查、巡查制度,建立复查、投诉机制,加强对评价全过程的监督管理,构建政府监管、单位(行业)自律、社会监督的综合监管体系。严禁社会组织以营利为目的开展职称评审,突出职称评审公益性,加强评价能力建设,强化自我约束和外部监督。

依法清理规范各类职称评审、考试、发证和收费事项,大力查处开设虚假网站、制作和贩卖假证等违纪违法行为,打击考试舞弊、假冒职称评审、扰乱职称评审秩序、侵害专业技术人才利益等违法行为。

**五、促进职称评价与人才培养使用相结合**

(十四)促进职称制度与人才培养制度的有效衔接。充分发挥职称制度对提高人才培养质量的导向作用,紧密结合专业技术领域人才需求和职业标准,在工程、卫生、经济、会计、统计、审计、教育、翻译、新闻出版广电等专业领域,逐步建立与职称制度相衔接的专业学位研究生培养制度,加快培育重点行业、重要领域专业技术人才;推进职称评审与专业技术人才继续教育制度相衔接,加快专业技术人才知识更新。

(十五)促进职称制度与用人制度的有效衔接。用人单位结合用人需求,根据职称评价结果合理使用专业技术人才,实现职称评价结果与各类专业技术人才聘用、考核、晋升等用人制度的衔接。对于全面实行岗位管理、专业技术人才学术技术水平与岗位职责密切相关的事业单位,一般应在岗位结构比例内开展职称评审。对于不实行岗位管理的单位,以及通用性强、广泛分布在各社会组织的职称系列和新兴职业,可采用评聘分开方式。坚持以用为本,深入分析职业属性、单位性质和岗位特点,合理确定评价与聘用的衔接关系,评以适用、以用促评。健全考核制度,加强聘后管理,在岗位聘用中实现人员能上能下。

**六、改进职称管理服务方式**

(十六)下放职称评审权限。进一步推进简政放权、放管结合、优化服务。政府部门在职称评价工作中要加强宏观管理,加强公共服务,加强事中事后监管,减少审批事项,减少微观管理,减少事务性工作。发挥用人主体在职称评审中的主导作用，科学界定、合理下放职称评审权限，人力资源社会保障部门对职称的整体数量、结构进行宏观调控，逐步将高级职称评审权下放到符合条件的市地或社会组织，推动高校、医院、科研院所、大型企业和其他人才智力密集的企事业单位按照管理权限自主开展职称评审。对于开展自主评审的单位，政府不再审批评审结果，改为事后备案管理。加强对自主评审工作的监管，对于不能正确行使评审权、不能确保评审质量的，将暂停自主评审工作直至收回评审权。

（十七）健全公共服务体系。按照全覆盖、可及性、均等化的要求，打破地域、所有制、身份等限制，建立权利平等、条件平等、机会平等的职称评价服务平台，简化职称申报手续和审核环节。健全专业化的考试评价机构，建立职称评审考试信息化管理系统，开展职称证书查询验证服务。选择应用性、实践性、社会通用性强的职称系列，依托京津冀协同发展等国家战略，积极探索跨区域职称互认。在条件成熟的领域探索专业技术人才评价结果的国际互认。

（十八）加强领导，落实责任。坚持党管人才原则，切实加强党委和政府对职称工作的统一领导。各级党委及其组织部门要把职称制度改革作为人才工作的重要内容，在政策研究、宏观指导等方面发挥统筹协调作用。各级政府人力资源社会保障部门会同行业主管部门负责职称政策制定、制度建设、协调落实和监督检查；充分发挥社会组织专业优势，鼓励其参与评价标准制定，有序承接具体评价工作；用人单位作为人才使用主体，要根据本单位岗位设置和人员状况，自主组织开展职称评审或推荐本单位专业技术人才参加职称评审，实现评价结果与使用有机结合。各地区各部门要充分认识职称制度改革的重要性、复杂性、敏感性，将职称制度改革列入重要议事日程，加强组织领导，狠抓工作落实。人力资源社会保障部要会同有关部门抓紧制定配套措施，分系列推进职称制度改革。各地区各部门要深入调查研究，制订具体实施方案，坚持分类推进、试点先行、稳步实施，妥善处理改革中遇到的矛盾和问题。加强职称管理法治建设，完善职称政策法规体系。加强舆论引导，搞好政策解读，做好深入细致的思想政治工作，引导广大专业技术人才积极支持和参与职称制度改革，确保改革平稳推进和顺利实施。

（新华社北京2017年1月8日电）

（引自《国务院公报》2017年第3号）

2. 上行后再下行的意见的拟写

作为上行文的意见，主要用于业务主管部门向政府机关或下级机关向上级机关提出意见和建议，并要求上级机关批转；也可以由政府授意，由一个或几个业务主管部门起草或代拟稿后交政府批转。

这类意见的正文主要有提出意见的理由（依据、原因）和措施（办法）两个部分，有时也可以有一个要求批转的结语。前两部分的拟写与下行意见相似，结语的拟写要么写"以上意见如无不当，请批转各×××执行"，要么写"本实施意见由×××负责解释"。

上级机关对上行到本机关的意见有以下三种处理方式。

（1）仅作为资料存查，以备决策时参考。

（2）同意并批准，以上级机关名义发文批转，要求所有的下属单位遵照执行或参照执行。

**意见文例 2**

国务院批转发展改革委等部门关于深化收入分配制度改革若干意见的通知

国发〔2013〕6号

各省、自治区、直辖市人民政府，国务院各部委、各直属机构：

国务院同意发展改革委、财政部、人力资源社会保障部《关于深化收入分配制度改革的若干意见》，现转发给你们，请认真贯彻执行。

收入分配制度是经济社会发展中一项带有根本性、基础性的制度安排，是社会主义市场经济体制的重要基石。改革开放以来，我国收入分配制度改革不断推进，与基本国情、发展阶段相适应的收入分配制度基本建立。同时，收入分配领域仍存在一些亟待解决的突出问题，城乡区域发展差距和居民收入分配差距依然较大，收入分配秩序不规范，隐性收入、非法收入问题比较突出，部分群众生活比较困难。当前，我国已经进入全面建成小康社会的决定性阶段，按照党的十八大提出的千方百计增加居民收入的战略部署，要继续深化收入分配制度改革，优化收入分配结构，调动各方面积极性，促进经济发展方式转变，维护社会公平正义与和谐稳定，实现发展成果由人民共享，为全面建成小康社会奠定扎实基础。

我国仍处于并将长期处于社会主义初级阶段，当前收入分配领域出现的问题是发展中的矛盾、前进中的问题，必须通过促进发展、深化改革来逐步加以解决。解决这些问题，也是城乡居民在收入普遍增加、生活不断改善过程中的新要求新期待。同时也应该看到，深化收入分配制度改革，是一项十分艰巨复杂的系统工程，不可能一蹴而就，必须从我国基本国情和发展阶段出发，立足当前、着眼长远、克难攻坚、有序推进。

深化收入分配制度改革，要坚持共同发展、共享成果。倡导勤劳致富、支持创业创新、保护合法经营，在不断创造社会财富、增强综合国力的同时，普遍提高人民富裕程度。坚持注重效率、维护公平。初次分配和再分配都要兼顾效率和公平，初次分配要注重效率，创造机会公平的竞争环境，维护劳动收入的主体地位；再分配要更加注重公平，提高公共资源配置效率，缩小收入差距。坚持市场调节、政府调控。充分发挥市场机制在要素配置和价格形成中的基础性作用，更好地发挥政府对收入分配的调控作用，规范收入分配秩序，增加低收入者收入，调节过高收入。坚持积极而为、量力而行。妥善处理好改革发展稳定的关系，着力解决人民群众反映突出的矛盾和问题，突出增量改革，带动存量调整。

各地区、各部门要深入学习和全面贯彻落实党的十八大精神，充分认识深化收入分配制度改革的重大意义，将其列入重要议事日程，建立统筹协调机制，把落实收入分配政策、增加城乡居民收入、缩小收入分配差距、规范收入分配秩序作为重要任务。各有关部门要围绕重点任务，明确工作责任，抓紧研究出台配套方案和实施细则，及时跟踪评估政策实施效果。各地区要结合本地实际，制定具体措施，确保改革各项任务落到实处。要坚持正确的舆论导向，引导社会预期，回应群众关切，凝聚各方共识，形成改革合力，为深化收入分配制度改革营造良好的社会环境。

国务院<br/>2013年2月3日

关于深化收入分配制度改革的若干意见<br/>发展改革委　财政部　人力资源社会保障部

为贯彻落实党的十八大提出的"实现发展成果由人民共享，必须深化收入分配制度改革"要求，深入推进"十二五"规划实施，完善收入分配结构和制度，增加城乡居民收入，缩小收入分配差距，规范收入分配秩序，现提出以下意见：

**一、充分认识深化收入分配制度改革的重要性和艰巨性**

改革开放以来,我国收入分配制度改革逐步推进,破除了传统计划经济体制下平均主义的分配方式,在坚持按劳分配为主体的基础上,允许和鼓励资本、技术、管理等要素按贡献参与分配,不断加大收入分配调节力度。经过三十多年的探索与实践,按劳分配为主体、多种分配方式并存的分配制度基本确立,以税收、社会保障、转移支付为主要手段的再分配调节框架初步形成,有力地推动了社会主义市场经济体制的建立,极大地促进了国民经济快速发展,城乡居民人均实际收入平均每十年翻一番,家庭财产稳定增加,人民生活水平显著提高。实践证明,我国收入分配制度是与基本国情、发展阶段总体相适应的。

特别是党的十六大以来,按照科学发展观和构建社会主义和谐社会的要求,充分发挥再分配调节功能,加大对保障和改善民生的投入,彻底取消农业税,大幅增加涉农补贴,全面实施免费义务教育,加快建立社会保障体系,深入推进医药卫生体制改革,大力加强保障性住房建设,城乡最低生活保障标准和扶贫标准大幅提升,企业退休人员基本养老金水平持续提高,近年来农村居民收入增速快于城镇居民,城乡收入差距缩小态势开始显现,居民收入占国民收入比重有所提高,收入分配制度改革取得新的进展。

同时,也要看到收入分配领域仍存在一些亟待解决的突出问题,主要是城乡区域发展差距和居民收入分配差距依然较大,收入分配秩序不规范,隐性收入、非法收入问题比较突出,部分群众生活比较困难,宏观收入分配格局有待优化。这些问题的产生,既与我国基本国情、发展阶段密切相关,具有一定的客观必然性和阶段性特征,也与收入分配及相关领域的体制改革不到位、政策不落实等直接相关。

当前,我国已经进入全面建成小康社会的决定性阶段。深化收入分配制度改革,优化收入分配结构,构建扩大消费需求的长效机制,是加快转变经济发展方式的迫切需要;深化收入分配制度改革,切实解决一些领域分配不公问题,防止收入分配差距过大,规范收入分配秩序,是维护社会公平正义与和谐稳定的根本举措;深化收入分配制度改革,处理好劳动与资本、城市与农村、政府与市场等重大关系,推动相关领域改革向纵深发展,是完善社会主义市场经济体制的重要内容;深化收入分配制度改革,使发展成果更多更公平惠及全体人民,为逐步实现共同富裕奠定物质基础和制度基础,是体现社会主义本质的必然要求。

我国仍处于并将长期处于社会主义初级阶段,是世界上人口最多的发展中国家,区域之间发展条件差异大,城乡二元结构短期内难以根本改变,工业化、信息化、城镇化和农业现代化还在深入发展。要充分认识到,当前收入分配领域出现的问题是发展中的矛盾、前进中的问题,必须通过促进发展、深化改革来逐步加以解决。解决这些问题,也是城乡居民在收入普遍增加、生活不断改善过程中的新要求新期待。同时也应该看到,深化收入分配制度改革,是一项十分艰巨复杂的系统工程,涉及方方面面利益调整,不可能一蹴而就,必须从我国基本国情和发展阶段出发,立足当前、着眼长远,克难攻坚、有序推进。

**二、准确把握深化收入分配制度改革的总体要求和主要目标**

1. 总体要求。

全面贯彻落实党的十八大精神,以邓小平理论、"三个代表"重要思想、科学发展观为指导,立足基本国情,坚持以经济建设为中心,在发展中调整收入分配结构,着力创造公开公平公正的体制环境,坚持按劳分配为主体、多种分配方式并存,坚持初次分配和再分配调节并重,继续完善劳动、资本、技术、管理等要素按贡献参与分配的初次分配机制,加快健全以税收、社会保障、转移支付为主要手段的再分配调节机制,以增加城乡居民收入、缩小收入分配差距、规范收入分配秩序为重点,努力实现居民收入增长和经济发展同步,劳动报酬增长和劳动生产率提高同步,逐步形成合理有序的收入分配格局,促进经济持续健康发展和社会和谐稳定。

2. 主要目标。

——城乡居民收入实现倍增。到2020年实现城乡居民人均实际收入比2010年翻一番，力争中低收入者收入增长更快一些，人民生活水平全面提高。

——收入分配差距逐步缩小。城乡、区域和居民之间收入差距较大的问题得到有效缓解，扶贫对象大幅减少，中等收入群体持续扩大，"橄榄型"分配结构逐步形成。

——收入分配秩序明显改善。合法收入得到有力保护，过高收入得到合理调节，隐性收入得到有效规范，非法收入予以坚决取缔。

——收入分配格局趋于合理。居民收入在国民收入分配中的比重、劳动报酬在初次分配中的比重逐步提高，社会保障和就业等民生支出占财政支出比重明显提升。

### 三、继续完善初次分配机制

完善劳动、资本、技术、管理等要素按贡献参与分配的初次分配机制。实施就业优先战略和更加积极的就业政策，扩大就业创业规模，创造平等就业环境，提升劳动者获取收入能力，实现更高质量的就业。深化工资制度改革，完善企业、机关、事业单位工资决定和增长机制。推动各种所有制经济依法平等使用生产要素、公平参与市场竞争、同等受到法律保护，形成主要由市场决定生产要素价格的机制。

3. 促进就业机会公平。大力支持服务业、劳动密集型企业、小型微型企业和创新型科技企业发展，创造更多就业岗位。完善税费减免和公益性岗位、岗位培训、社会保险、技能鉴定补贴等政策，促进以高校毕业生为重点的青年、农村转移劳动力、城镇困难人员、退役军人就业。完善和落实小额担保贷款、财政贴息等鼓励自主创业政策。借鉴推广公务员招考的办法，完善和落实事业单位公开招聘制度，在国有企业全面推行分级分类的公开招聘制度，切实做到信息公开、过程公开、结果公开。

4. 提高劳动者职业技能。健全面向全体劳动者的职业培训制度，足额提取并合理使用企业职工教育培训经费，保障职工带薪最短培训时间。新增财政教育投入向职业教育倾斜，逐步实行中等职业教育免费制度。建立健全向农民工免费提供职业教育和技能培训制度。完善社会化职业技能培训、考核、鉴定、认证体系，规范职业技能鉴定收费标准。提高技能人才经济待遇和社会地位。

5. 促进中低收入职工工资合理增长。建立反映劳动力市场供求关系和企业经济效益的工资决定及正常增长机制。完善工资指导线制度，建立统一规范的企业薪酬调查和信息发布制度。根据经济发展、物价变动等因素，适时调整最低工资标准，到2015年绝大多数地区最低工资标准达到当地城镇从业人员平均工资的40%以上。研究发布部分行业最低工资标准。以非公有制企业为重点，积极稳妥推行工资集体协商和行业性、区域性工资集体协商，到2015年，集体合同签订率达到80%，逐步解决一些行业企业职工工资过低的问题。落实新修订的劳动合同法，研究出台劳务派遣规定等配套规章，严格规范劳务派遣用工行为，依法保障被派遣劳动者的同工同酬权利。

6. 加强国有企业高管薪酬管理。对部分过高收入行业的国有及国有控股企业，严格实行企业工资总额和工资水平双重调控政策，逐步缩小行业工资收入差距。建立与企业领导人分类管理相适应、选任方式相匹配的企业高管人员差异化薪酬分配制度，综合考虑当期业绩和持续发展，建立健全根据经营管理绩效、风险和责任确定薪酬的制度，对行政任命的国有企业高管人员薪酬水平实行限高，推广薪酬延期支付和追索扣回制度。缩小国有企业内部分配差距，高管人员薪酬增幅应低于企业职工平均工资增幅。对非国有金融企业和上市公司高管薪酬，通过完善公司治理结构，增强董事会、薪酬委员会和股东大会在抑制畸高薪酬方面的作用。

7. 完善机关事业单位工资制度。建立公务员和企业相当人员工资水平调查比较制度,完善科学合理的职务与职级并行制度,适当提高基层公务员工资水平;调整优化工资结构,降低津贴补贴所占比例,提高基本工资占比;提高艰苦边远地区津贴标准,抓紧研究地区附加津贴实施方案。结合分类推进事业单位改革,建立健全符合事业单位特点、体现岗位绩效和分级分类管理的工资分配制度。

8. 健全技术要素参与分配机制。建立健全以实际贡献为评价标准的科技创新人才薪酬制度,鼓励企事业单位对紧缺急需的高层次、高技能人才实行协议工资、项目工资等。加强知识产权保护,完善有利于科技成果转移转化的分配政策,探索建立科技成果入股、岗位分红权激励等多种分配办法,保障技术成果在分配中的应得份额。完善高层次、高技能人才特殊津贴制度。允许和鼓励品牌、创意等参与收入分配。

9. 多渠道增加居民财产性收入。加快发展多层次资本市场,落实上市公司分红制度,强化监管措施,保护投资者特别是中小投资者合法权益。推进利率市场化改革,适度扩大存贷款利率浮动范围,保护存款人权益。严格规范银行收费行为。丰富债券基金、货币基金等基金产品。支持有条件的企业实施员工持股计划。拓宽居民租金、股息、红利等增收渠道。

10. 建立健全国有资本收益分享机制。全面建立覆盖全部国有企业、分级管理的国有资本经营预算和收益分享制度,合理分配和使用国有资本收益,扩大国有资本收益上交范围。适当提高中央企业国有资本收益上交比例,"十二五"期间在现有比例上再提高5个百分点左右,新增部分的一定比例用于社会保障等民生支出。

11. 完善公共资源占用及其收益分配机制。建立健全资源有偿使用制度和生态环境补偿机制。完善公开公平公正的国有土地、海域、森林、矿产、水等公共资源出让机制,加强对自然垄断行业的监管,防止通过不正当手段无偿或低价占有和使用公共资源。建立健全公共资源出让收益全民共享机制,出让收益主要用于公共服务支出。

### 四、加快健全再分配调节机制

加快健全以税收、社会保障、转移支付为主要手段的再分配调节机制。健全公共财政体系,完善转移支付制度,调整财政支出结构,大力推进基本公共服务均等化。加大税收调节力度,改革个人所得税,完善财产税,推进结构性减税,减轻中低收入者和小型微型企业税费负担,形成有利于结构优化、社会公平的税收制度。全面建成覆盖城乡居民的社会保障体系,按照全覆盖、保基本、多层次、可持续方针,以增强公平性、适应流动性、保证可持续性为重点,不断完善社会保险、社会救助和社会福利制度,稳步提高保障水平,实行全国统一的社会保障卡制度。

12. 集中更多财力用于保障和改善民生。加大对教育、就业、社会保障、医疗卫生、保障性住房、扶贫开发等方面的支出,进一步加大对中西部地区特别是革命老区、民族地区、边疆地区和贫困地区的财力支持。严格控制行政事业单位机构编制,"十二五"期间中央和地方机构编制总量只减不增,减少领导职数,降低行政成本。坚决反对铺张浪费,严格控制"三公"经费预算,全面公开"三公"经费使用情况。"十二五"时期社会保障和就业支出占财政支出比重提高2个百分点左右。

13. 加大促进教育公平力度。合理配置教育资源,重点向农村、边远、贫困、民族地区倾斜。全面落实九年义务教育免费政策,严格规范教育收费行为。进一步完善普通高中、普通本科高校、中等职业学校和高等职业院校家庭经济困难学生国家资助政策,逐步提高补助标准。为家庭经济困难儿童、孤儿和残疾儿童接受学前教育提供补助。切实解决农民工随迁子女平等接受义务教育和参加当地中考、高考问题。

14. 加强个人所得税调节。加快建立综合与分类相结合的个人所得税制度。完善高收入者个人所得税的征收、管理和处罚措施,将各项收入全部纳入征收范围,建立健全个人收入双向申报制度和全国统一的纳税人识别号制度,依法做到应收尽收。取消对外籍个人从外商投资企业取得的股息、红利所得免征个人所得税等税收优惠。

15. 改革完善房地产税等。完善房产保有、交易等环节税收制度,逐步扩大个人住房房产税改革试点范围,细化住房交易差别化税收政策,加强存量房交易税收征管。扩大资源税征收范围,提高资源税税负水平。合理调整部分消费税的税目和税率,将部分高档娱乐消费和高档奢侈消费品纳入征收范围。研究在适当时期开征遗产税问题。

16. 完善基本养老保险制度。全面落实城镇职工基本养老保险省级统筹,"十二五"期末实现基础养老金全国统筹。分类推进事业单位养老保险制度改革,研究推进公务员养老保险制度改革。提高农民工养老保险参保率。健全城镇居民和新型农村社会养老保险制度。建立兼顾各类人员的养老保障待遇确定机制和正常调整机制。发展企业年金和职业年金,发挥商业保险补充性作用。扩大社会保障基金筹资渠道,建立社会保险基金投资运营制度。

17. 加快健全全民医保体系。提高城镇居民基本医疗保险和新型农村合作医疗筹资和待遇水平,整合城乡居民基本医疗保险制度。稳步推进职工医保、城镇居民医保和新农合门诊统筹。"十二五"期末基本医疗保险政策范围内医保基金支付水平达到75%以上,明显缩小与实际住院费用报销支付比例的差距。建立城乡居民大病保险制度,完善城乡医疗救助制度。全面实现统筹区域和省内异地就医即时结算。逐步增加人均基本公共卫生服务经费,提高基本公共卫生服务水平。

18. 加大保障性住房供给。建立市场配置和政府保障相结合的住房制度,加强保障性住房建设和管理,满足困难家庭基本需求。"十二五"期末全国城镇保障性住房覆盖面达到20%左右,按质量标准完成农村困难家庭危房改造1000万户以上,实现全国游牧民定居目标。

19. 加强对困难群体救助和帮扶。健全城乡低收入群体基本生活保障标准与物价上涨挂钩的联动机制,逐步提高城乡居民最低生活保障水平。提高优抚对象抚恤补助标准。建立健全经济困难的高龄、独居、失能等老年人补贴制度。完善孤儿基本生活保障制度,推进孤儿集中供养,建立其他困境儿童生活救助制度。建立困难残疾人生活补贴和重度残疾人护理补贴制度。

20. 大力发展社会慈善事业。积极培育慈善组织,简化公益慈善组织的审批程序,鼓励有条件的企业、个人和社会组织举办医院、学校、养老服务等公益事业。落实并完善慈善捐赠税收优惠政策,对企业公益性捐赠支出超过年度利润总额12%的部分,允许结转以后年度扣除。加强慈善组织监督管理。

**五、建立健全促进农民收入较快增长的长效机制**

坚持工业反哺农业、城市支持农村和多予少取放活方针,加快完善城乡发展一体化体制机制,加大强农惠农富农政策力度,促进工业化、信息化、城镇化和农业现代化同步发展,促进公共资源在城乡之间均衡配置、生产要素在城乡之间平等交换和自由流动,促进城乡规划、基础设施、公共服务一体化,建立健全农业转移人口市民化机制,统筹推进户籍制度改革和基本公共服务均等化。

21. 增加农民家庭经营收入。健全农产品价格保护制度,稳步提高重点粮食品种最低收购价,完善大宗农产品临时收储政策。着力推进农业产业化,大力发展农民专业合作和股份合作,培养新型经营主体,支持适度规模经营,加大对农村社会化服务体系的投入,促进产销对接和农超对接,使农民合理分享农产品加工、流通增值收益。因地制宜培育发展特色高效农业和乡村旅游,使农民在农业功能拓展中获得更多收益。

22. 健全农业补贴制度。建立健全农业补贴稳定增长机制，完善良种补贴、农资综合补贴和粮食直补政策，增加农机购置补贴规模，完善农资综合补贴动态调整机制，新增农业补贴向粮农和种粮大户倾斜。完善林业、牧业和渔业扶持政策。逐步扩大农业保险保费补贴范围，适当提高保费补贴比例，进一步细化和稳步扩大农村金融奖补政策。

23. 合理分享土地增值收益。搞好农村土地确权、登记、颁证工作，依法保障农民的土地财产权。按照依法自愿有偿原则，允许农民以多种形式流转土地承包经营权，确保农民分享流转收益。完善农村宅基地制度，保障农户宅基地用益物权。改革征地制度，依法保障农民合法权益，提高农民在土地增值收益中的分配比例。

24. 加大扶贫开发投入。大幅增加财政专项扶贫资金，新增部分主要用于支持集中连片特殊困难地区扶贫攻坚，加大以工代赈力度，努力实现贫困地区农民人均收入增长幅度高于全国平均水平。"十二五"时期，对240万生存条件恶劣地区的农村贫困人口实施异地扶贫搬迁；按照人均2300元（2010年不变价）的扶贫标准，到2015年扶贫对象减少8000万人左右。

25. 有序推进农业转移人口市民化。制定公开透明的各类城市农业转移人口落户政策，探索建立政府、企业、个人共同参与的市民化成本分担机制，把有稳定劳动关系、在城镇居住一定年限并按规定参加社会保险的农业转移人口逐步转为城镇居民，重点推进解决举家迁徙及新生代农民工落户问题。实施全国统一的居住证制度，努力实现城镇基本公共服务常住人口全覆盖。

**六、推动形成公开透明、公正合理的收入分配秩序**

大力整顿和规范收入分配秩序；加强制度建设，健全法律法规，加强执法监管，加大反腐力度，加强信息公开，实行社会监督，加强基础工作，提升技术保障，保护合法收入，规范隐性收入，取缔非法收入。

26. 加快收入分配相关领域立法。研究出台社会救助、慈善事业、扶贫开发、企业工资支付保障、集体协商、国有资本经营预算、财政转移支付管理等方面法律法规，及时修订完善土地管理、矿产资源管理、税收征管、房产税等方面法律法规。建立健全财产登记制度，完善财产法律保护制度，保障公民合法财产权益。

27. 维护劳动者合法权益。健全工资支付保障机制，将拖欠工资问题突出的领域和容易发生拖欠的行业纳入重点监控范围，完善与企业信用等级挂钩的差别化工资保证金缴纳办法。落实清偿欠薪的工程总承包企业负责制、行政司法联动打击恶意欠薪制度、保障工资支付属地政府负责制度。完善劳动争议处理机制，加大劳动保障监察执法力度。

28. 清理规范工资外收入。严格规范党政机关各种津贴补贴和奖金发放行为，抓紧出台规范改革性补贴的实施意见。加强事业单位创收管理，规范科研课题和研发项目经费管理使用，严格公务招待费审批和核算等制度规定。严格控制国有及国有控股企业高管人员职务消费，规范车辆配备和使用、业务招待、考察培训等职务消费项目和标准，职务消费接受职工民主监督，相关账目要公开透明。

29. 加强领导干部收入管理。全面落实《关于领导干部报告个人有关事项的规定》，严格执行各级领导干部如实报告收入、房产、投资、配偶子女从业等情况的规定，对隐报瞒报、弄虚作假等行为，通过抽查、核查，及时纠正，严肃处理。继续规范领导干部离职、辞职或退（离）休后的个人从业行为，严格按照有关程序、条件和要求办理兼职任职审批事项。

30. 严格规范非税收入。按照正税清费的原则，继续推进费改税，进一步清理整顿各种行政事业性收费和政府性基金，坚决取消不合法、不合理的收费和基金项目，收费项目适当降低收费标准。建立健全政府非税收入收缴管理制度。

31. 打击和取缔非法收入。围绕国企改制、土地出让、矿产开发、工程建设等重点领域，强化监督管理，堵住获取非法收入的漏洞。严厉打击走私贩私、偷税逃税、内幕交易、操纵股市、制假售假、骗贷骗汇等经济犯罪活动。严厉查处权钱交易、行贿受贿行为。深入治理商业贿赂。加强反洗钱工作和资本外逃监控。

32. 健全现代支付和收入监测体系。大力推进薪酬支付工资化、货币化、电子化，加快现代支付结算体系建设，落实金融账户实名制，推广持卡消费，规范现金管理。完善机关和国有企事业单位发票管理和财务报销制度，全面推行公务卡支付结算制度。整合公安、民政、社保、住房、银行、税务、工商等相关部门信息资源，建立健全社会信用体系和收入信息监测系统，完善个人所得税信息管理系统。建立城乡住户收支调查一体化制度。

### 七、加强深化收入分配制度改革的组织领导

33. 统一认识，加强领导。各地区、各部门要深入学习和全面贯彻落实党的十八大精神，充分认识深化收入分配制度改革的重大意义，将其列入重要议事日程，建立统筹协调机制，把落实收入分配政策、增加城乡居民收入、缩小收入分配差距、规范收入分配秩序作为重要任务，纳入日常考核。各有关部门要深入调查研究，加强工作指导，强化监督检查，认真总结经验，及时解决改革中出现的突出矛盾和问题。

34. 突出重点，强化实施。收入分配制度改革要与国有企业、行政体制、财税金融体制等相关重点领域改革有机结合、协同推进。各有关部门要围绕重点任务，明确工作责任，抓紧研究出台配套方案和实施细则，及时跟踪评估政策实施效果。各地区要结合本地实际，制定具体措施，确保改革各项任务落到实处。鼓励部分地区、部分领域先行先试，积极探索。

35. 深入宣传，注重引导。坚持正确的舆论导向，引导全社会从基本国情和发展阶段出发，正确认识当前存在的收入分配问题，深入宣传坚持科学发展是解决收入分配问题的根本途径，实现社会公平正义是我们坚定不移的目标。切实做好各项改革政策的解读工作，加深对收入分配制度改革艰巨性、复杂性的认识，引导社会预期，回应群众关切，凝聚各方共识，形成改革合力，为深化收入分配制度改革营造良好的社会环境。

（引自《国务院公报》2013年第5号）

（3）经政府批准同意后，由政府的办公厅（室）转发，并在文中注明"经政府同意"字样，要求所有的下属单位实施或执行。

意见文例3

**国务院办公厅转发民政部等部门关于**
**做好农村最低生活保障制度与扶贫开发政策有效衔接指导意见的通知**

国办发〔2016〕70号

各省、自治区、直辖市人民政府，国务院各部委、各直属机构：

民政部、国务院扶贫办、中央农办、财政部、国家统计局、中国残联《关于做好农村最低生活保障制度与扶贫开发政策有效衔接的指导意见》已经国务院同意，现转发给你们，请认真贯彻执行。

国务院办公厅
2016年9月17日

## 关于做好农村最低生活保障制度与扶贫开发政策有效衔接的指导意见

民政部　国务院扶贫办　中央农办　财政部
国家统计局　中国残联

为贯彻落实党中央、国务院关于打赢脱贫攻坚战的决策部署，切实做好农村最低生活保障（以下简称低保）制度与扶贫开发政策有效衔接工作，确保到2020年现行扶贫标准下农村贫困人口实现脱贫，制定本意见。

**一、总体要求**

（一）指导思想。全面贯彻党的十八大和十八届三中、四中、五中全会精神，深入贯彻习近平总书记系列重要讲话精神特别是关于扶贫开发重要指示精神，认真落实党中央、国务院决策部署，紧紧围绕"五位一体"总体布局和"四个全面"战略布局，牢固树立创新、协调、绿色、开放、共享的发展理念，坚持精准扶贫精准脱贫基本方略，以制度有效衔接为重点，加强部门协作，完善政策措施，健全工作机制，形成制度合力，充分发挥农村低保制度在打赢脱贫攻坚战中的兜底保障作用。

（二）基本原则。

坚持应扶尽扶。精准识别农村贫困人口，将符合条件的农村低保对象全部纳入建档立卡范围，给予政策扶持，帮助其脱贫增收。

坚持应保尽保。健全农村低保制度，完善农村低保对象认定办法，加强农村低保家庭经济状况核查，及时将符合条件的建档立卡贫困户全部纳入农村低保范围，保障其基本生活。

坚持动态管理。做好农村低保对象和建档立卡贫困人口定期核查，建立精准台账，实现应进则进、应退则退。建立健全严格、规范、透明的贫困户脱贫和低保退出标准、程序、核查办法。

坚持资源统筹。统筹各类救助、扶贫资源，将政府兜底保障与扶贫开发政策相结合，形成脱贫攻坚合力，实现对农村贫困人口的全面扶持。

（三）主要目标。通过农村低保制度与扶贫开发政策的有效衔接，形成政策合力，对符合低保标准的农村贫困人口实行政策性保障兜底，确保到2020年现行扶贫标准下农村贫困人口全部脱贫。

**二、重点任务**

（一）加强政策衔接。在坚持依法行政、保持政策连续性的基础上，着力加强农村低保制度与扶贫开发政策衔接。对符合农村低保条件的建档立卡贫困户，按规定程序纳入低保范围，并按照家庭人均收入低于当地低保标准的差额发给低保金。对符合扶贫条件的农村低保家庭，按规定程序纳入建档立卡范围，并针对不同致贫原因予以精准帮扶。对返贫的家庭，按规定程序审核后，相应纳入临时救助、医疗救助、农村低保等社会救助制度和建档立卡贫困户扶贫开发政策覆盖范围。对不在建档立卡范围内的农村低保家庭、特困人员，各地统筹使用相关扶贫开发政策。贫困人口参加农村基本医疗保险的个人缴费部分由财政给予补贴，对基本医疗保险和大病保险支付后个人自负费用仍有困难的，加大医疗救助、临时救助、慈善救助等帮扶力度，符合条件的纳入重特大疾病医疗救助范围。对农村低保家庭中的老年人、未成年人、重度残疾人、重病患者等重点救助对象，要采取多种措施提高救助水平，保障其基本生活，严格落实困难残疾人生活补贴制度和重度残疾人护理补贴制度。

（二）加强对象衔接。县级民政、扶贫等部门和残联要密切配合，加强农村低保和扶贫开发在对象认定上的衔接。完善农村低保家庭贫困状况评估指标体系，以家庭收入、财产作为主要指标，根据地方实际情况适当考虑家庭成员因残疾、患重病等增加的刚性支出因素，综合评估家庭贫困程度。进一步完善农村低保和建档立卡贫困家庭经济状况核查机制，明确核算范围和计算方法。对参与扶贫开发项目实现就业的农村低保家庭，在核算其家庭收入时，可以扣减必要的就业成本，具体扣减办法由各地根据实际情况研究制定。"十三五"期间，在农村低保和扶贫对象认定时，中央确定的农村居民基本养老保险基础养老金暂不计入家庭收入。

（三）加强标准衔接。各地要加大省级统筹工作力度，制定农村低保标准动态调整方案，确保所有地方农村低保标准逐步达到国家扶贫标准。农村低保标准低于国家扶贫标准的地方，要按照国家扶贫标准综合确定农村低保的最低指导标准。农村低保标准已经达到国家扶贫标准的地方，要按照动态调整机制科学调整。进一步完善农村低保标准与物价上涨挂钩的联动机制，确保困难群众不因物价上涨影响基本生活。各地农村低保标准调整后应及时向社会公布，接受社会监督。

（四）加强管理衔接。对农村低保对象和建档立卡贫困人口实施动态管理。乡镇人民政府（街道办事处）要会同村（居）民委员会定期、不定期开展走访调查，及时掌握农村低保家庭、特困人员和建档立卡贫困家庭人口、收入、财产变化情况，并及时上报县级民政、扶贫部门。县级民政部门要将农村低保对象、特困人员名单提供给同级扶贫部门；县级扶贫部门要将建档立卡贫困人口名单和脱贫农村低保对象名单、脱贫家庭人均收入等情况及时提供给同级民政部门。健全信息公开机制，乡镇人民政府（街道办事处）要将农村低保和扶贫开发情况纳入政府信息公开范围，将建档立卡贫困人口和农村低保对象、特困人员名单在其居住地公示，接受社会和群众监督。

### 三、工作要求

（一）制订实施方案。按照中央统筹、省负总责、市县抓落实的工作机制，各省（区、市）民政、扶贫部门要会同有关部门抓紧制订本地区实施方案，各市县要进一步明确衔接工作目标、重点任务、实施步骤和行动措施，确保落到实处。2016年11月底前，各省（区、市）民政、扶贫部门要将实施方案报民政部、国务院扶贫办备案。

（二）开展摸底调查。2016年12月底前，县级民政、扶贫部门和残联要指导乡镇人民政府（街道办事处）抓紧开展一次农村低保对象和建档立卡贫困人口台账比对，逐户核对农村低保对象和建档立卡贫困人口，掌握纳入建档立卡范围的农村低保对象、特困人员、残疾人数据，摸清建档立卡贫困人口中完全或部分丧失劳动能力的贫困家庭情况，为做好农村低保制度与扶贫开发政策有效衔接奠定基础。

（三）建立沟通机制。各地要加快健全低保信息系统和扶贫开发信息系统，逐步实现低保和扶贫开发信息系统互联互通、信息共享，不断提高低保、扶贫工作信息化水平。县级残联要与民政、扶贫等部门加强贫困残疾人和重度残疾人相关信息的沟通。县级民政、扶贫部门要定期会商交流农村低保对象和建档立卡贫困人口变化情况，指导乡镇人民政府（街道办事处）及时更新农村低保对象和建档立卡贫困人口数据，加强信息核对，确保信息准确完整、更新及时，每年至少比对一次台账数据。

（四）强化考核监督。各地要将农村低保制度与扶贫开发政策衔接工作分别纳入低保工作绩效评价和脱贫攻坚工作成效考核体系。加大对农村低保制度与扶贫开发政策衔接工作的督促检查力度，加强社会监督，建立第三方评估机制，增强约束力和工作透明度。健全责任追究机制，对衔接工作中出现的违法违纪问题，要依法依纪严肃追究有关人员责任。

### 四、保障措施

（一）明确职责分工。各地民政、扶贫、农村工作、财政、统计等部门和残联要各负其责，加强沟通协调，定期会商交流情况，研究解决存在的问题。民政部门牵头做好农村低保制度与扶贫开发政策衔接工作；扶贫部门落实扶贫开发政策，配合做好衔接工作；农村工作部门综合指导衔接政策设计工作；财政部门做好相关资金保障工作；统计部门会同有关部门组织实施农村贫困监测，及时提供调整低保标准、扶贫标准所需的相关数据；残联会同有关部门及时核查残疾人情况，配合做好对农村低保对象和建档立卡贫困人口中残疾人的重点帮扶工作。

（二）加强资金统筹。各地财政部门要按照国务院有关要求，结合地方实际情况，推进社会救助资金统筹使用，盘活财政存量资金，增加资金有效供给；优化财政支出结构，科学合理编制预算，提升资金使用效益。中央财政安排的社会救助补助资金，重点向保障任务重、地方财政困难、工作绩效突出的地区倾斜。各地财政、民政部门要加强资金使用管理情况检查，确保资金使用安全、管理规范。

（三）提高工作能力。加强乡镇人民政府（街道办事处）社会救助能力建设，探索建立村级社会救助协理员制度，在乡镇人民政府（街道办事处）现有编制内，根据社会救助对象数量等因素配备相应工作人员，加大业务培训力度，进一步提高基层工作人员服务和管理能力。通过政府购买服务等方式，引入社会力量参与提供农村低保服务。充分发挥第一书记和驻村工作队在落实农村低保制度和扶贫开发政策中的骨干作用。进一步健全社会救助"一门受理、协同办理"工作机制，为农村低保对象和建档立卡贫困人口提供"一站式"便民服务。

（四）强化舆论引导。充分利用新闻媒体和基层政府便民服务窗口、公园广场、医疗机构、村（社区）公示栏等，组织开展有针对性的农村低保制度和扶贫开发政策宣传活动，在全社会努力营造积极参与和支持的浓厚氛围。坚持正确舆论导向，积极弘扬正能量，着力增强贫困群众脱贫信心，鼓励贫困群众在政府扶持下依靠自我奋斗实现脱贫致富。

（引自《国务院公报》2016 年第 29 号）

## （四）意见使用中存在的问题及其对策

1. 把本可以直接下行的意见披上一件毫无必要的"印发"外衣

从理论上来说，意见不需要"印发"。但在公文处理实践中，用"印发'意见'的'通知'"来制发意见的比例相当高。自从意见升格为正式文种后，意见就是一个独立的文种，无论是上行、平行或下行，直接发出就行。至于那些"批转（转发）'意见'的'通知'"，之所以加一个"通知"作为载体，那是由部门先把意见上行到领导机关，领导机关"应当对下级机关报送的'意见'做出处理或给予答复"，批转或转发就是具体的处理方式。这种处理方式是规范的。而所有"印发'意见'的'通知'"却不是这样，无论是意见还是通知，都是在同一个发文机关完成的，等于是在同一个发文机关内转圈子。即自己的意见，自己再来包一层"印发"型的"通知"。

以《××部关于印发〈开展基础教育新课程实验推广工作的意见〉的通知》为例，这是一份"印发'意见'的'通知'"，属该部的下行文，那么直接向下发一份《××部关于开展基础教育新课程实验推广工作的意见》就可以，在意见的前面加一个"印发'意见'的'通知'"完全没有必要。

在公文处理实践中，对诸如意见能不能独立行文，能不能直接向下行文等问题，各个公文处理部门之间仍有认识上的差异和处理上的不同。这些差异和不同集中表现在：由本部门起草且以本部门名义下行的意见应如何制发？是直接向下行文，还是需要借助一个"通知"作为载体？对此认识不一。在选择载体时，是用"发布'意见'的'通知'"，还是用"印发'意见'的'通知'"，都会因人、因时、因部门而异。

解决这个问题的对策是：意见是一个独立的文种，无论上行、下行或平行，直接发出即可。用"印发'意见'的'通知'"或"发布'意见'的'通知'"来制发下行的意见，纯属画蛇添足（此为画"意见"添"通知"），没有必要。

2. 同一个部门的下行意见，其制发方式却截然不同

同样是下行的意见，同样是见诸公开媒体，又并非都是如此。如《××部关于积极推进小学开设英语课程的指导意见》就是一份直接发出的下行的意见。这份直接发出的意见与前述《××部关于印发〈开展基础教育新课程实验推广工作的意见〉的通知》出自同一个发文机关，为什么这份意见就能直接发出，而上份就非要再包一层"印发'意见'的'通知'"呢？由此可见，在同一个部门内，意见的制发方式也并不一致，其混乱程度由此可见一斑。

解决这个问题的对策是：在同一个部门内，同一种公文的制发方式应该保持一致性和连贯性。

3. 把意见当成规章予以发布

如《关于发布〈证券公司从事股票发行主承销业务有关问题的指导意见〉的通知》，这种"发布'意见'的'通知'"同样是没有道理的，也是不必要的。

从《01·办法》开始，通知适用范围的定义中已经没有"发布规章"（已废止的《93·办法》中有）的规定（更何况意见也不是规章），命令（令）中有"适用于依照有关法律公布行政法规和规章"的规定。从理论上来说，自《01·办法》实施后不应该再有"发布"型通知，只有"公布"型命令（令）。但有些政府部门依法不能使用命令（令），如需发布规章制度类公文，如办法、细则、规则等，由于这些文种没有独立行文的资格，还仍要借助于"发布"型通知。

解决这个问题的对策是：意见是有独立行文资格的文种，无须借助"发布'意见'的'通知'"来制发意见。把《关于发布〈证券公司从事股票发行主承销业务有关问题的指导意见〉的通知》中作为通知的外衣剥掉，直接发一份下行的意见，即《中国证监会关于证券公司从事股票发行主承销业务有关问题的指导意见》就非常好。

# 第六节 议案、纪要、函

## 一、议案

议案，是指国家行政机关向国家权力机关或立法机关提出的议事原案。如法律案（通常简称法案）、预算案、弹劾案以及其他重大事项的议案等。由具有提出议案权的机关（在我国则为各级人民代表大会主席团、各级人民代表大会常务委员会、各专门委员会和同级人民政府）或个人（在我国则为各级人民代表大会代表）提出，经由议长（在我国则为人民代表大会主席团）交所设议案审查机构（如各种专门委员会）审议，然后作为正式议案提交全体会议（在我国则为人民代表大会全体会议）讨论，其已通过者，则称议决案。

### （一）议案的适用范围

《12·条例》第八条规定："议案。适用于各级人民政府按照法律程序向同级人民代表

大会或者人民代表大会常务委员会提请审议事项。"如河南省人民政府如有重要事项提请河南省人民代表大会或河南省人民代表大会常务委员会审议，就应以河南省人民政府省长的名义按照法律程序向河南省人民代表大会或河南省人民代表大会常务委员会行文，文种只能是议案。

### （二）议案和提案的区别

议案和提案不同。提案是提请国家代表机关或一定组织的会议讨论处理的建议和意见。如各级人民政协会议代表就国家事务等有关方面的问题提请会议讨论的建议、意见和批评，党派、群众团体代表大会代表就本党派、本团体范围内的重大问题提请代表大会讨论的建议等，职工代表就企业生产、经营管理、职工福利等方面提请职工代表大会讨论的建议等，都称为提案。

议案和提案原无实质性区别，在我国，1983年以前，议案和提案的名称混用。1983年以后，各级人民代表大会方在实际工作中改用"议案"这一名称。在第五届全国人民代表大会第五次会议上，当时的全国人大常委会副委员长习仲勋在《关于四个法律草案的说明》中说："……规定代表团和代表以及全国人大常委会委员提出议案须经一定程序，是因为全国人大和它的常委会审议通过的议案，都是具有一定的约束力的，有的就是法律。这和过去每次全国人大会议上代表们提出的大量提案是不同的。那些提案主要是对各方面工作提出的建议、批评和意见，涉及到的问题很多并不属于全国人大的职权范围，大会不好通过实质性的决议，只能决定转交有关方面研究处理。现在，草案规定，代表向全国人大或者它的常委会提出的对各方面工作的建议、批评和意见，都由人大常委会的办事机构交由有关机关和组织研究处理并负责答复，不再采取大会提案的形式。这样规定，比较符合实际，既简化了工作程序，又可以使代表提出的建议、批评和意见同样能够得到适当的处理和答复。"采用议案，不用提案，是为了将过去那种提案同现在规定的需要提请人民代表大会审议通过的具有约束力的议案加以区别。

政协的提案和人大的议案有一定的区别。人大是权力机关，人大的议案通过后具有法律约束力。政协是统一战线组织，政协的提案没有法律上的约束力，它只是一种民主监督。由于这种区别，人大称为议案，政协称为提案，其他的党派、群众团体、职工代表大会也称为提案。

### （三）议案的提出

议案是由具备议案提出权的机关和人大代表才能提出。议案从提出到确立有一套法律和规章制度规定的程序。议案的提出者包括两个方面：一是国家机关，即人民代表大会主席团、人大常委会、各专门委员会、人民政府、人民法院、人民检察院等；二是人大代表。

《宪法》第七十二条专门为此作了明确规定：全国人民代表大会代表和全国人民代表大会常务委员会组成人员，有权依照法律规定的程序分别提出属于全国人民代表大会和全国人民代表大会常务委员会职权范围内的议案。由此规定了全国人民代表大会和全国人民代表大会常务委员会议案提出人的范围。

《中华人民共和国全国人民代表大会组织法》第九条和第十条则对议案提出者应具有的条件作了详细规定：全国人民代表大会主席团、全国人民代表大会常务委员会、全国人民代表大会各专门委员会、国务院、中央军事委员会、最高人民法院、最高人民检察院，可以向全国人民代表大会提出属于全国人民代表大会职权范围内的议案；一个代表团或者30名以上的代表，可以向全国人民代表大会提出属于全国人民代表大会职权范围内的议案。

根据《地方各级人民代表大会和地方各级人民政府组织法》第十八条第一款和第二款的规定，地方各级人民代表大会举行会议的时候，主席团、常务委员会、各专门委员会、本级人民政府可以向本级人民代表大会提出属于本级人民代表大会职权范围内的议案，由主席团提交人民代表大会会议审议，或者并交有关的专门委员会审议、提出报告，再由主席团审议决定提交大会表决。县级以上的地方各级人民代表大会代表10人以上联名，乡、民族乡、镇的人民代表大会5人以上联名，可以向本级人民代表大会提出属于本级人民代表大会职权范围内的议案，由主席团决定是否列入大会议程，或者先交有关的专门委员会审议，提出是否列入大会议程的意见，再由主席团决定是否列入大会议程。

根据《地方各级人民代表大会和地方各级人民政府组织法》第四十六条第二款和第三款的规定，县级以上的地方各级人民政府、人民代表大会各专门委员会，可以向本级人民代表大会常务委员会提出属于常务委员会职权范围内的议案，由主任会议决定提请常务委员会会议审议，或者先交有关的专门委员会审议、提出报告，再提请常务委员会会议审议。省、自治区、直辖市、自治州、设区的市的人民代表大会常务委员会组成人员5人以上联名，县级的人民代表大会常务委员会组成人员3人以上联名，可以向本级常务委员会提出属于常务委员会职权范围内的议案，由主任会议决定是否提请常务委员会会议审议，或者先交有关的专门委员会审议，提出报告，再决定是否提请常务委员会会议审议。

提案人向人民代表大会提出议案，一般须于大会召开之前，在调查研究、广泛听取人民群众意见的基础上，认真做好准备，尽可能于会议之前准备好议案原案，并在大会主席团决定的议案截止时间内送交大会议案审查委员会。大会议案工作人员应于会前将议案登记表分发给有关组织和代表，并于议案截止时间收集完毕。

向全国人民代表大会提出的议案，在交付大会表决前，提案人要求撤回的，对该议案的审议即行终止。

### （四）议案的内容

议案的内容务求事实准确、案由合理、建议具体。具体地说，议案的内容包括以下六个方面。

（1）关于本级人民代表大会范围内保证《宪法》、法律、法令、政策贯彻执行的问题。

（2）关于本级人民代表大会范围内政治、经济、文化、教育、卫生、民政、民族、统战工作的重大事项。

（3）关于本级人民代表大会范围内保证国民经济计划和财政预决算执行的问题。

（4）关于制定和修订与本级人民代表大会职权范围相应的法规的建议。

（5）关于加强本级人民代表大会及其常委会、人民政府、人民法院、人民检察院等国家机关建设的重要建议。

（6）关于人民群众中迫切需要解决的重大问题。

不属于人民代表大会职权范围的事项，如对党群部门和军事部门的意见、建议；属于与党和国家现行法律、法令、政策规定不符的问题；属于议案提出者所在单位、地区处理的问题或单位之间相互协商解决的纠纷问题；属于司法机关办理的具体问题和纯属个人要求解决的实际问题；党和国家秘密；土地、房屋、财产、个人隐私和内容空泛的意见等，均不能作为议案提出。

### （五）议案的写作格式

1. 标题要有"提请审议"字样

与大多数公文的标题一样，议案的标题由发文机关名称、事由和文种三要素组成。不同的是，事由部分必须有"提请审议"字样，以示对同级人民代表大会及其常委会的尊重。

2. 主送机关比较固定

议案的主送机关有两种情况：一是主送同级人民代表大会，如"××省第×届人民代表大会第×次全体会议"；二是主送同级人民代表大会常务委员会，如"××省第×届人民代表大会常务委员会"。

3. 正文简要说明待审议事项的意义或原因

议案的正文是主体，但不必重复草案的具体内容。议案都是要带附件的，即草案。草案才是供审议的主要对象，议案只起介绍、运载、说明提出草案的背景、原因和目的作用，没有必要长篇大论。

4. 落款要以政府首长名义

我国政府机关的领导体制按《宪法》和有关法律法规的规定实行的是首长负责制，且同级政府及其负责人是由同级人民代表大会选举产生的，必须定期向同级人民代表大会及其常务委员会汇报工作，接受审议。因此，提请审议的议案必须以同级政府首长名义签署，不必加盖政府机关的印章。

### （六）提出议案的注意事项

（1）向大会提出议案，应用会议印发的专用纸。

（2）为了便于审议，应一事一案，案由明确，理由清楚，提出具体的解决办法和建议。

（3）议案需在会议主席团规定的截止日期前提出并送交会议议案办理机构。

（4）少数民族代表用本民族文字写的议案应译成汉字附送。

## 议案文例

**国务院关于提请审议兴建长江三峡工程的议案**

国函〔1992〕24号

全国人民代表大会：

长江是我国第一大河，流域面积占全国总面积的19%，养育着全国三分之一的人口，工农业总产值约占全国的40%，在我国国民经济发展中占有重要地位。长江中下游的洪水灾害历来频繁而严重。新中国建立以来，国家在长江流域进行了大规模的防洪建设，对保障中下游地区的经济建设和人民生命财产安全，发挥了很大作用。但由于多方面的原因，长江资源还没有很好开发利用,水患尚未根治,上游洪水来量大与中下游河道特别是荆江河段过洪能力小的矛盾,依然十分突出,两岸地面高度又普遍低于洪水位,一旦发生特大洪水,堤防漫溃,将直接威胁荆江两岸江汉平原和洞庭湖区的 1500 万人口和 2300 万亩良田,人民群众的生命财产和一批重要的大中城市、工矿企业和交通设施,将会遭受巨大损失,严重影响国民经济全局。这是我们国家的心腹大患。

如何解决长江的防洪问题,更好地开发长江资源,中共中央和国务院一直很重视,社会各界也十分关注。经过几十年来的治理实践和对各种意见、方案的反复研究和论证,解决长江中下游的防洪问题,必须采取综合治理措施。兴建三峡工程是综合治理的一项关键性措施。三峡工程兴建后,可将荆江河段防洪标准由目前的 10 年一遇提高到百年一遇;配合其他措施,可以防止荆江河段发生毁灭性灾害;还可减轻洪水对武汉地区及下游的威胁。(略)

总之,三峡工程的兴建,对加快我国现代化建设进程,提高综合国力,具有重要意义。

国务院对兴建三峡工程历来采取既积极又慎重的方针。近 40 年来,有关部门和大批科技人员对三峡工程作了大量的勘测、科研、设计和试验工作。(略)

经过多年的研究、论证和审查,三峡工程坝址选在湖北省宜昌县三斗坪镇。工程的拦河大坝全长 1983 米,坝顶高程 185 米,最大坝高 175 米。水库正常蓄水位 175 米,总库容 393 亿立方米。水电站总装机容量 1768 万千瓦。工程静态总投资 570 亿元(1990 年价格)。主体工程建设工期预计 15 年。工程建设第九年,即可发电受益,预计在工程建成后不太长的时间里,即能偿还全部建设资金。国务院三峡工程审查委员会对可行性研究报告进行了认真审查,认为三峡工程建设是必要的,技术上是可行的,经济上是合理的,随着经济的发展,国力是可以负担的。

三峡工程规模空前,技术复杂,投资多,周期长,特别是移民难度很大。对于已经发现的问题要继续研究,妥善解决,对今后可能出现的各种困难和问题,要有足够的思想准备。要谨慎从事,认真对待,使工程建设更加稳妥可靠,努力把这项造福当代、荫及子孙的事情办好。

国务院常务会议经过认真讨论,同意建设三峡工程。建议将兴建三峡工程列入国民经济和社会发展十年规划,由国务院根据国民经济的实际情况和国家财力物力的可能,选择适当时机组织实施。

请审议。

国务院总理　李鹏

一九九二年三月十六日

## 二、纪要

会议纪要是在会议记录的基础上加工整理而成,是记载、传达会议情况和议定事项,用以指导工作、解决问题、交流经验的重要工具,是传送会议信息的主要媒介之一。会议纪要又是一项思想性、政策性和技术性都很强的工作,还是整个会务工作的组成部分。

一个会议是否产生纪要,要根据会议情况和领导机关的意向而定。一般来说,凡需传达会议议定事项和主要精神,要求与会单位、与会者共同遵守、执行的,应产生纪要。工作会议特别是日常工作例会(如县长办公会、业务协调会等)都应产生纪要。

### (一)会议纪要的适用范围和类型

《12·条例》第八条规定:"纪要。适用于记载会议主要情况和议定事项。"

根据这个定义,会议纪要分为以下三类。

1. 记载型会议纪要

记载型会议纪要主要用于记载会议情况和议定事项，是会议纪要中最简单的一种，也是使用最多的一种。记载型会议纪要的主要目的是记录在案，让人知道开了什么会、讨论了什么问题、做出了什么结论，起备查和备考的作用。各种办公会会议纪要、座谈会会议纪要等均属这一类。

2. 传达贯彻型会议纪要

传达贯彻型会议纪要主要用于传达贯彻会议精神和议定事项，具有很强的政策性和指导性，下级机关必须认真贯彻执行。传达贯彻型会议纪要适用于专门为解决某个专项工作或特殊工作而召开的工作会议，如全国农村工作会议形成的《全国农村工作会议纪要》、全国科技工作会议形成的《全国科技工作会议纪要》等均属这一类。

3. 综合型会议纪要

综合型会议纪要既用于记载会议情况和议定事项，又用于传达贯彻会议精神。这种会议纪要既有记录在案的意思，又有贯彻执行的要求，二者缺一不可。最典型的就是在双方或多方协调会议上形成的协调会议纪要，既要把双方或多方的观点记录在案，又要把大家达成的共识写清楚，以便作为会后贯彻执行的依据。

### （二）会议纪要的特点

1. 全面反映会议内容

会议纪要综合反映会议的基本情况、主要精神和中心内容，反映与会者共同的认识和意见。会议纪要不但要反映大多数与会者达成的共识，还应反映与会者不同的认识和意见。

2. 表现形式可灵活多变

会议纪要在写作上灵活性强，篇幅长短不拘。制发者的意图寓于对会议纪要内容的取舍、结构的安排、文字的组织之中。

3. 行文方向不固定

会议纪要可以上行，那是为了向领导机关汇报会议情况和议定事项。但上报领导机关的会议纪要一经批转或转发，即成为下行文，约束力很强，领导机关职权所及范围内的地区和部门均需贯彻执行。协调会会议纪要是平行文，在涉及的单位之间运行的同时又抄送给领导机关是为了汇报协调成果。

### （三）会议纪要的作用

会议纪要的作用是多方面的，主要表现在以下三个方面。

1. 引导和指导作用

上级机关的会议纪要可以用于向下级机关传达，用来指导下级机关的工作，统一对有关问题的认识。

2. 上报和沟通作用

下级机关的会议纪要可以用于向上级机关汇报，以便上级机关全面了解会议基本情况、主要精神、中心内容和主要成果，以便上级机关的监督和指导。会议纪要还可以使缺席人员了解会议情况和会议决定事项并据此照办，以免因信息闭塞而贻误工作。

3. 制约和查考作用

两个或多个平行或不相隶属机关之间的协调会会议纪要可以作为共同执行的依据和凭证。其实，任何一种会议纪要都可以作为重大事项的记载以备查考。

（四）会议纪要的格式

会议纪要的种类不同，其写法亦不同。会议纪要常见的格式有以下两种。

1."文件"式会议纪要

发文机关标识带"文件"字样，其标识格式与正规公文一样。这种格式主要适用于由领导机关召开会议，并由领导机关起草会议纪要后向下行文。"文件"式会议纪要应该加盖印章。

2."简报"式会议纪要

与"文件"式会议纪要的区别在于，"简报"式会议纪要的发文机关标识不带"文件"字样，不能加盖印章。

《格式》把这类会议纪要划归特定公文格式的一种，并规定：纪要标志由"××××纪要"组成，居中排布，上边缘至版心上边缘为 35 mm，推荐使用红色小标宋体字。

标注出席人员名单，一般用 3 号黑体字，在正文或附件说明下空一行左空二字编排"出席"二字，后标全角冒号，冒号后用 3 号仿宋体字标注出席人单位、姓名，回行时与冒号后的首字对齐。

标注请假和列席人员名单，除依次另起一行并将"出席"二字改为"请假"或"列席"外，编排方法同出席人员名单。

纪要格式可以根据实际制定。

如是协调会会议纪要必须联合行文时，应使主办机关名称在前，"会议纪要"四个字置于发文机关名称右侧，上下居中排布；如联合行文机关过多，必须保证公文首页显示正文。

（五）会议纪要正文的写作

会议纪要的正文有多种写法，这要视具体情况而定。但无论是哪一种写法，都应反映会议概况、会议精神、会议决定事项或结语等内容。

1. 分类标项式写法

分类标项式写法适用于篇幅较长的会议纪要。有的会议开的时间很长，研究的问题较多，头绪纷繁，执笔人要想尽快理清思路，需要站在整个会议的高度，综合会议中提出的各种意见，将会议讨论的内容依其内在联系和逻辑关系等归纳成几个方面，分项撰写并冠以合适的小标题。分类标项式写法的特点是条理清楚，层次分明，要点突出，问题集中，逻辑性强。分类标项式写法多适用于专业性会议纪要。当然，这种写法也是会议纪要中最难写的一种，需要执笔人具备较高的分析综合技巧。

2. 新闻报道式写法

新闻报道式写法有点类似新闻写作中的消息写作，适用于办公会等日常工作例会的纪要。这种写法包括会议进行程序、会议概况、会议议题、讨论意见、决定事项等，依次写出即可。新闻报道式写法的特点是简明扼要，顺理成章，写作难度不大。

3. 记录摘要式写法

记录摘要式写法就是对会议记录的摘要整理，其特点是平直易写，有点像记流水账。下发或上报的会议纪要一般都不采用这种写法。由于这种写法可以使每个人的意见得到比较明确、充分的表达，便于事后查考，有些为了解决纠纷而召开的协调会会议纪要可以采用这种写法。

4. 指挥命令式写法

指挥命令式写法主要用于写会议决定事项，而会议情况则一笔带过，简练明快，多用于安排部署重要工作的会议。指挥命令式写法一般都这样写"会议决定：……""会议同意……""会议通过了……"等。

### （六）注意事项

1. 会议记录不等于会议纪要

会议纪要的写作素材是会议记录，会议纪要是在会议记录的基础上加工整理而成的，但会议记录并不等于会议纪要，二者的区别如下。

（1）适用范围不同。

会议记录是"有会必录"，记录在案是其主要目的，而不考虑会议是否重要。会议纪要是需要才制发，重要会议才制发，并非有会必发。

（2）性质有别。

会议纪要是正式的公文文种，而会议记录不是正式的公文文种。

（3）内容详略不同。

会议记录要求全面、客观，对会议涉及的各个要素（如时间、地点、人员、议题、发言内容等）要全面记载。会议纪要则记其"要"，对会议要素有较大的选择余地。

（4）作用不一样。

会议纪要要么起引导、指导作用，要么起沟通、协调作用。而会议记录的作用只有一个，即记录在案和资料备查作用。

2. 准备工作要充分

写好会议纪要的关键是要把会议资料收集齐全。这就要求执笔人在会前要全面收集并认真学习与会议有关的配套文件，准确、透彻地领会会议精神。这样才能把会议纪要写得准确得体，达到预期的目的。

在会议过程中，执笔人要及时消化和整理会议情况，发现好的材料要及时处理。根据会议主旨和会议实际情况及会议主办部门的要求打好腹稿，逐步形成会议纪要的框架，如会议纪要由几个部分组成，写几个问题，什么问题放在前面，什么问题放在后面，哪些详，哪些略等。

3. 准确客观

会议纪要的内容要忠实于会议的实际情况，不能随意增删。会议没有议及的事项不能写入，会议重点讨论的问题也不能漏掉。不能掺杂执笔人个人的见解和好恶，更不能篡改与会者的观点,变更会议中心议题。特殊情况下,如需避开某些重点讨论过的议题,执笔人需经会议主持人的同意,在必要时应再召开会议讨论。

4. 材料取舍得当

在起草的过程中,执笔人要分清主次、抓住要点,在认真分析研究会议素材的基础上加以取舍、概括和提炼,既要反映会议整体情况,又必须综理其要,不能眉毛胡子一把抓。

会议纪要的重点应放在经过会议讨论统一了认识的结论、决定及必要的论述上。会议没有达成一致意见或没有讨论出结果的问题,一般不写入会议纪要。对于主要的、有代表性的不同意见,执笔人也可以略带一笔或附记于会议纪要之后,加以说明,以引起与会者和有关人员的注意。

5. 语言准确生动

会议纪要的文字要简朴、凝练,语体、语言、语气要准确、得体,经得起推敲。少用形容词,不要用花哨、生僻的词、句,更不能写大话、空话、套话。

## 会议纪要文例 1

国务院　中央军委批转全国拥军优属拥政爱民工作领导小组
民政部　总政治部全国拥军优属拥政爱民工作会议纪要的通知(略)

**全国拥军优属拥政爱民工作会议纪要**

全国拥军优属拥政爱民工作领导小组　民政部　总政治部

(二〇〇四年一月九日)

经国务院、中央军委批准,全国拥军优属拥政爱民工作领导小组(以下简称全国双拥工作领导小组)、民政部、总政治部于2004年1月,在北京召开了全国拥军优属拥政爱民工作会议。会议以邓小平理论和"三个代表"重要思想为指导,认真贯彻党的十六大精神,总结交流了1991年全国双拥工作会议以来的经验,研究部署了当前和今后一个时期的双拥工作任务,命名表彰了双拥模范城(县)、双拥模范单位和个人。中共中央政治局常委、国务院总理温家宝代表党中央、国务院、中央军委作了重要讲话。中共中央政治局委员、国务院副总理、全国双拥工作领导小组组长回良玉作了拥军优属拥政爱民工作报告。北京市人民政府、山东省人民政府、南京军区、空军等军地单位在会上介绍了做好新形势下双拥工作的经验。全国双拥工作领导小组全体成员,各省、自治区、直辖市双拥工作领导小组负责同志,解放军四总部和各大单位、武警部队领导,双拥模范城(县)、双拥模范单位和个人代表等600余人出席了会议。

会议指出,拥军优属、拥政爱民,是在中国共产党领导下我国亿万军民的伟大创造,是我党我军我国人民的优良传统和特有的政治优势。(略)

会议强调,进入新世纪新阶段,我们正在全面建设小康社会,完善社会主义市场经济体制,推进中国特色军事变革,现代化建设的任务更加光荣而艰巨。(略)

**一、充分认识新形势下加强军政军民团结的极端重要性**

我党我军我国发展的历史充分证明,无论是战争年代还是和平建设时期,双拥工作都是一项带有全局性、战略性的工作,军政军民团结始终是我们战胜困难、夺取胜利的重要法宝。(略)

**二、深入进行以爱国主义为核心的国防教育和双拥宣传教育**

国防观念和双拥意识,是建设和巩固国防、增强军政军民团结的思想基础。(略)

三、围绕实现全面建设小康社会目标加强军地协作（略）
四、适应中国特色军事变革做好支持军队建设工作（略）
五、切实把维护社会稳定作为双拥工作重要任务（略）
六、认真抓好拥军优抚安置政策的落实（略）
七、以改革创新的精神推进双拥工作深入发展（略）
八、进一步加强双拥工作的组织领导（略）

双拥工作是一项社会工程，各地区、各有关部门和部队领导机关要高度重视，把双拥工作纳入经济社会发展和部队建设总体规划，摆上重要议事日程，经常分析形势，研究解决重大问题；主要领导对双拥工作要常议常抓，并带头参加双拥活动。各级双拥工作领导小组要认真履行组织、协调、指导双拥工作的职责，领导小组成员单位要结合担负的双拥任务，完善政策规定，抓好工作落实。建立领导小组成员单位报告工作制度，增强履行双拥工作职责的意识。关心、重视和支持各级双拥办建设，配齐配强干部，落实办公经费，完善军地合署办公制度。军地双拥工作职能部门要积极为党政军领导当好参谋，积极主动做好双拥工作。省军区系统要组织协调当地驻军同政府、人民群众之间的联系，做好驻军拥政爱民活动的协调工作。要发扬求真务实的精神，加强对基层双拥工作的指导，建立领导干部双拥联系点制度，推动双拥工作广泛开展和各项任务的落实。

（引自《国务院公报》2004年第20号）

### 会议纪要文例2

## ××县县长办公会会议纪要

第三期

| ××县人民政府办公室 | 二〇〇三年三月二十日 |
|---|---|

2003年3月19日上午，按刚开完的县政府常务会议的要求，县委常委、政府常务副县长×××主持召开了县长办公会议，县委常委×××出席了会议，县城建局副局长×××、县建筑公司经理×××参加了会议。会议专题研究了商业步行街开发有关事宜。

会议议定：

一、商业步行街开发设计必须请县外高级设计院来设计，设计方案必须经县政府常务会议和县委常委会议审查后才能确定。

二、步行街下水等一切施工由开发单位来承办，其他单位一律不准插手。

三、关于步行街的收费事宜，由县政府确定统一收取标准，其他单位一律不准私自增收。

出席：××县人民政府 ×××（常务副县长）
　　　中共××县委 ×××（常委）
列席：××县城建局 ×××（副局长）
　　　××县建筑公司 ×××（经理）
请假：××县城建局 ×××（局长）

本期发至：县政府各有关部门。

## 三、函

### (一) 函的适用范围及其特殊性

函是平行文,《12·条例》第八条规定:"函。适用于不相隶属机关之间商洽工作、询问和答复问题、请求批准和答复审批事项。"

函的使用范围较广,凡是不相隶属的单位之间,平级的党政机关之间,政府及其部门与同级的军事机关、群众团体及其部门之间均可以用函,不受系统、部门、行业、地域的限制。

函的特殊性表现在以下两个方面。

(1) 在不相隶属的机关之间,即使是请求对方批准或答复审批事项,也应坚持"函来函往"的原则。请求上级领导机关批准,按照规定要用请示,但请求不相隶属的主管部门批准就要用函。如省农业厅向省编制委员会行文请求增加编制,这时使用的文种就应是函,而非请示。同理,省编制委员会在答复省农业厅要求增加人员编制的请求事项时也应使用函,而非批复。即不相隶属的机关之间应该"函来函往"。

(2) 当下级机关请求上级领导机关批准时,可以是"请示来,批复往",也可以是"请示来,复函往"。

### 函文例 1

**国务院办公厅关于同意浙江省开展国家标准化<br>综合改革试点工作的复函**

国办函〔2016〕100 号

浙江省人民政府、质检总局:

你们关于浙江省开展国家标准化综合改革试点工作的请示收悉。经国务院批准,现函复如下:

一、同意浙江省开展国家标准化综合改革试点工作。浙江省国家标准化综合改革试点工作方案由浙江省人民政府制订发布。

二、试点工作要全面贯彻党的十八大和十八届三中、四中、五中、六中全会精神,深入贯彻习近平总书记系列重要讲话精神,认真落实国务院决策部署,积极实施标准化战略,加快提升浙江省标准化总体水平,为全面深化标准化工作改革提供可复制、可推广的经验。

三、浙江省人民政府要加强对试点工作的组织领导,完善配套措施,健全协作机制,落实工作责任,积极稳妥推进试点工作,确保试点各项目标任务和政策措施落到实处。

四、质检总局要会同国务院有关部门加强对试点工作的指导和协调,适时开展试点评估,总结推广经验,重大问题及时向国务院报告。

国务院办公厅<br>2016 年 12 月 13 日

(引自《国务院公报》2017 年第 1 号)

从国务院办公厅的复函中我们知道,此前浙江省人民政府、质检总局曾经给国务院报过一份《关于浙江省开展国家标准化综合改革试点工作的请示》,该请示肯定是主送国务院,而非国务院办公厅。该请示"经国务院批准"后,国务院并没出面予以批复,而是授权让国务院办公厅出面答复。因国务院办公厅与浙江省人民政府、质检总局之间属不相隶属的关系，所以只能用函。这就是前面提到的"请示来，复函往"。

## （二）函的分类

按照《12·条例》对函的定义，函可以分为商洽函、问复函和请准（审批）函三种。

### 1. 商洽函

"商"是商请、协商的意思，"洽"是接洽、洽谈的意思。这是行政机关、社会团体、企业事业单位之间使用最多的一种文种。特别是有关洽谈人事调转、清偿债务、商品买卖、产权交易等方面的函受法律的严格保护，可以视作合同、协议的补充，一经双方承诺或认可，即产生权利、义务关系，必须遵照执行。

### 2. 问复函

"问"是询问，"复"是答复，可以视为两类，但只是主动、被动而已，因性质相同，所以合为一类。

不相隶属的机关之间常有公务上往返问复的文书往来，因互相没有隶属关系，只能用函。

在有隶属关系的上下级机关之间，上级机关对下级机关可以用函，但下级机关对上级机关的询问事项不得用函答复，应用报告予以回答，以表示对上级机关的尊重。

### 3. 请准（审批）函

请准（审批）函，是指用于向不相隶属的主管机关请求批准或用来答复审批事项的函件。有关要求增加经费、调整人员编制、减免税收、申办营业执照等有关事项，需向主管部门行文，请求批准，因是不相隶属的关系，应用函。主管部门答复请准函的叫审批函，仍是函。有些单位为了表示对主管部门的尊重，故意用请示，这是不对的。请示只"适用于向上级机关请求指示、批准"，向没有隶属关系的业务主管部门请求批准，只能用函。主管部门审批时也应用函，用批复是不对的。

**函文例 2**

**国务院办公厅关于同意陕西省**
**承办 2021 年第十四届全国运动会的函**

国办函〔2015〕155 号

体育总局、财政部：

你们《关于批准陕西省作为第十四届全国运动会承办单位的请示》（体竞字〔2015〕186 号）收悉。经国务院领导同志批准，现函复如下：

一、同意陕西省承办 2021 年第十四届全国运动会。

二、筹备和举办第十四届全国运动会的经费主要由陕西省人民政府自筹，中央财政给予一次性定额补助；场馆设施建设所需资金由陕西省人民政府自行负担。

三、体育总局和陕西省人民政府要严格按照党中央、国务院有关规定，充分结合当地经济社会发展实际，坚持量力而行、量入为出、节俭高效原则，共同组织好第十四届全国运动会。

国务院办公厅<br>2015 年 12 月 29 日

（引自《国务院公报》2016 年第 2 号）

### (三) 函的拟写

函的种类不同，其写法亦不同。

商洽函要体现商量、接洽的性质。为了便于商洽，问的一方和答的一方都要把自己一方的态度和要求写明白，同时还要把具体要求表述清楚，切忌言不及义、不知所云。

问复函要做到问得清楚，答得明白。问的一方不能言不由衷，答的一方也不能答非所问。

请准（审批）函的结构安排有点类似于请示（批复）。请求批准的一方要写明请求的原因、具体请求事项、结束用语等，审批的一方要针对请求事项做出明确的答复。

### (四) 注意事项

**1. 用语谦敬，尊重对方**

函是平行文，无论是哪一种函，都要在用语上特别小心。要尊重对方，以诚恳、友好示人，力求征得对方的了解、理解、谅解和支持。在结尾处除了表明行文目的以外还可以使用一些致意性词语，如"不知贵方意见如何，请函告""恳请贵方大力协助，不胜感激""请予以接洽是荷"等。

尤其是请准（审批）函更要注意语气。请求批准的一方不必卑躬屈膝、唯唯诺诺，负责审批的一方也不能自恃有权、颐指气使。

**2. 格式特别，注意区分**

《格式》把函作为公文的特定格式中的一种，即"发文机关标志使用发文机关全称或者规范化简称，居中排布，上边缘至上页边为30 mm，推荐使用红色小标宋体字。联合行文时，使用主办机关标志。

发文机关标志下 4 mm 处印一条红色双线（上粗下细），距下页边 20 mm 处印一条红色双线（上细下粗），线长均为 170 mm，居中排布。

如需标注份号、密级和保密期限、紧急程度，应当顶格居版心左边缘编排在第一条红色双线下，按照份号、密级和保密期限、紧急程度的顺序自上而下分行排列，第一个要素与该线的距离为 3 号汉字高度的 7/8。

发文字号顶格居版心右边缘编排在第一条红色双线下，与该线的距离为 3 号汉字高度的 7/8。

标题居中编排，与其上最后一个要素相距二行。

第二条红色双线上一行如有文字，与该线的距离为 3 号汉字高度的 7/8。

首页不显示页码。

版记不加印发机关和印发日期、分隔线，位于公文最后一面版心内最下方"。

**3. 结语固定，据事选择**

函的结语有不少固定性词组，执笔人可以根据行文目的的不同选择配套的结束用语，如"特此函告""特此函商""特此函复""特此函询""特此函达""特此函谢"等。

### 练 习

1. 下面是××分公司给总公司的一份请示，请你以××总公司的名义起草一份同意该请示的批复。

**××分公司关于生产销售"振华牌"保温杯及其定价的请示**

总公司：

　　根据总公司尽快开发"振华牌"保温杯的要求，××分公司经过积极研制，该产品现已开发完成，并已具备批量生产能力。特向总公司请示"振华牌"保温杯上市销售及其定价事宜：

1. 产品名称及规格

产品名称："振华牌"保温杯

规格：（略）

2. 销售价格

含税出厂价：（略）

含税批发价：（略）

含税零售价：（略）

上述请示当否，请批复。

××分公司（章）<br>××××年××月××日

2．请你改写下面这份通知。

**××部关于成立摄影小组的通知**

　　我部成立了一个摄影小组。目的是为了丰富我们的业务文化生活，培养我们的情操，有利于我们提高观察生活的能力，从生活中挖掘出美的事物，使我们更加热爱我们的社会主义祖国。

　　本小组将聘请专业或业余摄影家来讲学。在一、二年内本小组成员除了能掌握摄影基本知识外，还能学会在拍摄过程中常用的知识：如追随法、逆光摄影法、高调摄影法等。在冲洗照片过程中常用的：如冲洗技术、多次曝光叠加成像、修改底片等方法。待初步掌握了这些技能以后，我们还将出外采访，从而更好地深入实际，了解社会，还将尽可能地游历祖国名山大川，拍出有浓郁的生活气息和奇丽风光的艺术照片，并举办学员作品展览，评出优秀作品，对作者予以适当奖励。结业时凡掌握了所学内容者都发给毕业证书，并赠送纪念品。总之，凡加入本小组的同志，只要认真学习，虚心请教，互相交流，取长补短，切磋技艺，都会在摄影技术上取得很大进步，成为祖国有用人才。

　　凡是对摄影有爱好的同志，可以自愿报名参加，要自带照相机。有摄影作品的同志最好交上来，以供录取时参考。活动时间每星期二、四下午。报名处在××部办公厅203室。报名时交一张一寸照片。报名时间5月1日—5月10日，过期不再补报。有关各项要求望及时发给各党支部给予传达，尽快将名单报上来。

　　摄影是一门艺术，它会使我们的生活更加充实，激发我们对祖国的爱和为祖国献身的勇气，望大家踊跃参加。

××部办公厅<br>××××年××月××日

3. 请你根据下面这份会议记录起草一份通知。

## ××区委常委会议记录

时间：××××年××月××日

地点：第一会议室

出席人：杜博（书记）

戴兴（副书记）

毕正（副书记）

王华、钱前、关溪、常河（以上四人为常委）

列席人：许锋（研究室主任）

庆丰（办公室主任）

主持人：杜博（书记）

记录人：古丽琴

（一）报告

（1）杜博同志宣读市委关于在全市进行思想政治工作调查研究的通知（有文件，具体内容略）。

（2）戴兴同志传达市委领导同志关于开展这次调查研究工作的指示。主要内容是：开展思想政治工作调查研究是改进和加强思想政治工作的基础。通过调查研究摸清当前干部、群众的思想状况，对近年的思想政治工作做出正确的估价；总结探索新时期思想政治工作的特点和经验；了解当前群众思想中的"热点"，研究当前思想政治工作中亟待解决的问题；提出改进和加强思想政治工作的措施。同时，开展调查研究工作也是改进领导作风，深入群众，深入实际，克服官僚主义的具体行动。各级领导要重视这项工作，做出具体安排。调查结果要报市委。

（二）讨论

与会同志根据市委的有关精神，就如何结合本区的具体情况尽快开展思想政治工作调查研究，发表了意见。主要内容是：

（1）一致赞成在全区范围内开展思想政治工作调查，认为市委提出开展这项工作目的明确，十分必要，对开创思想政治工作的新局面，推动"两个文明"建设将起重要作用。

（2）对这次调查研究的内容，与会者认为可以从两个方面进行：一是当前干部、群众的思想状况。按照不同层次，了解科级以上领导干部、基层支部书记和行政领导、一般干部对党的十一届三中全会以来的路线、方针、政策的认识，对当前国内政治经济形势的看法，对本系统、本单位改革形势的估计，对基层党组织的战斗堡垒作用，党员的先锋模范作用的认识和估计。对广大党员和群众主要了解他们对党的路线、方针、政策，对形势和改革的基本态度，摸清他们的主要思想倾向，迫切要求解决的问题。二是当前思想政治工作状况。各级党政负责同志对新时期精神文明建设和思想政治工作的地位、作用的认识及在实际工作中的重视程度；他们对如何搞好新形势下的思想政治工作作了哪些探索，有什么经验，当前的主要问题是什么。要结合行业特点，选择各类典型，进行分析，写出有说服力的材料。对思想政治工作机构设置、人员配备、干部素质方面急需解决的问题也要详细了解。

（3）这次调查研究工作的组织领导采取层层负责的办法。区委成立思想政治工作调查领导小组，统一领导全区这次调查研究工作。由杜博同志任组长，戴兴同志、王华同志任副组长，许锋同志、庆丰同志任领导小组成员。下设办公室，由区委研究室、区委宣传部、区委办公室和区委党校抽调七名同志，负责此次调查计划的实施，掌握工作进度，收集情况，汇总撰写全区综合报告等工作。办公室设在区委宣传部,由庆丰同志兼办公室主任。区委各部要明确一位副职,负责本口的调查研究工作,并抽调干部直接参加所属单位的调查。区委确定下列单位:工业局、卫生局、煤炭管理处、百货公司、饮食服务公司、丰收街道办事处为重点调查单位。上述各单位党委成立由一名主管政工的副书记参加的三至五人调查小组,完成本系统的调查任务,并写出综合调查报告、典型材料一至三份,报区委调查研究办公室。非重点单位可自行组织力量结合当前工作进行调查,将调查结果报区委调查研究办公室。区工、青、妇要根据此次调查任务结合自己的特点,各自选定专题搞好典型调查,写出调查报告,报区委调查研究办公室。

(4) 这次调查研究的方法主要采取抽样调查。区委确定的重点单位要调查不同类型的基层支部,被调查支部数量不少于所属支部的二分之一。每个党委调查对象不得少于100名干部、100名党员和群众。重点单位的调查以本单位调查组为主,区委调查研究办公室和各部调查组派人参加。调查组应深入基层,深入群众,采取开调查会、个别谈话以及问卷调查相结合的方法。此次调查研究还要与总结经验、解决实际问题相结合。

(5) 这次调查研究工作时间不宜过长,从3月份到6月底。可以分为三个阶段:3月底完成准备工作,成立调研机构,制订调研计划,培训调研人员;4月、5月为调查阶段;6月为总结分析、写报告阶段。6月中旬各调查组写出调查报告,报区调查研究办公室,6月下旬区调查研究办公室写出全区综合报告。

(6) 对这次调查研究工作区委需强调:各级领导要亲自抓,这是搞好此次调查的关键。重点调查的单位要由主管政工的副书记负责成立调查组,拟订调查计划,于4月5日前报区调查研究办公室;非重点单位也应酌情成立调查小组,制订计划,搞好调查研究工作,写出的调查报告报区调查研究办公室。此次调查研究中必须坚持实事求是的报喜又报忧的原则,反对形式主义,反对做八股文章。对不同类型的单位、不同层次的人要既有量的分析,也有质的分析;既有对问题的分析,又有改进措施和建议。

(三) 决议

根据市委有关精神,按照常委们讨论的主要内容由许锋、庆丰两同志代区委拟一份《关于在全区进行思想政治工作调查研究的通知》,5天后发出。

散会。

主持人:杜博(签名)

记录人:古丽琴(签名)

4. 请你评改下面这份通知。

### 转发《关于搞好"小南海"杨家坪南山北坡
### 树苗补栽和韩陵山挖树坑及庭院绿化"义务造林"的通知》的通知

辖区各单位:

现将××区人民政府《关于搞好"小南海"杨家坪南山北坡树苗补栽和韩陵山挖树坑及庭院绿化"义务造林"的通知》予以转发,并根据区政府的通知精神,结合我辖区具体情况及有关问题提出如下补充意见,望一并贯彻执行:

一、小南海义务植树今年是最后一年,各单位在今年的植树工作中一定要包栽包活包数量,凡经验收成活率达不到85%的,按分解任务及死苗比例交纳苗木费(每株1元)。

二、我辖区除了以资代劳的单位以外,均应到小南海88—89年的植树地点植树,不再到韩陵山挖树坑。

三、3月24日—26日办事处派有专人在小南海等候，凡植树单位到目的地后应和办事处的人取得联系。

四、植树单位所需树苗、交通、植树工具请自行解决。

五、凡以资代劳单位应按照区政府公文规定精神即：单位职工每人每年5元；领取营业执照的个体户及联营户（包括外地来×人员）按实际从业人数每人每年10元交纳费用。

六、分配给你单位植树任务50棵。

七、小单位及商店不再转发区政府公文，请按本通知的规定执行。

××街办事处<br>
××××年××月××日

5. 请你分条指出下面这份通知存在的问题，并提出修改意见。

# ××××××医院文件

院教科字第〔2001〕1号

签发人：×××

---

### ××××××医院关于开展继续教育业务学习管理的通知

全院各科室：

为贯彻落实国家教育部、卫生部、省卫生厅关于积极开展继续教育活动的指示精神，以全面提高我院职工的医疗学术水平和整体素质，尽快适应医学教育"生物—心理—社会"的模式转变，现就有关继续教育和业务学习做出如下规定。

一、由医院组织的各项教育活动是医学继续教育、素质教育的重要组成部分，全院各科室必须高度重视，积极参加院内组织的各项继续教育活动。

二、继续教育活动和业务学习由我院教学科研办公室统一组织和管理，学习时间为每月一次，即第一周星期五下午。具体学习内容及安排，由教学科研办公室负责组织实施。

三、继续教育活动将严格管理，讲求实效，建立个人教育档案。采取学分制，定期评定学习效果和记录成绩。继续教育档案将作为职称评定、评先奖罚的重要参考依据。

四、继续教育活动作为一项终身教育内容，职务不分高低，均系继续教育对象，各科室高、中、初级人员，都必须参加继续教育学习和业务培训。

五、各科室留学回国人员、派出进修学习人员、技术骨干、专家教授应积极投身继续教育活动，按照科研办的继续教育计划，主动提供继续教育课程及培训项目内容，按时完成教学科研办下达的教学、职工培训及讲座任务，不得以任何理由推延。此项活动将作为今后批准外出学习、工资晋档的重要依据。

六、为规范继续教育的管理，各科室对外承办的各种学习班必须报请教学科研办审核批准，所收费用一律由医院财务科收缴，否则将按医院有关规定从严处理。

本规定自下文之日起实施。

××××××医院（章）<br>
2001年7月24日

---

主题词：开展　继续教育　业务学习　管理　通知

---

抄报：××省卫生厅　　××省医学会

---

# 第八章 常用公文的撰写

除了《12·条例》规定的文种以外，在日常工作中还有一些常用文种，如计划、总结、信息（简报）、述职报告和规章制度等。

## 第一节 工作计划

### 一、工作计划的概念

工作计划是预先对一定时期内的工作做出具体打算和安排的常用文种。工作计划是具体行动之前脑力运筹的产物，是对未来行动目的、任务、要求、方法、步骤等通盘考虑的具体化、条理化和书面化。古人云："凡事预则立，不预则废。"凡事有了计划或方案，也就有了工作目标，工作才能有步骤地展开。

### 二、工作计划的作用

#### （一）贯彻执行的依据

工作计划一旦制订并实施，就成为贯彻执行的依据。计划涉及的方方面面都要服从于计划，服务于计划。抓计划的落实是行之有效的工作方法之一。有了工作计划，领导人就可以统筹全局，做到心中有数，增强预见性，减少盲目性，使各项工作有条不紊地开展。

#### （二）督促催办的依据

上级机关在抓计划落实工作中要时常对下级机关的工作进行督促催办，督促催办的依据就是工作计划。如时间已过半，任务完成是否过半；计划中的投资款已用去80％，工程建设是否已接近尾声等。若没有计划，上级机关对下级机关正在进行的工作就不好衡量其快慢或优劣。

#### （三）检查验收的依据

任何工作告一段落后都要进行总结评估或检查验收。如工作是超额完成、提前完成，还是相反，这些都要以当初的工作计划为依据。

### 三、工作计划的种类

计划的形式多样，可以从不同的角度进行分类。
按照计划的范围分类，有综合性计划、专题计划、部门计划等。按照计划的内容分类,有生产计划、销售计划、产品开发计划等。按照时间分类,有短期计划、长期计划等。按照作用和执行要求分类,有指令性计划、指导性计划等。按照表现形式分类,有公文式计划、表格式计划等。

我们时常见到的设想、打算、方案、要点等都属计划的变种。

## 四、工作计划的拟写步骤

### (一)学习方针政策

即学习与计划有关的上级机关的文件精神,明确上级机关的要求和工作思路,深入了解本机关领导人的工作意图,确保本单位的工作计划与上级机关的要求和本单位领导集体的意图相一致。

### (二)调查实际情况

即在明确上级机关精神、端正指导思想的基础上,再进一步了解本单位的现实状况,必要时还要回顾历史经验,使今天的工作计划与昨天的工作连接起来。

### (三)综合设想

即依据国家的法律法规和上级机关的方针政策,结合本单位的实际情况,进行综合分析,理出工作头绪,分出主次缓急,敲定合适的措施与对策。这一步是能否写好工作计划的关键,也是能否"决胜于千里之外"的关键。

### (四)拟制计划条文

即把经综合分析后的情况写成文字,再邀有关人员座谈讨论,或先发一个工作计划的征求意见稿,让有关单位讨论后提出修改意见或修改建议,最后由主管领导人审定。这一步往往要反复多次。

### (五)实施检验

即工作计划经批准实施后,如无特殊情况,一定要按工作计划规定的内容执行。工作计划既是执行的依据,又是检查验收的依据,不能轻易变动。当然,在执行中也应不断积累经验,时刻关注反馈信息。若客观情况有较大的变化,应按照规定程序调整或修订计划,使其更趋完善。

## 五、工作计划应该这样写

工作计划的结构分为标题、正文、署名和日期四个部分,个别计划还有附件。

### (一)标题

工作计划的标题有两种:一种是发文单位名称、计划期限、内容(事由)、文种,如《郑州卷烟厂2016年一类烟销售计划》;另一种是发文单位名称、内容(事由)、文种,如《××市中医院关于中层干部聘任的方案》。

### (二)正文

工作计划的正文必须解决"做什么""怎么做"和"什么时候完成"这样三个问题

（以下简称工作计划三要素）。

"做什么"即目标或任务，主要写需要与可能、任务与要求。虽然文字不多，却是工作计划的灵魂。若工作任务不止一项，提出时应确立重点、分清主次，而且要做到要言不烦、高度概括、简明扼要。

"怎么做"主要写方法与措施，包括要实现哪些工作目标，需动员哪些力量，采取哪些手段，创造什么条件，坚持哪些原则，排除哪些干扰等。如需有关部门协同配合，还要写明谁主办、谁协办、谁先办、谁接办等。方法与措施一定要做到科学、明确、具体、可操作性强。尤其是那些需要不同的主管部门通力合作才能完成的工作任务一定要有明确的分工，明确主办与协办，形成合力，确保工作目标的顺利实现。

"什么时候完成"主要写总的时间安排和工作时序。有些工作呈现出很强的阶段性，在每个阶段内又可以细分为许多的环节，各个阶段和各个环节之间往往互助交错。其中的某个阶段或某个环节如有延误，就会影响整个工作计划的如期完成。在拟订工作计划时必须全局在胸、统筹兼顾，明确先干什么、后干什么，掂量好前后左右和轻重缓急。

工作计划三要素的结构安排有以下两种。

（1）按照三大块写，即首先写做什么，其次写怎么做，最后写什么时候完成。

（2）在写每项具体工作计划时都按照这三要素来写。如写一个季度的工作计划，这个季度计划办三件事，既可以把三件事写在一起，然后再写如何完成这三件事，最后写完成期限；也可以分三个部分写，每个部分写一件事及其具体措施和完成期限。要根据叙述是否方便、计划内容的多少灵活掌握。

### （三）署名和日期

在工作计划正文的右下方，写明工作计划制订单位名称和日期。若标题中已写明制订单位名称，此处可以省略。

### （四）附件

凡与工作计划有关的材料，正文中不便表述，可以用附表或附图来表述。附件应视为工作计划的重要组成部分，也应认真贯彻执行。

## 计划文例

**国务院办公厅关于转发国家发展改革委等部门
推进"互联网＋政务服务"开展信息惠民试点实施方案的通知**

国办发〔2016〕23号

各省、自治区、直辖市人民政府，国务院各部委、各直属机构：

国家发展改革委、财政部、教育部、公安部、民政部、人力资源社会保障部、住房城乡建设部、国家卫生计生委、国务院法制办、国家标准委《推进"互联网＋政务服务"开展信息惠民试点实施方案》已经国务院同意，现转发给你们，请结合实际，认真贯彻执行。

国务院办公厅<br>2016年4月14日

**推进"互联网＋政务服务"开展信息惠民试点实施方案**

国家发展改革委　财政部　教育部　公安部　民政部
人力资源社会保障部　住房城乡建设部　国家卫生计生委
国务院法制办　国家标准委

推进"互联网+政务服务",促进部门间信息共享,是深化简政放权、放管结合、优化服务改革的重要内容。为进一步推动部门间政务服务相互衔接,协同联动,打破信息孤岛,变"群众跑腿"为"信息跑路",变"群众来回跑"为"部门协同办",变被动服务为主动服务,特制订本实施方案。

一、形势和要求

近年来,各地区各部门按照党中央、国务院的部署和要求,积极探索创新,不断改进政务服务。国家发展改革委、财政部等12个部门组织实施信息惠民工程,取得初步成效。福建省建成了电子证照库,推动了跨部门证件、证照、证明的互认共享,初步实现了基于公民身份号码的"一号式"服务;广州市的"一窗式"和佛山市的"一门式"服务改革,简化群众办事环节,优化服务流程,提升了办事效率;上海市、深圳市通过建设社区公共服务综合信息平台和数据共享平台,基本实现了政务服务事项的网上综合受理和全程协同办理。

但是也应看到,困扰基层群众的"办证多、办事难"现象仍然大量存在,造成群众重复提交办事材料、往返跑腿,给群众办事创业带来诸多不便。适应新的形势和要求,推进国家治理体系和治理能力现代化,建设服务型政府,亟需进一步加大力度总结和推广试点区域的成功经验,借鉴发达国家依托公民号、社会安全号等开展面向公民社保、医疗、养老、纳税、信用等"一号"管理服务的经验,加快推进部门间信息共享和业务协同,简化群众办事环节、提升政府行政效能、畅通政务服务渠道,着力构建方便快捷、公平普惠、优质高效的政务服务体系。

二、总体思路

(一)基本原则。

1.问题导向,创新服务。以解决群众办事过程中"办证多、办事难"等问题为核心,运用互联网、大数据等手段,推进"互联网+政务服务",增强政务服务的主动性、精准性、便捷性,提高群众办事的满意度。

2.信息共享,优化流程。充分利用已有设施资源,推动平台资源整合和多方利用,避免分散建设、重复投资。加强政务信息资源跨部门、跨层级互通和协同共享,发挥信息共享支撑多部门协同服务的作用,简化优化群众办事流程,最大程度利企便民。

3.条块结合,上下联动。充分调动地方人民政府的积极性和主动性,加强行业主管部门的业务指导和政策支持,促进各层级、各部门的协调配合和业务联动,强化制度衔接,构建跨部门、跨层级一体化的联合推进机制。

4.试点先行,加快推广。充分结合正在实施的信息惠民工程以及不同区域的信息化发展基础,选择条件成熟的区域和领域先行先试,完善标准体系和政策制度,分阶段分步骤实施,确保总体工作有序推进。

(二)工作目标。

通过两年左右时间,在试点地区实现"一号一窗一网"目标,服务流程显著优化,服务模式更加多元,服务渠道更为畅通,群众办事满意度显著提升。

——"一号"申请。充分发挥公民身份号码作为公民唯一的、终身不变的身份代码作用,以公民身份号码作为唯一标识,建成电子证照库,实现群众办事"一号"申请,避免重复提交办事材料、证明和证件等。

——"一窗"受理。整合构建综合政务服务窗口,建立统一的数据共享交换平台和政务服务信息系统,实现政务服务事项"一窗"受理,就近能办、同城通办、异地可办。

——"一网"通办。建成网上统一身份认证体系,推进群众网上办事"一次认证、多点互联",实现多渠道服务的"一网"通办,大幅提高政务服务的便捷性。

三、主要任务

(一)"一号"申请,简化优化群众办事流程。

依托统一的数据共享交换平台,以公民身份号码作为唯一标识,构建电子证照库,实现涉及政务服务事项的证件数据、相关证明信息等跨部门、跨区域、跨行业互认共享。在群众办事过程中，通过公民身份号码，直接查询所需的电子证照和相关信息，作为群众办事的依据，避免重复提交，实现以"一号"为标识，为居民"记录一生，管理一生，服务一生"的目标。

1. 建立居民电子证照目录。结合编制权力清单、责任清单等工作，全面梳理涉及群众办事的政务服务事项，逐项梳理基本流程和办事依据，简化无谓证明和烦琐手续。推行群众办事相关证件、证照、证明等电子化，形成居民个人电子证照目录。

2. 建设电子证照库。按照分散集中相结合原则，以电子证照目录为基础，启动电子证照库建设，在城区、街道、社区统一应用，并逐步向农村延伸，实现基础证照信息的多元采集、互通共享、多方利用。推进制证系统、业务办理系统与电子证照库对接联通，做到电子证照与纸质证照同步签发。以电子证照库支撑各部门办事过程中相关信息"一次生成、多方复用、一库管理、互认共享"。

3. 建立跨区域电子证照互认共享机制。为方便群众跨区域业务办理，依托统一的数据共享交换平台，推进跨层级、跨区域、跨部门的电子证照互认共享，逐步实现在全国范围内异地业务办理。

4. 研究制定电子证照法规与相关标准。积极开展电子证照相关政策的研究和试点工作，为制定电子证照相关法规和政策提供实践依据。健全完善电子证照关键技术标准和跨地区互认共享标准，推动相关标准在信息惠民国家试点城市及所在省（区、市）的实施应用。

（二）"一窗"受理，改革创新政务服务模式。

前端整合构建综合政务服务窗口和统一的政务服务信息系统，后端建设完善统一的分层管理的数据共享交换平台体系，推动涉及政务服务事项的信息跨部门、跨区域、跨行业互通共享、校验核对，建立高效便民的新型"互联网＋政务服务"体系，推进网上网下一体化管理，实现"一窗口受理、一平台共享、一站式服务"。

1. 建立政务服务事项优化管理机制。按照权力清单和责任清单，全面梳理编制政务服务事项目录，对延伸到基层特别是乡镇（街道）、村（社区）的政务服务事项进行统一规范，最大限度精简办事程序，减少办事环节，缩短办理时限。探索建立涉及多部门的政务服务事项协同办理机制。

2. 升级政务服务大厅功能，整合构建综合服务窗口。加快各级政务服务大厅和城乡社区综合服务机构功能升级，推动政务服务事项分级进驻，采取"前台综合受理、后台分类审批、统一窗口出件"的服务模式，实现一站式服务。建立健全首问负责、一次性告知、并联办理、限时办结等制度，促进政务服务规范化、标准化、便捷化。

3. 整合构建统一的数据共享交换平台和政务服务信息系统。统筹整合建设覆盖全国的数据共享交换平台体系，统一管理政务信息资源目录，实现与人口、法人、空间地理、电子证照、社会信用等基础信息库和业务信息库的联通，逐步推进各级共享交换平台对接，支撑政务信息资源跨部门、跨层级、跨区域互通和协同共享。

依托统一的数据共享交换平台及社区公共服务综合信息平台等已有信息平台，构建统一的政务服务信息系统，完成与各部门业务系统对接，实现相关审批数据、结果同步推送和业务协同办理。推进与电子监察系统对接，确保所有政务服务事项审批办理的流程、结果信息即时可查可用，做到办事过程公开，方便群众监督。

4. 构建网上网下一体化政务服务体系。围绕便民服务，通过综合政务服务窗口和政务服务信息系统，实现对各级政务服务事项从受理、审批到出件的全流程监督管理，促进政务服务规范运作。拓展自助服务、社区代办、邮政快递等服务渠道，构建跨区域、跨层级、网上网下一体化的政务服务体系。

（三）"一网"通办，畅通政务服务方式渠道。

以建设群众办事统一身份认证体系为抓手，逐步构建多渠道多形式相结合、相统一的便民服务"一张网"，实现群众网上办事一次认证、多点互联、"一网"通办。运用"互联网+"思维和大数据手段，做好政务服务个性化精准推送，为公众提供多渠道、无差别、全业务、全过程的便捷服务。

1. 构建群众办事统一身份认证体系。以公民身份号码为唯一标识，结合实名制，探索运用生物特征及网络身份识别等技术，联通整合实体政务服务大厅、政府网站、移动客户端、自助终端、服务热线等不同渠道的用户认证，形成基于公民身份号码的线上线下互认的群众办事统一身份认证体系，实现群众办事多渠道的一次认证、多点互联、无缝切换。

2. 构建便民服务"一张网"。梳理整合教育、医疗卫生、社会救助、社会福利、社区服务、婚姻登记、殡葬服务、社会工作、劳动就业、社会保障、计划生育、住房保障、住房公积金、公共安全等民生服务领域的网上服务资源，借助统一身份认证体系，联通各个网上办事渠道，构建便民服务"一张网"。结合不同接入渠道和受众特点，优化服务界面，提升服务渠道的便捷性和办事效率。

3. 以大数据创新网络服务模式。有效整合"一张网"中的群众行为数据、电子证照库、数据共享交换平台数据库等资源，形成为群众服务的大数据资源体系。运用大数据技术，开展跨领域、跨渠道的综合分析，了解政务服务需求，不断优化资源配置，丰富服务内容，做好个性化精准推送服务，变被动服务为主动服务，有效提升政务服务质量和效率。

**四、实施步骤**

以覆盖各省（区、市）的80个信息惠民国家试点城市为试点单位，按照"两年两步走"的思路，统筹设计、稳步推进。

2016年，各试点城市开展证照梳理、电子证照库建设及相关标准体系建立等工作，研究形成与现有系统衔接过渡机制；基本建成电子证照库，完成与制证系统和业务系统的对接，实现电子证照和纸质证照同步签发；建成统一的综合政务服务窗口、数据共享交换平台和政务服务信息系统，完成自有政务服务流程的梳理、简化和标准化，形成政务服务事项目录；建成统一身份认证体系，实现政务服务多渠道的统一认证。在试点城市内部基本实现政务服务事项"一号申请、一窗受理、一网通办"。

2017年，跨省电子证照流转交换与网上身份认证体系全面投入应用，各省（区、市）人民政府基本建成数据共享交换平台、政务服务信息系统和线上线下一体化服务体系。基于信息资源互通共享，初步实现各试点城市间政务服务跨区域、跨层级、跨部门"一号申请、一窗受理、一网通办"，基本公共服务事项80%以上可在网上办理。

各省（区、市）人民政府和国务院相关部门要认真总结试点工作，完善"一号一窗一网"服务模式，形成可复制、可推广的经验，逐步向全国推行。

**五、保障措施**

（一）加强组织领导，强化协同推进。各有关部门要各司其职、密切配合，积极指导、支持试点实施工作。国家发展改革委要会同有关部门抓紧研究制定政务信息资源共享管理制度，推进统一的数据共享交换平台建设。教育部、公安部、民政部、人力资源社会保障部、住房城乡建设部、国家卫生计生委等部门要加强对有关业务管理模式创新、业务流程优化、强化社区应用等方面的业务指导，加大政策支持。公安部、民政部、人力资源社会保障部、住房城乡建设部、国家卫生计生委等部门要研究加快推进"多号合一"信息共享，并适时推动"多卡合一"改革工作。促进大数据发展部际联席会议负责统筹推动跨地区、跨部门信息共享。

试点城市人民政府要高度重视,把试点工作列入重要日程,明确工作步骤,认真研究部署,统筹做好政务服务目录梳理与流程优化、跨部门信息共享与业务协同、"多号合一"改革等工作。各省(区、市)人民政府要加强统筹协调,推动省市两级共享交换平台对接、跨地市电子证照互认共享等工作,确保"一号一窗一网"试点工作顺利实施。

(二)创新体制机制,健全标准规范。试点城市人民政府要对现行管理制度和规范性文件中与"一号一窗一网"服务模式不相适应的规定进行修改,加快推动制定电子证照、数据共享、网上身份认证相关的地方性法规和规章,抓紧出台信息资源共享管理办法,制定完善信息资源目录体系规范、数据共享交换等相关配套标准,开展网上办事、咨询服务流程和标准研究,加快推动"一号一窗一网"的改革与应用。要切实从群众利益出发,积极利用政府网站、移动客户端等渠道全面公开政务服务事项,实现办事全过程公开透明、可溯源、可核查。国家标准委要会同有关部门和试点城市,制定电子证照数据格式、跨区域互通技术规范。

(三)加大财政支持,倡导政企合作。国务院有关部门继续通过现有资金渠道对"一号一窗一网"相关重点工程给予必要支持。试点城市人民政府要加大支持力度,结合财力情况及"一号一窗一网"建设进度,通过本级财政对人员配备、信息化建设、日常运维等必要经费予以合理安排。引导市场主体行为,引入社会力量,推广政府购买服务、政企合作等新模式,合理开放利用数据资源。

(四)完善考核制度,接受群众监督。建立健全效能评估和监督考核制度,开展绩效评估考核指标体系研究,以惠民效果和群众反响来检验考核信息惠民工作。加强舆论宣传引导,提高"一号一窗一网"工作的社会认知度、认可度。发挥社会监督和舆论监督作用,畅通群众投诉举报渠道,完善举报受理、处理和反馈制度,及时解决群众反映的问题,回应社会关切。

(五)加强信息安全,保护公民隐私。落实国家信息安全等级保护制度要求,加强数据安全管理,完善信息共享、业务协同的身份认证和授权管理机制,强化"一号一窗一网"信息化支撑的安全保障体系建设。采取必要的管理和技术手段,切实保护国家信息安全及公民个人隐私。

(引自《国务院公报》2016年第14号)

## 六、工作计划不能这样写

下面这份公文是某中医院的一份中层干部聘任方案,我们看看这份公文在写作上存在什么问题。

### ××市中医院关于中层干部聘任的实施方案

各党支部、科室(病区):

根据省、市人事制度改革的要求和市卫生局党委(××××)第3号文件"关于对局属各单位中层干部的管理意见"精神,为加强我院干部队伍建设,加大干部制度改革力度,经研究,拟对我院中层干部实行聘任制和任命制,其具体实施方案如下:

**一、指导思想和原则:**

坚持"四化"方针和德才兼备的原则,坚持党管干部原则,将中层干部的选拔和管理引入竞争机制,使事业心强,有开拓进取精神和较强的组织管理能力及专业技术管理能力,作风正派的优秀人才选拔到领导岗位上来,提高我院中层干部队伍的整体素质,加快我院各项事业的发展。

**二、聘任的形式和程序：**

1. 行政管理和临床一线中层干部实行聘任制，采取个人申请，民主推荐，民意测验，组织考察，院党委集体研究决定，报局党委批准后，由院行政聘任。
2. 对党群干部由院党委按照有关章程和规定直接考察，报局党委批准后任命。
3. 对经济独立核算单位中层干部的聘任可推行竞争上岗，经推荐，群众评议，组织考察，党委集体研究同意后，办理聘任手续。
4. 被聘任的中层干部要签订责任目标和经济指标合同。

**三、聘任条件：**

1. 坚持党的四项基本原则，勤政廉洁，务实创新，联系群众，团结同志，顾全大局，积极为医院改革作贡献。
2. 有较强的事业心和责任感，有胜任领导工作的组织能力和业务管理能力，有较高的专业技术水平。
3. 注重政治素质和真才实学，提职的干部年龄要在45岁以下，专业技术科室要有大专以上文化程度、中级以上技术职称，行政后勤科室要有中专或高中以上文化程度。
4. 男57岁以上，女52岁以上年龄的现任中层干部一般不再任职或参加聘任，可退二线或任协理员。确因工作需要者可适当延长，凡任协理员可享受中层干部待遇。
5. 优秀工人被聘任到管理岗位担任中层领导职务的，任职期间享受相应的职级待遇，但不办理职务工资进档手续，工资差额部分由医院以补贴形式解决。

**四、任期与管理：**

1. 对聘任的中层干部实行任期目标责任制，一般任期1～2年，每年进行一次考核，根据考核情况和工作需要，确定是否连续任职。
2. 属下列情况者，可以中途解聘。
（1）思想政治素质不适应改革开放的要求，贯彻党的基本路线及院领导决定不得力的。
（2）组织管理水平低，不能完成岗位责任目标，难以打开工作局面。
（3）缺乏事业心和责任感，不求进取。
（4）个人主义思想严重，思想作风不好，在民主评议、年度考核中得不到多数群众拥护。
（5）违犯党纪、政纪、行政法规，出现重大责任事故等，不适应继续担任领导职务的。
（6）身体状况不好，不能坚持正常工作的。

**五、**被聘任的中层干部，任期内享受相应的职级待遇，聘任期满不再续聘或经考察、考核不称职中途解聘者，工资福利待遇按有关规定重新确定。

中国共产党××市中医院委员会（章）<br/>××××年三月十三日

这份实施方案实际上就是一份用于中层干部聘任的专题计划，其存在的主要问题如下。

（1）制发方式有误。

方案没有独立行文的资格，前面应有一个"印发'方案'的通知"。

（2）结构要素不全。

任何计划都要有"做什么""怎么做"和"什么时候完成"三个部分。这份实施方案恰恰缺少"什么时候完成"，即中层干部聘任这一专题工作什么时候开始报名、什么时候开始测评、什么时候结束等均未写明。准备参与应聘的人还要多方打听才能知道具体的报名时间和测评日期，这就会给贯彻执行带来诸多不便。

(3) 有些小标题之间有交叉。

"五、被聘任的中层干部……"的内容也属"四、任期与管理"的内容，这两个部分的内容重复交叉，应该合二为一。

(4) 类别顺序要适当调整。

这份实施方案从大的方面来看是按时间先后分类。"聘任条件"理应在"聘任的形式和程序"的前面，而本例却正好相反。

(5) 个别观点与材料不一致。

如"二、聘任的形式和程序"下面的"4.被聘任的中层干部要签订责任目标和经济指标合同"既不是"聘任形式"，又不是"程序"，而是对已任中层干部的一种管理方式。其中，"2.对党群干部由院党委按照有关章程和规定直接考察，报局党委批准后任命"与"聘任"更是对不上。

(6) 有些文字有歧义，有些标点不符合规范。

## 第二节　信息（简报）的写作

### 一、信息工作的渊源

作为一种专门的工作，信息工作受到重视从表面上来看好像是近年来的事，其实这是一种错觉。可以这么说，中国共产党从它诞生的那一天起就非常重视信息工作。如果信息不灵，在当时的白色恐怖下不要说发展壮大，连生存都成问题。不同的地方在于过去我们不叫信息工作，而是叫情报工作；过去也没有专门的信息刊物，而是用"工作报告""情况反映""内部参考"等载体。

（一）报告

1948年1月7日，毛泽东同志为党中央起草了《关于建立报告制度》的指示，具体规定党和军队的报告制度，要求各中央局和中央分局每两个月向中央和中央主席作一次综合报告，各野战军和各军区每月作一次战争情况的报告。报告内容包括该区的军事、政治、土地改革、整党、经济、宣传、文化等各项活动的动态，发生的问题和倾向，以及对此提出的解决办法等。报告的文字每次以1000个字为限，除了特殊情况以外，每次不得超过2000个字。一次不能写完全部内容，可以分两次写完。报告的日期是单月的上旬。在政府方面，当时的华北人民政府也曾做出规定：各行署、直属市府和政府各部门每月向政府主席作一次工作报告，限于下月10日以前送达。

（二）简报

中华人民共和国成立以后，报告成为正式的文种之一，代之而起的是工作简报。早在1956年6月9日，国务院通过了关于国务院所属各部门工作报告制度的规定，要求国务院所属各委办每两周向总理写一次工作简报，要"明白、扼要地报告所掌管的范围内重大问题的处理，工作中的重要情况和经验"。毛泽东同志在《工作方法六十条》中也明确提出：

"还有一个方法就是简报。县委对地委、地委对省委、区党委；省委、区党委对中央，都要有简报。各级领导接到这样的简报，掌握了情况，有问题就有办法处置了。"

### （三）信息

从上面的介绍可以看出，1948年规定每两个月（军事上一个月）报告一次，1956年即变为每两周报告一次，由此可见工作节奏加快了。但这仍然适应不了改革开放后的工作需要，现在在高层次的机关，每天都要相互通报一次或数次信息，而且昼夜都有专职信息人员值班，随时都可以上传下达。其载体也不再叫简报（过去的简报目前大多都转化为内部刊物定期印发，在本系统发行），而叫"信息"，如《金融信息》《粮食信息》《信息快报》等。

## 二、信息（简报）的格式

信息（简报）犹如一张在机关内部发行的小报，也由报头、报核和报尾三个部分组成。

### （一）报头

信息（简报）的报头由刊物名称、编号、编发机关、编发日期和间隔横线组成。

1. 刊物名称

刊物名称位于报头上方正中位置，如"销售工作信息""××情况反映""××会议简报"等。其一般都用红字，字号要大一些。也可以请领导人或书法家题写刊物名称，然后排版套印。

2. 编号

编号标在刊物名称正下方。有一年一编的，也有统编的，按顺序编排即可。如"（第×期）"或"（总第×期）"。也可以两种编号都用。特殊情况下还可以出增刊。如属增刊，要专门编增刊号。

3. 编发机关

编发机关多为文秘部门，标明编发信息的机关名称即可。如"××总公司办公室编发"。编发机关位于间隔横线左上方，左边顶格。

4. 编发日期

编发日期写信息（简报）实际编发的日期，年、月、日要全，用汉字，如"二〇一七年九月十日"。其位于间隔线右上方，右边顶格。

5. 间隔横线

间隔横线将报头与报核分开，位于编发机关与编发日期下端。

### （二）报核

信息（简报）的报核部分由标题、按语和正文组成。

1. 标题

信息（简报）的标题是对正文主要内容的概括，一般直接标明事实。信息（简报）的标题一般要有三个要素，即事物的承担者（谁）、主要内容（干什么）、事件的结果和现状（结果怎么样）。如主标题三个要素不全，可以用引题或副题来补充。仅有一个主标题时，至少要有两个要素,如《××工矿企业因经常停电造成损失》《××地区以工补农的八种形成》《××县的假药案说明了什么?》《"蛤蟆窝"变成了"粮食囤"——××县治理盐碱效果明显》等。

2. 按语

信息(简报)的按语是对于所编发的信息进行提示、评论、阐述或补充说明的文字,是信息(简报)的编者借以指导工作的一种直接、灵便的形式。

按语的内容或交代编发意图,或强调其重要性,或提示其要点,或传达领导人的指示,或指出工作要求等。

按语的篇幅要短,用词要准,态度要明确,且点到为止。

按语一般位于标题与正文之间,也可以夹在正文中加括号注明。为了醒目,一般要变换字体或排短行、加花边等。

3. 正文

信息(简报)的正文的写法比较灵活,有集纳式、转发式、综合式、总结式和消息式等多种。无论采取哪种写法,都应做到:(1)短,即篇幅要短,一事一报;(2)新,即有新意、新事、新动向;(3)准,即准确无误;(4)快,即编发要及时,不放马后炮。

(三)报尾

报尾由供稿者、发送范围和印发份数组成。

1. 供稿者

供稿者即标明信息(简报)正文的作者,位于正文右下方,外加括号,如"(×××供稿)""(据××公司材料摘编)"等。如作者系编发机关,则不必标注供稿者。

2. 发送范围

发送范围,是指信息的阅读范围,标于报尾发送栏内,如:

主送:×××、×××、×××、×××、×××;

抄送:××、××××、×××。

3. 印发份数

印发份数位于发送栏底线右下方,外加括号,如"(共印 100 份)"。

> **简报文例**

## ××市轨道交通有限公司简报

第 141 期

××市轨道交通有限公司　　　　　　　　　二〇〇九年九月十八日

---

**市纪委、市监察局派驻纪检监察特派员**
**入驻××市轨道交通有限公司**

9月15日上午,市委常委、市纪委书记王××组织召开专题会议,研究市纪委、市监察局派驻纪检监察特派员入驻××市轨道交通有限公司事宜。市纪委副书记、市监察局局长×××、市纪委常委、秘书长高××，市国资委党委副书记、常务副主任×××，市纪委干部室主任×××，公司党委书记、董事长×××，副总经理××，财务顾问×××，总经理助理×××等参加会议。

会议决定，委派正县级检查员、监察员××同志任中共×××市纪委、××市监察局驻××市轨道交通有限公司纪检监察特派员。纪检监察特派员职责为：参加××市轨道交通有限公司党政领导班子会议；对××市轨道交通有限公司工程项目、资金使用情况实施监督；按照党章规定，代表××市纪委对郑州市轨道交通有限公司行使有关职权。

公司党委书记、董事长×××表示，坚决拥护市纪委、市监察局的决定，全力支持纪检监察特派员履行职责，又好又快推进工程建设。

纪检监察特派员入驻公司，是贯彻落实中共中央关于《中国共产党党员领导干部廉洁从政若干准则（试行）》、中央两办《关于开展工程建设领域突出问题专项治理工作的意见》精神的重要举措，是共同探索国有企业反腐败工作和党风廉政建设的有效途径，有利于进一步加强对××轨道交通工程的监督管理，维护国家和出资人利益，促进国有企业科学发展，保障职工群众合法权益，同时也为轨道交通建设提供了坚强的纪律保障。

---

本期报：市委办公厅，市人大办公厅，市政府办公厅，市政协办公厅，市国资委，市国有企业
　　　　第一监事会，市轨道办。
　　发：公司各单位、各部门。

## 三、信息（简报）应该这样写

### （一）标题要简明

一篇信息（简报）稿有一个好的标题不仅可以起到画龙点睛的作用，而且还可以使读者一目了然，达到引人入胜的效果。标题的这种媒介作用对信息（简报）的传递是非常重要的。拟写标题应从以下三个方面着手。

1. 要题文一致

标题是从信息（简报）的内容中概括出来的，一定要忠实于原文，做到题文相符，这是对制作信息（简报）标题的基本要求。如果标题渲染过大，与正文不符，就会让读者产生误解。如有一条有关某县积极做好玉米麦垄点种的信息，标题是《积极行动，扎扎实实做好宣传发动工作》，这显然是文不对题。如果将标题改为《××县扎扎实实做好玉米麦垄点种工作，四十万亩任务全部落实到农户》就贴切多了。

2. 要一语破的

制作标题时，编者要将编者资料中最重要、最新鲜、最有特点的事实作为其标题，这样才能抓住信息（简报）的精华和本质。如有一个反映筵席税征收难的信息，拟了个《筵席税开征两个月，至今未收一分钱》的标题就比较好。

3. 要简洁明快

在制作标题时，对其中可有可无的字要去掉；对较长的词组要压缩、简化。信息（简报）的标题一般只有正题，少用引题和副题。

## （二）主旨要集中

主旨是一篇信息（简报）的核心和中心思想。一篇好的信息（简报）必须主旨集中，中心思想明确。在信息（简报）材料中，一条信息只能反映一个主旨，表达一个中心思想，决不能面面俱到、贪大求全。在提炼信息（简报）的主旨时：一是要对原始信息进行归纳、综合，与主旨关系不大的材料要坚决舍去；二是要选取适当的角度，从不同的侧面去反映主旨、突出主旨、深化主旨。

## （三）结构要严谨

信息（简报）和其他的文体一样都有一个结构安排问题。一篇信息（简报）的结构安排得好，可以使其发挥更大的作用和价值。信息（简报）的结构一般多采用"倒金字塔"的形式，就是把信息（简报）材料中最重要的内容放在最前面，开门见山。也就是说先讲最重要的，后讲次要的；先讲事情的严重后果，后讲发生的原因；先讲事实，后讲经过，这样有利于抓住读者。如要编写一篇反映重大交通事故的信息（简报），就要先写死伤了多少人，造成了多大的经济损失，然后再写事故发生的原因和经过。

## （四）篇幅要短小

一篇信息（简报）稿有无价值，不在于篇幅的大小或长短，而在于信息的新鲜度和有用度。因此，编者在写作信息（简报）时要努力降低信息的多余度，提高信息的新鲜度，尽量用较小的篇幅传递较多的信息。一篇长信息（简报）一般也应控制在1000个字以内，短的也可以只有几十个字或十几个字，如：

**××地区麦播面积将比去年同期下降**

据农调队对1000户农民秋冬播种意向的调查推算，今年该区麦播面积为×××万亩，同去年相比有一定减少，减少幅度15%。麦播面积减少的主要原因是今年夏粮丰收后，粮价下跌严重，农民认为种粮不合算。

这篇信息（简报）的篇幅只有100多个字，但事实清楚，数字具体，言简意赅。

## （五）文风要泼辣

信息（简报）来自实践，面向实践，对事实负责，特别需要编者具有泼辣的文风。因此，在写作信息时，要丁是丁、卯是卯，有啥说啥，旗帜鲜明。提倡什么，反对什么，赞成什么，让人一目了然。切忌拐弯抹角，遮遮掩掩，吞吞吐吐。特别是反映问题的信息一定要真实、尖锐，不可大事化小、小事化了，如：

**新的工资奖金分配方案引起强烈反响**

根据商厦东仓会议精神，职工工资奖金分为保留工资和活工资两个部分。活工资=（岗位工资+技能工资+连动工资）×70%，经过测算，商场人均活工资为350元，根据完成销售情况进行提成。保留工资也同销售挂钩。完成销售计划在40%以下者，保留工资全部扣完；完成销售计划在40%—70%（含70%）之间，按完成比例发放；完成销售计划在70%以上者，保留工资全额发放。

工资奖金分配方案公布之后，在职工中引起强烈反响。一时间大家议论纷纷，意见很多，归纳起来主要有：

一、销售任务过高。许多本地顾客都知道批发市场价格低，于是他们先在大商场里看好商品，再去批发市场购买。另外，一些顾客来买我们主营的名优商品，由于种种原因，商品经常断档，货源不能及时补充，满足不了消费者的需求，影响了销售任务的完成。

二、活工资占的比例过大。以3月份为例，一线职工为60人，完成任务最好的是60%以上，只有5人完成60%以上，绝大多数都只完成20%—40%之间。即使完成60%以上，按350元算，也只拿200多元。

这篇信息（简报）针对新的工资奖金分配方案出台后在职工中引起的反响和实际执行情况向上级领导机关反馈情况，并就工资奖金分配方案的进一步完善提出建议。作者的观点非常鲜明，即"销售任务过高""活工资占的比例过大"，而且均有具体事实作支撑，这对上级领导机关充实、完善决策一定会起到积极的作用。

## 四、信息（简报）不能这样写

下面是某市关于公路建设情况的一篇信息稿正文（摘编）：

**××市全力誓保107国道改建工程顺利施工（摘编）**

一是领导高度重视。（略）

二是施工环境协调到位。（略）

三是监管措施有力。（略）

四是保通措施到位。为保证107国道改建工程顺利进行，又确保绕行车辆的正常通行。该市政府主持召开了由公安、交通、公路等部门参加的专题保通会议，市公路局深入107线及其绕行路段进行实地考证，制定了行之有效的保通措施，要求施工单位做到"四个确保"。即：迅速及时填补绕行路段路面坑槽，确保不影响交通；施工车辆不能上保通单行道，因施工所需时，应在保证通行的情况下，事先修筑临时躲车通道，确保不影响正常通车；施工机械不准在保通单行道上作业，确保不造成堵车现象；施工材料和机械不准堆放在保通单行道上，确保不影响车辆通行。

这篇信息稿的主要问题在于思路混乱、重复交叉。保通措施有四条（"四个确保"），即确保不影响交通、确保不影响正常通车、确保不造成堵车现象、确保不影响车辆通行。这实际上是对一个确保的四次重复而已。

再看一例：

**×城县召开加快公路建设动员会**

3月12日，×城县召开加快公路建设动员会，对今年的公路建设进行安排部署。

今年，×城县公路建设总投资达1.3亿元。计划完成×01线×城县境内16.7公里改建工程、北环路5.3公里新建工程、××路15.55公里改建工程和×20线15.33公里改善工程以及×山路10公里、××路10公里等六项工程建设任务。

> 会议要求各乡镇要从经济发展大局出发，激发人民群众参与修路的积极性，主动为施工单位提供宽松的施工环境……所有涉及公路建设任务的乡镇3月20日前除青目标必须实现，拆迁目标本月底要全部兑现，谁进度慢就在谁的片区召开现场会议。
>
> 会议强调：一是各乡（镇）职能部门要在做好常规工作的同时，把公路建设放在重中之重，切实抓紧抓好；二是各乡（镇）要动员一切力量，迅速掀起公路建设热潮；三是各级领导要切实转变工作作风，把精力全部用到干事创业上，坚决按要求把工作干快干好；四是要加强对公路建设的组织、服务、监督与指导，多方筹措建设资金，并及时与各有关部门加强联系和沟通，确保公路建设项目如期进行。

以上是一篇反映会议情况的信息，其存在的主要问题如下。

### （一）内容空洞，读后不得要领

既然是加快公路建设动员会，除了提出任务以外，主要应是提出具体的工作措施和注意事项。本文在"会议强调"之后虽也提出了四条措施，但却都是空口号，不具有可操作性。

### （二）层次不清，重复交叉

在四条措施中，第一条是"各乡（镇）职能部门要在做好常规工作的同时，把公路建设放在重中之重，切实抓紧抓好"，与第二条的"各乡（镇）要动员一切力量，迅速掀起公路建设热潮"和第三条的"各级领导要切实转变工作作风，把精力全部用到干事创业上，坚决按要求把工作干快干好"几乎是同一个意思的不同表述，并无实质上的区别。而第四条的"加强对公路建设的组织、服务、监督与指导，多方筹措建设资金"几乎是包罗万象的。如果说前三条是事项少而空，第四条就是事项多而空。

## 第三节 工作总结

总结是一种立足现实、回顾过去、展望未来的一种文体。总结的使用范围很广，任何机关和个人都会用到它。是否善于总结工作已成为衡量、评价现代领导人的主要标准之一，是否擅长写总结也是衡量、评价一个机关工作人员的主要标准之一。

### 一、总结与调查报告的区别

总结与调查报告有不少相似之处。调查报告是对调查研究结果的一种书面表述，而总结中的"回顾过去，展望未来"也都离不开调查研究，实际上也是对调查研究结果的一种书面表述。这两种文体都要求执笔人占有大量的事实材料，分析大量的事实材料，并做到观点与材料的统一。它们对于事实材料的叙述与一般记叙文体不同，都不要求有生动的故事和感人的形象，而是着重用事实材料来说明问题，提出经验、教训或办法。

当然，作为两个文种，总结和调查报告也有不同之处，主要表现在以下四个方面。

### （一）适用对象不同

总结比调查报告运用得广泛、普遍。调查报告的对象一般都是一些重要、成熟、有代表性的事件和情况，不然的话就没有调查研究的必要。而总结的对象则不然，它不管是否重要、是否成熟、是否有代表性，任何情况都是可以总结的对象。只要能把情况分析清楚，能找出基本的经验和教训，任何总结都有实际意义。

### （二）对客观情况的选择度不同

总结和调查报告都要求对客观情况做出真实的反映，不能添枝加叶，更不能歪曲捏造。但是，总结要求对客观情况进行"整体反映"，选择的余地小；调查报告无须对有关情况进行"整体反映"，选择的余地大。

### （三）所用人称不同

调查报告多是由上级机关委派的调查人员通过实地调查后写成的，多用第三人称（也有用第一人称的），对事物作比较客观的报道。总结则不同，它都是本部门、本单位或本人写成的，都用第一人称，绝无例外，这样便于直接阐发主观上的看法或见解。

### （四）使用场合不同

调查报告是用来反映情况的一种文体，写成后主要是向上级领导机关进行汇报。总结则不然，它带有记录在案的性质，不一定每份总结都要向上汇报。

## 二、总结的分类

总结的种类很多，根据不同的划分标准可以有不同的种类，常见的分类方法有：按照总结的性质分类，有学习总结、思想总结、工作总结等；按照总结的容量分类，有综合总结、专题总结；按照总结的时间跨度分类，有年度总结、季度总结、学期总结、阶段总结等。

在实际工作中，最常用的有两大类，即综合性总结（全面总结）和专题总结。

### （一）综合性总结（全面总结）

综合性总结，是指对一个单位或部门在一个阶段内的所有工作进行全面的总结。总结的综合性有两个方面的含义。从时间上来说，是指对一个阶段内的工作进行综合总结，如月份总结、季度总结、年度总结等，都要求总结一个阶段内的所有工作。当然，全面中要突出重点，不能面面俱到。从内容上来说，是对一项工作任务的各个方面进行综合总结。如一项新的工作进行了一段时间之后要求全面积累一些经验作为继续推进的借鉴。

### （二）专题总结

专题总结，是指对某项工作任务的某个问题进行总结，如业务培训总结、工资调整工作总结等。这类总结可以有重点地深入探讨某个问题的工作规律，带有一定的科学研究性质。

综合总结（全面总结）和专题总结在实际运用中很难截然分开。如对于综合性总结（全面总结）来说，抽取其中的某项工作来进行总结可称作专题总结。但是，就这某项工作来说，对它的全面回顾和分析又何尝不是综合性总结。因此，这种划分只是相对的。

### 三、总结的写作格式

总结一般由标题、正文和落款三个部分构成。

#### （一）标题

总结的标题可以分为公文式标题、文章式标题和双行标题（正副标题）。

1. 公文式标题

公文式标题的构成形式是"单位名称＋总结时限＋总结内容＋总结"，如《××公司2016年财务工作总结》。上述四项除了"总结"一项必须具备以外，其余各项在标题中不一定同时出现，可以根据不同的情况进行省略。如标题下或文尾有单位署名的，标题中的"单位名称"可以省去，综合性总结可以省去"总结内容"。如《××办公室2016年工作总结》因为是综合性总结，就省去了"总结内容"一项。

公文式标题的优点是简洁、醒目，让读者一看就知道是什么单位、什么时期、什么工作内容的总结。

2. 文章式标题

文章式标题，是指直接标明总结的基本观点和内容范围的标题。这种标题多用于专题总结，特别是经验总结。如《我们是怎样解决工学矛盾的》《我们是怎样组织编余人员重新就业的》《在竞争中求发展》等。

文章式标题的优点是简明扼要、引人注目，易于让读者把握总结的目的和重点。

3. 双行标题（正副标题）

双行标题（正副标题），是指在总结中同时使用公文式标题和文章式标题的标题。多是正题用文章式标题，点明总结的主要观点或基本经验（教训），让读者易于把握；副题采用公文式标题，补充说明单位、时限、内容。二者相互配合、相得益彰。如《从改革中寻出路，不拘一格选人才——××人民广播电台公开招聘编采人员的总结》就是双行标题（正副标题）。

#### （二）正文

因为实际工作情况不同，总结正文的具体内容和具体写法也不尽相同，只有"因事而异"才能总结出规律性的东西，达到总结的目的。但是，不管是什么工作，只要是总结，正文一般都要涉及以下三个方面的内容。

1. 基本情况

任何工作都是在一定的时代背景下进行的，也都是在一定的基础条件下进行的，这就决定了工作的指导思想、工作进度、工作目标各有不同。任何总结都必须首先对诸如此类的问题作一个扼要的提示或说明，使读者对整个工作情况产生一个概括的印象，有一个基本的了解。

基本情况是为全文打基础的，在写法上一定要简洁概括，既要避免交代不清，让人印象模糊，也要避免过于详细，以致和后面的"成绩与经验"等部分重复。写这个部分时要善于根据需要综合上面的情况，如能借助一些能说明问题的准确数据效果会更好一些。

2. 做法、成绩与经验（或失误与教训）

这个部分常常是总结的主要内容。做了哪些工作，采取了哪些步骤、方法与措施，取得了哪些成绩，取得成绩的主客观原因是什么，哪些做法是成功的和行之有效的，有些什么样的经验和体会；工作中有过什么样的曲折和反复，走过哪些弯路，有哪些缺点和不足之处；哪些做法对工作并未起到促进作用反而带来消极影响，哪些做法属于决策上的失误而给工作直接造成损失；产生这些缺点和失误的原因是什么，是指导思想不对头，方法措施不得当，还是客观条件不具备……这些都要一一说明。无论是总结经验还是归纳教训，对今后的工作来说都是有价值的。

在写这部分内容时特别要注意处理好主次与详略的关系。如果是经验总结，工作没有明显的失误，那就要把成绩和经验作为重点写好，失误与教训附带一笔即可。如果工作任务完成得很不好，工作过程中曲折多、反复大，就应把失误和教训作为重点写好。无论是以成绩、经验为主，还是以失误、教训为主，在写这个部分内容时仍然有一个主次与详略的问题，也可能成绩很多，但主要成绩是什么？同是经验，其分量与价值也不会一样，有的经验具有典型、普遍的指导意义，有的经验则只有一般的指导意义或局部的借鉴价值。缺点和失误也有同样的问题。属于重点的、主要的东西要详写，属于非重点的、次要的东西可以略写或不写。

3. 未尽事宜与今后设想

这部分内容主要写还存在哪些尚未解决或尚未完全解决的问题，是暂时没有条件解决还是在工作过程中刚刚发现还来不及解决的新问题。针对这些问题，结合过去工作中的经验、教训，提出对今后工作的新的估计、设想以及改进意见，诸如要发挥什么、克服什么，要采取哪些新的措施和方法，要向什么方向努力，达到什么目标等。

写这部分内容时要避免空话、大话、套话，不要动不动就表决心、作保证。

由于总结的类型、目的不同，不可能要求每份总结都包含上述三个方面的内容。同样，由于总结的侧重点不同，对上述内容的详略处理也不相同。

总结正文各部分之间的写作格式常见的有以下两种。

（1）条例式。

条例式常采用数字来标明各部分的顺序，分条加以叙述。每条中把情况、做法、成绩、经验教训、缺点、意见等结合在一起，各条共同反映事物的过去、现在和将来以及形势、任务和意义等。

（2）小标题式。

小标题式一般采用小标题来标明总结正文各部分的顺序。它可以是分类标题，既可以把事物的发展过程打乱，按照一定的内在联系将总结分为几个部分，在每一部分前设立一个小标题；又可以是分阶段标题，即把事物的发展过程分为几个阶段，每个阶段前设立一个小标题。小标题可以是对经验的概括，然后在小标题下叙写具体的经验（这种小标题也可以用主题句的形式写在每一段的开头），如《从改革中寻出路，不拘一格选人才——西安市人民广播电台公开招聘编采人员的总结》就用主题句的形式概括了具体做法中的三条经验：

> 1. 做好报名工作是招聘选才的基础。
> 2. 考试是保证应聘人员质量的关键。
> 3. 严把招聘环节，保证录取顺利。

小标题也可以只显示出所领属的材料范围，如《财政部××××年财政工作总结》全文分两大部分，第一大部分的标题是"主要的收获"，第二大部分的标题是"几个重要的经验教训"，就是属于这种情况。

### （三）落款

总结的落款包括两项内容，即单位名称和日期。凡标题中或标题下面已有单位名称的，结尾时可以只写日期，不再写单位名称。单位名称要写全称或通用简称，日期要年、月、日全写。

## 四、总结应该这样写

总结的结构方式不仅仅是一个形式问题，它是执笔人的思路在总结中的体现。把握总结的结构方式将有助于执笔人理清总结写作的思路。由于总结所反映的工作对象是复杂多样的，因此总结的结构方式也必然是丰富多变的。执笔人应该根据实际工作情况和总结的侧重点灵活掌握。不能凡总结就一定是"情况、经验、问题、打算"四个方面，这种简单化、僵死化的结果必将导致总结写作的浅陋、死板、老套。

作为一种实用文，总结的结构应该有相对的程序性。由于总结同时又是对具体工作的回顾、评价和展望，所以又要求其结构具有严密的逻辑性。由于工作内容和工作过程的复杂性，所以又要求总结的结构具有一定的灵活性。因此，一份总结的结构必须从不同的角度进行综合考虑，精心地做好安排。以下介绍一些总结常用的结构方式。

### （一）情况＋经验（教训）式

情况，是指工作的进展情况以及所取得的主要成绩。经验（教训），是指工作的具体做法、体会，并把它们概括成几条经验或教训。这种结构大体采用"两段式"的写法，也可以演化成"三段式"，即把经验（教训）分成两段写，先写具体做法，再写体会。

### （二）情况＋经验＋问题式

这就是所谓的"三段式"写法，即先对工作内容作扼要的介绍，并表明基本观点；然后陈述工作过程，并对工作过程进行分析、比较、综合，得出与开头的总观点相呼应的各个分观点（即具体经验）；最后指出存在的问题，并进行科学的分析。

### （三）情况＋体会式

这种结构方式以介绍情况、提出问题为起点，然后分别向几个方面辐射，使总结的内容朝横向或纵向展开，边谈情况，边谈经验教训，使情况与体会有机地结合在一起。至于采用这种结构方式的总结分成几个部分要看具体情况及体会的多少。

### （四）问题＋做法＋改变了面貌式

这又是一种"三段式"写法，即先摆出问题，提出矛盾，列出工作的要求及存在的不利条件、因素，然后分析问题与矛盾，介绍工作的具体做法，从中显示出所要介绍的经验，最后列举所取得的具体成绩，以面貌的改变来印证经验的正确性。

## 五、总结不能这样写

### （一）不能把总结写成"流水账"

一份总结要告诉人们主要经验是什么、主要问题是什么，一定要让读者看得清楚。当然，只有工作做得好总结才能写得好。如果工作本身做得一塌糊涂，硬要执笔人笔下生花写出好的总结来，那显然是不近情理的。可是，我们经常遇到这样一种情况：一个单位在工作中创造了不少好的经验，但从他们的总结中却反映不出这些经验，看过之后感觉像是一本"流水账"，啰啰唆唆，不得要领，不知所云。导致总结"流水账"的原因有以下两种。

1. 缺乏写总结的基本知识

执笔人没有对材料进行科学的取舍、组织和概括，而是一股脑地罗列各种材料，过多地叙述事情的经过；或者脱离内容去介绍国内外、省内外、县内外的形势，空发议论等。

2. "撒胡椒面"造成的

执笔人对总结的写法是清楚的，但为了照顾各方面的关系只好这里增加一个例子，那里再强调几句。如讲计划生育时举工业局的例子，讲环境保护时举农业局的例子，讲思想政治工作时举人事局的例子。总而言之，在一份总结中要想方设法把每个单位都表扬一下，给每个单位都分配一个"亮相"的机会。这样面面俱到"撒胡椒面"的结果就势必把总结写成"流水账"，即没有主旨或主旨不突出。

要克服总结写作中"流水账"的弊病，执笔人就要在认真分析研究的基础上减头绪、去枝蔓，主要的东西详写，次要的东西略写，与主旨无关的就不写。引用事例和数据时要精选，凡用一个事例可以说明问题的就不用两个或三个事例。

### （二）不能没有新意

总结的新意是指那些来自社会实践，有一定的高度，对人们的社会实践具有指导意义的经验和具有借鉴作用的教训。写总结只有从实际出发，真正写出自己的东西才会有新意。但是，有的人写总结不是这样，而是抄书、抄报、抄文件。现在由于网络技术的普及，有的人连抄也懒得抄，直接从网上下载，被人称为"上网找点子，下面找例子，关门写稿子"，这样当然写不出有新意的总结。

为什么有些单位的总结翻来覆去总是那么干巴巴的几条筋呢？主要原因就在于执笔人对情况不了解或了解得不深，手中无"货"，心中无底，又硬要去写，就只好从概念到概念、从原则到原则，人云亦云地空发一通议论。要解决这个问题，最好的办法就是：一方面执笔人要尽可能多地深入现实工作中去，通过实践来发现问题、认识问题；另一方面就是要培养高度的信息意识，做到"秀才不出门，能知天下事"。不但知其然，还要知其所以然，通过各种渠道、各种方式了解下面的真实情况，随时把握本单位的各种动向。同时，执笔人还要提高自己的认知水平和对问题的分析、综合能力，只有这样才有可能写出有新意的总结来。

### （三）不能乱扭角度，材料万能

为了追求新意，有的总结就采取一些极端做法，即不顾客观实际如何，而是根据不同的时间、地点和要求，任意改变来自现实生活中的材料，牵强附会地联系、拔高、挂钩、扭角度，使人感到生硬、虚假，没有说服力。

在总结写作中，面对收集来的一大堆材料执笔人需要选择角度、确定主题，这是一份总结能否真实反映事物全貌和主要特征的重要环节。但这时千万不要忘了一个最基本的道理：事实材料是第一性的，角度、主题是第二性的，二者的关系不容颠倒。执笔人可以从材料本身的内在含义中去寻找最佳角度，确立既有现实性、针对性，又有可行性的主题，然后对材料进行裁剪。但是，执笔人不能偏离材料，不能只是根据形势的需要，甚至根据某些个人的需要来选角度、定主题，然后才从收集来的材料中找出一些例子去进行印证。

### （四）不能歪曲事实之间的因果关系

1. 人为割断、改变事实之间的逻辑联系

本来事实之间的联系是客观存在的，人们无法改变，也没有权力去改变它。从这一点来说事实是不可以随便拼凑起来的。但是，事实也有一定的独立性，而且事实本身的联系是无形的，既看不见，又摸不着，人们可以任意割断事实之间的某些联系而不会导致事实的"抗议"。在写作总结中，执笔人对一些有相对独立性的事实进行不同的排列组合就会给人不同的印象，从而得出不同的结论。如在总结取得成绩的原因时，多把"领导重视"放在第一条，这也是从因果关系的角度来考虑的。而在实际工作中，有的单位领导人对一些带有开拓性的工作从一开始并不重视，而且还会故意刁难，只是到了一定的时候（如得到更高一级领导人的肯定后）才受到本单位领导人的重视。但是在进行工作总结时却不去如实地反映这些事实之间的逻辑联系，给人的印象好像是这项工作从一开始就受到了本单位领导人的重视。实际上并非如此。

2. 浓缩时间和空间

浓缩时间和空间也是一种常见的、很不明显的割断事实逻辑联系，歪曲因果关系的方法，既有编造性的成分，又有片面性的成分。这种方法就是集好事于一人、一时、一地，反之亦然。当总结中涉及某个人、某个单位时，往往把许多最精彩的事件或最糟糕的事件都集中在一个人、一个单位或一个特定的时间内，割断了它们同原来特定场合、特定时间的联系。按这种方法写出来的总结，尤其是经验总结，对于那些了解真实情况的人是蒙骗不过去的。但对于外单位的人却不容易发现其中存在的问题，而且大都让人信以为真。

3. 随意解释事实之间的因果关系

如把多因一果的说成一因一果，把不是原因的说成原因，不是结果的说成结果，甚至硬让新因结旧果。事物的发展变化往往是由许多因素引起的，有的工作总结的执笔人不进行客观的分析，只是根据主观上的某种需要，抓住一种原因，有的甚至是次要原因，把它说成是主要原因，甚至是唯一的原因。虽然文章本身天衣无缝，但它并不真实。

### （五）不能报喜不报忧或多报喜少报忧

在总结中报喜不报忧或多报喜少报忧也是一个比较普遍的问题。有的单位写总结有内容不同的两种文本：一份用来上报，以讲成绩为主；一份用来在本单位的有关会议上宣讲，成绩、缺点都讲，这叫"家丑不外扬"。有的单位写总结，领导给执笔人交代原则"成绩讲透，问题点到"，意思是成绩要多讲、讲透，工作中的失误点到即止。造成这种现象的原因是多方面的，主要有以下三个方面。

1. 怕否定自己

个别领导人或具体工作人员在总结的过程中总怕否定自己。某些主持一个单位工作的领导人希望在总结中多反映自己的政绩，个别人甚至想以此向上级机关邀功请赏。执笔人也多希望自己起草的文稿能符合领导人的意图，免得屡次返工。这样一来就导致有些总结中有水分。

2. 习惯于迎合上级机关的喜好

有的单位当上级机关的某项规定传达下来或执行一段时间之后总是忙于下去找一些事例来证明这项规定的正确性，或者找一些事例证明执行了这项规定后工作有了起色。这种习惯于论证现行规定的正确性，报现行规定之喜，不报现行规定之忧，已成为某些单位总结工作的习惯。

3. 报忧是假，报喜是真

有的总结从表面上来看也在报忧，但报忧是假，报喜是真，报忧是为报喜服务的。如有的总结为报今日之喜，就竭力夸大昨日之忧；为报新班子之喜，就竭力夸大老班子之忧。在介绍基本情况时，先概括介绍（甚至详细介绍）某个单位或某个人过去如何如何落后、如何不行，以此来反衬该单位（或个人）现在如何先进，同时也证明为此而开展的一系列工作是多么得卓有成效。为了体现新班子"受任于败军之际，奉命于危难之间"的时代背景，就把老班子留下的工作基础说得一无是处。这种在有关背景、环境和工作基础中报忧的写法，其目的不在于报忧本身，而在于把昨天（过去）之忧与今天之喜形成鲜明的对比，仍然是报喜不报忧的变种。

### （六）不能言过其实

总结的语言可以生动一些，执笔人可以适当选用一些形容词和程度副词，但要慎重，不能滥用。对工作的估价要恰如其分，既不能言过其实，又不能估价过低。如在评价工作所取得的成绩时，是取得了"伟大的成绩""很大的成绩""较大的成绩"，还是取得了"一定的成绩"，这必须很好地斟酌，恰如其分才行。

在有些总结中，一些副词和动词之间的搭配也几乎成了固定的格式，就像有人概括出来的那样：

"完成没有不'圆满'的;成就没有不'巨大'的;

工作没有不'扎实'的;效率没有不'显著'的;

会议没有不'隆重'的;讲话没有不'重要'的;

领导没有不'重视'的;群众没有不'满意'的。"

但是,这些词语的准确性都是值得怀疑的。

## 总结文例

### 国务院办公厅关于印发深化医药卫生体制改革
### 2014年工作总结和2015年重点工作任务的通知

国办发〔2015〕34号

各省、自治区、直辖市人民政府,国务院有关部门:

《深化医药卫生体制改革2014年工作总结和2015年重点工作任务》已经国务院同意,现印发给你们,请结合实际,认真组织实施。

国务院办公厅<br>2015年4月26日

### 深化医药卫生体制改革2014年工作总结和
### 2015年重点工作任务

**一、深化医药卫生体制改革2014年工作总结**

2014年是贯彻落实党的十八届三中全会精神、全面深化改革的开局之年,也是深化医药卫生体制改革的关键之年。各地区、各有关部门坚决贯彻落实党中央、国务院的决策部署,坚持保基本、强基层、建机制,突出医疗、医保、医药三医联动,上下联动,内外联动,区域联动,统筹推进相关领域改革,着力用中国式办法破解医改这个世界性难题,取得新的进展和成效。

(一)综合施力,多方保障,形成医改工作合力。党中央、国务院高度重视医改工作。习近平总书记要求立足中国实际,借鉴国际先进经验,努力破解医改难题,强调没有全民健康,就没有全面小康,指出要推动医疗卫生工作重心下移、医疗卫生资源下沉,为群众提供安全有效方便价廉的公共卫生和基本医疗服务。李克强总理多次主持召开国务院常务会议研究医改工作,并多次作出重要指示批示,强调要进一步树立基本医疗卫生制度是公共产品的理念,切实履行政府办医责任,注重发挥市场作用,有序放宽社会力量办医准入,推动医改向纵深发展,使人民群众得实惠、医务人员受鼓舞、资金保障可持续。刘延东副总理主持国务院深化医药卫生体制改革领导小组会议及专题会议研究部署医改重点工作。

1.加强医改组织领导。国家层面强化顶层设计,加强与省级深化医药卫生体制改革领导小组、国务院深化医药卫生体制改革领导小组各成员单位的统筹协调。医改领导体制进一步理顺,各地医改机构和人员调整逐步到位,各成员单位各司其职,协作配合,加大了对医改工作的协调推进力度。地方各级党委、政府将医改作为一项重要的民生工程,建立健全领导决策、统筹协调、督查督办等机制,层层分解任务,传导责任和压力,保障了医改扎实有序推进。

2.加大规划引导和投入力度。国家高度重视医改资金保障工作,结合国民经济和社会发展第十二个五年规划纲要(以下简称"十二五"规划)卫生领域重点工程专项建设任务和"十二五"期间深化医药卫生体制改革规划暨实施方案(以下简称"十二五"医改规划)要求,进一步加大医改资金投入力度,落实各项卫生投入政策。2014年,全国财政医疗卫生(含计划生育)支出预算安排10071亿元,比上年增长9.62%,比同期全国财政支出增幅高出0.47个百分点。其中,中央财政医疗卫生支出3038亿元,比上年增长14.34%,比同期中央财政支出增幅高出5.74个百分点。

3. 强化体制机制改革。把建机制放到更加突出的位置,着重强调破除公立医院以药补医机制,建立健全科学补偿机制和公益性运行机制;着重强调进一步深化基层综合改革,巩固完善基层医疗卫生机构运行新机制,提升基层服务能力,调动基层医疗卫生机构和人员积极性;着重强调完善全民医保体系,做好基本医保、城乡居民大病保险、医疗救助和疾病应急救助等制度的衔接,形成政策合力。建立健全重特大疾病保障机制。

4. 注重宣传引导。中央和各地新闻媒体把握主旋律,增强主动性,继续把医改宣传作为重要任务,结合医改重要政策文件发布等时机,做好政策宣传解读,凝聚社会共识。大力宣传各地在医改重点领域探索出的典型做法和经验,坚定社会各界推进医改的决心和信心。同时,加强对医改舆情的分析研判,及时回应社会关切,为医改顺利推进营造平稳、有序的社会氛围。

(二)统筹谋划,重点突破,各项改革任务有效推进。以公立医院改革为重点,以群众反映的突出问题为导向,深入推进社会办医、全民医保体系建设、巩固完善基本药物制度和基层医疗卫生机构运行新机制、规范药品流通秩序等重点任务,统筹推进相关领域改革。

1. 加快推进公立医院综合改革,推动建立运行新机制。突出抓好县级公立医院综合改革。召开县级公立医院综合改革电视电话会议,李克强总理作出重要批示,刘延东副总理出席会议并讲话。卫生计生委等5部门印发《关于推进县级公立医院综合改革的意见》,配套出台《县级公立医院综合改革效果评价实施方案》。启动第二批县级公立医院综合改革试点,试点县(市)扩大到1300多个,河北、上海、江苏、浙江、福建、安徽、江西、河南、湖南、四川、陕西、青海12个省份实现改革全覆盖。卫生计生委举办24期县级公立医院综合改革培训班,各地4400余人参加了培训。在各地自查基础上,2014年底,国务院医改办会同有关部门组成12个督查组,对29个省份进行了现场督查。从督查情况看,各地对县级公立医院综合改革的组织领导更加有力,政策体系更加完备,政府责任进一步落实,以取消以药补医机制为关键环节的综合改革不断深化,县域医疗服务体系能力明显提高,人民群众开始感受到改革带来的实惠,试点地区县域内就诊率达到85%以上。截至2014年底,全国66%的县(市)取消了药品加成,医疗服务价格进一步理顺,医院收支结构得到优化,经济运行正在步入良性轨道。问卷调查显示,医务人员对改革的认同度达到82%,群众对医改和就诊体验的满意度达到96%。

扩大城市公立医院综合改革试点。新增17个国家联系试点城市,实现每个省份(西藏除外)至少有1个试点城市。研究制定了关于城市公立医院综合改革试点的指导意见和城市公立医院综合改革效果评价实施方案。卫生计生委、财政部在福建省三明市召开了城市公立医院综合改革试点座谈会。2014年6—7月,卫生计生委、财政部、国务院医改办会同有关部门及专家对第一批17个试点城市和福建省三明市公立医院改革情况进行了评估。从评估情况看,改革试点总体方向正确,各地对推动改革的认识不断深化,试点城市公立医院收支结构日趋合理,医务人员收入水平稳步提升,医药费用过快上涨的势头得到初步遏制。试点城市三级公立医院次均诊疗费用和人均住院费用增长率得到有效控制,分别从改革前的9.14%和12.71%下降到5.34%和3.95%,群众医疗费用自付比较改革前降低了10个百分点左右。

2. 大力推进社会办医,加快形成多元办医格局。全面贯彻落实《国务院关于促进健康服务业发展的若干意见》(国发〔2013〕40号)精神,加大对社会办医的支持力度,重点发展非营利性非公立医疗机构,着力构建非营利性医疗机构为主体、营利性医疗机构为补充,公立医疗机构为主导、非公立医疗机构共同发展的多元化办医格局。一是放宽市场准入限制。推动各地在区域卫生规划和医疗机构设置规划中为非公立医疗机构留出空间。卫生计生委、商务部印发《关于开展设立外资独资医院试点工作的通知》,允许境外投资者通过新设或并购的方式在试点地区设立外资独资医院。目前,非公立医疗卫生机构数达到43.9万所,占全国医疗卫生机构总数的45%,非公立医疗机构门诊量占全国门诊总量的22.3%。进一步放宽大型医用设备配置要求,2014年批准9家非公立医院配置甲类大型医用设备。将港澳台投资者在内地设置独资医院的审批权下放至省级卫生计生行政部门;外国医疗团体来华短期行医的审批权下放至设区的市级卫生计生行政部门,营利性医疗机构设置审批由工商登记前置审批事项改为后置审批。二是放开非公立医疗机构医疗服务价格。发展改革委等3部门印发《关于非公立医疗机构医疗服务价格实行市场调节价有关问题的通知》,规定非公立医疗机构提供的所有医疗服务价格实行市场调节;非公立医疗机构可根据自身特点提供个性化医疗服务;非公立医疗机构执行与公立医疗机构相同的报销支付政策。三是清理取消不合理规定。梳理妨碍社会办医的不合理规定,提出了清理清单和建议,推动有关部门按时限完成清理工作。地方出台了一批专项配套文件和细化措施,在土地使用规划、大型设备购置、医保定点、职称评定等方面保障非公立医疗机构与公立医疗机构同等待遇。四是推进医师多点执业。卫生计生委等5部门印发《关于推进和规范医师多点执业的若干意见》,确定了医师多点执业的资格条件、注册管理、人事(劳动)管理和医疗责任;发挥政策导向作用,鼓励医师到基层、边远地区、医疗资源稀缺地区和其他有需求的医疗机构多点执业。据统计,已有累计近17万名城市医院医生到县乡医疗机构执业。五是推进社会办医国家联系点和公立医院改制试点工作。发展改革委会同有关部门督促地方开展社会办医政策落实情况自查,对13个社会办医国家联系点所在省份进行抽查。卫生计生委会同国资委积极研究推进国有企业所办医疗机构改制试点。六是按照中央有关改革部署要求,发展改革委加快研究起草进一步促进社会办医加快发展的指导性文件。

3. 扎实推进全民医保体系建设,筑牢群众看病就医保障网。城镇居民医保和新农合人均政府补助标准提高到320元,个人缴费标准提高到人均90元。保障水平稳步提高,职工医保、城镇居民医保和新农合政策范围内住院费用支付比例分别达到80%、70%和75%。一是推进实施城乡居民大病保险。国务院医改办印发《关于加快推进城乡居民大病保险工作的通知》,要求各地加快启动试点工作。截至2014年底,城乡居民大病保险试点扩大到所有省份,有16家保险公司在27个省份承办大病保险,覆盖约7亿人口,大病保险患者实际报销比例在基本医保报销的基础上提高了10—15个百分点,患者就医负担进一步减轻,基本医保制度的保障效应进一步放大。国务院办公厅组织有关部门对部分省份城乡居民大病保险开展情况进行了督查,人力资源社会保障部和卫生计生委分别对城镇居民和新农合大病保险作了评估。在此基础上,加快研究制定全面实施城乡居民大病保险制度的指导性文件。二是深化医保支付制度改革,加强医疗保险监督管理,推进异地就医结算管理和服务。指导各地在加强基金预算管理的基础上,推进医保付费总额控制工作,普遍开展按人头、按病种等多种付费方式相结合的复合付费方式改革。推进医保实时监控,确定45个地区开展医疗服务监控试点,有效遏制了不规范医疗服务行为和欺诈骗保案件的发生。大力推进异地就医结算,城镇基本医疗保险基本实现市级统筹,北京、天津、上海、海南、重庆、西藏6个省份实现了省级统筹,28个省份建立了省内异地就医结算系统或利用省级大集中系统支持省内异地就医结算;90%的新农合统筹地区实现了省内异地就医即时结算。人力资源社会保障部、卫生计生委分别会同有关部门印发文件,推进跨省异地就医结算工作。三是健全重特大疾病保障机制。卫生计生委会同有关部门推动各地贯彻落实《国务院办公厅关于建立疾病应急救助制度的指导意见》(国办发〔2013〕15号),30个省份建立了疾病应急救助制度,设立了救助基金,全年已有33万人获得救助。医疗救助制度进一步完善,14个省份已全面推开重特大疾病医疗救助试点。四是加快发展商业健康保险。制定出台《国务院办公厅关于加快发展商业健康保险的若干意见》(国办发〔2014〕50号),明确了促进商业健康保险加快发展和参与医改的系列政策措施。保险公司积极开展重大疾病保险,探索开展长期护理保险、失能收入损失保险,努力满足人民群众多样化、多层次的健康保障需求。2014年,商业健康保险保持较快增长,保费收入1587.2亿元,同比增长41.3%;100多家保险公司开展了商业健康保险业务,备案销售的健康保险产品共有2300多种。

4. 深化基层医疗卫生机构综合改革,巩固完善基本药物制度和基层运行新机制。全面贯彻落实《国务院办公厅关于巩固完善基本药物制度和基层运行新机制的意见》(国办发〔2013〕14号)。一是巩固完善基本药物制度。30个省份(西藏除外)和军队系统建立了省级(全军级)药品集中采购平台,落实招生产企业、招采合一、量价挂钩、双信封制、全程监控等制度,完成了以省(区、市)、军队为单位的网上集中采购。政府办基层医疗卫生机构全部配备使用基本药物。推动县级公立医院和城市公立医院优先使用基本药物,逐步实现各级各类医疗卫生机构配备并优先使用基本药物。加强基本药物生产和质量监督,确保基本药物质量安全。二是建立短缺药品供应保障机制。已完成第一批4个用量小、临床必需的基本药物品种的定点生产招标工作。卫生计生委等8部门印发《关于做好常用低价药品供应保障工作的意见》,保障常用低价药品供应。发展改革委印发《关于改进低价药品价格管理有关问题的通知》,对政府定价范围内的低价药品,由控制最高零售限价改为控制日均使用费用上限标准,具体价格通过市场竞争形成,鼓励低价药品的生产供应;发布了530种低价药品清单。在国家公布的低价药品清单的基础上,已有30个省份公布了省级低价药品清单,平均每个省份新增213个品种。卫生计生委等6部门印发《关于保障儿童用药的若干意见》。三是进一步深化基层综合改革。卫生计生委和财政部确定17个省份34个县(区)为基层综合改革重点联系点,推进完善绩效工资和考核制度等改革措施。进一步改革人事分配制度,推动包括基层医疗卫生机构在内的各级医疗卫生事业单位逐步建立按需设岗、竞聘上岗、按岗聘用、合同管理的灵活用人机制。四是稳定乡村医生队伍。国务院医改办组织开展了对12个省份乡村医生政策落实情况的专项督导,推动地方采取多种方式妥善解决老年乡村医生的养老保障和生活困难问题,同步建立乡村医生退出机制。制定关于进一步加强乡村医生队伍建设的实施意见。推动开展全科医生和乡村医生签约服务试点,转变服务模式和执业方式。

5. 深化药品流通领域改革,规范药品流通秩序。一是完善公立医院药品采购机制。借鉴国际药品采购通行做法,充分吸收基本药物采购经验,研究制订完善公立医院药品集中采购工作的指导性文件。二是推进药品价格改革。按照中央关于推进价格改革和深化医改的部署要求,研究制定推进药品价格改革的指导性文件。三是规范药品流通经营行为。食品药品监管总局组织对8个省份10个药品批发企业开展飞行检查,依法查处违法违规行为。实施医药购销领域商业贿赂不良记录制度。四是提升药品流通服务水平和效率。清理和废止阻碍药品流通行业公平竞争的政策规定,努力构建全国统一市场,推进医药分开,鼓励零售药店和连锁经营发展。提升药品流通行业的组织化、现代化水平,增强基层和边远地区药品供应保障能力。

6. 统筹推进相关改革工作,发挥政策叠加效应。一是积极推进卫生立法工作。全国人大教科文卫委员会组织启动基本医疗卫生法立法工作。国务院修订了医疗器械监督管理条例。积极推进中医药法立法进程。二是优化医疗卫生资源布局。组织编制全国医疗卫生服务体系规划纲要(2015—2020年),促进资源合理配置。三是继续实施基本公共卫生服务项目。人均基本公共卫生服务经费标准提高到35元,中央财政补助资金260亿元全部下拨至地方。研究制定人均基本公共卫生服务经费增加后的服务内容和相关效果保障措施。推动整合妇幼保健和计划生育服务资源。国家免费孕前优生健康检查项目实现全国所有县(市)全覆盖。以乡(镇)为单位,全国适龄儿童国家免疫规划疫苗接种率总体保持在90%以上。高血压、糖尿病患者规范化管理人数分别达到8503万和2466万,严重精神障碍患者管理率达到65%以上。艾滋病防治、妇幼卫生等重大公共卫生服务项目深入实施。四是加强医药卫生信息化建设。加快推进全民健康保障信息化工程,促进公共卫生、计划生育、医疗服务、医疗保障、药品管理和综合管理6个业务系统互联互通、数据共享。加快实施信息惠民工程,制定推进远程医疗服务的政策措施。五是加强卫生人才队伍建设。继续实施农村订单定向医学生免费培养工作,完善免费医学生就业政策,为2015年第一届免费医学生毕业就业做好准备。推进落实卫生计生委等7部门《关于建立住院医师规范化培训制度的指导意见》,组织遴选了559个培训基地,招收5万名住院医师参加培训,中央财政投入33亿元予以支持,基本形成"5+3"的人才培养新模式。教育部、卫生计生委等6部门印发《关于医教协同深化临床医学人才培养改革的意见》,大力推进医学教育体制改革。研究建立符合医疗行业特点的人事薪酬制度。六是加强医疗卫生全行业监管,加大执法检查力度。落实医疗卫生行风建设"九不准"。启动修订医疗事故处理条例。研究制定控制医疗费用不合理过快增长的指导性文件。七是注重发挥中医药的作用。在公立医院改革、发展社会办医、推进基本公共卫生服务均等化等方面充分发挥中医药的特色和优势。深入实施基层中医药服务能力提升工程。组织研究制定中医药发展战略规划和中医药健康服务发展规划。八是强化科技支撑。打造了一批跨学科、跨地域的新型协同研究网络,攻克了一批重大疾病防控关键技术。继续强化新药创制和医疗器械国产化科技投入,研究促进医疗器械国产化的政策措施。加快推进"数字化医疗工程技术开发"项目,有力支撑医疗信息化建设。九是建立健全考核评估机制,开展"十二五"医改规划中期评估和医改监测,研究第三方参与医改评估机制。在推进落实各项医改任务的同时,为进一步增强改革的系统性、整体性和协同性,加大改革探索力度,在地方主动申请的基础上,国务院深化医药卫生体制改革领导小组决定选择江苏、安徽、福建、青海4省开展综合医改试点,力争在重点领域和关键环节取得突破,为全国医改积累经验、提供借鉴。

总的看,2014年深化医改形势是好的。但也要清醒认识到,医改是一项长期艰巨复杂的系统工程,特别是随着改革向纵深推进,面临一些较为突出的困难和问题。主要表现在:一是体制机制创新有待进一步强化。如,一些地方的改革仅聚焦于医保扩面提标、医院内部管理和发展等方面,深层次体制机制改革相对滞后;符合行业特点的人事薪酬制度尚未建立,基层卫生人才服务模式和激励机制改革有待拓展深化,人才队伍建设滞后等问题对改革的制约较为突出;有序的就诊秩序尚未建立,医疗资源浪费与不足并存。二是改革协调联动需进一步增强。如,一些地方公立医院改革仅取消了药品加成,其他方面改革推进缓慢;各项医疗保障制度尚未形成无缝衔接,重特大疾病保障机制有待进一步建立健全;药价虚高现象仍不同程度地存在,综合施策控制医药费用不合理过快增长的机制尚待建立。三是改革推进力度有待进一步加大。一些地方医改重点工作任务推进缓慢,没有解决好政策落实"最后一公里"的问题。2014年国家出台了一系列医改政策文件,有关部门开展了多次督导检查,发现仍有些政策停留在文件上,没有落地。四是改革的外部因素对深化医改带来深刻影响。随着工业化、城镇化、人口老龄化进程加快,经济发展进入新常态,经济下行压力加大与群众健康需求日益增长的矛盾不断凸显,医疗资源总量不足和结构性矛盾等问题更加突出,这些都对深化医改提出了新的严峻挑战。

**二、深化医药卫生体制改革2015年重点工作任务**

2015年是全面深化改革的关键之年,是全面推进依法治国的开局之年,也是全面完成"十二五"规划的收官之年。要全面贯彻党的十八大和十八届二中、三中、四中全会精神,认真落实党中央、国务院决策部署,坚持保基本、强基层、建机制,充分发挥政府职能和市场机制作用,推进医疗、医保、医药三医联动,上下联动,内外联动,区域联动,全面完成"十二五"医改规划目标,不断提高医疗卫生服务水平,加快健全基本医疗卫生制度,努力打造健康中国。

（一）全面深化公立医院改革。在全国所有县（市）全面推开县级公立医院综合改革。在100个地级以上城市推行公立医院综合改革试点。重点任务是：

1. 破除以药补医，推动建立科学补偿机制。所有县级公立医院和试点城市公立医院全部取消药品加成（中药饮片除外），降低虚高药价。对公立医院补偿由服务收费、药品加成收入和政府补助三个渠道改为服务收费和政府补助两个渠道，通过合理调整医疗服务价格、加大政府投入、改革医保支付方式、降低医院运行成本等建立科学合理的补偿机制。对医院的药品贮藏、保管、损耗等费用列入医院运行成本予以补偿。各级政府要按规定落实对公立医院的投入责任。中央财政对县（市）和新增试点城市给予补助，地方财政要调整支出结构，切实加大投入，增加的政府投入纳入财政预算。（卫生计生委、财政部、发展改革委、人力资源社会保障部、中医药局分别负责。排在第一位的部门为牵头部门，分别负责为各部门按职责分别牵头，下同）

2. 进一步理顺医疗服务价格。研究制定开展医疗服务价格形成机制改革试点的指导性文件。在保证公立医院良性运行、医保基金可承受、群众负担不增加的前提下，坚持"总量控制、结构调整、有升有降、逐步到位"的原则，降低药品、耗材、大型设备检查等价格，提高体现医务人员劳务价值的医疗服务价格。逐步理顺不同级别医疗机构间和医疗服务项目的比价关系，建立以成本和收入结构变化为基础的价格动态调整机制。医疗服务价格、医保支付、分级诊疗等政策要相互衔接。（发展改革委、人力资源社会保障部、卫生计生委、中医药局负责）

3. 深化编制人事制度改革。在地方现有编制总量内合理核定公立医院编制总量，建立动态调整机制，创新机构编制管理方式，逐步实行编制备案制。在岗位设置、收入分配、职称评定、管理使用等方面，对编制内外人员待遇统筹考虑，按照国家规定推进养老保险制度改革。实行聘用制度和岗位管理制度，人员逐步由固定用人向合同用人转变、由身份管理向岗位管理转变。落实公立医院用人自主权，对医院紧缺、高层次人才，可按规定由医院采取考察的方式招聘，结果公开。（中央编办、人力资源社会保障部、卫生计生委、财政部、教育部分别负责）

4. 建立符合医疗卫生行业特点的薪酬制度。国家有关部门加快研究拟订符合医疗卫生行业特点的薪酬制度改革方案，选择部分地区或公立医院开展公立医院薪酬制度改革试点工作。未列入公立医院薪酬制度改革试点范围的试点城市和各县（市）可先行探索制定公立医院绩效工资总量核定办法。完善绩效工资制度，体现多劳多得、优绩优酬，合理拉开收入差距。严禁给医务人员设定创收指标，医务人员薪酬不得与药品、耗材、医学检查等业务收入挂钩。（人力资源社会保障部、财政部、卫生计生委、中医药局负责）

5. 优化医疗卫生资源结构布局。各省（区、市）按照《国务院办公厅关于印发全国医疗卫生服务体系规划纲要（2015—2020年）的通知》（国办发〔2015〕14号）要求，制定完善本省份医疗卫生资源配置标准，并向社会公布。从严控制公立医院床位规模、建设标准和大型医用设备配备。公立医院优先配置使用国产医用设备和器械。严禁公立医院举债建设、超标准装修和超规划配置大型医用设备。（卫生计生委、发展改革委、财政部、人力资源社会保障部、中医药局负责）

6. 加快建立和完善现代医院管理制度。各地要积极探索公立医院管办分开的多种有效实现形式。各级卫生计生行政部门要创新管理方式，从直接管理公立医院转为行业管理。落实公立医院人事管理、绩效工资内部分配、运营管理等自主权。逐步取消公立医院的行政级别。健全院长选拔任用制度，鼓励实行院长聘任制。（卫生计生委、中央编办、人力资源社会保障部、教育部负责）

7. 加强绩效考核和评估。各地要按照国家制定的城市和县级公立医院综合改革效果评价实施方案和指标体系，强化对公立医院改革效果的考核评估。将公立医院改革工作纳入试点城市和县级人民政府绩效考核内容。国家有关部门制定关于加强公立医疗卫生机构绩效评价的指导意见，各地结合实际制定具体实施办法。（卫生计生委、人力资源社会保障部、中医药局负责）

（二）健全全民医保体系。2015年基本医疗保险参保率稳定在95%以上，城镇居民医保和新农合人均政府补助标准提高到380元，城镇居民个人缴费达到人均不低于120元，新农合个人缴费达到人均120元左右。城镇居民医保和新农合政策范围内门诊费用支付比例达到50%，政策范围内住院费用支付比例达到75%左右。重点任务是：

1. 完善筹资机制和管理服务。建立健全与经济发展水平和居民收入状况相适应的可持续筹资机制。加快推进和完善基本医保市级统筹，鼓励实行省级统筹。基本实现省内异地就医费用直接结算，稳步推行跨省异地安置退休人员住院医疗费用直接结算。选择部分统筹地区和定点医疗机构开展新农合跨省就医费用核查和结报试点。制定整合城乡居民基本医疗保险管理体制改革方案和试点实施意见。（国务院医改办、人力资源社会保障部、卫生计生委分别负责，财政部参与）

2. 全面实施城乡居民大病保险制度，健全重特大疾病保障机制。制定全面实施城乡居民大病保险制度的指导性文件。各地结合当地经济社会发展水平、医保筹资能力、患大病发生高额医疗费用情况等因素确定筹资标准和支付比例。大病保险对患者经基本医保支付后需个人负担的合规医疗费用实际支付比例达到50%以上。完善职工补充医疗保险措施。整合城乡医疗救助制度，健全"一站式"即时结算机制。到2015年底，重点救助对象年度救助限额内住院自负费用救助比例不低于70%。全面开展重特大疾病医疗救助工作。全面建立疾病应急救助制度，切实发挥托底救急作用。做好各项制度的有效衔接，筑牢重特大疾病保障网。（国务院医改办、卫生计生委、人力资源社会保障部、民政部、保监会分别负责，全国总工会、中国残联参与）

3. 深化医保支付制度改革。充分发挥基本医保的基础性作用，强化医保基金收支预算。因地制宜选择与当地医疗保险和卫生管理现状相匹配的付费方式，不断提高医疗保险付费方式的科学性，提高基金绩效和管理效率。推行以按病种付费为主，按人头付费、按服务单元付费等复合型付费方式。支付方式改革要覆盖县域内和试点城市区域内所有公立医院，并逐步覆盖所有医疗服务。建立和完善医保经办机构和定点医疗机构之间的谈判协商机制与风险分担机制。研究完善深化医保支付方式改革的政策措施。出台药品医保支付标准制定的程序、依据、办法等规则。逐步将医保对医疗机构服务监管延伸到对医务人员服务行为的监管。（人力资源社会保障部、卫生计生委分别负责，保监会、中医药局参与）

4. 大力发展商业健康保险。贯彻落实《国务院办公厅关于加快发展商业健康保险的若干意见》。鼓励商业保险机构参与各类医疗保险经办服务。大力发展与基本医疗保险有机衔接的商业健康保险，加快发展医疗执业保险。加强监管，规范商业健康保险市场秩序，确保有序竞争。（保监会、人力资源社会保障部、卫生计生委负责）

（三）大力发展社会办医。优先支持举办非营利性非公立医疗机构，加快推进非公立医疗机构成规模、上水平发展。2015年非公立医疗机构床位数和服务量达到总量的20%左右。重点任务是：

1. 进一步完善社会办医政策。进一步清理妨碍社会办医发展的制约因素，出台促进社会办医加快发展的政策措施。落实社会办医在土地、投融资、价格、财税等方面的扶持政策，切实保障非公立医疗机构与公立医疗机构在医保定点、职称评定、等级评审、技术准入、科研立项等方面享受同等待遇。各地在编制区域卫生规划和医疗机构设置规划时为社会办医留出足够空间。规范政府办公立医院改制试点，推进国有企业所办医疗机构改制试点，完善外资办医政策。推进社会办中医试点工作。（发展改革委、卫生计生委、财政部、人力资源社会保障部、商务部、国资委、中医药局负责）

2. 加强监督管理,规范服务行为。加强并完善对非公立医疗机构的行业监管。将非公立医疗机构纳入统一的医疗质量控制与评价范围,与公立医疗机构一视同仁。依法严厉打击非法行医,严肃查处违法违规行为,规范和促进非公立医疗机构诚信经营。(卫生计生委、发展改革委、中医药局负责)

(四)健全药品供应保障机制。进一步保障药品供应和质量安全,推进药品价格改革。重点任务是:

1. 落实公立医院药品集中采购办法。各地要按照《国务院办公厅关于完善公立医院药品集中采购工作的指导意见》(国办发〔2015〕7号),抓紧制订本省(区、市)公立医院药品集中采购实施方案,全面启动新一轮药品采购。允许公立医院改革试点城市以市为单位在省级药品采购平台上自行采购。高值医用耗材必须通过省级集中采购平台进行阳光采购,网上公开交易。在保证质量的前提下鼓励采购国产高值医用耗材。加强药品供应保障信息系统建设,全面启动药品集中采购平台规范化建设,实现互联互通。(卫生计生委、人力资源社会保障部、工业和信息化部、食品药品监管总局负责)

2. 深化药品生产流通领域改革。推动医药企业提高自主创新能力和医药产业结构优化升级。鼓励药品零售企业连锁经营。采取多种方式推动医药分开。制订出台推进药品流通领域改革的指导性文件,推动形成全国统一市场,进一步提升服务水平和流通效率,努力构建经营规范、竞争有序、服务高效的药品流通新秩序。(商务部、工业和信息化部、卫生计生委、发展改革委、人力资源社会保障部、食品药品监管总局分别负责)

3. 积极推进药品价格改革。制定推进药品价格改革的指导性文件。药品实际交易价格主要由市场竞争形成,并与药品集中采购、医保支付方式等改革政策衔接。对部分药品建立价格谈判机制,参考香港、澳门、台湾等地药品价格,通过谈判降低部分专利药品、独家生产药品价格。(发展改革委、卫生计生委、人力资源社会保障部负责)

4. 保障药品供应配送。提高基层特别是农村和边远地区药品配送能力,鼓励各地结合实际推进县乡村一体化配送,提高采购配送集中度。对配送不及时、影响临床用药和拒绝提供偏远地区配送服务的企业限期整改,逾期不改的取消其中标资格。组织做好定点生产药品的使用工作。进一步完善短缺药品供应保障和预警机制。加快制定儿童用药的鼓励扶持政策,探索部分罕见病用药供应保障措施。推进医疗信息系统与国家药品电子监管系统对接。(卫生计生委、工业和信息化部、发展改革委、食品药品监管总局、中医药局分别负责)

5. 完善创新药和医疗器械评审制度。完善优先评审技术要求,实施有利于创新的药品、医疗器械特殊审批程序。加强技术审评能力建设,提高审评审批透明度。控制供大于求药品审批。推进仿制药质量一致性评价,提高仿制药质量。推动实施药品上市许可持有人制度试点。鼓励创新药和临床急需品种的上市。根据医疗器械监管情况,借鉴国际监管经验,完善医疗器械分类工作和注册审评审批要求。(食品药品监管总局、卫生计生委负责)

(五)完善分级诊疗体系。按照"基层首诊、双向转诊、急慢分治、上下联动"的要求,2015年所有公立医院改革试点城市和综合医改试点省都要开展分级诊疗试点。重点任务是:

1. 提升基层服务能力。按照填平补齐的原则,继续支持村卫生室、乡镇卫生院、社区卫生服务机构建设。切实抓好县医院和县中医院综合能力全面提升工作。完成基层中医药服务能力提升工程各项目标任务。(卫生计生委、发展改革委、财政部、中医药局分别负责,中国残联参与)

2. 加快建立基层首诊、双向转诊制度。落实基层首诊。总结经验,扩大全科医生执业方式和服务模式改革试点。逐步完善双向转诊程序,重点畅通慢性期、恢复期患者向下转诊渠道,推进急慢分治格局的形成。探索建立高血压、糖尿病等慢性病诊疗服务和结核病综合防治管理模式。

研究制定不同级别和类别的医疗机构疾病诊疗范围,形成急性病、亚急性病、慢性病分级分类就诊模式。实施改善医疗服务行动计划。提高基层医疗卫生机构门急诊量占门急诊总量的比例。(卫生计生委、中医药局负责)

(六)深化基层医疗卫生机构综合改革。巩固完善基层医疗卫生机构运行新机制,有序推进村卫生室、非政府办基层医疗卫生机构实施基本药物制度。重点任务是:

1. 调动基层积极性。进一步改革人事分配制度,落实基层用人自主权。落实对基层医疗卫生机构的补助政策,完善绩效考核分配办法,加强量化考核和效果考核,考核结果与绩效工资总量、财政补助、医保支付等挂钩。启动实施社区卫生服务提升工程,扎实开展"建设群众满意的乡镇卫生院"活动。继续开展基层综合改革重点联系点工作。(卫生计生委、人力资源社会保障部、财政部、中医药局负责)

2. 加强乡村医生队伍建设。贯彻落实《国务院办公厅关于进一步加强乡村医生队伍建设的实施意见》(国办发〔2015〕13号),加强农村订单定向医学生免费培养工作,重点实施面向村卫生室的3年制中、高职免费医学生培养。建立乡村全科执业助理医师制度。落实乡村医生多渠道补偿政策,提高乡村医生收入。对艰苦边远地区乡村医生加大补助力度。完善乡村医生养老政策,建立乡村医生退出机制。(卫生计生委、教育部、人力资源社会保障部、财政部、中医药局负责)

3. 加快促进基本公共卫生服务均等化。人均基本公共卫生服务经费标准提高到40元,农村地区增量资金全部用于支付乡村医生的基本公共卫生服务,方便农民就地就近看病就医。调整完善基本公共卫生服务项目。加强资金管理和项目进展监测,完善项目绩效考核机制。抓好电子健康档案的规范使用和动态管理。加强重大疾病防控,进一步拓展重大公共卫生服务项目。全面推进流动人口基本公共卫生计生服务均等化工作。(卫生计生委、财政部、中医药局负责,中国残联参与)

(七)统筹推进各项配套改革。重点任务是:

1. 推进卫生信息化建设。加快建设国家人口健康信息平台,以省为单位统筹建设省、市、县级人口健康信息平台。逐步实现公共卫生、计划生育、医疗服务、医疗保障、药品管理、综合管理6大应用系统业务协同,促进数据整合和信息共享。研究制定"十三五"人口健康信息化建设规划,深入推进健康医疗信息惠民行动计划。(卫生计生委、发展改革委、工业和信息化部、中医药局负责)

2. 加强卫生人才队伍建设。加强全科医生制度建设。全面实施住院医师规范化培训,落实新增5万名住院医师规范化培训任务。加强以全科医生为重点的基层卫生人才培养。简化农村订单定向免费医学毕业生定向到基层医疗卫生机构就业的相关手续。做好第一批全科医生特岗计划试点工作的跟踪评估,及时总结经验,扩大试点。稳步开展医师多点执业,鼓励医生到基层多点执业。加大急需紧缺人才和高层次人才培养培训力度。加强医院院长职业化培训。(卫生计生委、人力资源社会保障部、教育部、财政部、中医药局负责)

3. 健全医药卫生监管体制。积极推动制定基本医疗卫生法。加强监督管理体系建设,提升监管和执法能力,将区域内所有医疗机构纳入所在地卫生计生行政部门的统一规划、统一监管。建立信息公开、社会多方参与的第三方监督评价体系。公立医院每年向社会公布财务状况、绩效考核、质量安全、价格和医疗费用等信息。落实医疗卫生行风建设"九不准"。依法严肃查处药品招标采购、医保支付等关键环节的违法违规行为。加快建立医疗纠纷预防调解机制,依法保护医患双方合法权益。(卫生计生委、法制办、人力资源社会保障部、财政部、中医药局负责)

4. 加强组织领导等有关工作。在江苏、安徽、福建、青海开展综合医改试点工作。各地要加强对医改的组织领导,主要领导对医改工作负总责,分管领导具体抓,逐级分解任务。要将医改工作推进情况纳入当地政府考核内容，建立省、市、县三级统筹协调的工作推进机制，进一步加强医改监测和评估。抓紧研究制定"十三五"期间深化医药卫生体制改革规划。积极发展中医药和民族医药事业。探索建立军队医院参与公立医院改革的途径和模式。强化医改科技支撑，进一步完善国家临床医学研究中心布局，加强疾病协同研究网络和体系化、机制化的临床转化推广体系建设，加快推进重大新药创制和医疗器械国产化工作。加强医改正面宣传，主动回应社会关切，引导群众合理预期，营造良好舆论氛围。（卫生计生委、发展改革委、财政部、人力资源社会保障部、中医药局、中央宣传部、科技部、总后勤部卫生部负责）

附件：部分重点工作任务分工及进度安排表

附件

**部分重点工作任务分工及进度安排表**

| 序号 | 工作任务 | 牵头部门 | 时间进度 |
| --- | --- | --- | --- |
| 1 | 制定关于全面推开县级公立医院综合改革的实施意见 | 卫生计生委 | 2015年4月底前完成 |
| 2 | 研究制定开展医疗服务价格形成机制改革试点的指导性文件 | 发展改革委 | 2015年12月底前完成 |
| 3 | 研究拟订公立医院薪酬制度改革试点方案 | 人力资源社会保障部、财政部 | 2015年9月底前完成 |
| 4 | 研究制定整合城乡居民基本医疗保险管理体制改革方案和试点实施意见 | 国务院医改办、人力资源社会保障部、卫生计生委 | 2015年11月底前完成 |
| 5 | 制定全面实施城乡居民大病保险制度的指导性文件 | 国务院医改办、人力资源社会保障部、卫生计生委、保监会 | 2015年6月底前完成 |
| 6 | 制定促进社会办医加快发展的政策措施 | 发展改革委 | 2015年12月底前完成 |
| 7 | 制定推进药品价格改革的指导性文件 | 发展改革委 | 2015年6月底前完成 |
| 8 | 制定药品医保支付标准管理办法 | 人力资源社会保障部、卫生计生委 | 2015年9月底前完成 |

（引自《国务院公报》2015年第14号）

## 第四节 述职报告

述职报告，是指担任一定职务的各级领导干部向群众或组织人事部门陈述自己在一定时期内执行岗位职责的情况，供群众评议或组织考核时使用的一种文体。由于述职报告是在公务活动中产生并使用的，因此，我们也把它作为公文的一种。

### 一、述职报告的作用

随着干部考评制度的进一步改革，民主建设的加强，述职报告的使用频率越来越高。

述职报告的作用主要有以下三个方面。

### （一）评议干部、发扬民主的好形式

述职报告是群众评议干部的依据，是发扬民主、倾听群众呼声的一种好形式。领导干部到一个单位或在某个岗位工作一段时间后，通过述职报告的形式，让群众对其工作进行评价，或肯定，或批评，或建议。无论是哪一种，都有利于发扬民主，倾听群众的呼声，密切干群关系。

### （二）考察了解干部的重要途径

在岗位职责明确的前提下，要求担任一定职务的各级领导干部定期或不定期地撰写述职报告，便于干部管理部门全面、细致地掌握所管干部的工作情况，有利于科学地考核、选拔和使用干部。

### （三）强化干部职责观念的好方法

负有一定责任的领导干部通过拟写述职报告，可以更好地总结回顾以往的工作，可以进一步摸索搞好本职工作的规律，反省失误，促使自己在今后的工作中恪尽职守。

## 二、述职报告应该这样写

述职者拟写述职报告大致有以下三个步骤。

### （一）回顾工作

动笔前，述职者先把个人在一定时期内的工作回顾一番，如：

（1）在个人的主持下开展了哪几项工作，工作效果如何，经验教训在哪里；协助别人开展了哪几项工作，协助得怎么样？

（2）在任职期间，国家有哪些新的方针政策出台，个人是如何贯彻执行的，效果怎么样；上级领导机关或领导人对本机关尤其是本职的工作有过哪些指示，本人是如何落实的？

（3）哪些工作进行得比较顺利，原因是什么，有哪些经验？

（4）哪些工作出现了失误，原因是什么，有哪些教训？

（5）在工作中有哪些新的创见，是如何实施的，效果如何等。

### （二）收集材料

述职者拟写述职报告应该收集的材料主要有以下五项：

（1）有关本职岗位责任的材料，如《承包议定书》《岗位责任状》等；

（2）有关本职工作的工作计划、要点、安排、意见等；

（3）与本职工作有关的上级公文、下级请示以及经本人签发的本机关的向外发文等；

（4）反映本职工作过程与成果的工作日志、工作简报、工作信息、工作报告、工作总结等；

（5）本人在工作过程中形成的调查笔记、调查报告等。

### （三）构思成文

从宏观上来说，述职报告的结构也是倒金字塔式。即先写结果（对本职工作的结论性

看法），后写原因（取得某种结果的做法、经验、体会、教训）。结果要略，原因要详。述职报告的内部结构也是"立片言以居要"式，即先写结论，再叙说结论的由来。具体来说，述职报告的结构不外乎以下五块。

（1）介绍本人任现职的基本情况：何时开始任现职，中间有无变动以及变动的原因；现职的岗位职责、目标是什么，本人完成得怎么样，先要有一个总的自我评估。这个部分内容要概括得比较周全、准确，基调要定准，为下面的内容做好铺垫。但又要写得简明扼要，不要拖泥带水。

（2）介绍开展本职工作、实现岗位目标的历史背景，所处的环境，采取的对策等。如本人是如何适应不断变化的新形势的，是如何创造一个良好的工作条件等。

（3）写取得的成绩、经验、体会。述职者也可以把工作开展的过程、克服困难的方法与取得的成绩交织着写。这部分内容是述职报告的重点所在，要集中笔力写好。当然，首先是述职者确有成绩才行。

（4）写尚存在的问题、今后的打算等。

（5）写请同志们多提批评意见，以利改进工作等。

### 三、述职报告不能这样写

#### （一）不能搞错人称

述职报告是述个人之职，不是代表领导班子集体汇报工作。因此，要用"我"的口气说话，不要用"我们"的口气说话。

#### （二）不能搞错目的

尽管有时来听述职报告的多是本单位的广大群众，但群众是来听领导干部述职，即听领导干部汇报本职工作情况，而不是来听施政演说，更不是来听领导干部训话。

#### （三）不能忘记岗位职责

由于不同的岗位、不同的层次、不同的业务分工有不同的工作内容和工作方式，因此述职者在述职时的口气、用语和侧重点都应有所不同。如决策层的领导述职，应侧重在决策的正确、及时和决策的组织实施上；业务主管层的领导述职，应侧重如何结合实际执行决策以及执行的效果如何等。述职报告不能千人一面，淹没了个人的特征。

#### （四）不能只报喜不报忧

述职报告可以而且也应该重点展示述职者个人的能力和政绩，但对缺点和不足不能一味回避。述职者要实事求是，有喜报喜，有忧报忧。

#### （五）不能贪功诿过

强调个人时，不要伤及他人；强调领导才能时，不要埋没群众。如有的人在述职时把自己协助开展的工作说成是自己主持开展的，把取得的成绩都记在自己的头上，把工作中的失误又都推得一干二净，这样既不利于领导人之间的团结，又不符合实际。在述职时，述职者应该强调本人的才干，但不能把自己说成是与众不同的超人，不要有意无意地埋没了广大群众的积极性、主动性和创造性。

### （六）仪态、用语不能失范

述职时，述职者的态度要谦恭，用语要得体。每个听（看）述职报告的人都有权评议述职者，这是述职者要时刻记住的。因此，无论述职者的级别有多高，在述职报告中一定要持谦恭的态度才是得体的。有的人在述职时一会儿表扬这个，一会儿又表扬那个；一会说某个问题必须怎么看，一会又说某件事应该怎么办等，这就显得不够谦恭，也是不得体的。

## 述职报告文例

述 职 报 告
杨××

各位领导、各位同志：

我是去年4月安阳市对外经贸委成立时，从市财委调任本职的。一年多来，在市委、市政府的正确领导下，经过全系统干部职工的共同努力和全委各级党政领导的团结尽职，我市对外经贸工作有了较快发展。

**一、主要工作目标完成情况（略）**

**二、一年来的工作回顾**

今年我市对外经贸工作是在十分严峻的形势下，在困难中取得较快发展的。具体来说，有四个"难办"：一是今年国际贸易竞争不断加剧，市场行情瞬息万变，出口难办；二是国内市场不稳定，商品轮番涨价，货源外流，供货难办；三是电力紧缺，原料紧缺，资金紧缺，运力紧缺，出口创汇难办；四是机构改革头一年，外经委刚成立，各种关系渠道有待理顺，举办外经外资项目难办。具体讲有以下几个新的变化和特点：

（一）思想空前活跃，观念不断更新。（略）

（二）承包逐步完善，效益不断提高。（略）

（三）联营迅速发展，服务不断改善。（略）

（四）渠道日益拓宽，合作不断扩大。（略）

**三、我本人所做的几项主要工作**

我负责全面工作，没有分管具体工作部门。所以，大量的工作是主管主任做的。如果说，我委工作有些成绩，那是几位副主任、纪检组长、调研员以及各科室、各公司共同努力的结果，决不是我个人的成绩。至于在工作中，在改革中出现的某些问题，责任完全在我个人身上。我要负完全责任，这是不能推卸的。

我的具体工作主要有以下几个方面：（略）

**四、存在问题和改进措施**

我的工作能力与业务水平，特别是业务水平，同目前我担负的工作和迅猛发展的新形势是不相适应的，虽然平时工作能尽心尽力，但不少工作没有抓好，有的是忽视了，有的是想到了没有做，也有的是讲了布置了没有落实好。今后要注意改进以下几个方面的工作：（略）

以上述职报告，敬请领导和同志们评议，欢迎多提批评意见。最后借此机会，对在工作中给我以大力支持、热情帮助的各级领导，对那些信任我、理解我并与我密切配合的全体干部职工，表示衷心感谢。谢谢大家。

## 第五节 规章制度

### 一、规章的概念

规章是各级各类机关、团体、企业事业单位实施规范化管理所必不可少的。任何管理都必须借助于各种规章制度。作为文体,规章有非常鲜明的写作特点。

作为法律用语,在我国,规章专指特定国家行政机关依法制定的有关行政管理的规范性文件。规章的效力等级低于行政法规、地方性法规等规范性文件,在司法审判工作中仅具有参照意义。因此,规章不得与《宪法》、法律、行政法规、地方性法规的内容和精神相抵触。在我国,国务院各部、委员会,省级人民政府以及省级人民政府所在地和经国务院批准的较大的市的人民政府,经济特区的人民政府可以依法制定行政规章。

制定规章是一件很严肃的事,应当体现发文机关的职权与责任相统一的原则,在赋予有关机关必要的职权的同时,应当规定其行使职权的条件、程序和应承担的责任。

### 二、规章的种类

在党的领导机关,规章类公文主要是条例,但仅限于党的中央组织使用。

按照规定,在行政机关,行政规章的名称不得称条例(行政法规可以称条例),一般称规定、办法。

除此之外,还有章程、细则、规则、规范、守则、准则等也是作为规章类公文的常用文种。

#### (一)条例

条例,是指分条订立的规则。

用于党的中央组织制定规范党组织的工作、活动和党员行为的规章制度可以称条例。就是说,除了"党的中央组织"以外的基层组织是不能用条例的。

在行政机关,条例是行政法规的一种,亦称规范性文件,是国家机关制定或批准的规范性文件名称之一,如《企业投资项目核准和备案管理条例》。国务院制定的行政法规,对某个方面的行政工作作比较全面、系统规定的,称条例,如《中华人民共和国外汇管理条例》。国务院各部门和地方人民政府制定的规章不得称条例。

> **规章文例1**
>
> **中华人民共和国国务院令**
> 第 673 号
>
> 《企业投资项目核准和备案管理条例》已经 2016 年 10 月 8 日国务院第 149 次常务会议通过,现予公布,自 2017 年 2 月 1 日起施行。
>
> 总　理　李克强<br>2016 年 11 月 30 日

**企业投资项目核准和备案管理条例**

第一条 为了规范政府对企业投资项目的核准和备案行为,加快转变政府的投资管理职能,落实企业投资自主权,制定本条例。

第二条 本条例所称企业投资项目(以下简称项目),是指企业在中国境内投资建设的固定资产投资项目。

第三条 对关系国家安全、涉及全国重大生产力布局、战略性资源开发和重大公共利益等项目,实行核准管理。具体项目范围以及核准机关、核准权限依照政府核准的投资项目目录执行。政府核准的投资项目目录由国务院投资主管部门会同国务院有关部门提出,报国务院批准后实施,并适时调整。国务院另有规定的,依照其规定。

对前款规定以外的项目,实行备案管理。除国务院另有规定的,实行备案管理的项目按照属地原则备案,备案机关及其权限由省、自治区、直辖市和计划单列市人民政府规定。

第四条 除涉及国家秘密的项目外,项目核准、备案通过国家建立的项目在线监管平台(以下简称在线平台)办理。

核准机关、备案机关以及其他有关部门统一使用在线平台生成的项目代码办理相关手续。

国务院投资主管部门会同有关部门制定在线平台管理办法。

第五条 核准机关、备案机关应当通过在线平台列明与项目有关的产业政策,公开项目核准的办理流程、办理时限等,并为企业提供相关咨询服务。

第六条 企业办理项目核准手续,应当向核准机关提交项目申请书;由国务院核准的项目,向国务院投资主管部门提交项目申请书。项目申请书应当包括下列内容:

(一)企业基本情况;

(二)项目情况,包括项目名称、建设地点、建设规模、建设内容等;

(三)项目利用资源情况分析以及对生态环境的影响分析;

(四)项目对经济和社会的影响分析。

企业应当对项目申请书内容的真实性负责。

法律、行政法规规定办理相关手续作为项目核准前置条件的,企业应当提交已经办理相关手续的证明文件。

第七条 项目申请书由企业自主组织编制,任何单位和个人不得强制企业委托中介服务机构编制项目申请书。

核准机关应当制定并公布项目申请书示范文本,明确项目申请书编制要求。

第八条 由国务院有关部门核准的项目,企业可以通过项目所在地省、自治区、直辖市和计划单列市人民政府有关部门(以下称地方人民政府有关部门)转送项目申请书,地方人民政府有关部门应当自收到项目申请书之日起5个工作日内转送核准机关。

由国务院核准的项目,企业通过地方人民政府有关部门转送项目申请书的,地方人民政府有关部门应当在前款规定的期限内将项目申请书转送国务院投资主管部门,由国务院投资主管部门审核后报国务院核准。

第九条 核准机关应当从下列方面对项目进行审查:

(一)是否危害经济安全、社会安全、生态安全等国家安全;

(二)是否符合相关发展建设规划、技术标准和产业政策;

(三)是否合理开发并有效利用资源;

(四)是否对重大公共利益产生不利影响。

项目涉及有关部门或者项目所在地地方人民政府职责的，核准机关应当书面征求其意见，被征求意见单位应当及时书面回复。

核准机关委托中介服务机构对项目进行评估的，应当明确评估重点；除项目情况复杂的，评估时限不得超过30个工作日。评估费用由核准机关承担。

第十条　核准机关应当自受理申请之日起20个工作日内，作出是否予以核准的决定；项目情况复杂或者需要征求有关单位意见的，经本机关主要负责人批准，可以延长核准期限，但延长的期限不得超过40个工作日。核准机关委托中介服务机构对项目进行评估的，评估时间不计入核准期限。

核准机关对项目予以核准的，应当向企业出具核准文件；不予核准的，应当书面通知企业并说明理由。由国务院核准的项目，由国务院投资主管部门根据国务院的决定向企业出具核准文件或者不予核准的书面通知。

第十一条　企业拟变更已核准项目的建设地点，或者拟对建设规模、建设内容等作较大变更的，应当向核准机关提出变更申请。核准机关应当自受理申请之日起20个工作日内，作出是否同意变更的书面决定。

第十二条　项目自核准机关作出予以核准决定或者同意变更决定之日起2年内未开工建设，需要延期开工建设的，企业应当在2年期限届满的30个工作日前，向核准机关申请延期开工建设。核准机关应当自受理申请之日起20个工作日内，作出是否同意延期开工建设的决定。开工建设只能延期一次，期限最长不得超过1年。国家对项目延期开工建设另有规定的，依照其规定。

第十三条　实行备案管理的项目，企业应当在开工建设前通过在线平台将下列信息告知备案机关：

（一）企业基本情况；

（二）项目名称、建设地点、建设规模、建设内容；

（三）项目总投资额；

（四）项目符合产业政策的声明。

企业应当对备案项目信息的真实性负责。

备案机关收到本条第一款规定的全部信息即为备案；企业告知的信息不齐全的，备案机关应当指导企业补正。

企业需要备案证明的，可以要求备案机关出具或者通过在线平台自行打印。

第十四条　已备案项目信息发生较大变更的，企业应当及时告知备案机关。

第十五条　备案机关发现已备案项目属于产业政策禁止投资建设或者实行核准管理的，应当及时告知企业予以纠正或者依法办理核准手续，并通知有关部门。

第十六条　核准机关、备案机关以及依法对项目负有监督管理职责的其他有关部门应当加强事中事后监管，按照谁审批谁监管、谁主管谁监管的原则，落实监管责任，采取在线监测、现场核查等方式，加强对项目实施的监督检查。

企业应当通过在线平台如实报送项目开工建设、建设进度、竣工的基本信息。

第十七条　核准机关、备案机关以及依法对项目负有监督管理职责的其他有关部门应当建立项目信息共享机制，通过在线平台实现信息共享。

企业在项目核准、备案以及项目实施中的违法行为及其处理信息，通过国家社会信用信息平台向社会公示。

第十八条　实行核准管理的项目，企业未依照本条例规定办理核准手续开工建设或者未按照核准的建设地点、建设规模、建设内容等进行建设的,由核准机关责令停止建设或者责令停产,对企业处项目总投资额1‰以上5‰以下的罚款;对直接负责的主管人员和其他直接责任人员处2万元以上5万元以下的罚款,属于国家工作人员的,依法给予处分。

以欺骗、贿赂等不正当手段取得项目核准文件,尚未开工建设的,由核准机关撤销核准文件,处项目总投资额1‰以上5‰以下的罚款;已经开工建设的,依照前款规定予以处罚;构成犯罪的,依法追究刑事责任。

第十九条　实行备案管理的项目,企业未依照本条例规定将项目信息或者已备案项目的信息变更情况告知备案机关,或者向备案机关提供虚假信息的,由备案机关责令限期改正;逾期不改正的,处2万元以上5万元以下的罚款。

第二十条　企业投资建设产业政策禁止投资建设项目的,由县级以上人民政府投资主管部门责令停止建设或者责令停产并恢复原状,对企业处项目总投资额5‰以上10‰以下的罚款;对直接负责的主管人员和其他直接责任人员处5万元以上10万元以下的罚款,属于国家工作人员的,依法给予处分。法律、行政法规另有规定的,依照其规定。

第二十一条　核准机关、备案机关及其工作人员在项目核准、备案工作中玩忽职守、滥用职权、徇私舞弊的,对负有责任的领导人员和直接责任人员依法给予处分;构成犯罪的,依法追究刑事责任。

第二十二条　事业单位、社会团体等非企业组织在中国境内投资建设的固定资产投资项目适用本条例,但通过预算安排的固定资产投资项目除外。

第二十三条　国防科技工业企业在中国境内投资建设的固定资产投资项目核准和备案管理办法,由国务院国防科技工业管理部门根据本条例的原则另行制定。

第二十四条　本条例自2017年2月1日起施行。

(引自《国务院公报》2017年第1号)

### (二)章程

章程,是指用书面形式规定的关于一定的组织及其重要事项的文件。国家机关颁发的章程是法规的一种,具有法律效力。政党、社会团体制定的章程是规定本组织内部关系的规范性文件。企业事业单位根据业务需要制定的章程是具有组织规程或办事条例等性质的规定。

**规章文例2**

**中国行政管理学会章程**

(第六次会员代表大会2013年10月28日修正通过)①

**第一章　总则**

第一条　本团体名称:中国行政管理学会

英文译名:Chinese Public Administration Society

缩写:CPAS

第二条　中国行政管理学会是国务院办公厅主管的研究行政管理理论与实践,为政府管理提供参谋咨询服务的全国性学术团体。

---

① 引自中国行政管理学会网站。

第三条 本学会的宗旨是,高举中国特色社会主义伟大旗帜,坚持以邓小平理论、"三个代表"重要思想和科学发展观为指导,解放思想,实事求是,理论联系实际,围绕党和国家中心工作,开展政府体制改革和管理创新以及行政管理科学研究,为发展中国特色行政管理科学,建设职能科学、结构优化、廉洁高效、人民满意的服务型政府发挥参谋咨询作用。

中国行政管理学会严格遵守国家宪法、法律、法规和国家政策,遵守社会道德,形成良好的会风、文风和学风。

第四条 中国行政管理学会接受业务主管单位国务院办公厅和民政部社团登记管理中心的业务指导和监督管理。

第五条 中国行政管理学会的住所为北京市。

## 第二章 业务范围

第六条 中国行政管理学会业务范围:

(一)研究政府体制改革、机制优化和管理创新,为政府决策提供参谋咨询服务。

(二)配合、协助政府部门和地方政府进行有关行政管理创新的实践。

(三)研究行政管理理论,推动行政管理学科建设和发展。

(四)搭建与专家学者、实际工作部门、学术研究机构、各省(自治区、直辖市)行政管理学会的交流合作平台。

(五)组织学术活动,开展学术研究,出版研究刊物,编著行政管理的著作和资料,促进学术交流和发展。

(六)代表中国行政学界同国外、海外学术组织及学者进行学术交流和友好往来,加强行政管理科学的国际交流。

## 第三章—第七章(略)
## 第八章 附则

第四十六条 本章程经2013年10月28日第六次会员代表大会表决通过。

第四十七条 本章程的解释权属本学会的理事会。

第四十八条 本章程自社团登记管理机关核准之日起生效。

### (三)规定

规定,是指国家机关制定或批准的规范性文件的名称之一。在我国,国务院制定的行政法规,对某个方面的行政工作作部分规定的,称规定。

| 规章文例3 |

**中共中央办公厅 国务院办公厅印发**
**《党政主要负责人履行推进法治建设第一责任人职责规定》**

近日,中共中央办公厅、国务院办公厅印发了《党政主要负责人履行推进法治建设第一责任人职责规定》,并发出通知,要求各地区各部门遵照执行。

《党政主要负责人履行推进法治建设第一责任人职责规定》全文如下。

第一条 为贯彻落实党中央关于全面依法治国的部署要求,推动党政主要负责人切实履行推进法治建设第一责任人职责,根据有关党内法规和国家法律法规,制定本规定。

第二条 本规定适用于县级以上地方党委和政府主要负责人。

第三条　党政主要负责人履行推进法治建设第一责任人职责，必须坚持党的领导、人民当家作主、依法治国有机统一；坚持宪法法律至上，反对以言代法、以权压法、徇私枉法；坚持统筹协调，做到依法治国、依法执政、依法行政共同推进，法治国家、法治政府、法治社会一体建设；坚持权责一致，确保有权必有责、有责要担当、失责必追究；坚持以身作则、以上率下，带头尊法学法守法用法。

第四条　党政主要负责人作为推进法治建设第一责任人，应当切实履行依法治国重要组织者、推动者和实践者的职责，贯彻落实党中央关于法治建设的重大决策部署，统筹推进科学立法、严格执法、公正司法、全民守法，自觉运用法治思维和法治方式深化改革、推动发展、化解矛盾、维护稳定，对法治建设重要工作亲自部署、重大问题亲自过问、重点环节亲自协调、重要任务亲自督办，把本地区各项工作纳入法治化轨道。

第五条　党委主要负责人在推进法治建设中应当履行以下主要职责：

（一）充分发挥党委在推进本地区法治建设中的领导核心作用，定期听取有关工作汇报，及时研究解决有关重大问题，将法治建设纳入地区发展总体规划和年度工作计划，与经济社会发展同部署、同推进、同督促、同考核、同奖惩；

（二）坚持全面从严治党、依规治党，加强党内法规制度建设，提高党内法规制度执行力；

（三）严格依法依规决策，落实党委法律顾问制度、公职律师制度，加强对党委文件、重大决策的合法合规性审查；

（四）支持本级人大、政府、政协、法院、检察院依法依章程履行职能、开展工作，督促领导班子其他成员和下级党政主要负责人依法办事，不得违规干预司法活动、插手具体案件处理；

（五）坚持重视法治素养和法治能力的用人导向，加强法治工作队伍建设和政法机关领导班子建设；

（六）深入推进法治宣传教育，推动全社会形成浓厚法治氛围。

第六条　政府主要负责人在推进法治建设中应当履行以下主要职责：

（一）加强对本地区法治政府建设的组织领导，制定工作规划和年度工作计划，及时研究解决法治政府建设有关重大问题，为推进法治建设提供保障、创造条件；

（二）严格执行重大行政决策法定程序，建立健全政府法律顾问制度、公职律师制度，依法制定规章和规范性文件，全面推进政务公开；

（三）依法全面履行政府职能，推进行政执法责任制落实，推动严格规范公正文明执法；

（四）督促领导班子其他成员和政府部门主要负责人依法行政，推动完善政府内部层级监督和专门监督，纠正行政不作为、乱作为；

（五）自觉维护司法权威，认真落实行政机关出庭应诉、支持法院受理行政案件、尊重并执行法院生效裁判的制度；

（六）完善行政机关工作人员学法用法制度，组织实施普法规划，推动落实"谁执法谁普法"责任。

第七条　党政主要负责人应当将履行推进法治建设第一责任人职责情况列入年终述职内容，上级党委应当对下级党政主要负责人履行推进法治建设第一责任人职责情况开展定期检查、专项督查。

第八条　上级党委应当将下级党政主要负责人履行推进法治建设第一责任人职责情况纳入政绩考核指标体系，作为考察使用干部、推进干部能上能下的重要依据。

第九条　党政主要负责人不履行或者不正确履行推进法治建设第一责任人职责的，应当依照《中国共产党问责条例》等有关党内法规和国家法律法规予以问责。

第十条 中共中央、国务院工作部门的主要负责人,县级以上地方党委和政府工作部门的主要负责人,乡(镇、街道)党政主要负责人,参照本规定执行。

第十一条 本规定由中央办公厅、国务院办公厅负责解释。

第十二条 本规定自2016年11月30日起施行。

(新华社北京2016年12月14日电)

(引自《国务院公报》2017年第1号)

### (四)规则

规则,是指就某个事项或某些事项所制定的书面文件。国家机关颁发的规则是法规的一种,具有法律效力。社会团体、企业事业单位等根据需要制定的规则,在本组织与本规则的范围内有约束力。

**规章文例4**

中华人民共和国交通运输部令

2017年第3号

《公共航空旅客运输飞行中安全保卫工作规则》已于2017年1月11日经第1次部务会议通过,现予公布,自2017年3月10日起施行。

部　长　李小鹏
2017年2月7日

**公共航空旅客运输飞行中安全保卫工作规则**

**第一章　总则**

第一条 为了规范公共航空旅客运输飞行中的安全保卫工作,加强民航反恐怖主义工作,保障民用航空安全和秩序,根据《中华人民共和国民用航空法》《中华人民共和国安全生产法》《中华人民共和国反恐怖主义法》和《中华人民共和国民用航空安全保卫条例》的有关规定,制定本规则。

第二条 本规则适用于中华人民共和国境内设立的公共航空运输企业从事公共航空旅客运输的航空器飞行中驾驶舱和客舱的安全保卫工作。

前款规定的公共航空运输企业及其工作人员和旅客应当遵守本规则。

第三条 中国民用航空局(以下简称民航局)对全国范围内公共航空旅客运输飞行中的安全保卫工作实施指导、监督和检查。

中国民用航空地区管理局(以下简称地区管理局)对本辖区内公共航空旅客运输飞行中安全保卫工作实施指导、监督和检查。

第四条 公共航空运输企业对其从事旅客运输的航空器飞行中安全保卫工作承担主体责任。

**第二章　工作职责**

第五条 公共航空运输企业应当设立或指定专门的航空安保机构,负责飞行中安全保卫工作。

公共航空运输企业的分公司应当设立或指定相应的航空安保机构,基地等分支机构也应当设立或指定相应机构或配备人员,负责飞行中安全保卫工作。

第六条 公共航空运输企业应当按照相关规定配备和管理航空安全员队伍。

公共航空运输企业应当建立航空安全员技术等级制度,对航空安全员实行技术等级管理。

第七条　公共航空运输企业应当按照相关规定派遣航空安全员。

在航空安全员飞行值勤期，公共航空运输企业不得安排其从事其他岗位工作。

第八条　公共航空运输企业应当建立并严格执行飞行中安全保卫工作经费保障制度。经费保障应当满足飞行中安全保卫工作运行、培训、质量控制以及设施设备等方面的需要。

涉及到民航反恐怖主义工作的，应满足反恐怖主义专项经费保障制度的要求。

第九条　公共航空运输企业应当按照相关规定，为航空安全员配备装备，并对装备实施统一管理，明确管理责任，建立管理工作制度，确保装备齐全有效。

装备管理工作记录应当保留12个月以上。

第十条　机长在履行飞行中安全保卫职责时，行使下列权力：

（一）在航空器起飞前，发现未依法对航空器采取安全保卫措施的，有权拒绝起飞；

（二）对扰乱航空器内秩序，妨碍机组成员履行职责，不听劝阻的，可以要求机组成员对行为人采取必要的管束措施，或在起飞前、降落后要求其离机；

（三）对航空器上的非法干扰行为等严重危害飞行安全的行为，可以要求机组成员启动相应处置程序，采取必要的制止、制服措施；

（四）处置航空器上的扰乱行为或者非法干扰行为，必要时请求旅客协助；

（五）在航空器上出现扰乱行为或者非法干扰行为等严重危害飞行安全行为时，根据需要改变原定飞行计划或对航空器做出适当处置。

第十一条　机长统一负责飞行中的安全保卫工作。航空安全员在机长领导下，承担飞行中安全保卫的具体工作。机组其他成员应当协助机长、航空安全员共同做好飞行中安全保卫工作。

机组成员应当按照相关规定，履行下列职责：

（一）按照分工对航空器驾驶舱和客舱实施安保检查；

（二）根据安全保卫工作需要查验旅客及机组成员以外的工作人员的登机凭证；

（三）制止未经授权的人员或物品进入驾驶舱或客舱；

（四）对扰乱航空器内秩序或妨碍机组成员履行职责，且不听劝阻的，采取必要的管束措施，或在起飞前、降落后要求其离机；

（五）对严重危害飞行安全的行为，采取必要的措施；

（六）实施运输携带武器人员、押解犯罪嫌疑人、遣返人员等任务的飞行中安保措施；

（七）法律、行政法规和规章规定的其他职责。

第十二条　旅客应当遵守相关规定，保持航空器内的良好秩序；发现航空器上可疑情况时，可以向机组成员举报。旅客在协助机组成员处置扰乱行为或者非法干扰行为时，应当听从机组成员指挥。

### 第三章　工作措施

第十三条　公共航空运输企业应当根据本规则及其他相关规定，制定飞行中安全保卫措施，明确机组成员飞行中安全保卫职责，并纳入本单位航空安全保卫方案。

第十四条　公共航空运输企业应当建立并严格执行飞行中安全保卫工作值班制度和备勤制度，保证信息传递畅通，确保可以根据飞行中安全保卫工作的需要调整和增派人员。

第十五条　公共航空运输企业应当按照相关规定，在飞行中的航空器内配备安保资料，包括：

（一）适合本机型的客舱安保搜查单；

（二）发现爆炸物或可疑物时的处置程序；

（三）本机型航空器最低风险爆炸位置的相关资料；

（四）航空器客舱安保检查单；

（五）航班机组报警单；

（六）其他规定的安保资料。

机上安保资料应当注意妥善保管，严防丢失被盗；机组成员应当熟知机上安保资料的存放位置和使用要求。

第十六条 公共航空运输企业应当为航空安全员在航空器上预留座位，座位的安排应当紧邻过道以便于航空安全员执勤为原则，固定位置最长不得超过6个月。

第十七条 公共航空运输企业应当建立航前协同会制度。

机长负责召集机组全体成员参加航前协同会，明确飞行中安全保卫应急处置预案。

第十八条 公共航空运输企业应当建立并严格执行飞行中安全保卫工作执勤日志管理制度。

第十九条 国家警卫对象乘机时，公共航空运输企业应当按照国家相关规定采取飞行中安全保卫措施。

第二十条 携带武器人员、押解犯罪嫌疑人或遣返人员乘机的，公共航空运输企业应当按照国家相关规定，采取飞行中安全保卫措施。

第二十一条 公共航空运输企业应当严格控制航空器上含酒精饮料的供应量，避免机上人员饮酒过量。

第二十二条 航空器驾驶舱和客舱的安保检查由机组成员在旅客登机前、下机后共同实施，防止航空器上留有未经授权的人员和武器、爆炸物等危险违禁物品。

第二十三条 机组成员应当对飞行中的航空器驾驶舱采取保护措施，除下列人员外，任何人不得进入飞行中的航空器驾驶舱：

（一）机组成员；

（二）正在执行任务的民航局或者地区管理局的监察员或委任代表；

（三）得到机长允许并且其进入驾驶舱对于安全运行是必需或者有益的人员；

（四）经机长允许，并经公共航空运输企业特别批准的其他人员。

第二十四条 机组成员应当按照机长授权处置扰乱行为和非法干扰行为。

根据机上案（事）件处置程序，发生扰乱行为时，机组成员应当口头予以制止，制止无效的，应当采取管束措施；发生非法干扰行为时，机组成员应当采取一切必要处置措施。

第二十五条 出现严重危害航空器及所载人员生命安全的紧急情况，机组成员无法与机长联系时，应当立即采取必要处置措施。

第二十六条 机组成员对扰乱行为或非法干扰行为处置，应当依照规定及时报案，移交证据材料。

第二十七条 国内民用航空旅客运输中发生非法干扰行为时，公共航空运输企业应当立即向民航局、企业所在地和事发地民航地区管理局报告，并在处置结束后15个工作日内按照相关规定书面报告民航地区管理局。

航空器起飞后发生的事件，提交给最先降落地机场所在地民航地区管理局；航空器未起飞时发生的事件，提交给起飞地机场所在地民航地区管理局。

国际民用航空旅客运输中发生非法干扰行为时，公共航空运输企业应当立即报告民航局，并在处置结束后15个工作日内将书面报告提交给民航局。

第二十八条 航空安全员应当按照相关规定，携带齐全并妥善保管执勤装备、证件及安保资料。

第二十九条 航空安全员在饮用含酒精饮料之后的8小时之内，或其呼出气体中所含酒精浓度达到或者超过0.04克/210升，或处在酒精作用状态之下，或受到药物影响损及工作能力时，不得在航空器上履行职责。

公共航空运输企业不得派遣存在前款所列情况的航空安全员在其航空器上履行飞行中安全保卫职责。

第三十条　航空安全员值勤、飞行值勤期、休息期的定义，飞行值勤期限制、累积飞行时间、值勤时间限制和休息时间的附加要求，依照《大型飞机公共航空运输承运人运行合格审定规则》中对客舱乘务员的规定执行。

其中，飞行值勤期限制规定中，航空安全员最低数量配备标准应当执行相关派遣规定的要求。

第三十一条　公共航空运输企业不得派遣航空安全员在超出本规定的值勤期限制、飞行时间限制或不符合休息期要求的情况下执勤。

航空安全员不得接受超出规定范围的执勤派遣。

**第四章　培训质量控制**

第三十二条　公共航空运输企业应当按照国家民用航空安全保卫培训方案和国家民用航空安全保卫质量控制计划，落实飞行中安全保卫工作的培训和质量控制要求。

公共航空运输企业每年至少应当组织一次驾驶员、乘务员和航空安全员共同参与的飞行中安全保卫实战演练。

第三十三条　公共航空运输企业应当按照相关规定，提供满足机组成员飞行中安全保卫工作培训需要的场所、装备器械、设施、设备、教材、人员及其他保障。

第三十四条　公共航空运输企业应当按照相关规定，组织新招录航空安全员进行实习飞行。

实习飞行应当由经民航局培训的教员指导实施。

第三十五条　公共航空运输企业应当建立飞行中安全保卫业务培训考核机制，并为机组成员建立和保存飞行中安全保卫业务培训记录，该培训记录保存至少36个日历月。

航空安全员不再服务于该企业时，公共航空运输企业应当自其离职之日起，将前款要求的培训记录保存至少12个日历月。航空安全员自离职之日起11个日历月内提出要求时，公共航空运输企业应当在1个日历月之内向其提供飞行中安全保卫培训记录复印件。

**第五章　法律责任**

第三十六条　公共航空运输企业有下列行为之一的，由地区管理局责令限期改正；逾期未改正的，处以警告或1万元以下罚款：

（一）违反本规则第五条第二款，公共航空运输企业分公司或基地，未按规定设立或指定航空安保机构，配备人员的；

（二）违反本规则第九条第二款，未按规定保存航空安全员装备管理工作记录的；

（三）违反本规则第十五条第一款，未按规定配备齐全安保资料的；

（四）违反本规则第十六条，未按规定为航空安全员在航空器上预留座位的；

（五）违反本规则第三十三条，未按规定提供满足机组成员飞行中安全保卫工作培训需要的场所、装备器械、设施、设备、教材、人员及其他保障的；

（六）违反本规则第三十四条，未按规定组织实习飞行，或从事实习飞行带飞的教员不符合相关规定要求的；

（七）违反本规则第三十五条第二款，未按规定提供航空安全员飞行中安全保卫培训记录复印件的。

第三十七条　公共航空运输企业有下列行为之一的，由地区管理局责令限期改正；逾期未改正的，处以1万元以上3万元以下罚款：

（一）违反本规则第五条第一款，公共航空运输企业未按规定设立或指定专门航空安保机构的；

（二）违反本规则第六条，未按规定配备和管理航空安全员队伍，或未建立航空安全员技术等级制度的；

（三）违反本规则第十三条，未按规定制定飞行中安全保卫措施并将其纳入本单位航空安全保卫方案的；

（四）违反本规则第十四条，未建立有关值班制度和备勤制度或未严格执行的；

（五）违反本规则第十七条第一款，未建立航前协同会制度的；

（六）违反本规则第十八条，未按规定建立飞行中安全保卫工作执勤日志管理制度或未严格执行的。

第三十八条　公共航空运输企业违反本规则第七条第二款，在航空安全员飞行值勤期间，安排其从事其他岗位工作的；由地区管理局责令其停止违法行为，并处以警告或者1万元以下罚款。

第三十九条　公共航空运输企业有下列行为之一的，由地区管理局责令其停止违法行为，处以1万元以上3万元以下罚款：

（一）违反本规则第二十九条第二款，派遣不符合规定的航空安全员在航空器上履行飞行中安全保卫职责的；

（二）违反本规则第三十条、第三十一条第一款，未按规定执行航空安全员飞行值勤期限制、累积飞行时间、值勤时间限制和休息时间的。

第四十条　公共航空运输企业违反本规则第二十七条，迟报、漏报或者隐瞒不报信息的，由民航行政机关予以警告并处以1万元以上3万元以下罚款。

第四十一条　公共航空运输企业违反本规则第七条第一款，未按规定派遣航空安全员的，处以1万元以上3万元以下罚款；未按规定派遣航空安全员，且造成事故隐患的，由民航行政机关依据《中华人民共和国安全生产法》第九十九条责令公共航空运输企业立即消除或者限期消除；公共航空运输企业拒不执行的，责令停产停业整顿，并处10万元以上50万元以下的罚款，对其直接负责的主管人员和其他直接责任人员处2万元以上5万元以下的罚款。

第四十二条　公共航空运输企业违反本规则第八条第一款，不能保证飞行中安全保卫工作经费，致使公共航空运输企业不具备安全运行条件的，由民航行政机关依据《中华人民共和国安全生产法》第九十条责令限期改正，提供必需的资金；逾期未改正的，责令停产停业整顿。

第四十三条　公共航空运输企业违反本规则第八条第二款、第九条第一款，安保经费保障未达到反恐怖主义工作专项经费保障制度相关要求的，或未按规定配备安保人员和相应设备设施，由具有管辖权公安机关，按照《中华人民共和国反恐怖主义法》第八十八条给予警告、并责令改正，拒不改正的，处10万元以下罚款，并对其直接负责的主管人员和其他直接责任人员处1万元以下罚款。

第四十四条　公共航空运输企业有下列情形之一的，由民航行政机关依据《中华人民共和国安全生产法》第九十四条责令公共航空运输企业限期改正，可以处5万元以下罚款；逾期未改正的，责令停产停业整顿，并处5万元以上10万元以下罚款，对其直接负责的主管人员和其他直接责任人员处1万元以上2万元以下罚款：

（一）违反本规则第三十二条第一款，未进行航空安保培训的；

（二）违反本规则第三十二条第二款，未按规定组织飞行中安全保卫实战演练的；

（三）违反本规则第三十五条第一款，未如实记录航空安保培训情况的。

第四十五条　机组成员违反本规则第十一条、第十五条第二款、第十七条第二款、第二十二条、第二十三条、第二十九条第一款，未按照本规则规定履行安全保卫职责的，由地区管理局处以警告或1000元以下罚款。

第四十六条　航空安全员有下列行为之一的，由地区管理局处以1000元以下罚款：

（一）违反本规则第二十八条，未按规定携带齐全、妥善保管执勤装备和安保资料的；

（二）违反本规则第三十一条第二款，接受超出规定范围的执勤派遣。

航空安全员违反本规则第二十八条未按规定携带证件，按照《中华人民共和国民用航空法》相关规定进行处罚。

第四十七条　旅客违反本规则有关规定，由具有管辖权的公安机关依据《中华人民共和国治安管理处罚法》给予处罚。

第四十八条　对公共航空运输企业的行政处罚、行政强制等处理措施及其执行情况记入守法信用信息记录，并按照有关规定进行公示。

## 第六章　附则

第四十九条　本规则使用的部分术语定义如下：

飞行中，是指航空器从装载完毕、机舱外部各门均已关闭时起，直至打开任一机舱门以便卸载时为止。航空器强迫降落时，在主管当局接管对该航空器及其所载人员和财产的责任前，应当被认为仍在飞行中。

机组成员，是指在飞行中民用航空器上执行任务的驾驶员、乘务员、航空安全员和其他空勤人员。

航空安全员，是指为了保证航空器及其所载人员安全，在民用航空器上执行安全保卫任务，具有航空安全员资质的人员。

非法干扰行为，是指危害民用航空安全的行为或未遂行为，主要包括：

（一）非法劫持航空器；

（二）毁坏使用中的航空器；

（三）在航空器上或机场扣留人质；

（四）强行闯入航空器、机场或航空设施场所；

（五）为犯罪目的而将武器或危险装置、材料带入航空器或机场；

（六）利用使用中的航空器造成死亡、严重人身伤害，或对财产或环境的严重破坏；

（七）散播危害飞行中或地面上的航空器、机场或民航设施场所内的旅客、机组、地面人员或大众安全的虚假信息。

扰乱行为，是指在民用机场或在航空器上不遵守规定，或不听从机场工作人员或机组成员指示，从而扰乱机场或航空器上良好秩序的行为。航空器上的扰乱行为主要包括：

（一）强占座位、行李架的；

（二）打架斗殴、寻衅滋事的；

（三）违规使用手机或其他禁止使用的电子设备的；

（四）盗窃、故意损坏或者擅自移动救生物品等航空设施设备或强行打开应急舱门的；

（五）吸烟（含电子香烟）、使用火种的；

（六）猥亵客舱内人员或性骚扰的；

（七）传播淫秽物品及其他非法印制物的；

（八）妨碍机组成员履行职责的；

（九）扰乱航空器上秩序的其他行为。

第五十条 本规则自2017年3月10日起施行。2016年4月4日起施行的《公共航空旅客运输飞行中安全保卫工作规则》(交通运输部令2016年第5号)同时废止。

(引自《国务院公报》2017年第23号)

### (五)办法

办法,是指针对某一特定的法规或事项,确定其具体办理方法、实施程序的一种规范性文件。

**规章文例5**

城市生活无着的流浪乞讨人员救助管理办法

(2003年6月20日中华人民共和国国务院第381号令公布)

第一条 为了对在城市生活无着的流浪、乞讨人员(以下简称流浪乞讨人员)实行救助,保障其基本生活权益,完善社会救助制度,制定本办法。

第二条 县级以上城市人民政府应当根据需要设立流浪乞讨人员救助站。救助站对流浪乞讨人员的救助是一项临时性社会救助措施。

第三条 县级以上城市人民政府应当采取积极措施及时救助流浪乞讨人员,并应当将救助工作所需经费列入财政预算,予以保障。

国家鼓励、支持社会组织和个人救助流浪乞讨人员。

第四条 县级以上人民政府民政部门负责流浪乞讨人员的救助工作,并对救助站进行指导、监督。

公安、卫生、交通、铁道、城管等部门应当在各自的职责范围内做好相关工作。

第五条—第十六条(略)

第十七条 本办法的实施细则由国务院民政部门制定。

第十八条 本办法自2003年8月1日起施行。1982年5月12日国务院发布的《城市流浪乞讨人员收容遣送办法》同时废止。

(引自《国务院公报》2003年第21号)

### (六)细则

细则,是指起补充和辅助作用的规范性文件。

**规章文例6**

国务院办公厅印发《关于全面推进政务公开工作的意见》实施细则的通知

国办发〔2016〕80号

各省、自治区、直辖市人民政府,国务院各部委、各直属机构:

《〈关于全面推进政务公开工作的意见〉实施细则》已经国务院同意,现印发给你们,请结合实际认真贯彻落实。

国务院办公厅
2016年11月10日

## 《关于全面推进政务公开工作的意见》实施细则

为贯彻落实中共中央办公厅、国务院办公厅《关于全面推进政务公开工作的意见》要求，进一步推进决策、执行、管理、服务、结果公开（以下统称"五公开"），加强政策解读、回应社会关切、公开平台建设等工作，持续推动简政放权、放管结合、优化服务改革，制定本实施细则。

**一、着力推进"五公开"**

（一）将"五公开"要求落实到公文办理程序。行政机关拟制公文时，要明确主动公开、依申请公开、不予公开等属性，随公文一并报批，拟不公开的，要依法依规说明理由。对拟不公开的政策性文件，报批前应先送本单位政务公开工作机构审查。部门起草政府政策性文件代拟稿时，应对公开属性提出明确建议并说明理由；部门上报的发文请示件没有明确的公开属性建议的，或者没有依法依规说明不公开理由的，本级政府办公厅（室）可按规定予以退文。

（二）将"五公开"要求落实到会议办理程序。各地区各部门要于2017年底前，建立健全利益相关方、公众代表、专家、媒体等列席政府有关会议的制度，增强决策透明度。提交地方政府常务会议和国务院部门部务会议审议的重要改革方案和重大政策措施，除依法应当保密的外，应在决策前向社会公布决策草案、决策依据，广泛听取公众意见。对涉及公众利益、需要社会广泛知晓的电视电话会议，行政机关应积极采取广播电视、网络和新媒体直播等形式向社会公开。对涉及重大民生事项的会议议题，国务院部门、地方各级行政机关特别是市县两级政府制订会议方案时，应提出是否邀请有关方面人员列席会议、是否公开以及公开方式的意见，随会议方案一同报批；之前已公开征求意见的，应一并附上意见收集和采纳情况的说明。

（三）建立健全主动公开目录。推进主动公开目录体系建设，要坚持以公开为常态、不公开为例外，进一步明确各领域"五公开"的主体、内容、时限、方式等。

2017年底前，发展改革、教育、工业和信息化、公安、民政、财政、人力资源社会保障、国土资源、交通运输、环保、住房和城乡建设、商务、卫生计生、海关、税务、工商、质检、安监、食品药品监管、证监、扶贫等国务院部门要在梳理本部门本系统应公开内容的基础上，制定本部门本系统的主动公开基本目录；2018年底前，国务院各部门应全面完成本部门本系统主动公开基本目录的编制工作，并动态更新，不断提升主动公开的标准化规范化水平。

（四）对公开内容进行动态扩展和定期审查。各地区各部门每年要根据党中央、国务院对政务公开工作的新要求以及公众关切，明确政务公开年度工作重点，把握好公开的力度和节奏，稳步有序拓展"五公开"范围，细化公开内容。各级行政机关要对照"五公开"要求，每年对本单位不予公开的信息以及依申请公开较为集中的信息进行全面自查，发现应公开未公开的信息应当公开，可转为主动公开的应当主动公开，自查整改情况应及时报送本级政府办公厅（室）。各级政府办公厅（室）要定期抽查，对发现的应公开未公开等问题及时督促整改。严格落实公开前保密审查机制，妥善处理好政务公开与保守国家秘密的关系。

（五）推进基层政务公开标准化规范化。在全国选取100个县（市、区）作为试点单位，重点围绕基层土地利用总体规划、税费收缴、征地补偿、拆迁安置、环境治理、公共事业投入、公共文化服务、扶贫救灾等群众关切信息，以及劳动就业、社会保险、社会救助、社会福利、户籍管理、宅基地审批、涉农补贴、医疗卫生等方面的政务服务事项，开展"五公开"标准化规范化试点工作，探索适应基层特点的公开方式，通过两年时间形成县乡政府政务公开标准规范，总结可推广、可复制的经验，切实优化政务服务，提升政府效能，破解企业和群众"办证多、办事难"问题，打通政府联系服务群众"最后一公里"。

## 二、强化政策解读

（一）做好国务院重大政策解读工作。

国务院部门是国务院政策解读的责任主体，要围绕国务院重大政策法规、规划方案和国务院常务会议议定事项等，通过参加国务院政策例行吹风会、新闻发布会、撰写解读文章、接受媒体采访和在线访谈等方式进行政策解读，全面深入介绍政策背景、主要内容、落实措施及工作进展，主动解疑释惑，积极引导国内舆论、影响国际舆论、管理社会预期。

国务院发布重大政策，国务院相关部门要进行权威解读，新华社进行权威发布，各中央新闻媒体转发。部门主要负责人是"第一解读人和责任人"，要敢于担当，通过发表讲话、撰写文章、接受访谈、参加发布会等多种方式，带头解读政策，传递权威信息。对以国务院或国务院办公厅名义印发的重大政策性文件，起草部门在上报代拟稿时应一并报送政策解读方案和解读材料，并抓好落实。需配发新闻稿件的，文件牵头起草部门应精心准备，充分征求相关部门意见，经本部门主要负责人审签，按程序报批后，由中央主要媒体播发。要充分发挥各部门政策参与制定者和掌握相关政策、熟悉有关领域业务的专家学者的作用，围绕国内外舆论关切，多角度、全方位、有序有效阐释政策，着力提升解读的权威性和针对性。对一些专业性较强的政策，进行形象化、通俗化解读，多举实例，多讲故事。

充分运用中央新闻媒体及所属网站、微博微信和客户端做好国务院重大政策宣传解读工作，发挥主流媒体"定向定调"作用，正确引导舆论。注重利用商业网站以及都市类、专业类媒体，做好分众化对象化传播。宣传、网信部门要加强指导协调，组织开展政策解读典型案例分析和效果评估，不断总结经验做法，督促问题整改，切实增强政策解读的传播力和影响力。

国务院政策例行吹风会是解读重大政策的重要平台，各部门要高度重视，主要负责人要积极参加，围绕吹风会议题，精心准备，加强衔接协调，做到精准吹风。对国际舆论重要关切事项，相关部门主要负责人要面向国际主流媒体，通过集体采访、独家访谈等多种形式，深入阐释回应，进一步提升吹风会实效。遇有重大突发事件和重要社会关切，相关部门主要负责人要及时主动参加吹风会，表明立场态度，发出权威声音。对各部门主要负责人参加国务院政策例行吹风会的情况要定期通报。

（二）加强各地区各部门政策解读工作。

各地区各部门要按照"谁起草、谁解读"的原则，做好政策解读工作。以部门名义印发的政策性文件，制发部门负责做好解读工作；部门联合发文的，牵头部门负责做好解读工作，其他联合发文部门配合。以政府名义印发的政策性文件，由起草部门做好解读工作。解读政策时，着重解读政策措施的背景依据、目标任务、主要内容、涉及范围、执行标准，以及注意事项、关键词诠释、惠民利民举措、新旧政策差异等，使政策内涵透明，避免误解误读。

坚持政策性文件与解读方案、解读材料同步组织、同步审签、同步部署。以部门名义印发的政策性文件，报批时应当将解读方案、解读材料一并报部门负责人审签。

对以政府名义印发的政策性文件，牵头起草部门上报代拟稿时应将经本部门主要负责人审定的解读方案和解读材料一并报送，上报材料不齐全的，政府办公厅（室）按规定予以退文。文件公布前，要做好政策吹风解读和预期引导；文件公布时，相关解读材料应与文件同步在政府网站和媒体发布；文件执行过程中，要密切跟踪舆情，分段、多次、持续开展解读，及时解疑释惑，不断增强主动性、针对性和时效性。

对涉及群众切身利益、影响市场预期等重要政策，各地区各部门要善于运用媒体，实事求是、有的放矢开展政策解读，做好政府与市场、与社会的沟通工作，及时准确传递政策意图。要重视收集反馈的信息，针对市场和社会关切事项，更详细、更及时地做好政策解读，减少误解猜疑，稳定预期。

## 三、积极回应关切

（一）明确回应责任。按照属地管理、分级负责、谁主管谁负责的原则，做好政务舆情的回应工作，涉事责任部门是第一责任主体。对涉及国务院重大政策、重要工作部署的政务舆情，国务院相关部门是回应主体；涉及地方的政务舆情，属地涉事责任部门是回应主体；涉及多个地方的政务舆情，上级政府主管部门是回应主体。

政府办公厅（室）会同宣传部门做好组织协调工作。

（二）突出舆情收集重点。重点了解涉及党中央国务院重要决策部署、政府常务会议和国务院部门部务会议议定事项的政务舆情信息；涉及公众切身利益且可能产生较大影响的媒体报道；引发媒体和公众关切、可能影响政府形象和公信力的舆情信息；涉及重大突发事件处置和自然灾害应对的舆情信息；严重冲击社会道德底线的民生舆情信息；严重危害社会秩序和国家利益的不实信息等。

（三）做好研判处置。建立健全政务舆情收集、会商、研判、回应、评估机制，对收集到的舆情加强研判，区别不同情况，进行分类处置。对建设性意见建议，吸收采纳情况要对外公开。对群众反映的实际困难，研究解决的情况要对外公布。对群众反映的重大问题，调查处置情况要及时发布。对公众不了解情况、存在模糊认识的，要主动发布权威信息，解疑释惑，澄清事实。对错误看法，要及时发布信息进行引导和纠正。对虚假和不实信息，要在及时回应的同时，将涉嫌违法的有关情况和线索移交公安机关、网络监管部门依法依规进行查处。进一步做好专项回应引导工作，重点围绕"两会"、经济数据发布和经济形势、重大改革举措、重大督查活动、重大突发事件等，做好舆情收集、研判和回应工作。

（四）提升回应效果。对涉及群众切身利益、影响市场预期和突发公共事件等重点事项，要及时发布信息。对涉及特别重大、重大突发事件的政务舆情，要快速反应，最迟要在5小时内发布权威信息，在24小时内举行新闻发布会，并根据工作进展情况，持续发布权威信息，有关地方和部门主要负责人要带头主动发声。针对重大政务舆情，建立与宣传、网信等部门的快速反应和协调联动机制，加强与有关新闻媒体和网站的沟通联系，着力提高回应的及时性、针对性、有效性。通过购买服务、完善大数据技术支撑等方式，用好专业力量，提高舆情分析处置的信息化水平。

## 四、加强平台建设

（一）强化政府网站建设和管理。各级政府办公厅（室）是本级政府网站建设管理的第一责任主体，负责本级政府门户网站建设以及对本地区政府网站的监督和管理；要加强与网信、编制、工信、公安、保密等部门的协作，对政府网站的开办、建设、定级、备案、运维、等级保护测评、服务、互动、安全和关停等进行监管。建立健全政府网站日常监测机制，及时发现和解决本地区、本系统政府网站存在的突出问题。推进网站集约化建设，将没有人力、财力保障的基层网站迁移到上级政府网站技术平台统一运营或向安全可控云服务平台迁移。

加快出台全国政府网站发展指引，明确网站功能定位以及相关标准和要求，分区域分层级分门类对网站从开办到关停的全生命周期进行规范。

（二）加强网站之间协同联动。打通各地区各部门政府网站，加强资源整合和开放共享，提升网站的集群效应，形成一体化的政务服务网络。国务院通过中国政府网发布的对全局工作有指导意义、需要社会广泛知晓的重要政策信息，国务院各部门和地方各级政府网站要即时充分转载；涉及某个行业或地区的政策信息，有关部门和地方网站应及时转载。国务院办公厅定期对国务院部门、省级政府、市县政府门户网站转载情况进行专项检查。要加强政府网站与主要新闻媒体、新闻网站、商业网站的联动，通过合办专栏专版等方式，提升网站的集群和扩散效应，形成传播合力，提升传播效果。

（三）充分利用新闻媒体平台。新闻媒体是政务公开的重要平台。各级政府及其部门要在立足政府网站、政务微博微信、政务客户端等政务公开自有平台的基础上，加强与宣传、网信等部门以及新闻媒体的沟通联系，充分运用新闻媒体资源，做好政务公开工作。要通过主动向媒体提供素材，召开媒体通气会，推荐掌握相关政策、熟悉相关领域业务的专家学者接受媒体访谈等方式，畅通媒体采访渠道，更好地发挥新闻媒体的公开平台作用。积极安排中央和地方主流媒体及其新媒体负责人列席有关会议，进一步扩大政务公开的覆盖面和影响力。

（四）发挥好政府公报的标准文本作用。政府公报要及时准确刊登本级政府及其部门发布的规章和规范性文件，做到应登尽登，为公众查阅、司法审判等提供有效的标准文本。各级政府要推进历史公报数字化工作，争取到"十三五"期末，建立覆盖创刊以来本级政府公报刊登内容的数据库，在本级政府网站等提供在线服务，方便公众查阅。

## 五、扩大公众参与

（一）明确公众参与事项范围。围绕政府中心工作，细化公众参与事项的范围，让公众更大程度参与政策制定、执行和监督。国务院部门要重点围绕国民经济和社会发展计划、重大规划，国家和社会管理重要事务、法律议案和行政法规草案等，根据需要通过多种方式扩大公众参与。省级政府要重点围绕国民经济和社会发展规划、年度计划，省级社会管理事务、政府规章和重要政策措施、重大建设项目等重要决策事项，着力做好公众参与工作。市县级政府要重点围绕市场监管、经济社会发展和惠民政策措施的执行落地，着力加强利益相关方和社会公众的参与。

（二）规范公众参与方式。完善民意汇集机制，激发公众参与的积极性。涉及重大公共利益和公众权益的重要决策，除依法应当保密的外，须通过征求意见、听证座谈、咨询协商、列席会议、媒体吹风等方式扩大公众参与。行政机关要严格落实法律法规规定的听证程序，提高行政执法的透明度和认可度。发挥好人大代表、政协委员、民主党派、人民团体、社会公众、新闻媒体的监督作用，积极运用第三方评估等方式，做好对政策措施执行情况的评估和监督工作。公开征求意见的采纳情况应予公布，相对集中的意见建议不予采纳的，公布时要说明理由。

（三）完善公众参与渠道。积极探索公众参与新模式，不断拓展政府网站的民意征集、网民留言办理等互动功能，积极利用新媒体搭建公众参与新平台，加强政府热线、广播电视问政、领导信箱、政府开放日等平台建设，提高政府公共政策制定、公共管理、公共服务的响应速度，增进公众对政府工作的认同和支持。

## 六、加强组织领导

（一）强化地方政府责任。地方各级政府要充分认识互联网环境下做好政务公开工作的重大意义，转变理念，提高认识，将政务公开纳入重要议事日程，主要负责人亲自抓，明确一位分管负责人具体抓，推动本地区各级行政机关做好信息公开、政策解读、回应关切等工作。

主要负责人每年至少听取一次政务公开工作汇报，研究推动工作，有关情况和分管负责人工作分工应对外公布。要组织实施好基层政务公开标准化规范化试点工作，让政府施政更加透明高效，便利企业和群众办事创业。

（二）建立健全政务公开领导机制。调整全国政务公开领导小组，协调处理政务公开顶层设计和重大问题，部署推进工作。各地区各部门也要建立健全政务公开协调机制。各级政府政务公开协调机制成员单位由政府有关部门、宣传部门、网信部门等组成。

（三）完善政务公开工作机制。各地区各部门要整合力量，理顺机制，明确承担政务公开工作的机构，配齐配强工作人员。政务公开机构负责组织协调、指导推进、监督检查本地区本系统的政务公开工作，做好本行政机关信息公开、政府网站、政府公报、政策解读、回应关切、公众参与等工作。在政务公开协调机制下，各级政府及其部门要与宣传部门、网信部门紧密协作，指导协调主要媒体、重点新闻网站和主要商业网站，充分利用各媒体平台、运用全媒体手段做好政务公开工作。各地区各部门要完善信息发布协调机制，对涉及其他地方、部门的政府信息，应当与有关单位沟通确认，确保发布的信息准确一致。

（四）建立效果评估机制。政府办公厅（室）要建立健全科学、合理、有效的量化评估指标体系，适时通过第三方评估、民意调查等方式，加强对信息公开、政策解读、回应关切、媒体参与等方面的评估，并根据评估结果不断调整优化政务公开的方式方法。评估结果要作为政务公开绩效考核的重要参考。

（五）加强政务公开教育培训。各地区各部门要制订政务公开专项业务培训计划，组织开展业务培训和研讨交流，2018年底前对政务公开工作人员轮训一遍。各级行政学院等干部培训院校应将政务公开纳入干部培训课程，着力强化各级领导干部在互联网环境下的政务公开理念，提高指导、推动政务公开工作的能力和水平。政务公开工作人员要加强政策理论学习和业务研究，准确把握政策精神，增强专业素养。

（六）强化考核问责机制。各地区各部门要将信息公开、政策解读、回应关切、媒体参与等方面情况作为政务公开的重要内容纳入绩效考核体系，政务公开工作分值权重不应低于4%。强化政务公开工作责任追究，定期对政务公开工作开展情况进行督查，对政务公开工作推动有力、积极参与的单位和个人，要按照有关规定进行表彰；对重要信息不发布、重大政策不解读、热点回应不及时的，要严肃批评、公开通报；对弄虚作假、隐瞒实情、欺骗公众，造成严重社会影响的，要依纪依法追究相关单位和人员责任。

政务公开是行政机关全面推进决策、执行、管理、服务、结果全过程公开，加强政策解读、回应关切、平台建设、数据开放，保障公众知情权、参与权、表达权和监督权，增强政府公信力执行力，提升政府治理能力的制度安排。各级行政机关、法律法规授权的具有管理公共事务职能的组织为《关于全面推进政务公开工作的意见》的适用主体，公共企业事业单位参照执行。公民、法人和其他组织向行政机关申请获取相关政府信息的，行政机关应依据《中华人民共和国政府信息公开条例》的规定妥善处理。

（引自《国务院公报》2016年第33号）

## 三、规章应该这样写

### （一）载体要规范

1. 载体的适用文种要规范

任何规章都没有单独行文的资格，都要借助于一个合适的文种作为载体。

党的领导机关的规章按照规定是用发布型通知作为载体。

行政机关的规章凡依法可以使用命令的，应当用政府或部门令作为载体。按照《立法法》第八十五条的规定，部门规章由部门首长签署命令予以公布。地方政府规章由省长、自治区主席、市长或者自治州州长签署命令予以公布。

2. 载体的要素要完备

按照《规章制定程序条例》第三十条的规定，公布规章的命令应当载明该规章的制定机关、序号、规章名称、通过日期、施行日期、部门首长或者省长、自治区主席、市长署名以及公布日期。部门联合规章由联合制定的部门首长共同署名公布，使用主办机关的命令序号。按照该条例第三十二条的规定，规章应当自公布之日起 30 日后施行；但是，涉及国家安全、外汇汇率、货币政策的确定以及公布后不立即施行将有碍规章施行的，可以自公布之日起施行。

### （二）内容要严密

规章的内容必须对涉及的方方面面都要做出相应的规定，应该怎么样，不应该怎么样，每个方面都应规定得清清楚楚，不能有丝毫的疏忽和遗漏。只有这样才能保证规章的严肃性和严密性，才能使越规犯禁的人受到制约，心术不正的人无机可乘，老实本分的人有章可循。规章如若太原则、太抽象，不具体，就会使读者难以准确理解，不便于操作实施。

### （三）章虽断条相连

这是规章制度在结构安排上的显著特点。条款最繁的有七级，即编、章、节、条、款、项、目。常用的有"条、款"两级或"章、条、款"三级。章断条连是指："章"是相互独立的，如第一章、第二章等；而"条"是全篇连贯的，即从开头"条"到底。如第一章下面共有 3 条，第二章的第一条不叫"第一条"，而叫"第四条"，此即是"章断条连"。但有一点要注意，"条连款不连"。"条"下分"款"，这是对的。但上下"条"的"款"之间序号并不相连，而是各自独立。

"条"与"条"之间或"条"与"款"之间在逻辑顺序上一般采用演绎法：先一般，后个别；先总纲，后细目；先原则，后例外。层次严谨，条款分明，一目了然，是非清楚。章虽断条相连是规章制度内容的严密性对结构的独特要求。如果不分条款密密麻麻一大片，就容易出现模糊不清或丢三落四，既不便于记忆，又不便于执行。

### （四）说明是唯一的表达方式

规章几乎通篇都是用说明这一种表达方式。因为不管是哪一种规章，都只需把有关条款说清楚就可以了，一般用不着去逐条申述理由或意义，更没有必要把每条规定的制定过程和背景都写出来。

### （五）材料使用的间接性

写任何的文章都离不开翔实、典型的原始素材，写规章制度类文章也不例外。但由于文章的种类不同，对材料的处理方式也有明显的差异。经验介绍类文章需要把现实工作中的有关材料直接写入文章中，我们称为直接采用法。在撰写规章制度类文章时，材料只能作为撰写文章的依据或凭据，尽管规章中的观点是根据这些材料形成的，但却并不把这些具体的材料写入规章之中，我们称为非直接采用法或叫材料使用的间接性。如针对档案管理中有的人借了档案不还，或有的人在借阅档案的过程中时有损毁档案的情况发生，就有必要起草一份《档案借阅规则》或《损毁档案赔偿办法》。这就需要起草人下功夫收集在日常的档案借阅工作中发生的具体、真实的情况，只有大量地占有材料，写出的规章制度才能有更强的针对性。但执笔人却并不需要把这些具体的材料写进规章里面去，这是规章制度类文章区别于其他文章的一个显著特点。有的单位在起草规章时出于让读者容易理解的良好目的，总是喜欢在"例如"后举一些具体的例子，这是不了解规章制度类文章写作的特点。殊不知，现在一些看似典型的事例随着时间的推移就会出现不合时宜的情况，而规章制度要保持一定的稳定性，不能朝令夕改。更何况实际工作中的例子是千奇百怪、不胜枚举的，具体事例的包容性是有限的，远没有准确、具体的说明更便于操作实施。

### （六）措辞要滴水不漏

措辞严密是规章类文章在语言运用上的一个特点。俗话说："法网恢恢，疏而不漏"，规章类公文内容的严密性必须借助于语言的无懈可击才能实现，否则，即使执笔人想得再周到，也会因语言不准确而留下漏洞；即使结构再严谨，也会因措辞歧义而给规章的实施带来混乱。因此，在规章类公文中的每个章节、每个条款、每个字词，乃至每个标点符号都要认真推敲，都必须有肯定的属性、明确的含义；要保证读者对每个条款、每个字词都只能有一种理解，不能有多种理解。具体规范人们行为的条款通常用"应当""必须"或"禁止""不得"等，不能用劝说或请求性词语，如"最好""希望"等。如果措辞含糊，提法笼统，逻辑混乱，就失去了规章严肃性、规范性的特色，不但起不到有利于管理的目的，反而会给管理带来新的混乱。

### （七）条款类型要齐全

规章类公文的条款类型包括：依据或目的性条款；限定适用范围与主管机关的条款；明确重要概念的条款与弹性条款；违反处罚的条款；保证规章统一性的条款；解释和废止的条款等。

依据或目的性条款多被列为第一条，用来说明该规章制度是依据什么法律或法规制定的，或说明制定该规章制度的目的是什么，但不用介绍具体情况和出台该规章制度的背景。

限定适用范围的条款是说明该规章制度在哪些领域有效，要表述准确。主管机关类的条款是用来说明该规章制度由哪个机关负责实施。

为了保证规章能够准确无误地贯彻执行，必须保证重要概念的内涵与外延的确定性。因此，往往要有专门用来给重要概念下定义或限定其外延的条款。如一份关于对合理化建议予以奖励的规定，就需要对什么叫"合理化建议"做出明确的限定。又如，"超额完成任务 20% 以上的可获一等奖，超额完成任务 20% 以下的可获二等奖"，这里的"以上""以下"是否包括本数，如无明确的限定，就会在执行中引起混乱。

当然，准确不等于精确、琐细，为了便于执行，在保证准确的前提下，必要的弹性条款也是需要的。如"可获奖金 1000—2000 元"，中间就有 1000 元的伸缩幅度。许多单位的岗位责任制最后都有这么一条"承办领导临时交办的其他事项"。这"其他事项"就是一个弹性条款。在起草这类条款时，要求起草人对规章的可行性进行研究，要预测执行中可能产生的问题，找出在执行或理解规章的过程中可能产生的分歧，然后对漏洞逐个加以封闭。

为了维护规章制度的严肃性，就必须保证相关的规章制度之间、新规章与老规章之间协调、统一，不能相互矛盾、抵触。如果规章制度之间前后不衔接或内涵外延有矛盾，执行人在执行过程中就会各取所需，想要解决的问题不但解决不了，而且还会引起新的问题。保证规章统一性的条款主要是针对这种情况设置的。如"本规定自发布之日起实施，以前出台的相关规定凡与本规定不一致的，以本规定为准"。若是基层单位出台的规章制度，也可以写作"如本规定与上级的相关规定有抵触，以上级规定为准"。

若是将原有的规章制度修订后重新推出，就应考虑废止条款。在起草这类条款时，要求起草人十分熟悉本单位的业务，熟悉有关规章制度的沿革，这才不至于与有关规章发生冲突。

在有些规章制度中，违反处罚的条款也是必不可少的，又称罚则。罚则要具体、准确，便于操作。

解释条款是规定谁有权对条款内涵做出解释，一般情况下解释机关与主管机关或授权执行机关是一致的。如"国库券条例的解释，国务院授权财政部办理"。为了维护规章制度的严肃性，任何规章都只能由一个机关负责解释，否则就会出现"仁者见仁，智者见智"、解释不一的情况。

### 四、规章不能这样写

**案例1**

××经济技术开发区管委会机关工作人员行为规范
第一章 总则

第一条 为建立一支精干、高效、廉洁的"四有"干部队伍，促进开发区各项事业健康、有序、快速发展，提高机关内部管理水平，特制定××经济技术开发区管委会机关工作人员行为规范。

第二章 行为准则

第二条 开发区精神：创业、创新、公正、公开。

第三条 工作态度：爱岗敬业、严肃认真、艰苦创业、追求完美。

第四条 工作纪律：忠于职守；实事求是；坚决执行上级决定和命令；遵纪守法；保守国家机密和工作秘密。

第五条 工作作风：雷厉风行，互帮互助，注重务实，追求高效。

第六条 工作原则：全心全意为人民服务；依法行政；照章办事、公私分明；做到公正、公开。

第七条 工作素养：加强学习，不断进步，以开发区公务人员素质要求，实现自我发展。

第八条 工作程序：下级服从上级、个人服从组织，做到不越权，不越级，按规定、按程序办事。

第九条 工作信誉：做事必须准时，立约要清晰严明，切实履行，按限时工作制办理公务。

第十条 工作情绪：严格公私范畴，不把个人情绪带到工作中来；以饱满的工作热情对待工作；坦率真诚待人；做一个受人欢迎的人。

第十一条 工作环境：工作场所应保护整洁、明亮、安静；物品摆放整齐、分类合理，以适应快节奏、高速度的工作需要。

第三章 行为否则（十六不准）

第十二条 不准组织或者参加非法组织。

第十三条 不准组织或者参加旨在反政府的集会、游行、示威等活动。

第十四条 不准组织或者参加罢工。

第十五条　不准玩忽职守，贻误工作。
第十六条　不准对抗上级决议和命令。
第十七条　不准压制批评，打击报复。
第十八条　不准弄虚作假，欺骗领导和群众。
第十九条　不准泄露国家秘密和工作秘密。
第二十条　不准滥用职权，侵犯群众利益，损害政府和人民群众的关系。
第二十一条　不准贪污、盗窃、行贿、受贿或者利用职权为自己和他人谋取私利。
第二十二条　不准在外事活动中损害国家荣誉和利益。
第二十三条　不准参与或者支持色情、吸毒、迷信、赌博等活动。
第二十四条　不准经商、办企业以及参与其他营利性经营活动。
第二十五条　不准迟到、早退、旷工。
第二十六条　不准打人、骂人；不得使用脏话、粗话。
第二十七条　不准用公款搞各种形式的宴请。

### 第四章　附则

第二十八条　管委会一般工作人员由各局、办领导负责监督；各局、办领导由人事劳动局负责监督；管委会领导置于全体工作人员监督之下。
第二十九条　本规范执行情况纳入个人年度考核范围。
第三十条　本规范由人事劳动局负责解释。
第三十一条　本规范自××××年元月1日起执行。

××××年十二月二十二日

以上这篇行为规范存在的问题主要有以下六个方面。

1. 题文不相符

标题中的文种是"行为规范"，而正文中第二章又叫"行为准则"。要么把标题中的"规范"改为"准则"，要么把正文中的"准则"改为"规范"，二者只居其一。

2. 章题有误

规章分章并无大错，第一章叫"总则"，第四章叫"附则"，也是对的。值得斟酌的是第三章"行为否则"。在规范性文件里可以有一个专章叫"罚则"，专门规定处罚依据和处罚标准，但不能称其为"否则"。在汉语里，"否则"是个连词，是"如果不这样"的意思。而本案例试图通过加括号"（十六不准）"的办法，把"否则"重新解释为"不准"，这是非常牵强的。而且这"十六不准"由于章断条连的缘故，也不是从第一条到第十六条，而是从第十二条到第二十七条，要让读者记住它也是非常困难的。

第二章的章题叫"行为准则"也值得推敲。"准则"本身就是一个文种，不适合作章题，适合作总标题用。

3. 内容不周严

从本案例第三章的具体条文来看，如把第三章改为"罚则"似乎也不妥。因为"罚则"一定要有处罚依据和处罚标准的条款，而该规范从头到尾并没有违背"十六不准"如何处理的条款。从这个意义上来说，这个规范的内容也是不太严谨的。

### 4. 条款交叉、重复

本案例在第二章"行为准则"下共有 10 条，每条都是先论后说的表达方式，这是对的。问题在于这 10 个结论之间有不少是交叉、重复的，论点后的说明（材料）之间重复的也不少。

如第六条的"工作原则"与第八条的"工作程序"之间，第三条的"工作态度"与第七条的"工作素养"之间都有不同程度的交叉。

### 5. 用词太绝对

第二十五条是"不准迟到、早退、旷工"，只能说"不准无故迟到、早退、旷工"，或者具体规定无故迟到、早退、旷工后如何处罚。第二十七条是"不准用公款搞各种形式的宴请"，完全杜绝公款宴请估计很难做到，其本意可能也不是这个意思。

### 6. 成文日期的格式不对

成文日期应在标题正下方加括号，即"（××××年十二月二十二日开发区管委会党政联席办公会通过）"，不应置于正文的末尾。

### 案例 2

××经济技术开发区管委会对外接待就餐管理办法

各局、办：

为进一步搞好我区廉政建设，加强接待就餐管理，节约开支，杜绝浪费，经研究，特制定接待就餐管理办法如下：

一、管委会办公室统一负责接待就餐管理。

二、招待就餐对象为上级和有关业务部门及兄弟单位的领导和其他来宾。对进区企业一律不安排就餐。

三、实行就餐报告审批制度。各局、办、财政全供二级事业单位，需接待来宾就餐时，先填写"招待就餐报告审批表"，经主任或主管副主任批准后，交办公室统一安排。

四、实行就餐定点和费用包干制度。就餐一般安排在机关食堂或指定的市内饭店。在机关食堂就餐标准每人每餐 20 元，在指定的市内饭店就餐标准每人每餐 50 元，以上标准含菜肴和主食。所有招待就餐不备香烟和高档酒水。中午就餐一般不备酒水，晚上就餐可适当用中、低档酒水。就餐费用由办公室统一结算，但仍从主任、各副主任的招待费中支出。

五、陪餐一般为管委会有关领导和局、办负责人及有关业务人员，但陪客人数不得超过来客人数的三分之一。

六、本办法从发布之日起执行。

郑州经济技术开发区<br>××××年五月二十九日

主题词：就餐管理　办法

发：管委会主任、副主任、直属公司、各局、办、二级机构

这篇办法存在的问题主要有以下三个方面。

### 1. 行文方式不对

办法属规章类公文，没有独立行文的资格，必须借助于一个载体，这个载体要么是通

知,要么是命令。开发区管委会依法不能用命令,只能是一个载体型的通知。而本案例是直接行文,未加载体,这是不对的。前面应加一个《××经济技术开发区管委会关于发布〈对外接待就餐管理办法〉的通知》。

2. 对外接待不仅是就餐

这篇办法本身在写作上的条理还是比较清楚的,但从对外接待的角度,仅有就餐管理办法似乎还不够。从杜绝接待浪费的角度,加强就餐管理只是其中的一个环节。有时,浪费最多的并非就餐,而是就餐以外的许多环节,如用车、住宿、娱乐、赠送纪念品等。

3. 有些格式不规范

主题词"就餐管理"肯定是发文机关自己杜撰的,任何主题词表上都不会有"就餐管理"这个主题词。

"发"可能是"抄发"的意思,但规范的用法是"抄送",没有"抄发",更没有"发"这种抄送的格式。

把"管委会主任、副主任、直属公司、各局、办"均在版记处抄送也是不对的。因为这篇办法本来就是开发区管委会发出的文件,文件内容肯定已在管委会领导层中商量过,最后肯定是由某位主任或主管副主任签发的,再给主任、副主任抄送是没有道理的,也是不必要的。把"各局、办"列为抄送也没必要,因为在正文前已把"各局、办"作为主送机关,在版记处再把"各局、办"作为抄送机关是说不通的,也是不必要的。作为主送机关是要负责贯彻落实的,而作为抄送机关只要了解、配合就行,执行要求是不一样的。那"各局、办"一身兼二任,到底要怎么办才对呢?

## 练 习

1. 与一般公文相比,规章的语言有哪些特殊之处?
2. 请你就近或到某单位找一份规章,并予以评改。
3. 请你根据下面这些材料,按"分类选择,先论后说"的结构原则编拟一篇综合性的落实型信息(字数在500个字左右),标题自拟。

11月2日,驻马店地委、行署在平舆县召开了全区农田水利现场会。会后各县都进行了认真的贯彻。下面是泌阳等县贯彻执行这次会议精神的情况。

**泌阳县:**
(1)县委、政府4日下午召开各乡镇党委书记、乡镇长、县直有关局委全体班子成员会议,传达贯彻地区会议精神,并结合实际,安排部署了下段工作。(2)县委、政府决定:从县直单位抽调60名得力干部,组成工作组,下乡包任务。工作组既是联络组,又要坐镇指挥。任务不完成,工作组不回城。(3)因地制宜,各有侧重。要求在前段单项突击整路的基础上,转为治路、治山、治水同进铺开。根据各乡镇情况,突出重点,大于10天,完成土方任务。(4)实行通报制度,增加工作透明度。县指挥部3天发一期通报,通报各乡镇进展情况。

**西平县：**

地区农田水利建设现场会结束后，西平县及时召开了各乡乡长和水利站长参加的紧急动员会，传达贯彻地区会议精神，并采取切实措施，使水利建设再掀高潮。(1) 对各乡镇前段水利建设进展情况进行全面检查，发出通报，表扬先进，督促后进。(2) 抓紧封冻前的有限时间，集中精力预制井管，全面开展打井、挖洗排水沟、整修乡村道路等工作。(3) 建立健全村级水利服务组织。按照"七有"标准，对已建立的210个村级服务站进行巩固完善，没有建立的全部建立。(4) 抓紧老王坡滞洪区村庄围堤工程的施工。(5) 对小洪河险工堤段和上堤路口进行整修加固。(6) 加强领导，落实任务。县四大班子领导成员包乡、乡村干部包工程、包项目，年底进行两次检查验收。制定奖罚措施。

**遂平县：**

地区平舆现场会议之后，遂平县于11月3日下午召开了有各乡（镇）党委书记、正副乡（镇）长和县直有关部门负责人参加的电话会议，传达贯彻地区现场会议精神，并结合本县实际，部署了下阶段的治理工作。(1) 进一步加强领导。县、乡农田基本建设指挥部成员和21名分工包片的四大班子领导要亲临工地、现场指挥，及时解决各种疑难问题。(2) 搞好力量调配，抓好重点治理。各乡镇要及时抽调能工巧匠，力争每个乡组建10~15个打井、建桥专业队，尽快完成2000眼机井的打井配套、20条支沟治理、12万亩有效灌溉面积、15万亩有效除涝面积和10万亩旱涝保收田的改善等重点治理任务。(3) 健全管理体制，落实各类工程的责任制。在搞好各项水利工程建设的基础上，制定管理范围，选拔管护人员，签订承包合同，加强工程管护。

**确山县：**

11月3日上午召开县委常委会，听取了汇报，下午召开各乡镇主要负责同志和水田林路指挥部成员参加的紧急电话会，传达会议精神，总结前段情况，并提出四点要求：(1) 各乡镇要抓紧贯彻平舆会议精神；(2) 抓住当前阴雨天气，清理积累工使用情况，落实农田建设6元集资款；(3) 领导亲自挂帅，带领群众及时平整路渠沟；(4) 克服麻痹松劲情绪，鼓足干劲再掀高潮，坚决在15日前完成700万立方的土方任务。今天上午召开县直各局委主要负责同志会议，要求各单位出人修理环城路。

**汝南县：**

汝南县认真贯彻地区行署在平舆县召开的农田水利基本建设现场会议精神，他们的做法是：(1) 提高认识，强化措施。充分发动和依靠群众，集中领导、集中力量、集中时间，利用今冬的农闲，大打一场兴修水利、整治土地的人民"战争"，迅速把群众性的农田水利建设活动在全县扎扎实实地开展起来。(2) 突出重点，保证质量。该县农田水利基本建设的总体目标是扩大灌溉面积7.1万亩，达到47.2万亩；新增旱涝保收田6.8万亩，达到41.5万亩。对重点农田水利建设项目进行了分类排队，并把任务层层分解到乡、村、组，实行责任制。以维修、恢复、配套为重点，搞好沟渠河网的清淤，力争建一处，成一处，管好一处，尽快保质保量恢复水利设施的效益。(3) 抓住时机，抢天争时。目前，天气阴雨较多，县政府号召：立即行动起来，小雨继续干、中雨抢着干、大雨间歇干，不失时机地把农田水利基本建设推向一个新的阶段。(4) 多方集资，搞好物资供应。以谁受益、谁负担为前提，全民动员，四方支持，多层次多渠道集资，保证重点项目建设。切实保证油、煤、电等物资供应，以利农田水利基本建设的顺利开展。(5) 加强领导，搞好服务。平舆农田水利建设现场会后，立即召开了四大班子领导会议，为了加强对这项工作的领导，层层建立联系点，主要领导上"前线"，从上到下形成指挥网络，把农田水利基本建设纳入农村的中心工作，切实抓紧抓好这项工作，使之富有成效。

**新蔡县：**

一是加强领导，实行目标责任制。县成立农指部，下设东南、东北、西南、西北四个战区指挥部。四大班子领导分包四大工程。二是发扬自力更生精神，变单方投资为多方集资，动员社会力量多集资。三是突出重点，分类指导，检查评比和验收。计划内重点工程由县验收，乡工程由战区指挥部验收。达到建一项成一项发挥效益一项。截至目前，共筹集资金121万元，其中县投资32万元，乡筹措43万元，群众集46万元。完成工程项目229项。

4. 下面是《××大学发展战略规划》（征求意见稿）的节选，请予以评改。

××大学发展战略规划（征求意见稿）

一、制定战略规划的基础（略）

二、指导思想与总体战略目标

（一）指导思想

高举邓小平理论伟大旗帜，以"三个代表"重要思想为指导，全面贯彻党的教育方针，与时俱进，改革创新，主动适应国家和地方经济建设与社会发展的需要，跟踪世界科技文化发展趋势，坚持以学科建设为主线，优化结构，发展内涵，突出特色，扩大开放，着力推进学校的现代化和国际化，努力把××大学建设成为国内一流、国际知名、具有区域示范作用的综合性大学。

（二）基本原则

在学校建设和发展的进程中，必须遵循以下原则：

——解放思想，改革创新的原则；

——实事求是，量力而行的原则；

——抓住重点，突出特色的原则；

——艰苦创业，勤俭办学的原则；

——可持续发展的原则。

（三）总体战略目标

规模、结构、质量、效益协调发展，建成特色鲜明的学科、专业和课程体系，实现人才培养结构的战略性转型，形成可持续发展的良性循环，成为××省乃至国家高素质创新人才培养、高水平科学研究、高技术成果转化、高层次决策咨询的中心。到本世纪中叶，把××大学建设成为国内一流、国际知名、具有区域示范作用的综合性、研究型大学。

三、主要任务和战略举措

（一）加强学科管理，整合学科资源，凝练学科方向，优化结构，形成特色，集中力量，重点突破，全面提升学科建设水平

1. 加强对学科建设的调研、规划、论证、资源统配等过程管理，完善运行机制，建立重点学科建设项目负责人制度，以学科为单元汇聚队伍，发挥学科带头人在学科建设中的组织领导作用，在用人、分配等方面给予自主权，实行分层管理和目标管理，对重点学科建设目标和业绩进行评估考核。

2. 本着"整体推进，重点突破，加强集成，形成特色"的原则，分级管理，分层次建设一批重点学科。重点支持国家级重点学科和"211工程"二期重点建设学科，加强省级重点学科和博士点学科建设、硕士点学科和其他学科建设。妥善处理重点建设与整体推进的关系，全面提高学科建设水平和效益。

3. 凝练学科方向，实施重点突破，发挥自身的比较优势，注重对现有学科的凝聚和锤炼，形成特色方向，带动学科建设的全面推进；瞄准学科发展前沿，立足学校实际，突破原有学科界限，拓展学科范围，加强新兴学科、交叉学科建设，促进学科间的相融互补，着力培育新的学科增长点。

4. 改善技术装备，建设一流的实验室、工程中心，提供一流的研究平台，创造良好的工作环境，建立开放式、融合式的管理运作模式，促进学科的交叉和融合。

............

（七）加强制度创新，深化内部管理体制改革，提高管理水平，增强办学效益

1. 加强学校发展战略与政策研究，提高管理决策的科学化水平和宏观调控能力。

2. 下移管理重心，加强过程控制，实施目标管理，明确各级管理层的职责、权利和义务，充分发挥院一级的管理和决策职能，建立灵活高效的分级管理体制。

3. 推进人事分配制度改革。建立以聘用制为核心的用人制度，变身份管理为岗位管理，实现人力资源的优化配置。按照以事定岗，以岗定酬，效益优先，兼顾公平的原则，建立多劳多得、优劳优酬的分配激励机制。

4. 推进医疗管理体制和运行机制创新，成立××大学医疗集团，增强竞争力，提高社会效益和经济效益。依托大学的资源优势，加大投入，支持附属中小学创办名校。（略）

5. 阅读下面资料，请从公文写作整体构思和表达技巧的角度指出这篇讲话稿存在的具体问题（注意：一定要具体，不能大而化之）。

据媒体报道：2009年12月27日下午，许昌市经济工作会议暨创建工作第52次新闻发布会在鄢陵县召开，近千人出席了会议。

2001年，许昌市提出创建国家卫生城、国家园林城、中国优秀旅游城市目标。同时规定，每两个月举行一次创建工作新闻发布会，对评比排名情况进行通报，排名末位的单位领导，要上主席台，给大会作书面检讨。

从2001年6月第一次新闻发布会至今，许昌市的创建工作新闻发布会已有52期。

在这次评比排名中，魏都区在市统计局创建民调排名、市城建项目协调办考评排名、市信访局信访工作考评排名中，均倒数第一。

按照要求，魏都区领导要上台三次，向大会作书面检讨。为了节省时间，合并成一次检讨。

魏都区委副书记纪××上台发言。事先，发言稿已经印发给在主席台就座的许昌市委常委们。

发言中，纪副书记讲了一些排名落后的客观理由。约3分钟后，他的发言被许昌市委书记毛万春打断。"你的发言都是空话，我看过了，你不要再念了，你下去吧。"听到许昌市委书记毛万春的话，发言的许昌魏都区委副书记纪××，把话停下来。他抬头看了看毛万春，然后，拿起发言稿，尴尬地走下主席台。

会场内一片寂静。

"参加了52次这样的新闻发布会，还是第一次见发言的领导被轰下台！"会场内，一名干部小声感慨。

"你的思想深处，不知道问题在哪儿？不知道问题的严重性在哪儿？根本不觉得有责任，是在应付！"毛万春说。

"明天，《许昌日报》要全文刊登这篇发言稿，让这篇发言稿作为一个教材，让全市党员干部受教育。"毛万春又说。

果然，2009年12月28日，《许昌晨报》第10版全文刊登了纪副书记的发言稿。全文如下：

**把城中村改造、创建工作和信访稳定当作首要任务**
**切实抓紧、抓好、抓出成效**
中共魏都区委副书记　纪××

在这次全市城中村改造、创建工作和信访稳定排名中，我区位居末位。对此，我们深感愧疚。通过认真剖析，存在的主要问题有：一是思想认识不到位，没有真正认识到城中村改造、创建和信访稳定工作是民心所向、职责所系，责任意识、紧迫意识不强；二是工作措施不扎实，工作不够深入细致；三是执行力提升不够，抓落实的力度不够，工作作风有待进一步转变。针对以上问题，我们将结合学习邳州经验活动，深挖根源，找准差距，真抓实干。主要采取以下措施：

一是进一步提高思想认识。把城中村改造、创建、信访稳定工作当作首要任务，真正站在改善民生、维护稳定的高度来看待，将其作为为群众办实事、办好事的重要体现，克服畏难情绪，增强工作主动意识，积极应对各种困难和问题，切实抓紧、抓好、抓出成效。

二是切实加快城中村改造步伐。大胆探索市场化运作方式，走出去、请进来，大招商、招大商。近期举办项目推介会，提升项目筛选、储备和包装水平，将目标任务逐级分解量化，盯紧进度，倒排工期，掀起拆迁高潮，加紧群众安置房建设。加快土地流转，通过有效经营，发挥土地最大效益，实现城区改造和经济发展的双赢。

三是不断提升创建工作水平。成立专门的城市管理工作机构，加强城管、环卫队伍建设，完善各项装备，为工作开展提供保障。切实关注民意，对群众反映的各类创建问题集中治理。加大督察力度，落实长效管理，坚决杜绝反弹。严格落实创建工作标准，不断完善创建工作长效机制，迅速提升创建工作水平。

四是突出抓好信访稳定工作。在全区迅速开展不安定因素大排查，实行领导包案处理，坚决把问题解决在当地。召开专题会议，集中研究近期信访问题，成立强有力的工作组入驻案发地，高质量、高效率地解决好每一起信访案件，千方百计地把问题解决在基层。严格落实县级党政领导大接访制度，进一步畅通信访渠道，切实解决好群众关心的热点、难点问题，迅速扭转信访工作的被动局面。

五是切实转变工作作风。进一步转变工作作风，提升工作效能，务实苦干，克难攻坚。把城中村改造、创建和信访稳定工作与经济和党政纪挂钩，对工作不力、成效不明显的单位严格问责，增强紧迫感和责任感。

总之，排名末位使我们警醒，更使我们认识到肩头责任重大。请市委、市政府放心，在下一步工作中，我们将比学赶超，迎头赶上，以实际行动改变落后局面！

6. 请你评改下面这篇办法。

**××市医院工作区水电管理办法**

**一、管强目标：**

管好、用好水电，是每位职工的应有责任；大力倡导节约能源，提高水电资源利用率，树立节约水电的良好素养，确保医疗临床水电供给，杜绝资源浪费，减少经费支出。对浪费和违规使用水电者给予处罚，节约者给予奖励。

**二、管理办法及处罚措施：**

1. 水电维修人员，要经常巡视检查，主动深入到科室、病区检修，发现问题或接到部门报修通知，应及时到位维修。如维修不及时而造成的损失或影响医疗工作正常进行的，按岗位责任制，将追究维修人员相应的行政责任和经济损失。

2. 各部门发现问题，应及时向总务科维修中心报修，如不报修或报修不及时而造成的浪费和损失，将追究部门和直接责任者的经济责任。

3. 千瓦以上的电器设备，应报总务科、保卫科审批后方可投入使用。未经批准和私自使用者，将按违章处理，罚款金额按每瓦0.5元计算，并限期整改。

4. 全院各科临时工、进修人员、外单位暂住人员，没有得到保卫科发放的《使用电炉许可证》，而私用电炉者，发现后一律没收，并罚款300元。

5. 凡使用电热锅、电热杯烧水、做饭者，除了没收器具以外，罚款100元。

6. 公共场所用水后不关水龙头或闸门，造成长流水者，发现一次，处罚有关责任人或科室100元。故意损坏水电设施者，按情节严重程度罚款100—300元。

7. 人走灯熄，如发现室内无人而灯亮者，发现一次罚款50元。电器、空调下班后需关闭者，一律关闭，否则罚款100元。

8. 水电设施失灵，造成跑、冒、滴、漏不及时报修者，发现一次罚有关科室或责任人300元。

9. 商业网点的水电管理按以上办法执行。由开发办管理，并由开发办按量计价造表收费，按时把报表交总务科，以便核对医院水电指标。

10. 对举报、查处违章用水电的有功人员，奖励违章罚款的50%。

11. 以上罚款由财务科凭总务科开具的罚款通知单从科室或个人费用中扣除。

# 第九章　收文办理程序

所有由外机关和部门发送给本机关的公文、材料等统称为机关的收文。

按照《12·条例》第二十四条的规定，收文办理主要程序是：

> （一）签收。对收到的公文应当逐件清点，核对无误后签字或者盖章，并注明签收时间。
>
> （二）登记。对公文的主要信息和办理情况应当详细记载。
>
> （三）初审。对收到的公文应当进行初审。初审的重点是：是否应当由本机关办理，是否符合行文规则，文种、格式是否符合要求，涉及其他地区或者部门职权范围内的事项是否已经协商、会签，是否符合公文起草的其他要求。经初审不符合规定的公文，应当及时退回来文单位并说明理由。
>
> （四）承办。阅知性公文应当根据公文内容、要求和工作需要确定范围后分送。批办性公文应当提出拟办意见报本机关负责人批示或者转有关部门办理；需要两个以上部门办理的，应当明确主办部门。紧急公文应当明确办理时限。承办部门对交办的公文应当及时办理，有明确办理时限要求的应当在规定时限内办理完毕。
>
> （五）传阅。根据领导批示和工作需要将公文及时送传阅对象阅知或者批示。办理公文传阅应当随时掌握公文去向，不得漏传、误传、延误。
>
> （六）催办。及时了解掌握公文的办理进展情况，督促承办部门按期办结。紧急公文或者重要公文应当由专人负责催办。
>
> （七）答复。公文的办理结果应当及时答复来文单位，并根据需要告知相关单位。

收文分为不需要答复的收文和需要答复的收文两大类。不需要答复的收文，如上级机关的决定、通知，照此办理就行了。需要答复的收文，如下级机关的请示、不相隶属机关的函件等，还要围绕收文来组织发文，那就要转入拟稿、审核、签发、缮印、用印、登记、传递等发文办理程序。

## 第一节　签收与登记

### 一、收文的范围

#### （一）上级来文

上级来文包括与本机关职责范围有关的方针、政策、法令、规定、指示等，上级领导人的讲话材料，上级机关针对本机关的批复，上级机关编发的内部刊物和简报（信息）等。

## （二）下级来文

下级来文包括下级机关报送的请示、报告，下级机关编发的内刊或简报（信息），上访信件等。

## （三）不相隶属机关来文

不相隶属机关来文包括平级机关或不相隶属机关与本机关相互商洽、询问、征答性的公文。

# 二、签收

签收又称收进，是指收到公文后，收件人在对方的公文投递单或送文簿上签字，表示收到。

签收是收文办理工作的开始，在基层单位一般由文秘人员直接承担。在中上层机关，多由收发部门签收后再向文秘部门移交。

收件人在签收公文时需要注意以下两个方面。

## （一）认真清点

（1）看封口是否严密。如发现有拆封现象，应立即查询，作适当处理。

（2）看实收份数与公文投递单上的份数是否相符。如不符，应注明实收份数或暂不签收。

（3）看信封上的封号与公文投递单或送文簿上登记的封号是否一致。如不一致，应暂不签收，或在送文簿上注明实收公文的封号。

（4）看信封或封套上的收文机关名称与本机关名称是否相符。如属误投，应当即退回，以免误事。如果转投比退回更省事，也可以代收后再转投。

## （二）慎重签字

经清点无误后，收件人应在送件人的送文簿上签上自己的姓名，并注明收到的时间。时间一般写月、日即可。但是，急件除了注明月、日以外，还要注明时和分。

# 三、拆封

拆封又称启封，是文秘人员特有的职责，其他人员不得超越职责范围随意拆封。对那些写明要本机关领导人"亲收""亲启"的函件，拆封人应交本人或领导人的秘书拆封。凡封面上注有"机密""绝密"字样的公文，拆封人应交机要室或机要员拆封。

拆封人在拆封公文时应注意以下五个方面。

## （一）妥善保存封套

拆封人要注意保持信封的完好，不得损坏封内公文。在必要时可以将信封附在收文后边一并送审。

## （二）确认封内公文是否完整

拆封人要认真检查封内公文是否齐全，看有无错发、缺页、缺份等问题。如发现，应立即与发送机关取得联系，采取相应的补救措施。

### （三）是否符合行文规则

拆封人要检查封内公文是否归本机关受理。如不归本机关受理，应利用原封及时转出或退回。如发现封内公文不符合行文关系，应妥当处理。除了急件暂予处理以外，一般均应用原封退回，同时函告发文机关今后不要再如此行文。

### （四）严格执行保密规定

拆封后，如果发现是机密公文，拆封人应一管到底。除了按照公文要求和领导人的指示给指定人员阅读以外，不准再转交他人阅读、传递，防止机密扩散。

### （五）避免遗漏票证

拆封后，拆封人要把封内公文取净。有些公文封套内附有各种票证、入场券、影剧院门票等，要避免遗漏。

## 四、收文登记

收文登记，是指对本机关收到的各类公文进行记载。

### （一）收文登记的作用

收文登记的目的是为了对收进的公文进行有效的管理，以便更好地发挥公文的作用，保证公文办理的条理性，防止遗漏和紊乱。

1. 管理和保护作用

通过对收文的登记，可以把不同时间收到的不同机关发来的公文有机地联系起来，可以更有效地保护公文的安全，从而减少公文的丢失、积压、延误和被窃失密的可能性。

2. 查找利用作用

在一份公文的办理过程中，有关人员来查找公文，询问公文的贯彻执行或传阅的情况，查阅有关领导人的批示情况，甚至寻找公文现在的下落等都是常有的事。有了收文登记，可以一目了然。否则，就会一问三不知，甚至连这份公文现在究竟流落谁手也说不清楚。

3. 统计和催办作用

可以根据收文登记掌握收文的办理情况，及时进行催办、清退，以便有效地防止办文拖拉、扯皮、积压等现象。

4. 责任和证据作用

收文登记以后，每传递和交接一次都有签收手续，都可以在登记簿上找到公文的签收人和承办人的签字，这就是证据。如果公文在办理过程中积压、丢失等，通过收文登记可以很快地查明原因和责任人。这是保证公文正常、安全运转的重要措施。

### （二）收文登记的方式

收文登记既是一项经常的事务性工作，又是一项技术性工作。登记的形式要本着清楚、严密、实用的原则，采用适合本机关工作实际的登记方式，不应强求一律。常见的收文登记方式有簿式、卡片式和联单式三种。

随着高新技术的发展，利用计算机来登记、管理公文已在不少机关得到采用。

**（三）收文登记的内容**

收文登记的内容包括收（来）文编号、收（来）文日期、来文机关、来文字号、来文标题、份数、附件、秘密等级、领导人批阅情况、承办单位或个人、处理结果、归存卷号等，可以根据本单位的实际情况和各自的工作习惯和经验灵活设计。

## 第二节　收文分发

收文登记后要进行分发。分发就是根据公文的内容和机关领导人及各业务部门的职责范围，确定将公文交给哪个部门去办理或呈送给哪位机关领导人阅示。

收文分发的具体情况在不同级层的机关有不同的做法。在中上层机关，收文在收发部门先由收发人员分发一次，把纯业务性的公文直接送有关主管部门签收办理。对于方针政策性、综合性强的公文，才送请文秘部门阅分。在基层单位，收文登记后全部送请文秘部门分发或者直接送给领导人批办，然后再根据领导人的批办意见进行分发。

### 一、阅文

对收文进行认真阅读是收文办理的重要环节之一。阅读公文的目的是看懂公文的内容，弄清关系，以便正确地分发、批办公文。阅读公文时主要要弄清以下五个问题。

**（一）弄清内容，决定去向**

即弄清公文的主要内容是什么，从而决定把公文分给哪个部门办理或呈送哪位领导人阅示。

**（二）弄清办理要求**

即弄清公文中所提出的问题是否需要办理，要采取什么方式办理。有些公文是供本单位参阅的，有些公文是要本单位具体承办的；有些公文是承办后无须答复的，有些公文是承办后要按照要求回复的，有些公文是要求往下转发的等。只有把这些情况弄清楚，才能决定如何填写拟办意见。

**（三）弄清主办部门**

即弄清公文的内容与哪些部门有关系，应该由哪个部门主办，哪些部门协办或由哪位领导人批示。

**（四）弄清保密要求**

即弄清公文的时间要求和机密程度，以便制订办理计划和指定经办人员。

**（五）弄清主送、抄送**

公文是主送本单位的，要立即办理；公文是抄送本单位的，只要分给有关领导人和部门阅知就行了。

## 二、填写收文处理笺

收文处理笺要随收文一起运转,要与收文总登记一起填写。其登记项目可以根据各个机关的不同情况灵活增删有关项目,不必千篇一律。常见的项目有来文单位、收文日期、收文字号、收文密级、收文紧急程度、收文标题、拟办、批办、承办、催(查)办、注办等。

## 三、分发

阅读并弄懂公文内容,填写好收文处理笺,即可对公文进行分发。分发的主要任务有三个:一是送给有关部门或个人阅读,叫"请阅";二是请有关部门办理,叫"请办";三是请有关领导人阅批,叫"请批"。

### (一)请阅

有些收文无须具体办理,但必须阅读。应该分给哪些领导人或业务主管部门阅读要根据公文的内容和部门、领导人的职责范围确定。一般来说,只能给一个人、一个部门阅读的收文是很少的,即使如此,究竟应该给哪位领导人、哪个部门看,发文机关也无法给收文机关确定好,得由收文机关负责收文分发的人员确定,这叫"请阅"。即请定一个或若干个阅文人或阅文部门。请阅的内容通常填写在收文处理笺"拟办"栏内,也有专设"分发"栏的。

1. 请阅的内容

(1) 如"请××同志阅示""请书记、县长传阅"(用于对机关领导人)。

(2) 如"请×××、×××阅知"(用于对业务主管部门及其负责人)。

(3) 如"×××参阅"(用于对新闻单位、研究机构或主管部门以外的单位)。

2. 请阅的注意事项

(1) 请阅对象要不多不少,尤其不能漏掉主管部门。

(2) 适当给予与公文内容有关的部门,供他们参考。

(3) 要主动为领导人筛选公文,不要凡收文都送给领导人阅读。为了节省领导人阅读公文的时间,文秘人员应该充分发挥助手作用,严格筛选公文,把主要的、有新问题和新经验的,领导人急于了解或应该了解的公文送上去;一般的公文不再呈送或摘要呈送,如编写《收文摘要》或《本周收文一览表》等。

(4) 必须请领导人阅读的公文,请阅时可以在一些重要段落或关键词语下面用有色铅笔加上着重号,以引起领导人的注意。

(5) 在写明请阅内容的同时,要写明请阅人的姓名和请阅日期。

### (二)请办

对那些业务性很强,有常规可循,有明确分工或要求审查、备案的收文,可以由办公厅(室)直接请定主办部门,这叫"请办",也可以叫"注办"。

1. 如何请办需答复或办理的收文

指定、请求收文机关答复或办理的收文，可以由文秘部门直接请定主办部门。请办这类收文时，用语要肯定、明确，如常见的有以下四种：

（1）"请××同志阅（酌）处"；

（2）"请××局与××局研办，由××局牵头"；

（3）"请××局办复"；

（4）"请××局近日内提出拟办意见，报下周县长办公会议审定"。

2. 如何请办要求审查、备案的收文

有些要求审查、备案的收文虽然也提出了问题，但从问题的性质来看不一定需要答复。如下级机关送来的工作报告、总结、计划等，在公文的末尾已经表明了这种态度，如"如有不妥，请指示"（言外之意是"如无不妥，就不用指示"），"不妥之处，请予指示"（言外之意是"如无不妥，无须指示"），"此文我们已下发各区、乡执行，如有不妥，请速予指示"（言外之意是：如无不妥，无须指示，我们也继续执行）。这一类收文的内容到底是妥还是不妥，虽然不一定都要明确地答复对方，但一定要请有关部门去审查或审阅。如果不予理睬，出了问题虽不负主要责任，间接责任或连带责任还是要负的。这类收文的请办内容多写作：

（1）"请×××审查（阅）"；

（2）"请××、××研究"；

（3）"请××备案"。

这类收文到底用不用回应，在没有经主管部门阅知以前是难以确定的。但一定要发送给各有关部门或负责人审阅，而被请定的部门或负责人也必须审阅，有时还要尽快审阅。

3. 请办的注意事项

（1）请定主办部门时要准确无误。如请办不准，就会因辗转询问而延误收文的办理。

（2）应由一个部门独立承办的收文，不要硬拉上其他的部门；应由两个以上部门合作承办的收文，也不能漏掉其中任何一个有关的部门。

（3）应由两个以上部门合作办理的收文，为了避免相互推诿或相互争抢，请办时应明确谁主办、谁协办。不要写成"请××局与××局商量办理""请××局、××办酌处"等。

（4）写明请办人的姓名和请办日期。

（5）请办的内容亦写在收文处理笺"拟办"栏内。

### （三）请批

请批又称注批，是指有些收文因综合性较强，分文人员拿不准应该由哪个部门办理，需呈请领导人批示，再根据领导人的批示转请有关部门办理。

1. 请批的确定

凡业务性比较强的收文，一般都由文秘部门直接送请业务部门办理。需报请领导人批示后再分发的收文主要有以下两类：

（1）收文的综合性强，按照现有的部门分工不容易明确归口，无常规可循且需要办理

或答复的收文;

(2) 急而重大的问题,主管部门办不了。

2. 请批的内容

"请批"的内容有三种:(1)"请××同志批示";(2)"请××同志审批";(3)"请××同志阅批"。

这里的"××同志"是指本机关主要领导人或主管某方面工作的主管领导人。到底请哪位具体的领导人阅批要根据公文的内容和领导人的分工灵活掌握。

3. 请批的注意事项

(1) 对那些有固定份数、固定文种的收文,如简报、报告、请示等,可以在年初请领导人作一次性的批示,今后凡遇同类公文,均可照此办理,不必次次请批。

(2) 一般情况下,不要把同一内容的收文同时呈请两位以上领导人批示,以免因批示不一致而引发领导人之间的矛盾,从而延误公文的及时办理。也不要把请批意见写为"请××同志、××同志批示"。

(3) 凡需呈请领导人批办的收文,均要根据情况,写出拟办意见,供领导人参考。

(4) 写明请批人的姓名和请批日期。

## 第三节 收文初审 拟办 批办 分送

### 一、收文初审

收到下级机关上报的需要办理的公文,文秘部门应当进行初审。初审的重点是:
(1) 是否应由本机关办理;
(2) 是否符合行文规则;
(3) 文种使用、公文格式是否规范;
(4) 涉及其他部门和地区职权的事项是否已协商会签;
(5) 是否符合公文起草的其他要求等。

经初审,对符合公文处理规章规定的公文,文秘部门应当及时提出拟办意见送负责人批示或者交有关部门办理,需要两个及两个以上部门办理的应当明确主办部门。紧急公文,应当明确办理时限。

对不符合公文处理规章规定的公文,经办公厅(室)负责人批准后,应当及时退回呈报单位并说明理由。

### 二、拟办

拟,是谋算。拟办,就是打算怎么办。对那些需要报请领导人批示后再办理的收文,在请批的同时,均应提出收文办理的意见和建议,供领导人批办时参考,这叫拟办。通过拟办,可以节省领导人的时间和精力,使公文得到及时的处理,起到参谋和助手的作用。

## （一）拟办的范围

需要提出拟办意见的收文主要有以下三种：
(1) 上级机关主送本机关并需要贯彻落实的综合性公文；
(2) 下级机关主送本机关并需要答复的请示性公文；
(3) 平级机关和不相隶属机关主送本机关并需要答复的商洽性公文。

## （二）拟办的写法

拟办是针对那些必须"请批"的收文而言的。对那些"请阅"和"请办"的收文，一般都不存在拟办的问题。因此，拟办的内容一般都写在"请批"的内容之后，通常写作：

(1) "请××县长批示。鉴于我县尚无发现本文中反映的问题，建议此文暂不转发"；
(2) "请××厅长阅示。此文拟请××处牵头，会同××处、××办共同办理。因为：1.……（略）；2.……（略）；3.……（略）"；
(3) "请××县长批示。拟于近日内召开各单位负责人会议，集中传达来文精神，并组织讨论"。

也有把拟办意见写在"请批"的内容之前的，如：
"此文与上月《关于……通知》（附后备阅）文件精神有联系，建议仍由××处办理，并将办理结果径向×××厅报告。请××局长批示"。

## （三）拟办的注意事项

拟办意见虽然不是公文处理的最后意见，但领导人对拟办意见一般都是比较重视的，而且多数都是同意拟办意见的。所以，在提出拟办意见时要十分慎重，不能草率从事。

为了使拟办意见比较准确，提高拟办意见的采用率，真正起到参考作用，应注意以下四个问题。

1. 要全局在胸

要随时掌握本机关以及机关各部门的业务范围、工作性质以及工作特点，以便准确地提出拟办意见。

2. 要有为批办服务的意识

为了便于领导人迅速批办收文，应将与收文有关的前案材料或有关资料一并附上，供领导人批办时参考。

3. 要有拟办人自己的观点

如果有关部门对收文的处理意见不统一，应将各方意见的焦点如实上报，并提出自己的意见，供领导人决断，以免问题无限期地拖下去，误时误事。

4. 拟办的书写应规范

拟办意见的书写位置要规范。拟办意见要写在收文处理笺的"拟办"栏内，切不可在公文上乱写。字迹要工整，易于辨认，且考虑成熟后再下笔，避免涂改。

另外，还要写明拟办人的姓名和拟办日期。

## 三、批办

批办，是指机关领导人把那些经请批、拟办后的收文批给业务部门或有关责任人承办。批办是机关领导人向承办部门交代办文意图与要求，分配工作任务的一种方式。

### （一）批办的写法

批办的内容因收文内容的不同而不同，常见的有以下四种写法。

1．指定主办部门

即指定收文由哪个部门或哪几个部门负责处理。凡需两个及两个以上部门研究处理时，必须指定一个牵头的部门，以免各自按照自己的意见办文从而造成矛盾或纠纷，如："请××处、××处负责同志阅办，由××处牵头"。

2．写明具体的批办意见

即对收文中提出的问题如何处理，处理到什么程度要有一个明确的交代。是由承办部门直接处理，还是提出处理意见后报请领导机关或有关会议审批都要批示清楚，如：

"请××局研办，并将办理情况径向××厅报告"；

"请××局提出处理意见，报下周县长办公会审定"。

3．写明传达的时间与场合

即对那些需要贯彻执行但不必办复的收文，要提出贯彻执行的意见、传阅的范围或传达的方法，如：

"翻印下发，逐级传达"；

"本周内召开科级以上（含科级）干部大会，集中传达"；

"在书记、县长中传阅"。

4．急件要写明办理时限

即对重要公文和急件，要限定处理完毕的时间，如："请办公室按照来文要求准备一份汇报提纲，务必在××月××日前完稿。以备提交下周县长办公会审定"。

### （二）批办的注意事项

在批办的过程中要注意以下五个问题。

1．要选准承办部门

承办部门的选择直接关系承办效果。要从部门的职责范围、工作的难易程度、部门负责人的能力修养等各方面考虑，既不能鞭打快牛，又不能强人所难。

2．要考虑工作的连贯性

同样性质的收文可能会重复出现几次、几十次。在批办时一定要注意使收文的承办单位前后连贯，不要前后脱节、上下矛盾。同类的公文，第一次批给谁阅办，第二次、第三次还应批给谁阅办，前后应保持一致。当然，如果公文的内容、部门的业务范围有变动或者收文中有其他的限制，如密级不同，也应随着变动。收文如果是针对本机关的某次发文，承办单位应当是原发文的拟稿、会办部门，这样才能前后连贯，便于收文的迅速办理。

3. 批办意见要明确、具体

主批人不能只画圈不提意见，或使用"请××局酌办""请××局负责同志考虑"等不负责任的字眼。

4. 要随送随批

要与负责批办的领导人保持密切的联系，随时掌握其行踪和去向，以便及时呈送。

5. 批办格式、书写工具要符合要求

在写明批办意见的同时，要写明批办人的姓名和批办日期。写批办意见必须使用合乎档案要求的书写工具。批办意见应写在收文处理笺或公文传阅单的"批办"栏内，不要把批办意见写在收文处理笺的天头或页边的空白处。

## 四、分送

分送，是指及时把收文送给有关部门阅知、承办。分送收文时要注意以下三个方面。

### （一）分送要及时

即当天收到的公文一定要当天分送完。急件要随到随送。

### （二）要有登记和签收手续

即送给领导人批办的收文最好用公文夹夹好后再分送，以免散落。分送给有关部门的收文，可以在收文登记簿以外再专设转出公文登记簿，以便于收文的催办、清退和查对，防止忘误、遗失和泄密。

### （三）要分清主次，保证重点

要按照"三主"优先的原则分送，即对多份数的同类公文，分送时要保证机关主要领导人、主管领导人和主管业务部门负责人的需要，然后再根据公文的数量和工作需要分发给有关领导人和部门。如果只有一份公文，除了按照上述原则组织传阅以外，也可以经有关领导人批准后复制若干份同时分发。如是急件，可以先送主管部门阅办，或边办边报，或办后再报。

## 第四节　传阅　承办　催办　查办　答复　注复

### 一、传阅

传阅，是指根据领导批示和工作需要将公文及时送传阅对象阅知或者批示。办理公文传阅应当随时掌握公文去向，不得漏传、误传、延误。

#### （一）传阅的前提

有下列情况之一时，必须组织传阅。

（1）收文内容重要，综合性强，必须答复或落实，非一位机关领导人可以独自处理的，必须组织传阅。通过传阅，便于领导人之间交换意见，并尽快做出决定。

（2）收文内容与其他的领导人或其他的部门有关，需要让其了解的，也必须组织传阅。通过传阅，便于领导人或部门之间交流情况、互通信息，也是对有关领导人或部门尊重的表现。

（3）只有一份公文，内容又是两位以上领导人都应阅知的，复制有困难或按照规定不能复制，也必须组织传阅。通过传阅，既可以弥补公文数量不足，又有利于保密。

### （二）传阅的决定

传阅的决定有以下两种情况。

（1）有些份数固定、阅读范围固定的信息、简报、内参等收文，可以在年初让机关领导人一次性批办，以后凡遇同类公文均可照此办理。该传阅的，由文秘部门负责人在请阅时写上传阅范围和传阅次序后即可组织传阅。

（2）除了上述收文以外，其余收文的传阅决定权，即是否传阅，在什么范围内传阅，均由机关领导人决定。如有必要，可以在拟办意见中注明传阅范围，如"请××同志批示。拟请县长、副县长、调研员传阅后交××局办理"。待领导人同意后，才能组织传阅。

### （三）传阅的方法

1. 轮辐式

这种传阅方法是以文秘人员为中心点，以阅文人为外圈。由中心点开始，先送给第一个人看，看后退回中心点，再由中心点送给第二个人看，看完后又退回，又送出，如此下推，直到阅完。每传阅一人，通过中心点一次。其传阅路线如同车轮辐条形状，所以称为轮辐式。

采用轮辐式传阅方法的好处是：可以有效地控制公文，掌握公文的行踪；可以避免公文中途积压，下落不明；还可以随时调整传阅人员次序（已规定有传阅次序的除外），保证公文尽快阅完。

2. 接力式

这种传阅方法是公文一旦传出，不再经由中心点，由阅文人依次下传，直至最后一个阅文人，阅毕后再交回中心点。这种传阅方法不宜提倡，因为公文的行踪难以控制，只有在特殊情况下才能偶尔用之。

3. 专人送传

专人送传，是指派专人把需要传阅的公文在限定的时间内依次送给阅文人阅读。必须专人送传的公文有两种，一是特急件，二是绝密件。

专人送传一般都是直接上门送阅，当场看完，立即拿走。再送传给下一个人，直到传阅完为止。

这种传阅方法的特点是快、准、保密。

### (四)公文传阅的注意事项

1. 建立严格的传阅制度

要建立严格的传阅登记与催阅制度,时刻掌握传阅件的行踪和下落。如果是急件和密件,还要严格掌握传阅范围和阅毕期限,避免漏传、误传和延误。

2. 灵活机动

要熟悉每个阅文人的业务分工、活动规律、作息时间等,以便见缝插针,利用一切可以传阅的机会尽快把公文传到底。

3. 关注传阅过程

要密切注视传阅情形,及时处理有关事项。如每个阅文人阅毕必须签名,若没有签名,应及时补签。如果阅文人之间的意见不一致,应根据情况停止传阅或请示原批办人做出适当处理后再传阅。如果传阅的是一篇文稿,传阅人对文稿的修改意见不一致或相左,应在传阅完之后,由文秘人员对传阅人的意见进行分类整理,报请原批准传阅人决断。

在公文传阅的过程中若有缺损丢失等现象应及时查询清楚,并记录在案,让有关负责人或知情人签字。

4. 写清传阅结果

传阅完毕的公文,按照领导人的批示意见,需办理的要及时转请有关部门办理,需存查的要转有关部门存档,需提交会议讨论的要及时确定讨论时间,需转为发文的要及时请有关部门代拟文稿等。不管作何种处理,都要把处理结果写在收文登记簿或传阅登记单上。已转为发文的,就注上"发文××号";已退办或退存的,就注上"退××局办复""退××办存""退××存查"等。

## 二、承办

承办,是指按照机关领导人的批办意见和公文本身的要求进行具体的办理。承办是收文办理中的核心部分,它关系公文内容的落实和问题的解决,是一个关键性的环节。

承办部门收到交办的公文后应当及时办理,不得延误、推诿。紧急公文应当按照时限要求办理,确有困难的,应当及时予以说明。对不属于本单位职权范围或者不宜由本单位办理的,应当及时退回交办部门并说明理由。

《12·条例》第二十四条规定:"承办。阅知性公文应当根据公文内容、要求和工作需要确定范围后分送。批办性公文应当提出拟办意见报本机关负责人批示或者转有关部门办理;需要两个以上部门办理的,应当明确主办部门。紧急公文应当明确办理时限。承办部门对交办的公文应当及时办理,有明确办理时限要求的应当在规定时限内办理完毕。"

### (一)承办方式

承办收文要根据公文的内容、领导人的批办意见采取不同的承办方式。

对于有机关领导人具体批办意见的公文,承办部门在认真研究公文的内容和批办意见之后,可以采取电话答复、复印批件、文字批复或重新发文等方式及时办理。

对于由文秘部门直接请办或请阅的公文,要根据公文精神、有关规定和以前的惯例予以办理。

对需要传达贯彻的公文，承办部门可以先拟出一个方案，请示机关领导人同意后再办理。

### （二）承办的注意事项

1. 注意批办意见与公文的内容是否一致

承办部门阅文后如果发现领导人的批办意见与公文中的具体要求不一致，应及时向领导人提出，待领导人说明原因或重新批办后再办理。

2. 注意是让贯彻执行还是让提出拟办意见

凡批办意见中要求承办部门先提出拟办意见的，承办部门要及时、认真地提出拟办意见，并附上有关公文和资料一并送原批办人审示。承办部门的拟办意见与文秘部门的拟办意见不同，文秘部门一般只就该由哪个部门承办提出拟办意见，而承办部门多是就准备如何办理提出拟办意见，角度不一样。一般情况下，文秘部门的拟办意见在前，承办部门的拟办意见在后。

3. 注意是否属于本部门的职权范围

对那些不属于本部门承办范围的收文要及时退回，并说明原因。确属本部门承办范围的收文，可以直接处理的，要敢于负责，大胆处理；要求本部门牵头，其他的部门协同办理的，牵头部门要先准备好处理意见，然后邀有关部门一道会商，并负责对会商结果归纳整理，将整理好的文稿送有关部门领导人会签后再报机关领导人审批。

4. 注意时限要求

需要承办的公文较多时，承办部门要分清轻重缓急，保证要件、急件优先办理。

5. 注意承办意见的书写规范

公文无须具体办理，只需有关人员阅知的，也属于承办公文，有关人员阅知后要签注阅文人的姓名和阅文日期。承办部门或人员提出的处理意见，应写在收文处理笺"处理意见"栏内，也可以另外起草处理意见，附在收文后面，不可在公文上乱写乱画。承办部门的处理意见如需报请机关领导人审批，必须由部门领导人签字或加盖部门印章后先送给领导机关的文秘部门，再由文秘部门转呈机关领导人。凡已明确由承办部门直接答复、处理或办后存档的收文，除了将处理意见或处理结果报告领导机关的文秘部门以外，公文不再退回。

## 三、催办

《12·条例》第二十四条规定："催办。及时了解掌握公文的办理进展情况，督促承办部门按期办结。紧急公文或者重要公文应当由专人负责催办。"送负责人批示或者交有关部门办理的公文，文秘部门要负责催办，做到紧急公文跟踪催办，重要公文重点催办，一般公文定期催办。

催办是收文办理的重要环节，对于提高办文效率具有重要作用。

### （一）催办的范围

需要催办的收文从来源上分主要有以下三种：

（1）下级机关主送本机关的请示，需要对审批的领导人或主管部门进行催办；

（2）上级机关主送本机关需要承办的公文，对承办单位进行催办；

（3）平级机关或不相隶属的机关与本机关商洽有关事项的公文，也要对承办部门进行催办。

凡需催办的收文，必须在收文处理笺上盖"催办"或"重点催办"戳，以示区别。

从催办的范围上来分，催办可以分为以下两个方面：

（1）针对收文的催办，叫内催办，即对本机关有关部门进行催办；

（2）针对发文的催办，叫外催办，即向外机关、外单位催办。

### （二）催办的方法

催办的具体方法很多，不外乎以下三种。

1. 书面催办

书面催办，即文秘部门发催办通知单、催办函等。

2. 电话催办

文秘部门在电话催办时要注意把电话内容记下来，以便请办或备查。

3. 当面催办

无论用哪种方法催办，语气都要和缓，要用商量的口气，不要动不动就拿领导机关或领导人的牌子压人。

### （三）催办的注意事项

1. 要有组织上的保证

首先是机关领导人要重视催办工作，并对重大的或特急的公文亲自催办。在中高层的领导机关，要设专人对收文承办情况进行催办；在基层单位，也要有人兼管催办。催办工作要做到逐级负责，层层催办。

2. 要有制度上的保证

文秘部门对催办范围、催办执行人、催办期限等都要有明确的规定，使催办工作可以经常、有序地进行。

3. 及时向领导人汇报催办情况

对于确有实际情况不能如期完成催办工作的和无正当理由顶住不办的，文秘部门要及时、实事求是地向交办的机关领导人汇报，主动听取其对下一步催办工作的意见。

4. 定期公布催办结果

文秘部门要随时记录催办情况和催办结果，定期按照部门对催办情况进行检查和统计，并在一定范围内予以公布。

## 四、查办

查办，是指对本机关领导人和上级机关交办的重要公文或重要事项进行检查督促，并上报结果。查办是从催办演化、发展而来的，但它又不等同于催办。

### （一）查办与催办的区别

1. 范围不同

催办的范围大，查办的范围小。所有的收文在处理过程中都应当适当催办。而查办只限于本机关领导人和上级机关交办的重要公文或重要事项。

2. 重要程度不同

重要的收文要催办，一般收文也要催办。而查办一定是重要的收文，且领导人有批示，或上级领导机关有要求。

3. 目的不同

催办多从时间上着眼，而查办多从处理结果着眼。

### （二）查办的原则

查办的原则是：批必查，查必办；办必果，果必报。

查办的前提是必须经领导人批示或报经领导人同意，而不是专司查办的人员想查什么就查什么。凡领导人或上级领导机关有重要批示的公文或事项，必须立案查处。

经专管部门立案查处的事项，应及时通知有关职能部门或与有关职能部门一起查处、办理，且一定要有结果。

查处的结果要及时地向本机关领导人或交办的上级领导机关正式报告。

## 五、答复

《12·条例》第二十四条规定："答复。公文的办理结果应当及时答复来文单位，并根据需要告知相关单位。"

答复，是指承办部门把领导人批办的收文办结后，将承办情况和办理结果向交办领导人和来文单位汇报或答复。按照答复时间划分，答复有定期答复和不定期答复。定期答复，是指在规定的时间内将办文情况向机关领导人和来文单位汇报或答复。不定期答复，是指随办随复，多用于紧急公文。按照答复方向划分，答复有向上答复、向下答复和平行答复等。

答复的原则是：谁批办（交办）答复谁；谁来文答复谁。

总之，对承办的公文要做到件件有着落、事事有回音（包括不同意的或办不了的）。

## 六、注复

注复，是指对收文的办理、答复等情况由经办人做出必要的注明。

收文办完后，由经办人在收文处理笺上注明是否已经办毕，是否已答复以及复文字号、日期、传递方式等。用电话或面谈方式答复的，经办人要注明答复时间、答复地点、接谈人员的姓名、主要内容等，并由经办人签字，以便于事后查核。

不需答复而只需传阅的收文，传阅完之后，组织传阅的文秘人员应注明传阅情况，并签注经办人的姓名和办完日期。

需要传达的公文，经办人应注明何时、何地、经何人（单位）已在什么范围内传达，传达方式怎样等。

需翻印下发的公文,经办人应注明翻印份数、时间、发放范围等。

1. 概述收文办理程序。
2. 拟办与批办的联系与区别是什么?
3. 传阅的方式有哪几种?
4. 搞一次收文办理追踪调查,并写出调查报告。

# 第十章　公文归档

公文归档是现行文件转化为历史档案的重要步骤。通过公文归档，可以使公文从动态转入静态，为日后的工作提供查证和参考的依据，继续发挥公文的作用。因此，公文的归档工作是一项十分重要的工作，必须认真做好。

《12·条例》有关公文归档相关规定的主要条款有：

> 第二十七条　需要归档的公文及有关材料，应当根据有关档案法律法规以及机关档案管理规定，及时收集齐全、整理归档。两个以上机关联合办理的公文，原件由主办机关归档，相关机关保存复制件。机关负责人兼任其他机关职务的，在履行所兼职务过程中形成的公文，由其兼职机关归档。
>
> 第三十五条　不具备归档和保存价值的公文，经批准后可以销毁。销毁涉密公文必须严格按照有关规定履行审批登记手续，确保不丢失、不漏销。个人不得私自销毁、留存涉密公文。
>
> 第三十六条　机关合并时，全部公文应当随之合并管理；机关撤销时，需要归档的公文经整理后按照有关规定移交档案管理部门。工作人员离岗离职时，所在机关应当督促其将暂存、借用的公文按照有关规定移交、清退。
>
> 第三十七条　新设立的机关应当向本级党委、政府的办公厅（室）提出发文立户申请。经审查符合条件的，列为发文单位，机关合并或者撤销时，相应进行调整。

传统的公文归档是把办理完毕的公文按照要求立成案卷，因此又称立卷归档，亦称案卷级归档，或称按"卷"归档。

新的公文归档模式是按"件"归档。2000 年 12 月 6 日，国家档案局发布了中华人民共和国档案行业标准 DA/T22—2000《归档文件整理规则》（以下简称《规则》）。《规则》从我国机关档案工作的实际出发，在借鉴传统立卷方法合理因素的基础上，对归档文件整理的原则和具体方法做出了规定，大力推行文件级归档，或称按"件"归档。

在当前的公文处理实践中，按"卷"归档与按"件"归档并行。由于按"卷"归档已执行了半个世纪，目前仍属逐步向按"件"归档的过渡时期，本书既关注按"卷"归档，又关注按"件"归档。

## 第一节　立卷准备

### 一、编制立卷类目表

编制立卷类目表是立卷前的重要准备步骤。它是根据机关职责范围、内部机构设置和工作任务的多少，对一年内可能形成和收进的文件材料进行科学预测后拟制出来的立卷方案，也是平时文件归卷的依据。立卷类目表通常都是以表格的形式出现，如：

××卷烟厂 2017 年立卷类目表

一、厂长办公室
  1-1 全厂年度工作计划、总结
  1-2 厂长办公会记录
  1-3 厂领导讲话材料
  1-4 ……
二、生产总调度室
  2-1 生产制度
  2-2 生产任务、进度文书材料
  2-3 ……
三、行政处
  3-1 ……
四、销售公司
  4-1 ……
五、安全保卫处
  5-1 ……

立卷类目表由文秘部门和档案部门共同研究编制或修订，经文秘部门负责人审定。在中上层机关，由于机构多、业务量大，形成和收进的文件很多，应分头编制。即人事处编制人事处的立卷类目表，后勤处编制后勤处的立卷类目表，各负其责，分头立卷。在小单位，机构简单，文件数量少，立卷类目表可以集中编制。

立卷类目表的编制程序有两种：一是先由公文处理主管部门拟出草表，发给各部门或各科室讨论修改，最后再由公文处理主管部门改定；另一种是先由各部门草拟出自己的条目，然后报到公文处理主管部门汇总审定。

编制立卷类目表的时间应在前一年的年底或当年的年初。第二年的立卷类目表可以根据上一年立卷类目表的执行情况进行调整、修订后即可。新成立的单位，对实际工作中可能产生的文件类别和数量无法估计，可以先参考同类型单位的立卷类目表，待试行一年取得经验后再进行调整。

（一）分类方法

编制立卷类目表，可以先确定类属，再拟写条目；也可以先拟写条目，再综合归类。常用的分类方法有以下两种。

1. 按机构分类

按机构分类就是按形成和处理公文的单位分类，如：

一、总裁办公室
二、人力资源部

三、公关部
四、销售部
五、调研部
⋯⋯

有几个机构就设几类，机构名称就是类的名称。

2. 按问题分类

按问题分类就是把一个单位的全部工作人为地划分为几个问题，每个问题设一类，如：

一、综合类
二、人力资源类
三、销售公关类
四、调研类
⋯⋯

每个问题都要带一个"类"字。各类之间不能相互包含和相互交叉，要按问题的重要程度或传统顺序排列其先后。

到底按哪种方法分类要看具体情况。如果一个单位内部的机构设置比较稳定，各科室之间的业务界线比较清楚，很少有交叉，就应按机构分类；反之，则按问题分类。一般来说，机关大，机关内部各机构职能稳定，全年发文量多（在 500 份以上），宜按机构分类；小单位，全年发文总量不大（在 100 份左右），如按机构分类，每类积累的文件太少，宜按问题分类。无论采取哪种分类方法，都要求前后一致，不能有的类属按机构分类，有的类属又按问题分类。

### （二）条目的拟写

每个大类属下面的条目可以根据实际情况，既可以是小机构（股、室）的名称，也可以是问题名称。条目的分类标准可以不一致，但条目名称要尽量指明该条目所包含的文种和材料名称，每一条目内文件材料的保存价值应大体一致。

条目一般要反映出文件的作者、内容和文种，如"华东各分公司关于市场开发的报告、总结"。其中，"华东各分公司"是作者，"市场开发"是内容（范围），"报告""总结"是文种。要避免使用"一般问题""有关材料""各种文件"等笼统的条目名称，也不要把保存价值悬殊的文件放在一个条目内。

条目拟制好以后，先按大类属进行排列，然后再排定每个大类属内各条目的顺序，并编定条目号，固定条目的位置。条目之间的排列顺序要尽量保持相互联系，把内容相近的排在一起。重要程度不同的文件，重要的在先，一般的在后。次序设计好后，要编上条目号，这样既可以固定顺序，又可以作为条目的代号。

编号方法有两种：一种是大流水号；另一种是分类流水号。

按大流水号编号简便易行，但中间如想在某一类属下增加条目的话比较难办，只好列到最后。这样同一类属的条目又不能挨在一起。而采用分类流水号则可以避免这个问题。

分类流水号的编号方法是每个类属编一个流水号。如第一类第一条为"1-1",第二条为"1-2"……第二类第一条为"2-1",第二条为"2-2"……(以下类推)。

条目顺序号又称条款号、文书处理号,即在公文处理阶段保管文件的卷宗号,简称条目号。

## 二、平时归卷

立卷类目表编制好以后,可以根据立卷类目表上的条目,每个条目准备一个卷夹或卷宗,并在上面写上条目名称和条目代号,按顺序排列或存放,准备"接待"将要陆续归入的文件材料。如人事处在整个机关的立卷类属是"3",下面就有许多的条目,如劳动工资、干部调配、职工奖惩、劳保福利、亡故职工的后事处理等。如果亡故职工后事处理的条目代号是"5",那就在一个卷夹上写"3-5",条目名称写"2016年亡故职工后事处理意见",还可以把类属名称"人事处"也写上。有了这个卷夹,凡2016年内有关亡故职工后事安排的文件,办完后都归在里面,这叫平时归卷。如果到年底亡故的职工很少,只有一两个人,那要根据情况,可以单独立一卷,也可以与其他的条目合并立卷。总之,立卷是在平时归卷的基础上进行的。使用卷夹时,除了把类属名称、条目代号、条目名称写在卷夹封面上,还可以写在脊背上,直立存放,这样既整齐又便于查找。有的单位是把文件柜改制一下,隔成多层格架,在每格上面的横木上写类属名称、条目代号和条目名称,在格层内存放文件,这样也很方便。

平时归卷要注意以下四个方面。

### (一)归卷要及时

无论是收文还是发文,只要办理完毕,就要及时归入相应的卷夹或卷宗,避免随手乱放或久搁不归。

### (二)归卷要完整

归卷时,要认真检查该归入的文件材料是否完整,如不完整,应及时查找。如发文,起码应有定稿和正本,缺一不可;收到的文件,如是需本机关答复、业已答复过了的,要把收文连同答复对方的本机关发文一起归卷,缺一不可。若归卷时不完整,又不及时查找,到年底立卷时再查找就比较困难了。

### (三)归卷要准确

对办理完毕需要归卷的文件要先分析它属于哪一个大类,然后再分析它属于哪一个条目,分析无误后再归入相应的卷宗,不要归错了地方。

### (四)归卷后要有记载

归卷后,要在收发文登记簿"归卷"栏下注明其去处。如某份收文办完后已归入"3-5"卷,就在收文登记簿上该份收文的"归卷"栏下注明"3-5",以便于查找利用。

## 三、归档范围

哪些文件需要归档,哪些文件不需要归档,这是在平时归卷时就应弄清楚的问题。否则,归到卷内的文件不是庞杂混乱,就是残缺不全。归档的范围应以国家档案局的《机关文件材料归档和不归档的范围》《关于机关档案保管期限的规定》《文书档案保管期限表》为依据,并结合机关的实际情况,实事求是地确定归档范围。

总的来说,凡是反映本机关工作活动,具有查考利用价值的文件材料均属归档范围。应归档的文书材料有以下四个方面。

### (一) 上级机关的文件材料

(1) 上级机关召开的需要贯彻执行的会议的主要文件材料。

(2) 上级机关颁发的属于本机关主管业务并要执行的文件,以及普发的、非本机关主管业务但需要贯彻执行的法规性文件。

(3) 党和国家领导人、人大代表、上级机关领导人等视察、检查本地区本机关工作时的重要指示、讲话、题词、照片和有特殊保存价值的录音、录像(以下简称声像材料)等材料。

(4) 代上级机关草拟并被采用的文件的最后草稿和印本。

(5) 上级机关转发本机关的文件(包括报纸、刊物转载)。

### (二) 本机关的文件材料

(1) 本级人代会、政协、党、政、工、青、妇领导机关召开代表大会、代表会议、工作会议的全套会议文件,以及各种声像材料(由召开机关收集归档)。

(2) 本机关党组(或实行党委制的党委)、行政领导会议文件材料,本机关召开的工作会议、专业会议材料。

(3) 本机关颁发的(包括转发及其他机关联合颁发的)各种正式文件的签发稿、印制稿,重要文件的修改稿。

(4) 本机关的请示与上级机关的批复文件,下级机关的请示与本机关的批复文件。

(5) 本机关及其内部职能部门活动形成的工作计划、总结、报告。

(6) 反映本机关业务活动和科学技术管理的专业文件材料。

(7) 本机关检查下级机关工作、调查研究形成的重要文件材料。

(8) 本机关或本机关汇总的统计报表和统计分析资料(包括计算机盘片等)。

(9) 本机关形成的财务报表、凭证、账簿、审计等文件材料。

(10) 本机关党委、团委、工会和内部组织机构在工作活动中形成的重要文件材料。

(11) 内容重要的人民来信、来访材料,领导人的指示和本机关处理人民来信、来访形成的记录、摘要单、调查处理报告、统计分析材料等。

(12) 机关领导人公务活动形成的重要信件、电报、电话记录、从外机关带回的与本机关有关的未经文书处理登记的文件材料。

(13) 本机关及本机关批准的有关区域变化,解决山林、地界、水利纠纷,征用土地以及基本建设工程施工、竣工、购置大中型设备的文件材料,本机关直接管理的科研、生产、建设项目的科技文件材料。

(14) 本机关成立、合并、撤销、更改名称、启用印信及其组织简则、人员编制等文件材料。

(15) 本机关制定的工作条例、章程、制度等文件材料。

（16）本机关（本行业）的历史沿革、大事记、年鉴，反映本机关（本行业）重要活动事件的剪报、声像材料，荣誉奖励证书，有纪念意义和凭证性的实物和展览照片、录音、录像等文件材料。

（17）本机关（包括上报和下批）干部任免（包括备案）、调配、培训、专业技术职务评定、聘任，党员、团员、干部、工人名册，报表，纪律检查，治安保卫以及职工的录用、转正、定级、调资、退职、退休、离休、复员、转业、评残、抚恤、死亡等工作及干部奖惩等文件材料。

（18）本机关及本机关办理的干部、工人的转移工资，行政、党、团、工会组织介绍信及存根。

（19）本机关财产、物资、档案等的交接凭证、清册。

（20）本机关编印的情况反映、简报等刊物定稿和印本，编辑出版物的定稿、样本。

（21）本机关与有关机关单位签订的各种合同、协议书等文件材料。

（22）本机关与外国签订的条约、议定书、协定、合同、换文（正本、副本）和机关外事活动中形成的请示、报告、计划、考察总结、重要简报、会议纪要、记录、声像材料、有参考价值的资料、互赠礼品清单、工作来往文件等。

（23）各种普查工作中形成的文件材料。

（24）按有关规定应归档的死亡干部档案材料。

### （三）同级机关非隶属机关的文件材料

（1）同级机关和非隶属机关颁发的非本机关主管业务但需要执行的法规性文件。

（2）有关业务机关对本机关工作检查形成的重要文件。

（3）同级机关和非隶属机关与本机关联系、协商工作的重要来往文件。

### （四）下级机关的文件材料

（1）下级机关报送的重要的工作计划、报告、总结、典型材料、统计报表、财务预算、决算等文件。

（2）直属单位报送的重要的科技文件材料。

（3）下级机关报送的法规性备案文件。

## 四、不归档文件材料的范围

### （一）上级机关的文件材料

（1）上级机关任免、奖惩非本机关工作人员的文件，普发供参阅、不办的文件材料。

（2）上级机关发来供工作参考的抄件。

（3）上级机关征求意见未定稿的文件。

### （二）本机关的文件材料

（1）重份文件。

（2）无查考利用价值的事务性、临时性文件。

（3）未经会议讨论，未经领导人审阅、签发的未生效文件、电报草稿，一般性文件的历次修改稿（重要法规性文件除外）、正本文件的各次校对稿（主要领导人亲笔修改稿和负责人签字的最后定稿除外）。

（4）从正式文件、电报上摘录的供工作参阅的非证明材料。

（5）无特殊保存价值的信封，一般性表态，询问一般性问题，提出一般性建议或意见的人民来信。

（6）机关内部互相抄送的文件材料，不应履行公文的行文、介绍信等。

（7）本机关负责人兼任外机关职务形成的与本机关无关的文件材料。

（8）为参考目的从各方面收集的文件材料。

### （三）同级机关和非隶属机关的文件材料

（1）参加非主管机关召开的会议不需要贯彻执行和无查考价值的文件材料。

（2）非隶属机关抄送的不需要办理的文件材料。

### （四）下级机关的文件材料

（1）下级机关送来参阅的简报、情况反映、不应抄送或不必备案的文件材料。

（2）越级抄送的一般的、不需要办理的文件材料。

（3）下级机关抄送备案的一般性文件材料。

对没有归档和存查价值，不需立卷归档的文件材料，经过鉴别和主管领导人的批准，可以按照规定定期销毁。对需要销毁的文件，应在收发文登记簿上注销。销毁秘密文件应逐件进行登记。把登记好的销毁清单送主管领导人审批，经批准后，送指定的造纸厂化浆销毁，也可以用碎纸机销毁。必须有两人以上现场监销，保证不丢失、不漏销。事后，监销人应在销毁报告或清单上签字，以示负责。

## 第二节　案卷归档的步骤与方法

### 一、组合案卷

#### （一）认真检查卷夹或卷宗内的文件

平时归卷在立卷类目表的指引下进行，立卷在归卷的基础上进行。立卷的第一步是组合案卷，而组合案卷的第一步是认真检查卷夹或卷宗内的文件，看是否能够立成一卷，有无交叉，用不用进行调整合并等。检查可以从以下六个方面入手。

1. 检查卷夹或卷宗内的文件是否齐全

若卷夹或卷宗内的文件不齐全的，要想办法收齐。

2. 检查卷夹或卷宗内的文件是否属于本机关立卷归档的范围

把那些不属于立卷归档范围的重份文件、草稿、废稿等剔出，按照规定进行销毁；把那些不属于本机关立卷归档范围的文件剔出，转交给相关的部门。

3. 检查卷夹或卷宗内的文件是否有一定的联系

文件都是在公务活动中形成的，彼此之间有各种各样的联系，如作者相同、问题相同、文种相同、地区相同、年度相同等，其中最基本的联系是文件在形成过程中的联系。按文件形成过程的联系来组合案卷就可以反映工作活动的全过程和发展变化的情况。在组合案卷时，要尽量保持在某项工作活动中所形成的一系列文件之间的联系，保持领导某项工作、开展某项活动、审理某个案件、解决某个重大事故、召开某次会议、建设某项工程等所形成的一系列文件之间的联系。只有把一系列有联系的文件都集中在一个案卷里，查找利用起来才比较方便。因此，要把那些没有联系或联系不密切的文件剔出，将与其有联系的文件归在一起。

4．检查卷夹或卷宗内的文件的保存价值是否大致相同

如果保存价值差别太大，应按保管期限，分开来立卷。

5．检查卷夹或卷宗内的文件是否适量

如果文件太少或太多，应考虑进行必要的调整和归并。

6．检查卷夹或卷宗内的文件是否属于本年度立卷归档的范围

剔出那些不属于本年度立卷归档的文件，将其另外保存。

### （二）灵活运用六个特征组卷

每份文件都有发文机关（作者）、事由（问题）、文种名称、内容所针对的时间、收文机关以及文件所涉及的地区等。文件本身存在的这些特点就构成了立卷时的六个特征，即作者特征、问题特征、名称特征、年度特征、通讯者特征和地区特征。运用这六个特征组合案卷，实际上就是寻找文件之间的共同点，保持文件之间的联系；就是把一些有共同特点和密切联系的文件组合在一起，组成一个案卷。

1．作者特征

作者，是指发文机关或个人。把同出于某个作者的某些文件组合在一起立成一个案卷就是按作者特征立卷，如：

《郑州市人民政府关于开展物价大检查的决定》
《郑州市人民政府关于市政建设的意见》
《郑州市人民政府关于市区绿化的规划》
《郑州市人民政府关于加强交通管理的通知》
《郑州市人民政府关于加强食品卫生工作的通知》

上述五份文件可以按作者特征立成一个案卷，标题为《郑州市人民政府关于开展物价大检查、市政建设、市区绿化、交通管理、食品卫生工作的决定、意见、规划、通知》。按作者特征立卷的好处是：可以保持同一个作者的文件之间的联系，便于按作者查找文件。按作者特征立卷的适用范围是：本机关制发的重要文件；在机关内部形成和使用的文件材料，如会议记录、规章制度等。为了集中反映本机关的工作活动，可以按作者特征立卷。本机关收进的上级机关的文件，如不据此形成新的文件，也可以按作者特征立卷。

如果同一卷夹或卷宗内的文件的作者各异，可以采用其他的特征组卷。

2．问题特征

问题，是指文件内容所反映或所涉及的问题。按问题特征立卷，是指把反映或涉及同

一事件、同一人物、同一工程、同一案件、同一具体工作的文件组合在一起，立成一个案卷。如有关对某次工伤事故的调查处理形成的文件，有关职称评定的文件，有关后备干部选拔的文件等都可以各自成为一个问题特征，并分别立卷。

按问题特征立卷的灵活性较大。如果一个大问题内积累的文件很多，一卷容纳不下，可以再把它分成若干个小问题。如可以把产品销售问题分为市场调查、建立销售网点、开展售后服务等数卷。

按问题特征立卷的优点是：便于保持问题之间的联系；便于反映某个问题的全貌；有利于查找利用。但有些文件不能按问题特征立卷，如一次会议的文件，会上讨论决定了许多的问题，不能按问题分开。会议文件应坚持"一会一案"，不能分开。综合性的计划、总结、报告等也不能按问题分开组卷。

3. 名称特征

名称即文种。按名称特征立卷，是指将同一文种的文件组合成一个案卷。名称特征适用于那些名称相同但内容庞杂又无法拆开的文种，如会议记录、工作简报、统计报表等可以按名称特征立卷。也可以把那些名称相近的文种合并立卷，如规划、设想、计划、安排、要点等。有些名称相同但内容和性质不同的文件不能合并立卷，如会议通知与指示型通知、转发型通知就不能合并立卷。

4. 年度特征

年度特征又称时间特征、年代特征。按年度特征，是指按文件内容所针对的年度来组合案卷，如《××总公司各部处2017年上半年工作总结》。

按年度特征立卷要注意以下三个问题。

（1）现行的公文立卷制度本来就是按年度进行的，即一年一次。因此，运用年度特征立卷主要不是指文件形成的年度，而是指文件内容针对的时间和文件形成的季度、月份等，如第一季度、第二季度，上半年、下半年等。

（2）要注意区分文件内容所针对的时间与文件形成时间的差别。尤其是要对跨年度的文件做出正确的归属。年底制订的下一年度的计划、预算和年初写成的上一年度的总结、决算，放在文件内容针对的一年归档，不要放在形成的一年归档；五年计划、长远规划，放在开始的一年归档，不要放在形成的一年归档；如系开始后第二年写成的，放在写成的一年归档；两三年的工作总结，放在最后一年或写成的一年归档；跨年度的案件，放在结案的一年或主要办案的一年归档；跨年度的调查材料，放在成文的一年归档；跨年度的法规，放在通过或公布的一年归档。上一年的总结和下一年的计划写在一起的文件，如《××大学2016年工作总结和2017年工作要点》，要分析文件的重点是什么：若重点在总结上一年的工作，放在上一年归档；若重点在安排下一年的工作，则放在下一年归档。跨年度的请示与批复、来文与复文，按本机关的发文时间立卷归档，即请示的机关按请示的时间立卷，批复的机关按批复的时间立卷；转发或批转的文件，应按转发时间立卷；被转发的文件，在原机关仍按写成的年度立卷；年初收到的上一年年底形成的文件，如系不需要办理的"阅文"，应放在上年度立卷归档；如需办理，并要据此形成新的文件，放在收到年度与办文一起立卷。

（3）要注意专门年度与一般年度的区别。有些工作根据专业活动的特点使用专门年度，如会计年度、兵役年度、粮食年度、教学年度等，其计算年度的方法各有不同。如教学年度是从上一年的9月1日到第二年的8月31日为一个学年度。针对专门年度形成的专用文件，应按专门年度划分和立卷。

5. 通讯者特征

通讯者，是指因处理工作问题而发生往来的通讯者双方。按通讯者特征立卷，是指把本机关与另一个机关就某个问题或某几个问题的来往文书立成一个卷，反映双方就有关问题的协商情况和处理结果。如问函与复函、请示与批复可以按通讯者特征立卷。按通讯者特征立卷，只能是双方往复的文件，不包括各自的单独发文，不能与按作者特征立卷混合使用。

6. 地区特征

地区，是指文件内容所针对的地区，一般是指大区、省、市、县等行政区，也可以指自然形成的区域（如长江流域、黄河流域、大别山区等），还可以指按某种标准划分的地区（如华东地区、西北地区等）。按地区特征立卷，是指把内容反映同一地区的某些文件组成一个案卷，如《华东地区市场开发计划》《××省贫困地区的开发、扶持计划、总结》。按地区特征立卷一般较多地用于下属机关的来文、调查统计材料和某些专门文件。

运用特征立卷不是机械地套用，而是要从实际情况出发灵活选用。有些文件只能用一个特征立卷，没有选择的余地；而有些文件则可以用多种特征立卷，这就有一个正确选择的问题。

在选用立卷特征时应注意以下四个方面。

（1）不同类型的文件，应采用不同的特征立卷。文件内容的综合性强，无法按问题分开，可以考虑按作者特征立卷（如会议记录、总结等）。各种统计报表、花名册、登记簿、合同、协议书等可以按名称特征立卷。专门性、专题性工作形成的文件应按问题特征立卷。

（2）以一个特征为主，兼顾其他的特征。立卷时，先抓主要特征，在此基础上再兼顾其他的特征。如《××总公司2017年上半年总经理办公会议记录》，立卷时抓住"2017年上半年"这个时间特征，再兼顾作者、名称等特征。这样的案卷查找利用就比较方便。

（3）不能把有直接联系的文件材料分开立卷。有直接联系的文件，如正件与附件、定稿与正本、请示与批复、问文与复文以及一个案件、一次会议、一个工程项目等形成的一系列文件不能分开立卷。如文件数量太多，可以组成若干卷，但必须排列在一起。

（4）尽可能不要把保存价值悬殊的文件组合在一起。如果保存价值悬殊太大，若干年后就要拆卷重装，也不利于平时的保管。如能在组合案卷时注意这个问题，尽可能在保持联系的前提下把保存价值不同的文件分开立卷，这个问题就可以避免。

## 二、编目定卷

### （一）排定卷内文件次序

按某种特征把一系列文件组合成一个案卷后就要按一定的规律对卷内文件进行系统排列，以利于保持卷内文件之间的联系和条理性，使每份文件在卷内都有固定的位置。卷内文件排列的方法有以下六种。

1. 按时间先后排列

凡作者、问题（时间）、名称均相同的文件，可以按时间先后排列。如《××总公司2016年亡故职工后事安排意见》一卷，谁先亡故，有关他（她）的文件就排在前面，后亡故的人挨次往后排。

2. 按重要程度排列

即重要的文件在前，次要的文件在后；正本在前，定稿在后；正文在前，附件在后；转发、批转件在前，被转发、被批转件在后；政策性的在前，业务性的在后；本机关批复的在前，下级请示的在后；本机关的请示在前，上级的批复在后；问函在前，复函在后。如系案件审理的案卷，应是结论性、判决性文件在前，其他材料在后。

3. 按先作者后时间的顺序排列

卷内文件分属于若干个作者，先按作者分开，在每个作者内再按发文时间的先后排列。如《郑州市关于第一、二、三棉纺公司资产重组的计划、报告、总结》，可先按第一、二、三棉纺公司排开，然后在每个棉纺公司内按计划、报告、总结的先后次序排列。

4. 按先作者后问题的顺序排列

卷内文件有好几个作者，每个作者又有好几个问题，先把属于每个作者名下的文件按作者分开；在每个作者内再按问题排列，把问题相同的排在一起。在每个问题内，还可以按发文时间先后排列。

5. 按先问题后时间的顺序排列

卷内文件同属一个作者，但涉及的问题在两个及两个以上，可以先按问题分开，在每个问题内再按时间先后排列。如《××总公司关于文件处理、秘书培训、档案管理的办法、通知、规定》，可以先把卷内文件按"文件处理""秘书培训"和"档案管理"这三个问题分开，在每个问题内再按发文时间决定其先后。

6. 按姓名笔画排列

对人事案卷和人民来信来访组成的案卷可以采取按姓名笔画排列这种方法。

常用的卷内文件排列方法有以上六种，要引起注意的有一点：卷内文件排列的顺序应在案卷标题中得到反映，卷内文件的排列要与案卷标题的拟写结合起来。如《郑州市关于第一、二、三棉纺公司资产重组的计划、报告、总结》，由此标题可知此卷是按先作者后时间的顺序排列的，作者之间的排列顺序是"第一、二、三棉纺公司"，时间的排列顺序是先"计划"，再"报告"，最后才是"总结"。一般是先根据卷内文件次序，再结合原来的条目名称拟一个草题，然后据此草题去排定卷内文件次序，排定后再考虑草题的改定问题。也可以反过来，先排定卷内文件次序，再根据卷内文件次序来拟写案卷标题。

## （二）编写张号

卷内文件排列好以后要及时编上张号，以便固定顺序，也便于统计卷内文件。

1. 编写张号的方法

卷内文件，除了空白纸以外，每张都要编上顺序号。一张编一个号，一面有字一面空白或两面均有字的，按一张编号。折叠的大张文件按一张编号，在16开纸上贴数页小纸片的，每张小纸片编一个号。如卷内有成本成册的书刊，书刊内有页码的，一本编一个号；无页码的，应每张都编上号。

张号编好以后要认真检查，如有漏编、漏号现象，要及时采取补救措施。如8号后有一张漏编，补编的方法是将8号分为甲、乙两张，写上8甲、8乙，并在"备考表"里注明总张数及"第8张为甲、乙两张"。若漏号，如12张后应是13张而编成了14张，可以将12张改为"12-13"，并在"备考表"里注明"12-13张，共1张"。

2. 编号的位置

左侧装订的案卷，编在文件的右上角；右侧装订的案卷，编在文件的左上角。照片、图表等可以编在与此相应位置的空白处；正面实难编号的，也可以编在背面的左上角。

(三) 填写卷内文件目录

卷内文件目录是用来介绍卷内文件内容的，起索引作用。若是硬卷皮，应把卷内文件目录置于卷内首页的位置；若是软卷皮，则直接把卷内文件目录印在封二的位置上。

1. 用纸幅面

按照中华人民共和国国家标准《文书档案案卷格式》的规定，目录用纸幅面尺寸采用国内通用16开型（即长×宽为260 mm×185 mm）或国际标准A4型（即长×宽为297 mm×210 mm）。

2. 卷内文件目录的项目

项目包括顺序号、文号、责任者、题名、日期、页号和备注。

(1) 顺序号。

即以卷内文件排列先后顺序流水编号，亦即件号。每份文件要有一个顺序号。请示与批复、来文与复文是各自独立的文件，应分别编号，不能合编一个号。但是，正件与附件、转发件与转发对象应是一个整体，不能分开编号。

(2) 文号。

即填写文件制发机关的发文字号。有些文书材料没有文号，此栏可以不填。

(3) 责任者。

对档案内容进行创造或负有责任的团体和个人即责任者，也就是文件的发文机关或署名者。

(4) 题名。

题名即文件的标题，一般应照实抄录。如果标题的文字太多太繁，在不改变原意、不影响查找的前提下可以适当简化。有些文书材料没有标题或标题不能说明文件内容，可以由立卷人自拟标题。凡是自拟的标题，要加"〔 〕"号，以区别于原有的标题。

(5) 日期。

日期即文件形成的时间。一般填发文时间，若没有发文时间，可以根据内容确定一个大概的时间。对会议文件应以通过、批准或公布的日期为准。填写日期时可以省略年、月、日字样，在表示年、月的数字右下角加"."号即可。

（6）页号。

即填卷内文件所在之页的编号。

（7）备注。

即留待对卷内文件变化时作说明之用。

**（四）填写卷内备考表**

卷内备考表的用纸幅面与卷内文件目录相同。若是硬卷皮，应把卷内备考表放在卷内文件最后一页的位置；若是软卷皮，可以把卷内备考表直接印在封三上。卷内备考表主要用来注明卷内文件的有关情况，如立卷时没有情况需要说明，仍要有备考表，以备将来使用。

卷内备考表的项目包括本卷情况说明、立卷人、检查人、立卷时间，各项目的填写方法如下。

（1）本卷情况说明：填写卷内文件缺损、修改、补充、移出、销毁等情况，案卷立好以后发生或发现的问题，由有关的档案管理人员填写并签名、标注时间。

（2）立卷人：由责任立卷者签名。

（3）检查人：由案卷质量审核者签名。

（4）立卷时间：填写完成的立卷日期。

**（五）案卷装订**

为了保护卷内文件不受损坏，防止散失，有利于保存利用，凡需永久保存和长期保存的案卷都要装订。

装订的方法有两种：一是单份装订；二是整卷装订。

单份装订的优点是有利于查找利用。因为利用文件的人大都使用单份的文件，而不是整个案卷。单份装订的缺点是容易散失，用过之后容易归错案卷。

整卷装订的优点是不易散失，便于保管。整卷装订的缺点是利用起来没有单份装订的案卷方便。

无论是单份装订还是整卷装订，其程序大都包括以下五个方面。

1. 确定装订线

即根据文件书写和印制的具体情况确定装订的位置。横写的文件在左侧装订，竖写的文件在右侧装订。

2. 除去金属物

即把文件上原有的订书钉、大头针、回形针等金属物去掉，且不能损坏文件。

3. 贴边裱糊

如果文件的装订线处写有文字，若有领导人的批语，要贴一个装订边，对破碎的文件要裱糊。

4. 折叠取齐

如果卷内文件的纸形宽窄不一、长短不齐，要折叠取齐。左侧装订时，要右与下取齐；右侧装订时，要左与下取齐。

5. 装订

单份装订的案卷，应按件用纱线装订，并要逐件加盖档号章。档号章的位置在每份文件首页的右上角，其格式是：

| 全宗号 | 目录号 | 案卷号 | 件号 |
|--------|--------|--------|------|
|        |        |        |      |

整卷装订的案卷，需在装订线处打 3 个针孔，孔与孔之间距离软卷皮约 6 cm，上下两个针孔与上下纸边的距离约 7 cm。沿装订线用纱线装订，结头打在案卷底部、卷皮之内，不可把结头打在案卷的面部或卷皮之外。另外，案卷要装订得结实、牢固，不影响阅读。

对于那些不便装订的特殊文件，如照片、声相材料等，可以不装订，用卷袋、卷盒装起来即可。

## 三、填写案卷卷皮（盒）

### （一）案卷卷皮（盒）的种类及其格式

按照《文书档案案卷格式》的规定，案卷卷皮有三种：第一种是硬卷皮；第二种是软卷皮；第三种是卷盒。

1. 案卷卷皮（盒）的外形尺寸

按照《文书档案案卷格式》的规定，硬卷皮的外形尺寸是：封面尺寸规格采用 300 mm×220 mm 或 280 mm×210 mm（长×宽）；封底尺寸与封面相同，但封底三边（上、下、翻口处）要另有 70 mm 宽的折叠纸舌；卷脊可以根据需要分设 10 mm、15 mm、20 mm 三种厚度；用于整卷装订的卷皮，上下侧装订处要各有 20 mm 宽的装订纸舌。

软卷皮的外形尺寸是：软卷皮设封皮和封底，其封皮和封底可以根据需要采用长、宽为 297 mm×210 mm（供 A4 型纸用）或 260 mm×185 mm（供 16 开型纸用）的规格。使用软卷皮装订的案卷，必须装入卷盒内保存。卷盒的外形尺寸是 300 mm×220 mm（长×宽），其高度可以根据需要分别设置 30 mm、40 mm 或 50 mm 的规格。在盒盖翻口处中部要设置绳带，使盒盖能紧扣住卷盒。

2. 案卷卷皮（盒）的封面及脊背格式

硬、软卷皮的封面格式除了尺寸的大小略有不同以外，其他都是相同的，包括全宗名称、类目名称、案卷题名、时间、保管期限、件、页数、归档号、档号等。

硬卷皮还有脊背项目，包括全宗号、目录号、年度、案卷号等；软卷皮除了封面项目以外，还有封二印制项目和封三印制项目。封二印制项目有顺序号、文号、责任者、题名、日期、页号和备注等，是代替卷内文件目录的；封三印制项目有本卷情况说明、立卷人、检查人和立卷时间等，是代替卷内备考表的。卷盒的封面为空白面，卷脊项目包括全宗名称、目录号、年度、起止卷号等。

### （二）卷皮封面项目的填写方法

填写案卷封面及卷脊时一律要求用毛笔或钢笔，字迹要求工整。

1. 全宗名称

全宗名称相同于立档单位的名称。立档单位是指：可以独立行使职权，能以自己的名义对外行文；是一个会计单位或经济核算单位，本单位可以编造预算或财务计划；设有管理人事的机构或人员，并有一定的人事任免权。凡是立档单位在政治性质、生产关系或基本职能等方面发生根本变化时，即应建立新的全宗。如是联合全宗，几个立档单位的名称都要写出。填写全宗名称必须用全称或通用简称，如中国共产党河南省委员会可以简称为中共河南省委，河南省人民政府教育厅可以简称为河南省教育厅，但不得简称为本委、本部、本省教育厅等。全宗名称已印制好的，就不必填写。

2. 类目名称

类目名称，是指全宗内分类方案的第一级类目名称。在一个全宗内应按统一的方案分类，并应保持分类体系的稳定性。按机构分类的，填上机构名称；按问题分类的，写上问题类的类名。如机构名称有所改变，应在新名称后写"（原××单位）"字样。

3. 案卷题名

案卷题名应当准确概括本卷文件的制发机关、内容、文种。文字力求简练、明确。案卷题名的拟写要注意以下三个方面。

（1）案卷题名的基本结构应力求完整，排列顺序应统一。不能只标出立卷特征一项，如写成"资产重组问题""××总公司文件""情况反映"等。应标出卷内文件的发文机关、内容、文种三个基本部分，如《××总公司办公室关于文件处理、秘书培训、档案管理的办法、通知、规定》。必要时还应写上地区、时间或通讯者。

（2）对卷内文件的概括要准确，不能歪曲卷内文件的内容或令人费解。要时刻为查找利用案卷的人着想。要先对卷内文件有一个整体印象，弄清卷内文件之间的相互联系后再落笔，不能信手写来。

（3）案卷题名的文字要简练、通顺。对卷内文件内容的概括既要准确、全面，避免过于抽象笼统，又不能过于烦琐，甚至把卷内所有文件的标题都原封不动地抄在卷皮上。案卷题名的文字在20～40个字以内为好，一般不要超过50个字。如果案卷题名太长，排3行以上，写得密密麻麻，就不能让人一目了然。

4. 时间

时间即卷内文件所属的起止年月，以便于利用案卷的人了解卷内文件在时间上的跨度。

5. 保管期限

填立卷时划定的案卷保管期限，一般由立卷人填写。按照国家档案局《关于机关档案保管期限的规定》，文书档案的保管期限定为永久、长期和短期三种。长期为16—50年左右，短期为15年以下。专门档案另有保管期限和销毁规定的，按有关规定执行。

确定档案保管期限的原则如下：

（1）凡是反映机关主要职能活动和基本历史面貌的，对本机关、国家建设和历史研究有长远利用价值的档案，列为永久保管，主要包括：本机关制定的属于法规政策性的文件，处理重要问题形成的文件材料，召开重要会议的主要文件材料，重要的请示、报告、总结、综合统计报表，机构演变、机关领导人任免的文件材料；直属上级机关颁发的属于本机关主管业务并要贯彻执行的重要文件材料和非直属上级机关针对本机关主管业务并要贯彻执行的重要文件材料。

（2）凡是反映本机关一般工作活动，在较长时间内对本机关工作有查考利用价值的文件材料，列为长期保管，主要包括：本机关一般工作问题文件材料，一般会议的主要文件材料，人事管理工作形成的一般文件材料，直属上级机关颁发的属于本机关主管业务并需要贯彻执行的一般文件材料，下级机关报送的重要总结、报告和统计报表等文件材料。

（3）凡是在较短时间内对本机关有参考利用价值的文件材料，列为短期保管，主要包括：本机关一般事务性的文件材料；上级机关和同级机关颁发的非本机关主管业务但要贯彻执行的文件材料；下级机关报送的一般工作总结、报告和统计表等文件材料。

6. 件数、页数

成卷装订的案卷要填写总页数，单份装订的案卷要填写本卷的总件数。填写件数、页数，一般都用大写的汉字书写。

7. 归档号

归档号即文书处理号、条目代号，由立卷人填写。

8. 档号

封面档号由全宗号、目录号和案卷号组成。

（1）全宗号。

全宗号，是指档案馆指定给一个立档单位的编号，也就是全宗的代号。

（2）目录号。

目录号，是指全宗内案卷所属目录的编号，一本目录一个号，即案卷目录的代号。一个全宗内有几本案卷目录，也就有几个目录号。在同一个全宗内不允许出现重复的案卷目录号。

（3）案卷号。

案卷号，是指目录内案卷的顺序编号，在同一个案卷目录内不允许出现重复的案卷号。一本目录内有多少个案卷，也就有多少个案卷号。

至此，立卷工作即告结束。

## 四、案卷归档

归档，是指立好的案卷必须按归档制度向档案部门移交，由档案部门集中保管。归档制度包括归档范围、归档时间和归档要求三个方面，归档范围前面已经讲过，以下主要介绍归档时间、归档条件以及移交程序等。

### （一）归档时间

前一年的文件材料一般要在第二年第一季度或第二季度（即7月1日以前）归档。无特殊情况的，不能拖到第三季度。

### （二）归档条件

归档的文件材料必须是经过整理、立卷、编目或装订的案卷，而不能是一些零乱分散的文件材料；必须接受档案部门的检查验收，对方认为合格后，方可正式归档；必须编制归档案卷移交目录作为移交清册。

**（三）移交程序**

移交前，先要编制移交案卷目录，包括顺序号、案卷题名、起止时间、件数、页数、保管期限、备注等。移交案卷目录前面还要设计一个封面，封面上要写"20××年××部门归档案卷移交目录"字样；后面要有一张备考表，备考表上要标明移交部门、移交人、移交时间和接收部门、接收人、接收时间等栏目。移交案卷目录至少要一式两份或三份。

归档案卷移交目录编制好以后，可以连同立好的案卷一起向档案部门移交，双方点交清楚，然后在移交案卷目录后面的备考表上签名盖章。移交、签收结束后，双方至少各存留一份移交案卷目录作为移交和接收的凭证，以备查考。

## 第三节 按"件"归档的步骤与方法

### 一、"件"的含义

按文件级归档，其管理单位不是"卷"而是"件"，是指立档单位把在其职能活动中形成的、办理完毕、应作为文书档案保存的各种纸质文件材料，以"件"为单位进行装订、分类、排列、编号、编目、装盒，使之有序化的过程。

归档文件的整理单位一般以每份文件为一件。文件正本与定稿为一件，正文与附件为一件，原件与复制件为一件，转发文与被转发文为一件，报表、名册、图册等一册（本）为一件，来文与复文可以为一件。

实行文件级管理可以免除烦琐、复杂的组卷过程。

### 二、按"件"归档的整理原则和质量要求

**（一）按"件"归档的整理原则**

即遵循文件的形成规律，保持文件之间的有机联系，区分不同价值，便于保管和利用。

**（二）按"件"归档的质量要求**

1. 归档文件应齐全完整

归档文件应齐全完整，已破损的文件应予修整，字迹模糊或易蜕变的文件应予复制。

2. 符合档案保护的要求

整理归档文件所使用的书写材料、纸张、装订材料等应符合档案保护的要求。

### 三、按"件"归档的方法

**（一）按"件"装订**

归档文件应按"件"装订。装订时，正本在前，定稿在后；正文在前，附件在后；原

件在前，复制件在后；转发文在前，被转发文在后；来文与复文作为一件时，复文在前，来文在后。

对装订材料不再做统一规定，只要符合档案保护要求即可。装订方法也不限于"三孔一线"。在实际工作中，常用的装订方法有以下四种。

1. 粘贴装订

凡一件在5页内的文件，可以采用对纸张无害的胶水粘贴的办法。

2. 线缝装订机装订

文件厚度在5页以上，可以采用电动档案文件线缝装订机装订。

3. 订书机装订

如有必要，也可以采用不锈钢订书钉装订文件。

4. 三孔一线法装订

对于比较厚的文件，不能采用电动档案文件线缝装订机装订的文件，可以采用传统的三孔一线法装订。

（二）灵活分类

归档文件可以采用年度—机构（问题）—保管期限或保管期限—年度—机构（问题）等方法进行分类。

同一全宗应保持分类方案的稳定。

按年度分类，是指将文件按其形成年度分类。

按机构（问题）分类，是指将文件按其形成或承办机构（问题）分类（可以视情况予以取舍）。

按保管期限分类，是指将文件按划定的保管期限分类。

分类方法固定为年度、机构（问题）和保管期限三种，允许公文处理部门视具体情况进行组合或简化，这是值得肯定的。

（三）文件排列和文件编号

1. 文件排列

归档文件应在分类方案的最低一级类目内按事由并结合时间、重要程度等排列。

会议文件和统计报表等成套性文件可以集中排列。

2. 文件编号

归档文件应依分类方案和排列顺序逐件编号，在文件首页上端的空白位置加盖归档章并填写相关内容。

归档章设全宗号、年度、保管期限、件号等必备项，并可设置机构或问题等选择项。如下图所示，图中"＊"号栏为选择项，不选用时无须设置。

| （全宗号） | （年度） | （室编件号） |
|---|---|---|
| ＊（机构或问题） | （保管期限） | （馆编件号） |

(1) 全宗号：即档案馆给立档单位编制的代号。
(2) 年度：即文件形成年度，以 4 位阿拉伯数字标注公元纪年，如 2017。
(3) 保管期限：即归档文件保管期限的简称或代码。
(4) 馆编件号：即文件的排列顺序号。件号包括室编件号和馆编件号，分别在归档文件整理和档案移交进馆时编制。室编件号的编制方法为：在分类方案的最低一级类目内，按文件排列顺序从"1"开始标注；馆编件号按进馆要求标注。
(5) 机构或问题：作为分类方案类目的机构或问题名称或规范化简称。

**（四）编制归档文件目录**

归档文件应依据分类方案和室编件号顺序编制归档文件目录。

归档文件应逐件编目。来文与复文作为一件时，只对复文进行编目。

归档文件目录设有件号、责任者、文号、题名、日期、页数、备注等项目（如下图所示）。

**归档文件目录**

| 件号 | 责任者 | 文号 | 题名 | 日期 | 页数 | 备注 |
|------|--------|------|------|------|------|------|
|      |        |      |      |      |      |      |

(1) 件号：即填写室编件号。
(2) 责任者：即制发文件的组织或个人，即文件的发文机关或署名者。
(3) 文号：即文件的发文字号。
(4) 题名：即文件标题，没有标题或标题不规范的，可以自拟标题，外加"〔 〕"号。
(5) 日期：即文件的形成时间，以 8 位阿拉伯数字标注年、月、日，如 20160101。
(6) 页数：即每一件归档文件的页数，文件中有图文的页面为一页。
(7) 备注：即注释文件需说明的情况。

归档文件目录的纸幅面尺寸采用国际标准 A4 型（长×宽为 297 mm×210 mm）。

归档文件目录应装订成册并编制封面，其封面可以视需要设置全宗名称、年度、保管期限、机构（问题）等项目（如下图所示）。其中，全宗名称即立档单位的名称，填写时应使用全称或规范化简称。

**归档文件目录**

全宗名称：

年度：

保管期限：

机构：

（问题）

## （五）归档文件装盒

将归档文件按室编件号顺序装入档案盒，并填写档案盒封面、盒脊及备考表项目。

档案盒封面应标明全宗名称。档案盒的外形尺寸为 310 mm×220 mm（长×宽），盒脊厚度可以根据需要设置为 20 mm、30 mm、40 mm 等。

档案盒应根据摆放方式的不同在盒脊或底边设置全宗号、年度、保管期限、起止件号、盒号等必备项，并可以设置机构（问题）等选择项。其中，起止件号填写盒内第一件文件和最后一件文件的件号，中间用"—"号连接；盒号即档案盒的排列顺序号，在档案移交进馆时按进馆要求编制。

档案盒应采用无酸纸制作。

## （六）归档文件备考表

备考表置于盒内文件之后，项目包括盒内文件情况说明、整理人、检查人和日期。

（1）盒内文件情况说明：即填写盒内文件缺损、修改、补充、移出、销毁等情况。

（2）整理人：即负责整理归档文件的人员姓名。

（3）检查人：即负责检查归档文件整理质量的人员姓名。

（4）日期：即归档文件整理完毕的日期。

按"件"归档的文件，也必须按归档制度向档案部门移交，档案移交进馆的手续与要求与按"卷"归档的文件相同。

## 练 习

1. 简述立卷类目表的编制方法。
2. 应该归档的文件有哪些？
3. 卷内文件的排列方法有哪几种？
4. 把下列文件按不同的特征分别立卷，共立成 3 卷，每卷不少于 4 份文件，把全部文件立完，并拟出每卷的案卷标题。

(1) 郑州市政府关于筹建中州大学的指示
(2) 郑州市政府关于筹建中州大学中几个问题的意见
(3) 郑州第一棉纺公司关于企业改革的计划
(4) 郑州第一棉纺公司关于企业改革的报告
(5) 郑州塑料一公司采购计划
(6) 郑州塑料二公司采购计划
(7) 郑州市政府关于开展物价检查的决定
(8) 郑州市政府关于改善市内交通的通知
(9) 郑州市第二棉纺公司关于企业改革的调查报告
(10) 郑州市第二棉纺公司关于企业改革的经验总结
(11) 郑州塑料三公司采购计划

(12) 郑州塑料四公司采购计划
(13) 郑州第三棉纺公司关于企业改革的总结
(14) 郑州塑料五公司采购计划
(15) 郑州塑料六公司采购计划
(16) 郑州第三棉纺公司关于企业改革的情况报告

## 附录一

# 中共中央关于各级领导干部要亲自动手起草
# 重要文件，不要一切由秘书代劳的指示

(1981年5月7日)

党的十一届三中全会以来，为了加强和改善党的领导，中央已经采取或正在采取一系列重要的措施，如废除领导干部职务实际上存在的终身制，吸收坚定执行党的路线，具有独立工作能力而又年富力强的同志参加各级领导工作，实行党政分工，恢复和健全集体领导和个人分工负责相结合的制度，在决定重大问题时注意听取有学问的专家、学者的意见，加强政治工作的领导，等等。毫无疑问，为了进一步改善党的领导制度，还要逐步采取许多必要的措施。各级领导干部要亲自动手起草重要文件，不要一切由秘书代劳，就是其中重要的一项。

领导干部必须亲自动手准备自己的重要讲话、报告，亲自指导、主持自己领导范围内的重要文件的起草，否则他对自己所领导的主要工作就不能担负政治责任。这是一个重大原则问题，中央和毛泽东同志从30年代起曾经作过多次指示。现在，中央常委的绝大多数同志是这样做的，各级领导干部中有很多同志也是这样做的。有些领导干部，工作肯用脑筋，有办法，有经验，苦于文化水平低，亲自动手写文件有困难，需要别人帮助（但对文件的主要内容仍必须经过自己的思考加以审定）。但是，目前也有一些领导干部，工作不用脑筋，整天忙于批条子，应付门市，他们不仅在准备自己领导范围内的重要文件时，不动手，并且连自己的讲话、报告以至日常工作的指示，也不动脑，不动手，不提出基本的思想内容，一切由秘书或别的人代劳。他们这样做，实际上是放弃了自己的领导责任，严重地损害了党的领导作用和领导威信。这种做法，是腐朽的官僚主义恶习在我们党的领导工作上的一种反映，是某些同志革命意志衰退、缺乏政治责任心、工作上失职或无能的一种表现，也是我们许多地方、部门和单位的领导工作一般化，使中央的指示得不到正确有效执行的一个重要原因。

有鉴于此，中央规定：今后，领导者（指各级党委的第一书记、分工负责某一方面工作的书记，国家机关的部长、省长、市长，其他各部门、各单位类推）个人的重要讲话、报告，一律要亲自动手起草。领导机关的重要文件，一律由领导者（或指定一位负责同志，或由若干人合作，一人负主责）亲自动手，亲自指导、主持起草工作。所谓亲自动手，主要是指领导者必须开动脑筋，提出文件的基本思想，包括主要的观点、意见、办法。文件的初稿产生以后，要在适当的范围内征求更多同志的意见，民主讨论，集思广益。在此基础上，领导者再亲自精心斟酌文件的内容和文字，并最后亲自负责修改定稿。文字的加工整理，可以由秘书或其他适当人员协助，但不得把起草工作全部推给他们。分管某一方面工作的领导者，对于自己领导范围内的重要文件，要亲自动手，亲自主持、参加起草工作，在自己主管的会议上的主要发言和会议结论，也都要自己准备，不要造成这样一种局面，即一切工作都集中在第一书记身上，一切文件都要第一书记负责，以致第一书记的工作无法深入。

各级领导干部亲自动手起草重要文件，这不是技术性的问题，而是领导工作中的原则性的问题。现在重申这一原则，是在新的历史条件下提高党的各级领导干部的认识能力和领导能力、改善和加强党对社会主义现代化建设各项事业领导的一项重要措施。

一般说来，中央的指示是面向全国的，是带有普遍意义的。其中，有的属于原则性的指示，只有和各地区、各部门、各单位的具体实际相结合，使之具体化，才能真正解决那里的问题；有的属于对某项工作的具体指示、规定，也要由各地区、各部门各单位提出实施的具体办法，才能有效地贯彻执行。因此，各级领导干部的重要职责，就是要善于把中央或上级的指示和本地区、本部门、本单位的实际结合起来，提出贯彻执行这些指示的具体意见和办法，并组织实施。他们的报告、讲话以及其他文件，都应当体现这种结合。今后，在中央做出原则性的指示以后，中央或国家机关的主管部门，应对负责执行的单位做出准确的解释，并提出相应的实施意见和办法。各地区在接到中央或上级部门的这些指示以后，要从当时当地的实际情况出发，提出本地区执行这些指示的意见和办法。只有这样，而不是照抄照转，我们党和国家的机器的各个环节才能正常地协调地运转起来，充分发挥各自应有的作用。

领导干部的讲话、报告，作为精神产品，应是他们的大脑这个加工厂制作出来的。它的原材料或半成品归根到底来自广大群众的实践。对周围的社会环境和工作状况作系统的周密的调查研究，用心体察下级和社会各阶层的情绪、呼声和要求，及时了解实际生活中出现的新情况、新问题，这是创造性地执行中央或上级的指示，提高领导工作质量和提高文件质量的必不可少的基础性工作。一个领导者，起草一个文件，或者讲一篇带有指导性的话，总应该提出问题，分析问题，解决问题。这就要求领导者亲自去了解在有关问题上，中央或上级有什么指示，自己这里有哪些实际情况、经验和问题。在准备过程中，可能会遇到一些理论问题，需要请教别人，需要读一点书，需要由一些既有理论知识又有实践经验的同志提出一种或几种经过认真论证的结论或方案，以供讨论比较，或者有一些实际情况不大清楚，需要再到下面跑一跑，看一看，作一点调查。然后，把这些得来的原材料或半成品，经过自己的认真思索和领导机构的集体研究，化为系统的、条理性的意见，这就是文件或讲话的初稿的产生。为了使文件或讲话更加符合客观实际，还需要再找一些直接执行的同志，尽量把这些意见在付诸实施过程中可能出现的各种复杂的情况考虑进去。以上是说事关重大的文件或讲话，每天需要处理的普通事务性文件或讲话当然不能都这样办。总之，领导者自己动手起草重要文件准备讲话的过程，是一种不能假手别人的艰苦的创造性劳动。如果没有这个过程，虽然写出了文件或讲了话，作了报告，但思想、观点和语言都是别人的，对所论述的事物缺乏规律性的认知，对所说的意见、办法，是否正确，是否行得通，心中还是无数，那末，在执行中央或上级指示的过程中，其行动也必然带有某种盲目性或摇摆不定，也就难以做好工作。如果有了这个调查、加工、思索、提炼的过程，情况就会截然不同，不仅能够避免讲话、报告一般化，而且由于对所论述的问题有了比较清醒而深刻的认识，对自己提出的意见、办法的正确性、可行性心中有数，比较有把握，那末，在执行中央或上级指示的过程中，其行动就会是自觉的、坚定的。也只有在这种情况下，才能真正担负起领导的责任，做好工作。

中央认为，当前各级领导机关的文件、简报数量过多，必须加以整顿、精简。毫无疑问，各级领导干部不应该把过多的精力用于准备各种文件，他们的主要精力始终应当放在调查研究、解决各种实际问题上。中央殷切希望各级领导干部，振奋革命精神，刻苦学习，努力增强自己的认识能力和领导能力，以适应日益发展的现代化经济建设、政治建设、文化建设、军事建设的需要和日益增多的国际交往的需要。特别是那些文化水平较低而年纪又较年轻的同志，要下决心拿出一年、两年甚至更多一点的时间先补习文化，后学习理论，在此基础上加强自己动手起草文件的锻炼，以不断提高自己的思想水平和领导水平。中央相信，经过长期反复的努力，在我们的领导干部队伍中，一定会有更多的同志成为"文武双全"的、适应现代化建设需要的优秀领导人才。

# 附录二

# 党政机关公文处理工作条例

(中共中央办公厅、国务院办公厅 2012 年 4 月 16 日印发,自 2012 年 7 月 1 日起施行。)

## 第一章 总则

**第一条** 为了适应中国共产党机关和国家行政机关(以下简称党政机关)工作需要,推进党政机关公文处理工作科学化、制度化、规范化,制定本条例。

**第二条** 本条例适用于各级党政机关公文处理工作。

**第三条** 党政机关公文是党政机关实施领导、履行职能、处理公务的具有特定效力和规范体式的文书,是传达贯彻党和国家方针政策,公布法规和规章,指导、布置和商洽工作,请示和答复问题,报告、通报和交流情况等的重要工具。

**第四条** 公文处理工作是指公文拟制、办理、管理等一系列相互关联、衔接有序的工作。

**第五条** 公文处理工作应当坚持实事求是、准确规范、精简高效、安全保密的原则。

**第六条** 各级党政机关应当高度重视公文处理工作,加强组织领导,强化队伍建设,设立文秘部门或者由专人负责公文处理工作。

**第七条** 各级党政机关办公厅(室)主管本机关的公文处理工作,并对下级机关的公文处理工作进行业务指导和督促检查。

## 第二章 公文种类

**第八条** 公文种类主要有:

(一)决议。适用于会议讨论通过的重大决策事项。

(二)决定。适用于对重要事项做出决策和部署、奖惩有关单位和人员、变更或者撤销下级机关不适当的决定事项。

(三)命令(令)。适用于公布行政法规和规章、宣布施行重大强制性措施、批准授予和晋升衔级、嘉奖有关单位和人员。

(四)公报。适用于公布重要决定或者重大事项。

(五)公告。适用于向国内外宣布重要事项或者法定事项。

(六)通告。适用于在一定范围内公布应当遵守或者周知的事项。

(七)意见。适用于对重要问题提出见解和处理办法。

(八)通知。适用于发布、传达要求下级机关执行和有关单位周知或者执行的事项,批转、转发公文。

(九)通报。适用于表彰先进、批评错误、传达重要精神和告知重要情况。

(十)报告。适用于向上级机关汇报工作、反映情况,回复上级机关的询问。

（十一）请示。适用于向上级机关请求指示、批准。

（十二）批复。适用于答复下级机关请示事项。

（十三）议案。适用于各级人民政府按照法律程序向同级人民代表大会或者人民代表大会常务委员会提请审议事项。

（十四）函。适用于不相隶属机关之间商洽工作、询问和答复问题、请求批准和答复审批事项。

（十五）纪要。适用于记载会议主要情况和议定事项。

## 第三章　公文格式

**第九条**　公文一般由份号、密级和保密期限、紧急程度、发文机关标志、发文字号、签发人、标题、主送机关、正文、附件说明、发文机关署名、成文日期、印章、附注、附件、抄送机关、印发机关和印发日期、页码等组成。

（一）份号。公文印制份数的顺序号。涉密公文应当标注份号。

（二）密级和保密期限。公文的秘密等级和保密的期限。涉密公文应当根据涉密程度分别标注"绝密""机密""秘密"和保密期限。

（三）紧急程度。公文送达和办理的时限要求。根据紧急程度，紧急公文应当分别标注"特急""加急"，电报应当分别标注"特提""特急""加急""平急"。

（四）发文机关标志。由发文机关全称或者规范化简称加"文件"二字组成，也可以使用发文机关全称或者规范化简称。联合行文时，发文机关标志可以并用联合发文机关名称，也可以单独用主办机关名称。

（五）发文字号。由发文机关代字、年份、发文顺序号组成。联合行文时，使用主办机关的发文字号。

（六）签发人。上行文应当标注签发人姓名。

（七）标题。由发文机关名称、事由和文种组成。

（八）主送机关。公文的主要受理机关，应当使用机关全称、规范化简称或者同类型机关统称。

（九）正文。公文的主体，用来表述公文的内容。

（十）附件说明。公文附件的顺序号和名称。

（十一）发文机关署名。署发文机关全称或者规范化简称。

（十二）成文日期。署会议通过或者发文机关负责人签发的日期。联合行文时，署最后签发机关负责人签发的日期。

（十三）印章。公文中有发文机关署名的，应当加盖发文机关印章，并与署名机关相符。有特定发文机关标志的普发性公文和电报可以不加盖印章。

（十四）附注。公文印发传达范围等需要说明的事项。

（十五）附件。公文正文的说明、补充或者参考资料。

（十六）抄送机关。除主送机关外需要执行或者知晓公文内容的其他机关，应当使用机关全称、规范化简称或者同类型机关统称。

（十七）印发机关和印发日期。公文的送印机关和送印日期。

（十八）页码。公文页数顺序号。

**第十条** 公文的版式按照《党政机关公文格式》国家标准执行。

**第十一条** 公文使用的汉字、数字、外文字符、计量单位和标点符号等，按照有关国家标准和规定执行。民族自治地方的公文，可以并用汉字和当地通用的少数民族文字。

**第十二条** 公文用纸幅面采用国际标准 A4 型。特殊形式的公文用纸幅面，根据实际需要确定。

## 第四章 行文规则

**第十三条** 行文应当确有必要，讲求实效，注重针对性和可操作性。

**第十四条** 行文关系根据隶属关系和职权范围确定。一般不得越级行文，特殊情况需要越级行文的，应当同时抄送被越过的机关。

**第十五条** 向上级机关行文，应当遵循以下规则：

（一）原则上主送一个上级机关，根据需要同时抄送相关上级机关和同级机关，不抄送下级机关。

（二）党委、政府的部门向上级主管部门请示、报告重大事项，应当经本级党委、政府同意或者授权；属于部门职权范围内的事项应当直接报送上级主管部门。

（三）下级机关的请示事项，如需以本机关名义向上级机关请示，应当提出倾向性意见后上报，不得原文转报上级机关。

（四）请示应当一文一事。不得在报告等非请示性公文中夹带请示事项。

（五）除上级机关负责人直接交办事项外，不得以本机关名义向上级机关负责人报送公文，不得以本机关负责人名义向上级机关报送公文。

（六）受双重领导的机关向一个上级机关行文，必要时抄送另一个上级机关。

**第十六条** 向下级机关行文，应当遵循以下规则：

（一）主送受理机关，根据需要抄送相关机关。重要行文应当同时抄送发文机关的直接上级机关。

（二）党委、政府的办公厅（室）根据本级党委、政府授权，可以向下级党委、政府行文，其他部门和单位不得向下级党委、政府发布指令性公文或者在公文中向下级党委、政府提出指令性要求。需经政府审批的具体事项，经政府同意后可以由政府职能部门行文，文中须注明已经政府同意。

（三）党委、政府的部门在各自职权范围内可以向下级党委、政府的相关部门行文。

（四）涉及多个部门职权范围内的事务，部门之间未协商一致的，不得向下行文；擅自行文的，上级机关应当责令其纠正或者撤销。

（五）上级机关向受双重领导的下级机关行文，必要时抄送该下级机关的另一个上级机关。

**第十七条** 同级党政机关、党政机关与其他同级机关必要时可以联合行文。属于党委、政府各自职权范围内的工作，不得联合行文。党委、政府的部门依据职权可以相互行文。部门内设机构除办公厅（室）外不得对外正式行文。

## 第五章　公文拟制

**第十八条**　公文拟制包括公文的起草、审核、签发等程序。

**第十九条**　公文起草应当做到：

（一）符合国家法律法规和党的路线方针政策，完整准确体现发文机关意图，并同现行有关公文相衔接。

（二）一切从实际出发，分析问题实事求是，所提政策措施和办法切实可行。

（三）内容简洁，主题突出，观点鲜明，结构严谨，表述准确，文字精炼。

（四）文种正确，格式规范。

（五）深入调查研究，充分进行论证，广泛听取意见。

（六）公文涉及其他地区或者部门职权范围内的事项，起草单位必须征求相关地区或者部门意见，力求达成一致。

（七）机关负责人应当主持、指导重要公文起草工作。

**第二十条**　公文文稿签发前，应当由发文机关办公厅（室）进行审核。审核的重点是：

（一）行文理由是否充分，行文依据是否准确。

（二）内容是否符合国家法律法规和党的路线方针政策；是否完整准确体现发文机关意图；是否同现行有关公文相衔接；所提政策措施和办法是否切实可行。

（三）涉及有关地区或者部门职权范围内的事项是否经过充分协商并达成一致意见。

（四）文种是否正确，格式是否规范；人名、地名、时间、数字、段落顺序、引文等是否准确；文字、数字、计量单位和标点符号等用法是否规范。

（五）其他内容是否符合公文起草的有关要求。需要发文机关审议的重要公文文稿，审议前由发文机关办公厅（室）进行初核。

**第二十一条**　经审核不宜发文的公文文稿，应当退回起草单位并说明理由；符合发文条件但内容需作进一步研究和修改的，由起草单位修改后重新报送。

**第二十二条**　公文应当经本机关负责人审批签发。重要公文和上行文由机关主要负责人签发。党委、政府的办公厅（室）根据党委、政府授权制发的公文，由受权机关主要负责人签发或者按照有关规定签发。签发人签发公文，应当签署意见、姓名和完整日期；圈阅或者签名的，视为同意。联合发文由所有联署机关的负责人会签。

## 第六章　公文办理

**第二十三条**　公文办理包括收文办理、发文办理和整理归档。

**第二十四条**　收文办理主要程序是：

（一）签收。对收到的公文应当逐件清点，核对无误后签字或者盖章，并注明签收时间。

（二）登记。对公文的主要信息和办理情况应当详细记载。

（三）初审。对收到的公文应当进行初审。初审的重点是：是否应当由本机关办理，是否符合行文规则，文种、格式是否符合要求，涉及其他地区或者部门职权范围内的事项是否已经协商、会签，是否符合公文起草的其他要求。经初审不符合规定的公文，应当及时退回来文单位并说明理由。

（四）承办。阅知性公文应当根据公文内容、要求和工作需要确定范围后分送。批办性公文应当提出拟办意见报本机关负责人批示或者转有关部门办理；需要两个以上部门办理的，应当明确主办部门。紧急公文应当明确办理时限。承办部门对交办的公文应当及时办理，有明确办理时限要求的应当在规定时限内办理完毕。

（五）传阅。根据领导批示和工作需要将公文及时送传阅对象阅知或者批示。办理公文传阅应当随时掌握公文去向，不得漏传、误传、延误。

（六）催办。及时了解掌握公文的办理进展情况，督促承办部门按期办结。紧急公文或者重要公文应当由专人负责催办。

（七）答复。公文的办理结果应当及时答复来文单位，并根据需要告知相关单位。

第二十五条　发文办理主要程序是：

（一）复核。已经发文机关负责人签批的公文，印发前应当对公文的审批手续、内容、文种、格式等进行复核；需作实质性修改的，应当报原签批人复审。

（二）登记。对复核后的公文，应当确定发文字号、分送范围和印制份数并详细记载。

（三）印制。公文印制必须确保质量和时效。涉密公文应当在符合保密要求的场所印制。

（四）核发。公文印制完毕，应当对公文的文字、格式和印刷质量进行检查后分发。

第二十六条　涉密公文应当通过机要交通、邮政机要通信、城市机要文件交换站或者收发件机关机要收发人员进行传递，通过密码电报或者符合国家保密规定的计算机信息系统进行传输。

第二十七条　需要归档的公文及有关材料，应当根据有关档案法律法规以及机关档案管理规定，及时收集齐全、整理归档。两个以上机关联合办理的公文，原件由主办机关归档，相关机关保存复制件。机关负责人兼任其他机关职务的，在履行所兼职务过程中形成的公文，由其兼职机关归档。

## 第七章　公文管理

第二十八条　各级党政机关应当建立健全本机关公文管理制度，确保管理严格规范，充分发挥公文效用。

第二十九条　党政机关公文由文秘部门或者专人统一管理。设立党委（党组）的县级以上单位应当建立机要保密室和机要阅文室，并按照有关保密规定配备工作人员和必要的安全保密设施设备。

第三十条　公文确定密级前，应当按照拟定的密级先行采取保密措施。确定密级后，应当按照所定密级严格管理。绝密级公文应当由专人管理。公文的密级需要变更或者解除的，由原确定密级的机关或者其上级机关决定。

第三十一条　公文的印发传达范围应当按照发文机关的要求执行；需要变更的，应当经发文机关批准。涉密公文公开发布前应当履行解密程序。公开发布的时间、形式和渠道，由发文机关确定。经批准公开发布的公文，同发文机关正式印发的公文具有同等效力。

第三十二条 复制、汇编机密级、秘密级公文，应当符合有关规定并经本机关负责人批准。绝密级公文一般不得复制、汇编，确有工作需要的，应当经发文机关或者其上级机关批准。复制、汇编的公文视同原件管理。复制件应当加盖复制机关戳记。翻印件应当注明翻印的机关名称、日期。汇编本的密级按照编入公文的最高密级标注。

第三十三条 公文的撤销和废止，由发文机关、上级机关或者权力机关根据职权范围和有关法律法规决定。公文被撤销的，视为自始无效；公文被废止的，视为自废止之日起失效。

第三十四条 涉密公文应当按照发文机关的要求和有关规定进行清退或者销毁。

第三十五条 不具备归档和保存价值的公文，经批准后可以销毁。销毁涉密公文必须严格按照有关规定履行审批登记手续，确保不丢失、不漏销。个人不得私自销毁、留存涉密公文。

第三十六条 机关合并时，全部公文应当随之合并管理；机关撤销时，需要归档的公文经整理后按照有关规定移交档案管理部门。工作人员离岗离职时，所在机关应当督促其将暂存、借用的公文按照有关规定移交、清退。

第三十七条 新设立的机关应当向本级党委、政府的办公厅（室）提出发文立户申请。经审查符合条件的，列为发文单位，机关合并或者撤销时，相应进行调整。

## 第八章　附则

第三十八条 党政机关公文含电子公文。电子公文处理工作的具体办法另行制定。

第三十九条 法规、规章方面的公文，依照有关规定处理。外事方面的公文，依照外事主管部门的有关规定处理。

第四十条 其他机关和单位的公文处理工作，可以参照本条例执行。

第四十一条 本条例由中共中央办公厅、国务院办公厅负责解释。

第四十二条 本条例自2012年7月1日起施行。1996年5月3日中共中央办公厅发布的《中国共产党机关公文处理条例》和2000年8月24日国务院发布的《国家行政机关公文处理办法》停止执行。

# 附录三

# 国家行政机关公文处理办法

(国务院 2000 年 8 月 24 日发布,2001 年 1 月 1 日起施行。)

## 第一章 总则

**第一条** 为使国家行政机关(以下简称行政机关)的公文处理工作规范化、制度化、科学化,制定本办法。

**第二条** 行政机关的公文(包括电报,下同),是行政机关在行政管理过程中形成的具有法定效力和规范体式的文书,是依法行政和进行公务活动的重要工具。

**第三条** 公文处理指公文的办理、管理、整理(立卷)、归档等一系列相互关联、衔接有序的工作。

**第四条** 公文处理应当坚持实事求是、精简高效的原则,做到及时、准确、安全。

**第五条** 公文处理必须严格执行国家保密法律、法规和其他有关规定,确保国家秘密的安全。

**第六条** 各级行政机关的负责人应当高度重视公文处理工作,模范遵守本办法并加强对本机关公文处理工作的领导和检查。

**第七条** 各级行政机关的办公厅(室)是公文处理的管理机构,主管本机关的公文处理工作并指导下级机关的公文处理工作。

**第八条** 各级行政机关的办公厅(室)应当设立文秘部门或者配备专职人员负责公文处理工作。

## 第二章 公文种类

**第九条** 行政机关的公文种类主要有:

(一)命令(令)

适用于依照有关法律公布行政法规和规章;宣布施行重大强制性行政措施;嘉奖有关单位及人员。

(二)决定

适用于对重要事项或者重大行动做出安排,奖惩有关单位及人员,变更或者撤销下级机关不适当的决定事项。

(三)公告

适用于向国内外宣布重要事项或者法定事项。

(四)通告

适用于公布社会各有关方面应当遵守或者周知的事项。

（五）通知

适用于批转下级机关的公文，转发上级机关和不相隶属机关的公文，传达要求下级机关办理和需要有关单位周知或者执行的事项，任免人员。

（六）通报

适用于表彰先进，批评错误，传达重要精神或者情况。

（七）议案

适用于各级人民政府按照法律程序向同级人民代表大会或人民代表大会常务委员会提请审议事项。

（八）报告

适用于向上级机关汇报工作，反映情况，答复上级机关的询问。

（九）请示

适用于向上级机关请求指示、批准。

（十）批复

适用于答复下级机关的请示事项。

（十一）意见

适用于对重要问题提出见解和处理办法。

（十二）函

适用于不相隶属机关之间相互商洽工作，询问和答复问题，请求批准和答复审批事项。

（十三）会议纪要

适用于记载、传达会议情况和议定事项。

## 第三章 公文格式

**第十条** 公文一般由秘密等级和保密期限、紧急程度、发文机关标识、发文字号、签发人、标题、主送机关、正文、附件说明、成文日期、印章、附注、附件、主题词、抄送机关、印发机关和印发日期等部分组成。

（一）涉及国家秘密的公文应当标明密级和保密期限，其中，"绝密""机密"级公文还应当标明份数序号。

（二）紧急公文应当根据紧急程度分别标明"特急""急件"。其中电报应当分别标明"特提""特急""加急""平急"。

（三）发文机关标识应当使用发文机关全称或者规范化简称；联合行文，主办机关排列在前。

（四）发文字号应当包括机关代字、年份、序号。联合行文，只标明主办机关发文字号。

（五）上行文应当注明签发人、会签人姓名。其中，"请示"应当在附注处注明联系人的姓名和电话。

（六）公文标题应当准确简要地概括公文的主要内容并标明公文种类，一般应当标明发文机关。公文标题中除法规、规章名称加书名号外，一般不用标点符号。

（七）主送机关指公文的主要受理机关，应当使用全称或者规范化简称、统称。

（八）公文如有附件，应当注明附件顺序和名称。

（九）公文除"会议纪要"和以电报形式发出的以外，应当加盖印章。联合上报的公文，由主办机关加盖印章；联合下发的公文，发文机关都应当加盖印章。

（十）成文日期以负责人签发的日期为准，联合行文以最后签发机关负责人的签发日期为准。电报以发出日期为准。

（十一）公文如有附注（需要说明的其他事项），应当加括号标注。

（十二）公文应当标注主题词。上行文按照上级机关的要求标注主题词。

（十三）抄送机关指除主送机关外需要执行或知晓公文的其他机关，应当使用全称或者规范化简称、统称。

（十四）文字从左至右横写、横排。在民族自治地方，可以并用汉字和通用的少数民族文字（按其习惯书写、排版）。

第十一条 公文中各组成部分的标识规则，参照《国家行政机关公文格式》国家标准执行。

第十二条 公文用纸一般采用国际标准 A4 型（210mm×297mm），左侧装订。张贴的公文用纸大小，根据实际需要确定。

## 第四章 行文规则

第十三条 行文应当确有必要，注重实效。

第十四条 行文关系根据隶属关系和职权范围确定，一般不得越级请示和报告。

第十五条 政府各部门依据部门职权可以相互行文和向下一级政府的相关业务部门行文；除以函的形式商洽工作、询问和答复问题、审批事项外，一般不得向下一级政府正式行文。

部门内设机构除办公厅（室）外不得对外正式行文。

第十六条 同级政府、同级政府各部门、上级政府部门与下一级政府可以联合行文；政府与同级党委和军队机关可以联合行文；政府部门与相应的党组织和军队机关可以联合行文；政府部门与同级人民团体和具有行政职能的事业单位也可以联合行文。

第十七条 属于部门职权范围内的事务，应当由部门自行行文和联合行文。联合行文应当明确主办部门。须经政府审批的事项，经政府同意也可以由部门行文，文中应当注明经政府同意。

第十八条 属于主管部门范围内的具体问题，应当直接报送主管部门处理。

第十九条 部门之间对有关问题未经协商一致，不得各自向下行文。如擅自行文，上级机关应当责令纠正或撤销。

第二十条 向下级机关或者本系统的重要行文，应当同时抄送直接上级机关。

第二十一条 "请示"应当一文一事；一般只写一个主送机关，需同时送其他机关的，应当用抄送形式，但不得抄送其下级机关。

"报告"不得夹带请示事项。

第二十二条 除上级机关负责人直接交办的事项外，不得以机关名义向上级机关负责人报送"请示""意见"和"报告"。

第二十三条 受双重领导的机关向上级机关行文，应当写明主送机关和抄送机关。上级机关向受双重领导的下级机关行文，必要时应当抄送其另一上级机关。

## 第五章 发文办理

第二十四条 发文办理指以本机关名义制发公文的过程，包括草拟、审核、签发、复核、缮印、用印、登记、分发等程序。

第二十五条 草拟公文应当做到：

（一）符合国家的法律、法规及其他有关规定。如提出新的政策、规定等，要切实可行并加以说明。

（二）情况确实，观点明确，表述准确，结构严谨，条理清楚，直述不曲，字词规范，标点正确，篇幅力求简短。

（三）公文的文种应当根据行文目的、发文机关的职权和与主送机关的行文关系确定。

（四）拟制紧急公文，应当体现紧急的原因，并根据实际需要确定紧急程度。

（五）人名、地名、数字、引文准确。引用公文应当先引标题，后引发文字号。引用外文应当注明中文含义。日期应当写明具体的年、月、日。

（六）结构层次序数，第一层为"一、"，第二层为"（一）"，第三层为"1."，第四层为"（1）"。

（七）应当使用国家法定计量单位。

（八）文内使用非规范化简称，应当先用全称并注明简称。使用国际组织外文名称或其缩写形式，应当在第一次出现时注明准确的中文译名。

（九）公文中的数字，除成文日期、部分结构层次序数和词、词组、惯用语、缩略语、具有修辞色彩语句中作为词素的数字必须使用汉字外，应当使用阿拉伯数字。

第二十六条 拟制公文，对涉及其他部门职权范围内的事项，主办部门应当主动与有关部门协商，如有分歧，主办部门的主要负责人应当出面协调，仍不能取得一致时，主办部门可以列明各方理据，提出建设性意见，并与有关部门会签后报请上级机关协调或裁定。

第二十七条 公文送负责人签发前，应当由办公厅（室）进行审核。审核的重点是：是否确需行文，行文方式是否妥当，是否符合行文规则和拟制公文的有关要求，公文格式等是否符合本办法的有关规定。

第二十八条 以本机关名义制发的上行文，由主要负责人或者主持工作的负责人签发；以本机关名义制发的下行文或平行文，由主要负责人或者由主要负责人授权的其他负责人签发。

第二十九条 公文正式印制前，文秘部门应当进行复核，重点是：审批、签发手续是否完备，附件材料是否齐全，格式是否统一、规范等。

经复核需要对文稿进行实质性修改的，应按程序复审。

## 第六章 收文办理

**第三十条** 收文办理指对收到公文的办理过程,包括签收、登记、审核、拟办、批办、承办、催办等程序。

**第三十一条** 收到下级机关上报的需要办理的公文,文秘部门应当进行审核。审核的重点是:是否应由本机关办理;是否符合行文规则;内容是否符合国家法律、法规及其他有关规定;涉及其他部门和地区职权的事项是否已协商会签;文种使用、公文格式是否规范。

**第三十二条** 经审核,对符合本办法规定的公文,文秘部门应当及时提出拟办意见送负责人批示或者交有关部门办理,需要两个以上部门办理的应当明确主办部门。紧急公文,应当明确办理时限。对不符合本办法规定的公文,经办公厅(室)负责人批准后,可以退回呈报单位并说明理由。

**第三十三条** 承办部门收到交办的公文后应当及时办理,不得延误、推诿。紧急公文应当按时限要求办理,确有困难的,应当及时予以说明。对不属于本单位职权范围或者不宜由本单位办理的,应当及时退回交办的文秘部门并说明理由。

**第三十四条** 收到上级机关下发或交办的公文,由文秘部门提出拟办意见,送负责人批示后办理。

**第三十五条** 公文遇有涉及其他部门职权的事项,主办部门应当主动与有关部门协商;如有分歧,主办部门主要负责人要出面协调,如仍不能取得一致,可以报请上级机关协调或裁定。

**第三十六条** 审批公文时,对有具体请示事项的,主批人应当明确签署意见、姓名和审批日期,其他审批人圈阅视为同意;没有请示事项的,圈阅表示已阅知。

**第三十七条** 送负责人批示或者交有关部门办理的公文,文秘部门要负责催办,做到紧急公文跟踪催办,重要公文重点催办,一般公文定期催办。

## 第七章 公文归档

**第三十八条** 公文办理完毕后,应当根据《中华人民共和国档案法》和其他有关规定,及时整理(立卷)、归档。

个人不得保存应当归档的公文。

**第三十九条** 归档范围内的公文,应当根据其相互联系、特征和保存价值等整理(立卷),要保证归档公文的齐全、完整,能正确反映本机关的主要工作情况,便于保管和利用。

**第四十条** 联合办理的公文,原件由主办单位整理(立卷)、归档,其他机关保存复制件或者其他形式的公文副本。

**第四十一条** 本机关负责人兼任其他机关职务,在履行所兼职务职责过程中形成的公文,由其兼职机关整理(立卷)、归档。

**第四十二条** 归档范围内的公文应当确定保管期限,按照有关规定定期向有关部门移交。

第四十三条 拟制、修改和签批公文，书写及所用纸张和字迹材料必须符合存档要求。

## 第八章 公文管理

第四十四条 公文由文秘部门或专职人员统一收发、审核、用印、归档和销毁。

第四十五条 文秘部门应当建立健全本机关公文处理的有关制度。

第四十六条 上级机关的公文，除绝密级和注明不准翻印的以外，下一级机关经负责人或者办公厅（室）主任批准，可以翻印。翻印时，应当注明翻印的机关、日期、份数和印发范围。

第四十七条 公开发布行政机关公文，必须经发文机关批准。经批准公开发布的公文，同发文机关正式印发的公文具有同等效力。

第四十八条 公文复印件作为正式公文使用时，应当加盖复印机关印章。

第四十九条 公文被撤销，视作自始不产生效力；公文被废止，视作自废止之日起不产生效力。

第五十条 不具备归档和存查价值的公文，经过鉴别并经办公厅（室）负责人批准，可以销毁。

第五十一条 销毁秘密公文应当到指定场所由二人以上监销，保证不丢失、不漏销。其中，销毁绝密公文（含密码电报）应当进行登记。

第五十二条 机关合并时，全部公文应当随之合并管理。机关撤销时，需要归档的公文整理（立卷）后按有关规定移交档案部门。

工作人员调离工作岗位时，应当将本人暂存、借用的公文按照有关规定移交、清退。

第五十三条 密码电报的使用和管理，按照有关规定执行。

## 第九章 附则

第五十四条 行政法规、规章方面的公文，依照有关规定处理。外事方面的公文，按照外交部的有关规定处理。

第五十五条 公文处理中涉及电子文件的有关规定另行制定。统一规定发布之前，各级行政机关可以制定本机关或者本地区、本系统的试行规定。

第五十六条 各级行政机关的办公厅（室）对上级机关和本机关下发公文的贯彻落实情况应当进行督促检查并建立督查制度。有关规定另行制定。

第五十七条 本办法自2001年1月1日起施行。1993年11月21日国务院办公厅发布，1994年1月1日起施行的《国家行政机关公文处理办法》同时废止。

# 附录四

# 公文处理暂行办法

(中央人民政府政务院 1951 年 9 月 29 日颁布)

## 第一章 总则

**第一条** 公文是政府机关宣布和传达政策、法令、报告、商洽和指导工作，交流经验的一种重要工具。各级人民政府的工作人员须本实事求是、认真负责、为人民服务的态度，正确掌握运用，以达到密切联系群众，有效地贯彻政令与改进工作的目的。反对脱离群众、脱离实际的官僚主义和以办理公文为唯一工作的文牍主义；同时应克服粗枝大叶、推诿、迂缓、紊乱等不良作风。

**第二条** 公文的文字应简明、确切、条理清楚，处理应迅速、准确、周密，手续力求简便，并严格注意保守国家机密。

## 第二章 种类

**第三条** 公文种类规定如下：

（一）报告：对上级陈述或请示事项用"报告"。

签报：为报告的另一种形式。为简便迅速地处理某些重要事项，由首长亲笔书写，直接送上级首长批答，不必经过普通公文手续，只签名不用机关印信。

（二）命令：颁布法律、条例、通则、决定、规定、办法或任免、嘉奖、惩戒、通缉、赦免以及指挥行政等均用"命令"。

（三）指示：指导下级机关工作时用"指示"。

（四）批复：答复下级的请示或报告事项时用"批复"。

（五）通报：对于使各机关（不分上行、平行、下行）周知的事项用"通报"。

通知：对于使特定的机关或人员知道的事项用"通知"。

（六）布告：对人民公布关于法令性的事项时用"布告"。

公告：重大事件需要宣告国内国外周知时用"公告"。

通告：一般事件需要在一定范围内，对人民或机关、团体通告周知时用"通告"。

（七）公函：平行机关及不相隶属的机关行文时用"公函"。

便函：介绍、商洽、询问、催办等事得用"便函"，只须个人署名或盖用机关长戳、圆章即可。

军事、外交、司法等部门的公文种类，可因工作需要另行规定，不在此限。

## 第三章 体式

**第四条** 公文用纸，除任命通知书、奖状、布告以外，其尺寸长二十六公分，宽十八公分。直行竖写，自右而左（如需要横写时，必须自左而右）。少数民族文字从其习惯。

**第五条** 公文用纸第一页须包括文种、发文字号、事由、附件、主送机关、抄送机关、拟办、批示等栏。受文机关填写在规定栏内，文前、文尾不另写受文机关。

**第六条** 公文除综合性质的报告外，采一文一事制。其事涉及两个机关以上的，采用"主送"和"抄送"的办法，应将所送的部门在公文规定栏内分别填写，以便受文者知道此件已分送了某些方面。抄送个人者同。

"主送"机关是主办与答复公文的机关；"抄送"机关是有关机关；无"主送""抄送"之分的，应将所送的几个机关在公文上注明。

**第七条** 公文以用语体文为原则，并加注标点符号。旧公文套语如："仰""理合""合行""相应""等因奉此"和模棱两可的语句，如："大致尚可""尚无不合"等，均应废除。

**第八条** 公文写法务求简洁、明确、条理清晰、合于文法，切忌冗长杂乱。除简短者外，一切较长的公文，均应开门见山，首先提出要点，即于开端处，先用扼要的文句说明全文的目的或结论，唤起阅者注意。然后，再作必要的解释；如分为几段时，每段亦应采用此法。

**第九条** 公文程式应力求简易。一件公文有几层意思或几项要求时，必须注意按照条理，分清层次，以数目字标明段落和项目。转叙来文时，应交代清楚，将来文年、月、日、字、号写明，并将事由及处理过程摘要叙入；如必须加录原文，除在公文内摘要引用外，可另抄原文附送。

**第十条** 公文内应尽量避免使用简称，举例如下：

一、公文内引用年、月、日，均须具体写明，如一九五一年，不得写成"五一"年，并须避免用"去年""明年""上月""明日"等字样。

二、叙及机关名称时，第一次应用全称，以下一般可用简称，例如：政务院财政经济委员会简称"中财委"，华东军政委员会财政经济委员会，简称"华东财委"。

三、叙及地名时，应用全名，例如："上海""福州""广州""重庆"不得写成"沪""榕""穗""渝"，福建不得写成"闽"，湖南不得写成"湘"。仅在两个以上著名城市或著名省份联写在一起的时候，例如："京津""沪宁""豫鄂湘赣""粤桂边界"等，或者和其他文字结合在一起成为流行的特殊用语的时候，例如："沪东""皖北""津浦路""天兰路"等，始得用简称。

四、叙及事物名称时，应用全名，例如："减租减息""生产救灾"，不得简称"双减""生救"，美帝国主义不得简称"美帝"。

**第十一条** 公文缮写、油印，必须整洁清楚，避免使用不易辨认的简字或草字，尤须校对无误。

## 第四章 办理程序

**第十二条** 公文办理程序规定如下：
一、收文：
（一）来文由收发单位拆封（密件除外），经检查文件齐全后，按照公文内容、性质，统一编字、编号，登入收文簿（来文未具备公文用纸格式者，填写来文登记表贴于来文上）。
（二）亲收信件送收件人亲收（或指定的专人代收亦可），收件人认为有登记必要的，仍送收发单位补办登记手续。
二、分文：
（一）来文经过登记手续后，即依其性质分送各主管单位承办，紧急重大案件可先提送首长批阅。性质不明确的，送请上级处理；同一文件，其性质涉及两个单位以上的，应送主要业务单位会同其他有关单位处理。
（二）承办单位收到文件后，应即分给各承办人处理；如认为非本单位主管业务范围，应注明理由迅速退回原分文单位改分，不得自己转送。
三、办文：
（一）承办人收到文件后，应即周密研究考虑，签注处理意见送上级核批。一般文件，可先行办稿，连同来文一并送核签发；较重要的应当面请示或先签拟办法，送上级核批后再办；紧急重大的文件，得机动处理，径送首长批办。在处理过程中，应尽量避免不必要的层层交办、报核。
（二）来文如有前案承办人应将前案处理情形摘要说明，有调卷必要时，应调卷送核，并于文面注明"附原卷几件"。
（三）处理案件过程中应尽量减少行文，有需与有关部门商榷时，可采取座谈、面洽、打电话等方式交换意见，座谈应制成记录，面洽及电话应登记录单，所有记录应存备查考；重要案件，须补办公文手续。
（四）处理案件涉及两个部门以上的问题时，应先会同各关系部门协商解决；不能解决时，再会同提出意见，报请领导机关解决。会办的文件，主办部门必须负责办理会签、会核手续。
（五）来文经本部门负责人批示后，须交下级部门或移其他部门办理的，可用交办单或移办单送出。交办或移办的文件，涉及两个部门以上的，应送交主要业务部门，会同有关部门处理。主办部门已直接处理的，应将处理情形回报。如有复文时，用"抄送"办法，不另办文回报。
（六）处理案件中，有时须用上级机关名义行文，或奉上级机关交办代拟文稿，此项文稿应由首长核稿签字送上级机关核发；如系越级办稿，应送由直接上级首长核签转送。此项文稿应专封送达，不另备文，必要时可用签条叙明拟办缘由。如上级交办时附有原案的，办理后应随稿退回。
（七）承办人撰稿时对于"急件""密件""亲启件"或有"主送""抄送"的，应在稿上一一注明（非必要时不得写急件、密件、亲启件）。撰稿及核稿人员均须于稿面上签字；

并注月、日。

四、签发：

（一）凡有关方针、政策、法令及工作计划等重大问题的行文，其最后文稿应由首长亲自签发。

（二）在既定方针、政策、法令、工作计划范围以内和已经会议决定或首长指示处理办法的行文，得由首长依照具体情况授权副首长、秘书长、办公厅主任或业务主管部门负责人代为签发。

（三）关于例行业务行政事项的行文，经首长授权，得由副首长、秘书长、办公厅主任或业务主管部门负责人代首长签发。

（四）（二）、（三）两项代签人如对文件性质或内容认为应送首长裁定时，仍须提送首长签发。稿件签发后，并应定期（每周或每旬）将签发的文件案由及处理情形、签发时间列表送首长查阅。

（五）稿件内容经签发人修改签发，应予发出后退还原承办部门参阅。稿件经签发人修改，如签发人认为有再交有关部门负责人或原承办人审阅时，可在签发的稿件上批明"送某某阅后发出"。有关部门负责人或原承办人应缜密校阅再送缮发出，如发现修改的部分有疑义时，可申述意见提请另作考虑；并应注意事由与修改后的内容是否一致。如有不一致时，应予改正。

五、缮、校、印：

稿件缮写、校对及用印，各承办人应在原稿上签名或盖章，并注月、日。

六、发文：

发文单位对送发的文件，必须详细检查后，再行编号、登记、封发，并在原稿上注明发文字号及发出日期。

七、归档：

文件发出后，原稿应即归档。档案管理办法见第七章。

**第十三条** 关于人民来信的处理，其收发文登记、编字、编号与存档，均应单独办理，不应与一般公文混杂，以便稽查。

**第十四条** 电报及密件处理办法另定。

## 第五章　行文关系

**第十五条** 各级人民政府间相互行文，一般以不越级为原则，但因特殊紧急问题必须越级命令或越级报告解决的，亦得越级行文。越级命令时，须同时抄送其直接下级；越级报告时，须同时抄送其直接上级。

**第十六条** 上级人民政府所属部门与下级人民政府所属部门间（如中央人民政府政务院所属的委、部、会、院、署、行与大行政区人民政府所属的委、部、会、局）得根据已定政策、方针并就业务与技术的指导范围内相互行文；但如涉及全局性者，应同时分别抄送行文者或受文者的领导机关。

**第十七条** 受双重领导的机关，向上级机关请示时，应根据案件的性质，分别注明"主送""抄送"，以免批复时发生重复和抵触。上级领导机关依其规定的领导关系，对受双重领导的机关行文时，应同时抄送其另一领导机关。

第十八条　上级领导机关因工作需要，得规定各级机关报送各项报告，不受越级限制。

第十九条　省（市）以上的各级人民政府凡具有普遍性质的行文（如通报、布告、决定、指示、条例、法规等）经批准交新华社发布及指定之报纸、公报刊载，注明不另行文的，各级机关应作为来文处理，并应剪、录存档。需要行文的，应由发文机关一直发送到行文范围所规定的机关。文件上注明行文范围及分发的机关，以避免重复行文和层层印刷抄写。

第二十条　主办机关收到"主送"文件时，得因需要分别征求各有关机关的意见，办理复文，并于复文办出时，分别抄送各有关机关（抄送文件非必要时不抄送附件）。有关机关收到"抄送"文件时，可不必办复；但得向主办机关提供意见，或供给参考资料。

附录参考文件：

一、政务院与所属各部门及各级人民政府行文关系的暂行规定。
二、政务院关于工作报告制度的暂行规定。
三、大行政区人民政府委员会组织通则第五条条文。
四、省人民政府组织通则第五条条文。

## 第六章　催办检查

第二十一条　各部门应办理公文催办检查制度，并指定专人负责办理。

第二十二条　催办检查时用催办单；在同一地区的，可利用电话进行。

第二十三条　一般公文的处理，以不超过一周为限，过期应即声明理由。紧急公文随到随办。

第二十四条　凡未结办的文件，应由负责催办检查人员掌管，随时查询。

第二十五条　各部门电话联系人员遇对方以电话催办检查时，应即负责答复；不能解答时，应即转告主办单位或主办人答复。

第二十六条　催办检查负责人，应将催办检查情形，作成记录、按期报告（重要的随时报告），以供首长检查总结的参考。

## 第七章　档案

第二十七条　各机关应于秘书部门之下设置专管档案机构，其人员名额得视业务情形本精简原则酌定，在保守国家机密的要求下，严格掌握机关的档案。

第二十八条　档案以集中管理为原则，其机关内部单位较多，办公地点分散的，得设立分档。

第二十九条　档案的管理，应建立分类体系，由秘书部门的负责人，根据机关主管业务行政的性质和范围，按现实情况并照顾发展前途，通盘考虑制定。

第三十条　档案应按卷编号，编号的方法，以便于检查为原则。每卷应于卷面内，设文件目录，按收发文的先后次序逐件登记案由，并记明其页数。

**第三十一条** 文件批存或稿件缮发后,应即由收发单位归档,其由承办单位注明暂不归档的,应送还原承办单位暂存;俟全案处理完毕后再行归档。

**第三十二条** 归档文件应依照档案分类系统登记编号,分别登录卡片,暂时不能使用卡片管理方法的,应设登记总簿及分类簿,分别登录。同一文件有必须登入两个以上项目的,应按照文件的内容以原件编入其主要项目,另以互见签编入次要项目,分别登录卡片或分类簿。

**第三十三条** 归档文件以一案一卷为原则。应按收发文的次序,顺序先作临时装订,俟全案结束后,再作正式装订,逐页依次注明页数,于装订处加贴标志并盖章。

**第三十四条** 调阅档案应建立制度,手续力求简便,原承办人调阅经办文卷时,由承办人签名盖章;如调阅非本人经办的文卷或其他单位主办的文卷时,须有本单位负责人签名盖章。

**第三十五条** 档案于年度终了时应加以清理,按其历史价值和使用时效,分别留用、封存或销毁。销毁时应由秘书部门负责人缜密审查,造具明细表,报经上级批准,始得执行。

**第三十六条** 档案的保管,应有必要的物质设备,以足够防止盗窃、水、火、虫、鼠的损害为最低限度的要求。

**第三十七条** 机要档案及人民来信的档案管理办法另定。

## 第八章 保密

**第三十八条** 公文的处理,应严密规定保密制度,教育工作人员严格遵守;并切实实行责任制,加强检查,严明纪律。

**第三十九条** 对于公文收、发、阅、办、缮、印、校对、归档、典守印信等过程,务须指定专管部门或人员确实掌握,订定保密细则,防止疏漏泄密。密件应设专管部门或专人管理。

**第四十条** 一切文件的处理,在未正式决定或虽已决定而尚未公开宣布前,经办人员须保守秘密,不得随便与无关人员谈论或外传。